Ausverkauft!

von Manuela Schon

Buchbeschreibung:

Das vorliegende Buch liefert die wichtigsten Erkenntnisse zum Thema Prostitution und dem Nordischen Modell. Zahlreiche Querverweise ermöglichen es dem Leser / der Leserin sich in die einzelnen Aspekte eines sehr komplexen Themas weiter zu vertiefen. Interviews mit zentralen Expertinnen und Experten aus verschiedenen Professionen zeigen eine multidisziplinäre Zusammenarbeit auf.

Über die Autorin:

Manuela Schon ist Soziologin mit Schwerpunkt Geschlechterforschung und besonderer Expertise im Bereich geschlechtsspezifischer Gewalt gegen Frauen. Als politische Aktivistin kämpft sie seit 2013 für die Übernahme des schwedischen Ansatzes für Prostitution in Deutschland und hat die Netzwerke "Abolition 2014 - Für eine Welt ohne Prostitution" und "LINKE für eine Welt ohne Prostitution mitgegründet". Sie referiert auf nationalen und internationalen Veranstaltungen und Konferenzen und schreibt für das Bloggerinnenkollektiv "Die Störenfriedas".

Ausverkauft!

Prostitution im Spiegel von Wissenschaft und Politik

Von Manuela Schon

www.manuela-schon.de

1. Auflage, 2021

© 2021 Manuela Schon

Verlag und Druck: tredition GmbH, Halenreie 40-44, 22359 Hamburg

978-3-347-27631-4

Lektorat: Renate Jung (PCWitch)

Umschlagmotiv: MichaelGaida, Lost Places: Bordell, Pixabay, Public Domain

Für meine liebe Oma Anna Schon,
die mich gelehrt hat, menschliches Verhalten zu ergründen, Lebensentschei-
dungen nicht einfach – ohne jede gesellschaftliche Einordnung – hinzu-
nehmen und sich immer eine positive Lebenseinstellung zu bewahren.
Ich vermisse dich jeden Tag.

Für all die starken Frauen, die Prostitution überlebt haben und jeden Tag
nicht aufgeben zu kämpfen.
Und all jene, die es nicht geschafft haben.

Mit besonderem Dank an meine Eltern Hans-Peter und Rita Schon, meine
Schwester Christina Mehler, Maya und Laetitia Monecke, Caroline Werner,
Tatjana Cherifi, Huschke Mau, Sarah Rubal, Inge Kleine, Rahel Vono, Andrea
Gotzel, Kathrin Stoffel, Evelyn Zell, Saskia Veit-Prang, Liane Bissinger, Mor-
teza Manouchehr Boub, Pablo Fernando Aubele (ohne den es dieses Buch
nicht gäbe), meine lieben Freundinnen von der Kvinnegruppa Ottar und dem
Netzwerk ELLA, Katharina und Fiete Sass, Simon Häggström, Anita Heiliger,
Lisa-Marie Taylor, Heather Brunskell-Evans, Melissa Farley, Carina Ange-
lina, Christian und Quincy Quaynor, Falk Sinß und Andreas Merz.

... und allen Mitstreiterinnen und Mitstreitern für eine bessere Welt.
♥ Love you! ♥

Inhaltsverzeichnis

Anhang

Vorwort

Wir wollen [jener Welt] die Schminke abwaschen, die betäubenden Parfüms durch den scharfen Lufthauch der Wahrheit verscheuchen und sie [die Freier] in ihrer ganzen Hässlichkeit, Verderbtheit und ihrem herzzerreißenden Elend zeigen. ... Was geht`s uns an? Diese gleichgültige Frage würde uns auf der Lippe erstarren und sich in blasses Entsetzen verwandeln, wenn man diesen Ahnungslosen einmal einen Einblick gewähren könnte, in jene Welt, von der man nicht spricht, wenn man ihnen den ganzen Jammer an Elend, Krankheit, Schmerzen, tierischer Gier, perverser Grausamkeit und seelentötender Öde aufdecken könnte und ihnen zeigen, dass diese Welt uns unmittelbar angeht, dass tausend Fäden uns mit ihr verbinden, dass sie nicht außerhalb oder unterhalb „unserer Welt" existiert, sondern eng mit ihr verwachsen ist.

Anna Pappritz [1]

In eine patriarchale Gesellschaft hineingeboren und in ihr sozialisiert zu werden, bringt es mit sich, die gesellschaftlichen Verhältnisse und Narrative zu internalisieren und „verwirrt" zu sein. Umso mehr, wenn sich diese Gesellschaft als fortschrittlich versteht und zahlreiche Anstrengungen unternommen hat, um die Strukturen, die Mädchen und Frauen einen untergeordneten Status zuweisen, euphemistisch im Verständnis der Menschen in ihr Gegenteil zu verkehren.

Mit einer Spinnenmetapher verdeutlichte die US-amerikanische Feministin und Philosophin Mary Daly unsere Aufgabe, durch „spinnen" und „weben" unser gespaltenes Bewusstsein zu überwinden und uns aus dem „Irrgarten der Phallokratie" zu entwirren.[2] Und tatsächlich leistet die feministische Analyse einen zentralen Beitrag dazu, unsere Lebensrealitäten verstehen zu lernen und Visionen zur Überwindung der misogynen Strukturen zu entwickeln.

Die nachfolgenden autobiographischen und sicherlich anekdotischen Ausführungen machen deutlich, wie lang (und mitunter auch schmerzlich) dieser Weg sein kann. Sie belegen zum anderen, dass es sich in der Tat empfiehlt, sich einem gesellschaftlichen Phänomen aus sehr verschiedenen Perspektiven zu nähern, um es wahrhaftig greifen, fassen und verstehen zu können.

Wie wenig wusste ich doch über Prostitution im jungen Alter von 17 Jahren. Klar hatten die Erwachsenen uns jungen Mädchen eingetrichtert, einen großen Bogen um bestimmte Straßen oder Stadtteile zu machen. Klar war da dieses mulmige Bauchgefühl beim Blick auf die Bordelle und Straßenprostituierten. Wovor genau wir eigentlich Angst haben sollten und worauf dieses flaue Gefühl in der Magengegend beruhte, darüber dachte ich rückblickend komischerweise nie nach. Ich akzeptierte.

Als junge Frau, die sich bereits der politischen Linken zugewandt hatte, die alles an Büchern über den Nationalsozialismus geradezu verschlungen hatte, die sich mit Machtverhältnissen also durchaus bereits auseinandergesetzt hatte, gab auch ich unüberlegt Sätze von mir, wie: *„Wer bin ich denn, dass ich anderen Frauen vorschreiben möchte, was sie mit ihrem Körper zu tun oder zu lassen haben?"* Offensichtlich hatte die neoliberale Agenda bestens auch bei mir verfangen.

Ungeachtet aller frühen Versuche, kritisch selbst zu denken und alles zu hinterfragen, plapperte ich nach, was mir auf den ersten Blick Sinn zu machen schien. Ich missachtete mein Bauchgefühl, übersah die Widersprüche und ließ mich widerstandslos belehren, dass nur „MoralistInnen" gegen Prostitution seien und dass der „richtige" Ausdruck für Prostitution „Sexarbeit" sei, denn immerhin fordern das schließlich auch die „Hurengewerkschaften". Ich wollte politisch korrekt sein, niemanden verletzten und betete nach, was der Liberalfeminismus und die linken Medien mir vorkauten.

Erst in meinen Dreißigern befasste ich mich aus zweierlei Gründen intensiver mit der Materie, denn jetzt passierten zwei Dinge nahezu parallel. Zum einen hatte ich es in dem von mir mitbegründeten Verein zur Sozialberatung zunehmend mit bulgarischen Türkinnen und rumänischen Romnija zu tun, die sich zum Teil zur Sicherung ihrer bloßen Existenz prostituieren mussten. Statt ihnen zu sagen, dass Prostitution (oder „Sexarbeit") doch eine legitime Option zur Existenzsicherung sei, erkämpfte ich mit ihnen gemeinsam bei den Sozialgerichten ihren Anspruch auf Sozialleistungen (und leistete quasi nebenbei Ausstiegshilfe).

Fast gleichzeitig ging das feministische Magazin *EMMA* mit einem *Appell gegen die Prostitution* an die Öffentlichkeit. Als feministische Frauengruppe innerhalb der Partei *DIE LINKE* diskutierten wir das Thema, und diese gemeinsame Auseinandersetzung beantwortete mir viele offene Fragen und ließ in Bezug auf das Thema sämtliche Dämme bei mir brechen. Ich machte mich vor Ort über den lokalen Prostitutionsmarkt schlau und war schier erschüttert, dass Prostitution fast völlig unsichtbar überall um mich herum stattfand. Mindestens genauso erschüttert war ich über den nun erfahrenen Gegenwind in der Partei durch die eigenen „Genossen" (und einige „Genossinnen").

Als langjährige ehrenamtliche Sozialberaterin und Antifa/Antira-Aktivistin setzte ich mich fortan gegen die rassistische und klassistische Ausbeutung der überwiegend osteuropäischen prostituierten Frauen ein. Denn prostituierte Frauen rekrutieren sich - wie überall auf der Welt - auch in Deutschland vorwiegend aus marginalisierten ethnischen Minderheiten. Ich verstand den

Kampf gegen Prostitution als logische Folge meines langjährigen Engagements „gegen Rechts": Das Wohl einer Minderheit „freiwilliger", „selbstbestimmter" und „weißer" Frauen, darf nicht über dem der ärmsten und am meisten ausgegrenzten stehen.

Ich betrachtete Prostitution vor allem unter einem ökonomischen Blickwinkel: Wir haben es mit einer milliardenschweren, kapitalistischen und global agierenden Ausbeutungsindustrie zu tun, bei der die Nachfrage das Angebot bestimmt. Unter dem Prinzip der Profitmaximierung versuchen sehr zahlreiche Akteurinnen und Akteure ein möglichst großes Stück vom riesigen Schokoladenkuchen abzubekommen.

Auch wenn ich dachte, ich hätte die Materie nun endlich durchdrungen, wusste ich doch im Nachhinein betrachtet immer noch so gut wie nichts und verstand nicht, wie diese vermeintliche „Freiwilligkeit" und „Selbstbestimmtheit" auf neoliberaler Ideologie aufbaut und wie wenig hilfreich und logisch eine solche Aufteilung der prostituierten Frauen ist: „Weiße" Frauen aus guten finanziellen Verhältnissen leiden nicht minder unter ihrer Prostitutionserfahrung.

Eine rein ökonomische Betrachtungsweise erklärt auch nicht das offensichtliche Geschlechterverhältnis in der Prostitution: Männer kaufen vor allem Frauen, manche Männer kaufen auch andere Männer. Nur äußerst selten treten Frauen als Freierinnen in Erscheinung: Die Zahl der Prostituentinnen[3] wächst zwar, bleibt aber bis heute mehr als übersichtlich und auf niedrigem Niveau. Die feministische Erkenntnis lautete deshalb: Prostitution ist Ausdruck der patriarchalen Gesellschaft, in der wir leben.

Die Einarbeitung in empirische Forschungsarbeiten, aber vor allem die unermüdliche Arbeit der weltweit seit den 1970er Jahren aktiven Überlebenden-Gruppierungen – in Deutschland beispielsweise das von Huschke Mau gegründete *Netzwerk ELLA*, leistete einen wichtigen Beitrag bei diesem weiteren Entwirren: Prostitution ist aus Perspektive des Freiers betrachtet und völlig unabhängig vom Grad ihrer vermeintlichen oder tatsächlichen Freiwilligkeit keine Transaktion auf Augenhöhe, sondern immer ein Ausdruck von wirtschaftlicher und gesellschaftlicher Macht.

Aber erst die Lektüre historischer Texte der sogenannten ersten und zweiten Welle der Frauenbewegung ließ mich wirklich verstehen, warum Prostitution uns alle angeht. Ich verstand, und diese Erkenntnis traf mich wie ein Hammer auf den Kopf: Es gibt nicht die prostituierten und die anderen Frauen: JEDE EINZELNE Frau könnte unabhängig von ihrer sozialen Herkunft in der Prostitution landen, wenn die Lebensumstände sie dorthin geführt hätten. Wir sind sie und sie sind wir. So sind nicht alle durch Armut und Rassismus ausgegrenzten Frauen gleichermaßen gefährdet, in der Prostitution zu landen.

Ich lernte,
welch große Bedeutung hierbei dysfunktionalen Familienverhältnissen und Kindheitstraumata zukommt.

Ich lernte,
dass der Kampf gegen Prostitution nicht etwa ein Kampf in Solidarität mit anderen ist, sondern, dass sie mich auch selbst betrifft.

Ich lernte,
dass die Existenz der Prostitution wesentlich dazu beiträgt, die niedrige Position ALLER Frauen in der Gesellschaft aufrecht zu erhalten.

Ich lernte,

dass es vor allem die gesellschaftlichen Mechanismen sind, die Männer dieses in einer patriarchal-ungleichen Gesellschaft „sozial erwünschte" Verhalten lehren.[4]

Ich lernte,

dass jede Frau, die aktiv und gegen alle Widerstände unter Inkaufnahme aller damit verbundenen Kosten Prostitution bekämpft, einen erbitterten Kampf für sich selbst austrägt.

Und hier liegt die große feministische Hoffnung nach Mary Daly: Indem wir uns selbst in unseren Schwestern erkennen, entsteht aus den sprühenden Funken der Einzelnen eine Feuersbrunst, die in der Lage ist, unsere patriarchalen Gefängnisse zu zerstören.

Dieses Buch ist auf der einen Seite der Versuch die vielen Vorarbeiten und Erkenntnisse aus verschiedenen Disziplinen – mindestens feministische Frauenforschung[5], Geschichte, Soziologie, Psychologie und Kriminologie – darzustellen, der Welt der Prostitution die Schminke abzuwaschen, und sie in ihrer erschreckenden Wirklichkeit darzustellen.

Das Buch soll uns jedoch auch all jene mutigen und unerschrockenen Aktivistinnen insbesondere der Frauenbwegung ins Gedächtnis rufen, die sich - damals wie heute – der patriarchalen Institution der Prostitution entschieden entgegenstellen und stellen. Denn „sponnen" sie und „spinnen" wir doch alle gemeinsam an dem noch immer gleichen Netz.

Und wir werden dies genau so lange tun, bis eine der letzten und am stärksten verteidigten Bastionen des Patriarchats gestürmt und ein zentrales Ziel der

Frauenbefreiung erreicht ist: die Abolition der Prostitution und damit eine bessere Gesellschaft für Frauen – und auch für Männer. Denn in der Tat: Es gibt niemals „deren" und „unsere" Welt, sondern nur eine einzige Wirklichkeit, die uns alle betrifft.

In diesem Sinne wünsche ich dir, lieber Leserin und dir, liebem Leser, viele spannende und hilfreiche Erkenntnisse aus dieser Lektüre.

Wiesbaden, im März 2021

Manuela Schon

Notes:
(1) Anna Pappritz: Die Welt, von der man nicht spricht. Aus den Papieren einer Polizeibeamtin, Leipzig 1908.
(2) Mary Daly: Gyn/Ökologie: eine Meta-Ethik des radikalen Feminismus, 1991 (1978).
(3) Prostituenten / Prostituentinnen = jene, die Prostitution nutzen.
(4) Siehe hierzu ausführlich das Kapitel „Prostitution als Spielfeld zur Reproduktion männlicher Herrschaft".
(5) Ich verwende ganz bewusst den für mich eindeutigeren Begriff Frauenforschung im Sinne von „Women`s Studies" und nicht die zeitgenössischere Variante „Gender Studies".

Geschichtlicher Abriss über Prostitution in Deutschland

Unter solchen Verhältnissen hat der Handel mit Frauenfleisch großartige Dimensionen angenommen. Er wird in der bestorganisiertesten Weise auf größter Stufenleiter ... mitten in den Stätten der Zivilisation und Kultur betrieben. Ein Heer von Maklern, Agenten und Transporteuren männlichen und weiblichen Geschlechts betreiben das Geschäft mit derselben Kaltblütigkeit, als handle es sich um den Vertrieb irgendeiner Ware, Legitimationen werden gefälscht und Zertifikate ausgestellt, die eine genaue Beschreibung der Qualifikation der einzelnen "Stücke" enthalten, und werden an die Transporteure behändigt zur Anweisung für die Käufer. Der Preis richtet sich, wie bei jeder Ware, nach der Qualität, und die Ware wird nach dem Geschmack und den Anforderungen der Kundschaft in den verschiedenen Orten und Ländern assortiert und expediert. ... Dass die Überzahl der Prostituierten ihre Lebensweise herzlich satthat, ja dieselbe sie anekelt, ist eine Erfahrung, die alle Sachverständigen zugeben.

August Bebel [1]

Es ist ein weit verbreiteter Irrglaube, dass Prostitution in Deutschland mit dem Prostitutionsgesetz von 2002 legalisiert worden sei. Tatsächlich nämlich blickt Deutschland auf eine jahrhundertelange Tradition legalisierter Prostitution zurück. Sich dies vor Augen zu halten, ist ungemein wichtig, wenn wir verstehen wollen, wie Prostitution in diesem Land, wie ich es nennen würde, zu einem akzeptierten Teil unserer kulturellen Identität werden konnte. Hier liegt eine der zentralen Ursachen dafür, wie Deutschland kaum hinterfragt zum „Bordell Europas" werden konnte. Sich die Geschichte vor Augen zu führen, kann dabei verstehen helfen, warum Prostitutionsmythen wie die Ventilsitte („Wenn Prostitution nicht verfügbar ist, steigt die Zahl der Vergewaltigungen") sich hierzulande so hartnäckig halten und geradezu unkaputtbar erscheinen.

Die nachfolgende Darstellung soll einen (sehr groben) Überblick über die zentralen Weichenstellungen vermitteln.

Bordelle: ein zeitgenössisches Relikt des Spätmittelalters

Die Einrichtung von Bordellen – zynischerweise zunächst ausgerechnet als „Frauenhäuser" betitelt - und die gesellschaftliche Legitimation der sexuellen Ausbeutung von Frauen reicht in Deutschland (und Europa) bis ins 13. Jahrhundert zurück. Chronisten verzeichnen, dass beispielsweise anlässlich des Konstanzer Konzils (andauernde Versammlung der Kirchenführung von 1414 - 1418) 1.500 prostituierte Frauen zugegen gewesen sein sollen.

Insbesondere im 14. und 15. Jahrhundert sind Bordelle für alle größeren Orte bekannt. Dabei handelte es sich um offiziell von den Autoritäten geduldete Einrichtungen, aus deren Betrieb die jeweiligen Mieten und Steuereinnahmen direkt an die jeweiligen Städte abzuführen waren, wie beispielsweise die in den Lübecker Steuerlisten geführten prostituierten Frauen belegen, oder Aktenzeugnisse über Beschwerden von prostituierten Frauen in Bezug auf Ausbeutung gegenüber dem Nördlinger Stadtrat. Der Kölner Jurist und Ratsherr Hermann von Weinsberg (1518-1597) gibt in einem autobiographischen Werk Kunde über die männerbündelnden Rituale, bei denen die Nutzung von Prostitution zum Mannwerden fast zwingend dazugehörte.[2] Bereits damals war Freiertum also bereits zentraler Bestandteil der männlichen Kultur. Die Vorstellung, dass Prostitution zur Befriedigung des natürlichen Triebes des Mannes notwendig und seine Enthaltsamkeit gesundheitsschädlich sei, reicht bis in diese Zeit zurück.

Auch die Idee der heutigen Toleranzzonen und die Kasernierung prostituierter Frauen in festen Quartieren finden wir bereits im Spätmittelalter. Dort wurden die Frauen vom Scharfrichter (Vollstrecker von Todes- und Gerichtsurteilen) oder von durch den Stadtrat vereidigten „Bordellköniginnen" (Nürnberg) überwacht und kontrolliert. Eine Straße in Stralsund trug den Namen „Kuttlose Straße" (Straße ohne weibliche Scham), ein Hinweis, dass hier zu jener Zeit Prostitution stattfand.

Laut mittelalterlicher Magistratsverordnung war die Voraussetzung zur Tätigkeit im Bordell das Vorhandensein von Brüsten, das Freiertum war ab 14 Jahren erlaubt. Dieser Zustand herrschte etwa zwei Jahrhunderte vor, bis Karl der V. aufgrund der neu grassierenden Syphilis im Jahr 1530 via Reichspolizeiverordnung alle Bordelle schließen ließ. Prostitution und Kuppelei wurden mit Pranger und Auspeitschung bestraft – oder man schnitt den prostituierten Frauen die Ohren ab, eine zu jener Zeit gängige Verstümmelungsstrafe mit dem Zweck der öffentlichen Kennzeichnung durch ein Schandmal.[3]

Konzessionierte Bordelle nach Preußischem Landrecht

Während die Prostitution im 17. und 18. Jahrhundert nach und nach trotz Prostitutionsverbot wieder etwas großzügiger geduldet wurde, wurden 1794 unter dem Allgemeinen Preußischen Landrecht erneut staatlich konzessionierte Bordelle eingeführt, Prostitution als Gewerbe anerkannt und entsprechend besteuert. Wegen der zunehmenden Verbreitung von Geschlechtskrankheiten verfügte Napoleon I. in Frankreich die Errichtung von Bordellen und Gesundheitsüberwachung zum Schutz des Militärs, eine Politik, die sich auch Deutschland zum Vorbild nahm.

Friedrich II verfügte, eine „Hurenheilungskasse" zur Kranken- und Altersabsicherung der prostituierten Frauen einzurichten: Die Bordellwirte mussten hernach pro prostituierter Frau eine Abgabe zahlen, mit der die Behandlungskosten finanziert wurden. Die prostituierten Frauen mussten sich regelmäßigen gesundheitlichen Untersuchungen und einer medizinischen und hygienischen Unterweisung unterziehen. Untersuchungen der Polizeibehörden dieser Zeit ergaben, dass die prostituierten Frauen bereits damals wegen verpflichtender Abgaben an Kost, Logis und Unterkunft zutiefst verschuldet dastanden.[4]

Ein stetiges Hin und Her in der Prostitutionspolitik kennzeichnet das 19. Jahrhundert. Der preußische König Friedrich Wilhelm III. ließ via Order 1809 die Berliner Bordelle vom Polizeipräsidenten an den Stadtrand verdrängen. 1814 verbot er die Neuerteilung von Gewerbescheinen für Bordellbetriebe. Sein Sohn und Thronfolger Friedrich Wilhelm IV. ließ 1846 alle Bordelle in Preußen schließen, was zu einer Zunahme der „Winkelhurerei", gemeint ist Straßenprostitution, führte. Als Konsequenz hieraus erlaubte der König den Bordellbetrieb 1850 wieder. Ein neuer §146 des Preußischen Strafgesetzbuches erlaubte lediglich Straßenprostitution unter der Bedingung der Verfolgung der jeweiligen lokalen Polizeiordnungen. Ungeachtet der Order des Königs wurden in allen größeren Städten Preußens Bordellerlaubnisse erteilt. Eine erneute Schließungsverfügung erging sodann im Jahr 1856.

Im Jahr 1837 war eine Studie von Alexandre Parent-Duchatelet nach dessen Tod veröffentlicht worden, die zu dem Ergebnis kam, dass Prostitution als soziales Phänomen nicht auszurotten sei. Um die gesellschaftlichen Schäden zu begrenzen, müsse sie medizinisch und polizeilich überwacht werden. In Folge übernahmen die meisten europäischen Länder eine Politik der Reglementierung, Überwachung und staatlichen Konzessionierung.

Prostitution im Deutschen Reich

Nach dem Strafgesetzbuch von 1871 und der Novellierung im Jahr 1876 standen Prostitution und außerehelicher Geschlechtsverkehr nicht mehr unter Strafe. Die prostituierten Frauen waren jedoch zwingend verpflichtet, sich zu registrieren und die polizeilichen Weisungen zu befolgen. Nicht als Prostituierte registrierte Frauen, die sich „verdächtig" verhielten, wurden einkassiert, zwangsuntersucht und überprüft, um sie dann in „Dirnenlisten" einzutragen und der regelmäßigen Pflicht zur Zwangsuntersuchung zu unterwerfen. In dieser Epoche entstanden die meisten heute bekannten Rotlichtbezirke: Die Helenenstraße in Bremen (1878), die Stahlstraße in Essen (1900), die Linienstraße in Dortmund (1904), das Leonhardsviertel in Stuttgart (1907) oder die Flaßhofstraße in Oberhausen (1910).

Da prostituierte Frauen als „minderwertig" und „abnorm" galten, wurden sie gesellschaftlich massiv ausgegrenzt. So veröffentlichte Cesare Lambroso 1893 *„La donna delinquente"*, die Ergebnisse seines Studiums der Physiognomie, für das er Schädelvermessungen an prostituierten Frauen vorgenommen und ihre Gehirnmasse gewogen hatte. Nach seiner Vorstellung war Prostitution eine angeborene Verhaltensweise. Die Ausgrenzung äußerste sich zum Beispiel darin, dass sie nicht regulär in Krankenhäusern behandelt werden durften und in geschlossenen „Besserungsanstalten" untergebracht wurden. Auch ihr gesellschaftliches Leben wurde massiv eingeschränkt. So durften sie in Bremen nach Eintritt der Dunkelheit beispielsweise nicht mehr auf die Straße und generell nur dort übernachten, wo die Polizei es ihnen gestattete. Das Halten von Katzen oder Hunden war ihnen ebenso verboten wie das Betreten von Parks und die Nutzung öffentlicher Fortbewegungsmittel. [5] Andernorts wurden das Singen, Musizieren, Radfahren oder der Theaterbesuch untersagt. Bei Verstoß gegen die Verbote wurden den

Betroffenen Haftstrafen auferlegt. Bei Wiederholungstaten drohte das Arbeitshaus: Bei erstmaliger Überweisung für ein halbes Jahr, bei mehrmaliger Überweisung bis zu zwei Jahren.

Die Zeit der Weltkriege

Ab 1915 errichtete die Militärregierung reglementierte Kriegsbordelle. Es wurden Listen über die Zahl der Bordellgänger geführt und die Hygiene überwacht. Den Listen ist zu entnehmen, dass in den fünf Stunden, in denen das Bordell täglich geöffnet war, ein Spitzenwert von 32 Soldaten pro prostituierter Frau gezählt wurde. Lange Schlangen vor den Bordellen waren keine Seltenheit.

Global gesehen kommt im Übrigen der Militärprostitution eine bedeutende Rolle zu, seien es das japanische „Trostfrauensystem", Vergewaltigungslager in Bosnien oder die „Ruhe- und Erholungszentren" in Südostasien der US-Streitkräfte, aber auch die Nutzung von Prostitution durch UN-Friedenstruppen zeigen bis heute eine tiefe Verbundenheit zwischen Militarismus und der sexuellen Ausbeutung von Frauen.

Auf Grundlage der Reichsverordnung aus dem Jahr 1918 wurden Zwangsheilverfahren auch für Männer eingeführt. Die deutsche abolitionistische Bewegung konnte jedoch gut zehn Jahre später einen großen Sieg erringen: Mit dem Gesetz zur Bekämpfung der Geschlechtskrankheiten vom 18. Februar 1927 wurden die grundsätzliche Strafbarkeit des sich Prostituierens und die polizeiliche Reglementierung der prostituierten Frauen abgeschafft, Bordelle wurden verboten.

Nichtsdestotrotz erhielten nunmehr statt der Polizei die Gesundheitsbehörden eine Überwachungsfunktion. Sie wurden befugt, beim Verdacht des Vorliegens einer Geschlechtskrankheit Zwangsmaßnahmen gegen prostituierte Frauen in die Wege zu leiten. Überall wurden nun Beratungsstellen für Geschlechtskranke gegründet. In Folge wurde die Prostitution sichtbarer, und viele Frauen, die sich vorher heimlich prostituiert hatten, gingen nunmehr öffentlich der Prostitution nach.

Infolge der Machtergreifung der Nationalsozialisten wurden jedoch ab 1933 abolitionistische Ideen massiv bekämpft und die prostituierten Frauen wieder der polizeilichen Kontrolle unterstellt. Auf der einen Seite wurde Prostitution als volksschädlich bekämpft und prostituierte Frauen massenweise verhaftet, andererseits jedoch richtete man Bordelle für Soldaten und Zwangsarbeiter und in Konzentrationslagern ein.

Mit der Vereinheitlichung des Gesundheitswesens im Jahr 1934 betrieben die Gesundheitsämter nationalsozialistische Rassenpolitik, und Personen mit „häufig wechselndem Geschlechtsverkehr", wie prostituierte Frauen, wurden in der Erb- und Rassenkartei registriert. In Schulungslagern versuchte man sie „umzuerziehen". So fungierten die Gesundheitsämter ab 1939 auch als Lieferanten für die Konzentrationslager, und prostituierte Frauen wurden als „Asoziale" verfolgt.

Prostitution ab 1945

Nach dem 2. Weltkrieg stieg aufgrund der wirtschaftlichen Not die Prostitution massiv an. Nach wie vor versuchte man, dem neuerlichen Anstieg von Geschlechtskrankheiten mittels einer staatlichen Umerziehung der prostituierten Frauen Herr zu werden: Wer binnen eines Jahres drei Mal oder häufiger mit einer Geschlechtskrankheit diagnostiziert wurde, konnte bis zu drei Jahre in ein Arbeitshaus verbracht werden.

Das Gesetz von 1927 wurde 1947 endgültig aufgehoben, und der Erlass zur „Bekämpfung von Geschlechtskrankheiten" verpflichtete Ärzte dazu, geschlechtskranke prostituierte Frauen namentlich zu melden und für deren Festnahme, Zwangsunterbringung und Behandlung im Krankenhaus zu sorgen. Somit setzten viele Amtsärzte die nationalsozialistische Tradition zur „Seuchenbekämpfung" auch nach dem Krieg weiter fort. Auch mit dem Gesetz zur Bekämpfung der Geschlechtskrankheiten wurde der fürsorgerische Charakter der Gesundheitsämter weiter unterstrichen. Das Gesetz verlieh ihnen die Befugnis, Untersuchungen anzuordnen, geschlechtskranken Frauen die Ausübung der Prostitution zu untersagen, Zwangsmaßnahmen einzuleiten und ihnen Geschlechtsverkehr zu verbieten. Die Möglichkeit zur Arbeitshausinternierung wurde erst im Jahr 1969 abgeschafft.

Mit der Neufassung des §180a des Strafgesetzbuches wurden Großbordelle als „Dirnenwohnheime" 1973 gesetzlich legitimiert. Die Hoffnung war, dass die hohen Tagesmieten den Zulauf insgesamt reduzieren und die Ghettoisierung der Frauen die staatliche Kontrolle erleichtern würde. Obwohl das Bundesverwaltungsgericht mit Urteil vom 15. Juli 1980 Prostitution als sittenwidrige Tätigkeit, die nicht mit der Menschenwürde vereinbar ist, einstufte, hatte dies keinerlei Konsequenzen für die seit 1964 wieder geltende Steuerpflicht für prostituierte Personen.

In den 1980er Jahren stellten viele Gesundheitsämter um, von einer verpflichtenden Kontrolle prostituierter Frauen auf eine freiwillige Gesundheitsberatung. Der so genannte „Bockschein", ein regelmäßig erneuertes Gesundheitszeugnis, wurde sukzessive abgeschafft. Das

Infektionsschutzgesetz, welches im Januar 2001 in Kraft trat, schrieb diese Tendenz gesetzlich fest: An die Stelle von Kontrolle trat die Förderung gesundheitsbewussten Verhaltens der Individuen, mit der Folge, dass sich insbesondere die gesundheitliche Situation von ausländischen Frauen in der Prostitution verschlechterte, da diese schon damals selten über einen Krankenversicherungsschutz verfügten.

Exkurs: Nachkriegsprostitution am Beispiel von Rosemarie Nitribitt

Das Leben von Rosalia Annemarie Auguste Nitribitt (1933 – 1957) war bereits Stoff für zahlreiche Filme und Erzählungen, jedoch immerzu unter dem Narrativ der Erfolgsstory der strahlenden selbst-ermächtigten Prostituierten, die sich als solche einen gewissen Reichtum und die Nähe zur Prominenz erarbeitet hat und viel zu jung ermordet und damit tragisch aus dem Leben gerissen wurde. Die wahre Geschichte von Rosemarie ist hingegen den wenigsten präsent, dabei zeichnet ihre Biographie einen idealtypischen Verlauf für prostituierte Frauen im Nachkriegsdeutschland und für die Idee der Fürsorgeerziehung und der staatlichen Kontrolle nach.

Geboren in Düsseldorf als uneheliches Kind, das seinen Vater nie kennenlernte, kommt sie, gemeinsam mit ihrer Schwester Irmgard, im Jahr 1936 „wegen drohender Verwahrlosung" in ein Kinderheim und zwei Jahre später in ein Erziehungsheim, bevor sie im Mai 1939 in einer Pflegefamilie untergebracht wird, wo sie eine unbeschwerte Kindheit erleben darf. Im Alter von elf Jahren wird sie jedoch von einem sieben Jahre älteren Mann in einem Waldstück vergewaltigt, was ihr Leben tiefgreifend verändert. „Verhaltensauffälligkeiten" sind die Folge. Bereits im Alter von zwölf Jahren wird sie von französischen Soldaten des nahegelegenen Militärflugplatzes Mendig regelmäßig prostituiert. Im Alter von 14 Jahren stirbt sie fast an den

Folgen einer Abtreibung. Es folgen zahlreiche Heimaufenthalte, denen sie wiederholt entflieht.

Am 22. August 1947 wird eine Fürsorgeerziehung erlassen wegen ihres "starken Hangs zu geschlechtlichen Ausschweifungen" und des "wahllosen Einlassens mit Männern". Sie wird mehrfach polizeilich aufgegriffen und wegen "gewerblicher Unzucht" in ein Arbeitshaus gesteckt. Auch dort gelingt es ihr, zu fliehen. Im April 1950 erhält sie eine Hausmädchenanstellung in Andernach, wechselt aber ganz schnell in andere Jobs. Weil sie auch in dieser Zeit immer wieder wegen Prostitution aufgegriffen wird, schickt man sie in ein Krankenhaus zur "Beobachtung von Geschlechtskrankheiten" und bringt sie anschließend in einem Kloster unter. Auch eine Überweisung in die Landesnervenklinik in Andernach wird in Betracht gezogen. Sie flüchtet sich zu ihrer Mutter.

Erstmals wird Rosemarie 1951 in Frankfurt polizeilich registriert und wegen "Landstreicherei" für drei Wochen in der JVA Frankfurt-Preungesheim inhaftiert. Es folgt eine Zeit des Anschaffens im Frankfurter Bahnhofsviertel und eine weitere Episode in einem Erziehungsheim. Ab März 1953 erhält sie eine Anstellung als Haushaltshilfe in Mayen (neben der sie weiterhin als Gelegenheitsprostituierte tätig ist). Hier lernt sie einen jungen Mann namens Peter kennen und verliebt sich in ihn. Mit ihren jetzt 17 Jahren möchte sie heiraten und eine Familie gründen. Als sie ihrem Freund von einer (vermutlich erfundenen) Schwangerschaft erzählt, meldet dieser sich zur Fremdenlegion und lässt sie sitzen. Am 14. August 1953 erklärt man sie frühzeitig für volljährig und entlässt sie aus der Fürsorgeerziehung.

Rosemarie mietet sich nun eine Wohnung in Frankfurt an. Sie versucht, der Prostitution zu entkommen, indem sie sich in anderen Bereichen bewirbt, dies gelingt ihr jedoch nicht. Dank finanzkräftiger Freier kann sie sich im Alter von 21 Jahren einen Wagen kaufen, dessen Preis heute etwa 58.000 € entsprechen würde. Ihr Monatseinkommen wird auf 4.000 DM geschätzt. Im Jahr 1954 übersteigt ihr Jahreseinkommen das bundesdeutsche durchschnittliche Jahreseinkommen um das Siebenfache.

Mit ihrem Opel Kapitän und später ihrem Mercedes Cabrio 190 SL nimmt sie täglich ab etwa 17 Uhr Rundfahrten durch Frankfurt zur Kundenakquise vor. Sie macht mit einer provokanten Fahrweise auf sich aufmerksam, gabelt Kunden auf und bringt sie nach den sexuellen Handlungen wieder zum Ausgangspunkt zurück. Ihr Auto wird regelmäßig beschädigt, zum Beispiel durch das Einritzen von Hakenkreuzen oder ordinären Sprüchen. Auch die gehobeneren Cafés in Frankfurt dienen ihr zur Kundenakquise. Eine Bedienung berichtet, sie habe ihren Hund Joey (sprich: "Schoey") so trainiert, dass dieser als "Icebreaker" zu für sie interessanten Männern dient.

Am 1. November 1957 wird Rosemarie im Alter von 24 Jahren in ihrem Apartment in der Stiftstraße 36 in Frankfurt erwürgt aufgefunden.

Notes:
(1) August Bebel: Die Frau und der Sozialismus, Verlag der Volksbuchhandlung, Zürich-Hottingen 1879.
(2) Die Welt: Warum die Kirche die Prostitution duldete, 3.7.2013, https://www.welt.de/geschichte/article117668216/Warum-die-Kirche-die-Prostitution-duldete.html.
(3) Der Spiegel: Hausen und Hegen, 15/1965.
(4) Dr. Fr. J. Behrend: Die Prostitution in Berlin und die gegen sie und die Syphilis zu nehmenden Maßregeln, in: Adolph Christian-Heinrich Henke (Hrsg.): Zeitschrift für die Staatsarzneikunde, Erlangen, 1849.
(5) Kerstin Wolff: Anna Pappritz. Die Rittersguttochter und die Prostitution, Ulrike Helmer Verlag, Sulzbach, 2017.

5 Fragen an … Anne S. Respondek

Anne S. Respondek promoviert aktuell am Lehrstuhl Wirtschafts- und Sozialgeschichte der TU Dresden. Von ihr erschien 2019 das Buch „Gerne will ich wieder ins Bordell gehen…". Maria K`s „freiwillige" Meldung für ein Wehrmachtsbordell" beim Verlag Marta Press.

Als Historikerin beschäftigen Sie sich eingehend mit der Prostitutionspolitik in der Zeit des Nationalsozialismus. Welche zentralen Erkenntnisse konnten Sie in Ihrer Forschung gewinnen?

Zunächst einmal ist mir klargeworden, wie sehr ein Staat von der Existenz der Prostitution profitieren kann. Prostitution war im Nationalsozialismus legal, aber auf Anbieterinnenseite erheblich kriminalisiert. Die sich in der Prostitution befindlichen Frauen wurden dabei Opfer mehrerer Diskriminierungsdimensionen: Als Frau in einer patriarchalen Gesellschaft, als Frau, deren Sexualität nicht vom Staat oder Ehemann kontrolliert werden kann, als oftmals rassistisch abgewertete Person (Frauen aus Osteuropa wurde z. B. gar keine „Geschlechtsehre" zugestanden, an der sie hätten verletzt werden können, ebenso wurde ihnen häufig abgesprochen, überhaupt empfindsam genug zu sein, um von sexuellen Übergriffen überhaupt Schäden davonzutragen) und als arme Frauen, denn das waren die meisten von ihnen. Die Polizeiakten aus dem Dritten Reich zeigen, wie heftig Prostituierte von der Polizei gegängelt und verfolgt wurden und auf wie wenig Verständnis und Mitgefühl für ihre Lage sie trafen. Ebenso galten Prostituierte als „Seuchenschleudern", sie mussten regelmäßig zu Zwangsuntersuchungen erscheinen. Und sie mussten sich bei der Polizei anmelden. Die Anmeldung als Prostituierte hatte aber weitreichende Folgen: Die Frau stand künftig unter medizinischer, aber auch unter polizeilicher Aufsicht. Der Aufenthalt auf bestimmten Straßen und Plätzen war ihr verboten, manchmal auch, nachts draußen zu sein usw.

Der NS-Staat hat nicht Prostitution verboten, im Gegenteil hat er mit der Kasernierung der Prostituierten die Bordelle und Bordellstraßen erst (wieder) geöffnet oder neu erschaffen. Dies hatte – durchaus gewollt – die Ausgrenzung von Prostituierten aus der Gemeinschaft zur Folge. Prostituierte wurden als „asoziale Elemente" verfolgt, und es kam immer wieder auch zu Einweisungen in KZ. Ab Kriegsbeginn aber erfolgte eine prostitutionspolitische Wende des nationalsozialistischen Staates. Jetzt versuchte man nicht mehr nur, Prostitution mittels Kasernierungen und Kriminalisierung einzudämmen, sondern machte sich zusätzlich die Existenz der Prostitution zunutze. Bordelle für die Wehrmacht wurden errichtet, auch Bordelle für die SS. Dies fand größtenteils in den besetzten Ländern statt, eben überall dort, wo die Wehrmacht war. In Frankreich übernahm die Wehrmacht einfach Bordelle – teilweise mitsamt Inventar und den Frauen. Waren nicht genug Frauen zugegen, erpresste man eine „freiwillige Meldung" von Prostituierten, die wegen ihrer Prostitution in ein Lager gesteckt worden waren. Auch im besetzten Osteuropa ging man so vor, dass man die Frauen in der Prostitution erst stark kriminalisierte, auch Hurenkarteien anlegte, sie medizinisch überwachte oder bei Razzien gleich festnahm – und sie dann andererseits wieder zu genau dem zwang, weswegen man sie eigentlich kriminalisiert hatte: Prostitution.

Da die Menschen Osteuropas für die Nationalsozialisten so oder so „Untermenschen" waren, lief der „Rekrutierungsvorgang" ins Wehrmachtsbordell oftmals auch deutlich gewalttätiger ab als bei den Wehrmachtsbordellen im besetzten West- oder Nordeuropa. Für das besetzte Polen legte Heinrich Himmler fest, dass jede polnische Frau, die mit einem

28

deutschen Mann Geschlechtsverkehr hatte, in ein Bordell eingewiesen werden könne. Viele Frauen, die sich der Kriegsbedingungen wegen prostituierten oder schon vorher Prostituierte gewesen waren, wurden einfach in Wehrmachts- oder SS-Bordelle „eingewiesen" – sie bekamen bei diesem Vorgang ein Merkblatt ausgehändigt, in welchem sie darüber belehrt wurden, dass sie bei Widerstand und Nichteinhaltung der „Regeln" in ein KZ eingewiesen würden. Noch weiter östlich hat man auf diese Merkblätter und den bürokratischen Anstrich gleich ganz verzichtet und viele Frauen und Mädchen – manche davon noch „jungfräulich" - einfach in die Wehrmachts- und SS-Bordelle verschleppt.

Für die Wehrmachtssoldaten kostete der Bordellbesuch 2 bis 3 Reichsmark. In der Nähe eines jeden Wehrmachtsbordells waren Sanitätsstuben eingerichtet, in denen sie sich untersuchen und sanieren – also einer prophylaktischen medizinischen Behandlung auf Geschlechtskrankheiten unterziehen – lassen mussten. Das war vorgeschrieben, ebenso wie der Gebrauch eines Kondoms, beides wurde aber häufig von den deutschen Soldaten unterlaufen. Die Frauen in den Bordellen waren einem strengen Regime unterworfen. Sie durften das Haus nur verlassen, wenn sie einen Urlaubsantrag – z. B. auf Stadtausgang – gestellt hatten, und niemals allein. Nachts durften sie überhaupt nicht raus, aber tagsüber mussten sie den Soldaten zur Verfügung stehen. Zwei Mal die Woche wurden sie zwangsuntersucht. Bei Verfehlungen oder „Fehlverhalten" drohte KZ, oder, weiter östlich, gleich die Erschießung.

Auch in den Konzentrationslagern wurden Bordelle errichtet – der Bordellbesuch sollte für die männlichen Häftlinge ein Anreiz sein, fleißig zu arbeiten und keinen Widerstand zu leisten. Auch für die Fremd- und Zwangsarbeiter, die sich auf dem Boden des Deutschen Reichs befanden, wurden ab 1942 Bordelle gebaut. Ganz im Sinne der NS-Rassedoktrin versuchte man dort, den (Zwangs-)Arbeitern Frauen desselben „Volkstums" zur Verfügung zu stellen. – Eine der zentralen Erkenntnisse meiner Forschungsarbeit war also bisher, dass ein Staat, der Prostituierte kriminalisiert, nicht prinzipiell gegen Prostitution sein muss. Hier haben wir mit dem NS-Staat ein Beispiel dafür, dass eine Kriminalisierung von Frauen in der Prostitution und ihre gleichzeitige Ausnutzung durch den Staat sehr nah beieinanderliegen. Für den NS-Staat waren Prostituierte Abschaum, er hat sie verfolgt, eingesperrt und auch getötet. Zugleich aber hat er sie sexuell ausgebeutet. Es gibt Beispiele von Frauen, die in KZ-Bordellen gewesen sind, und die wegen Prostitution in das Konzentrationslager eingewiesen worden waren – nur um sie dort dazu zu zwingen, die Prostitution (diesmal im Sinne des Staates) wiederaufzunehmen. Dasselbe gilt für die Bordelle der Wehrmacht und SS. In jedem besetzten Gebiet galten mit Einmarsch der Deutschen dieselben Regeln für Prostitution. Und in jedem besetzten Gebiet begannen Kriminalpolizei und Sicherheitspolizei sofort damit, Jagd auf prostitutionsverdächtige Frauen zu machen: mit Razzien, mit Festnahmen, mit dem Anlegen von Karteien usw. Aus dem Pool der derart festgestellten Frauen selektierte man dann oftmals den Nachschub für die Wehrmachtsbordelle. Der NS-Staat fungierte hier eindeutig als Zuhälter: Er zwang Frauen zur Prostitution, er betrieb eindeutig Menschenhandel. Und er profitierte massiv davon.

In Ihrem Buch „*Gerne will ich wieder ins Bordell gehen…*" haben sie die Geschichte von Maria K. aufgearbeitet. Wer war Maria, und was konnten Sie über Ihren Lebensweg herausfinden?

Maria K. ist eine polnische Frau, die in ein Wehrmachtsbordell verschafft worden ist. Als ich ihre Polizeiakte aus der Zeit der deutschen Besatzung fand, wurde mir klar, dass man anhand ihres Einzelfalls gut erklären kann, was all die Verordnungen und Bestimmungen über Prostitution während des Besatzungsregimes, aber auch die Regeln, die im Wehrmachtsbordell galten, für eine betroffene Frau bedeuteten. Denn es waren ja konkrete Menschen, für die diese Regeln und Vorgehensweisen der Polizei, der Wehrmacht und der Sanitätsärzte galten – was bedeutete das denn genau? In Marias Akte wurde vermerkt, sie habe sich freiwillig für das Wehrmachtsbordell gemeldet. Das ist ja etwas, was auch in der Forschung immer wieder behauptet wird: Bei den Wehrmachtsbordellen handele es sich nicht um Zwangsprostitution. Marias Fall macht aber deutlich, dass dieser Freiwilligkeitsmythos etwas ist, das aus der NS-Zeit kommt. Es wurde damals schon behauptet, die Frauen in den Bordellen hätten sich freiwillig gemeldet, oder es mache ihnen nichts aus. Am konkreten Fall sieht man aber deutlich, wie viel Gewalt der NS-Staat diesen Frauen konkret angetan hat.

Maria K. ist bei Einmarsch der Deutschen noch eine polnische Verkäuferin in Posen. Sie wird allerdings festgenommen wegen des Vorwurfs, sie habe ein Verhältnis mit einem deutschen Mann. Weil Maria K. von ihrem Verhältnis Geschenke angenommen hat, formuliert die Kripo den Verdacht eines prostitutiven Kontakts. Fortan gilt sie als „heimliche" (also nicht angemeldete) Prostituierte. Sie wird immer wieder festgenommen und zwangsuntersucht. Irgendwann verliert sie ihre Wohnung und auch ihre Arbeit, der sie ja nicht regelmäßig nachgehen kann, da sie immer wieder für mehrere Tage festgesetzt wird. Jetzt schnappen die Behörden zu: Maria K. gilt jetzt als obdachlose, arbeitslose Prostituierte, sprich: als „Asoziale". Mehrfach kommt sie ins Gefängnis. In den Zwischenzeiten prostituiert sie sich dann vermutlich wirklich. Schließlich wird sie ins Wehrmachtsbordell in Posen zwangseingewiesen. Dort hat sie keine Freiheiten. Sie verstößt mehrfach gegen die Regeln, einmal läuft sie weg, weil sie so erschöpft ist, dass sie nicht mehr kann – die Behörden hatten ihr aber keinen freien Tag genehmigt. Sie wehrt sich auch gegen die Zwangsuntersuchungen – einmal beißt sie einen Sanitäter, der sie gynäkologisch untersuchen soll. Und immer wieder greift sie zu Alkohol, weil sie ihre Lage nicht mehr erträgt. Wenn sie das tut, beginnt sie häufig zu randalieren. Man sperrt sie dann in ihrem Verrichtungszimmer ein und droht ihr mit KZ. Irgendwann wird den Behörden dann klar: Maria K. kann nicht mehr. Sie ist für den NS-Staat nicht mehr zu gebrauchen. Ihre „sexuelle Arbeitskraft" ist erschöpft. Also steckt man sie zur Strafe für ihren Widerstand für ein Jahr in ein Straflager, wo sie hungern, frieren und Zwangsarbeit leisten muss und auch körperlicher Gewalt ausgesetzt ist.

Als sie nach einem Jahr wieder entlassen wird, lässt die Kripo sie sofort in „Schutzhaft" nehmen. Denn sie sei, als „Asoziale", als „obdachlose Prostituierte", eine Gefahr für die Gemeinschaft, aber auch potentielle Ansteckungsquelle für die Wehrmachtssoldaten. Sie wird verhört – und aus den Vernehmungsprotokollen wird klar, dass ihr sehr wohl bewusst gewesen ist, wie ernst ihre Lage war. Sie wusste genau, dass eine Einweisung in ein KZ bevorstand, und bettelte buchstäblich um ihr Leben. Dies ist genau die Situation, in der sie meint, sie würde alles tun, was die Behörden wollen: „Gerne will ich wieder ins Bordell gehen!" – und das vermerken die Behörden dann als „freiwillige Meldung ins Wehrmachtsbordell". Es nutzt ihr allerdings nichts. Maria K. wird nicht wieder ins Wehrmachtsbordell verschafft, sondern nach Auschwitz – wo das SS-Hygieneinstitut in Rajsko mit ihr gynäkologische Experimente durchführt.

Sie überlebt den Krieg und arbeitet später in einem Hotel, in dem vor allem deutsche Touristen übernachten.

Die Geschichte von Maria ist unglaublich bewegend. Aber sie ist kein Einzelfall. Hinter jeder Frau und hinter jedem Mädchen aus den KZ-, Wehrmachts-, SS- und Fremdarbeiterbordellen steckt eine solche Geschichte.

Warum wurden die Bordelle für die Wehrmacht und die SS gebaut, und welche Auswirkungen hatte das staatlich kontrollierte Bordellwesen?

Der Bordellbau für die Wehrmacht begann in den besetzten Ländern unter der Prämisse, die „Sexualnot" der Soldaten zu lindern. Denn dies führe, so meinte der NS-Staat, zu homosexuellen Handlungen – und diese wurden strafrechtlich verfolgt. Den Soldaten sollten Frauen zur Verfügung gestellt werden, aber eben nicht einfach irgendwelche: Es sollte sichergestellt sein, dass die Soldaten keine Beziehungen zur einheimischen Bevölkerung aufnahmen. Denn diese Frauen hätten ja Spioninnen sein können, oder aber der Soldat könnte Zuneigung entwickeln und erkennen, dass es sich hier nicht um „Untermenschen" handelt. Der deutsche Soldat hatte aber immer und jederzeit als Vertreter des Besatzungsregimes aufzutreten und zu handeln.

Emotionale Beziehungen zu den Besetzten galten als unerwünscht, auch hinsichtlich der NS-Rasseideologie. Fand der sexuelle Kontakt allerdings im Wehrmachtsbordell statt, so war der Vorwurf der „Rassenschande" (außer für Jüdinnen, diese waren offiziell in den Wehrmachtsbordellen nicht gestattet) im Wehrmachtsbordell außer Kraft gesetzt. Himmler verfügte, es handle sich ja um Beziehungen „sachlich-wirtschaftlicher Art": „Ein gesellschaftlicher Verkehr setzt ein gewisses Maß an Achtung und geistigen Beziehungen voraus, die in den Bordellen nicht gegeben sind." Ins heutige Deutsch übersetzt bedeutet das: Die Frauen in den Bordellen galten den NS-Besatzern als Objekte, vor denen man keinen Respekt haben musste.

Der wichtigste Faktor für die Errichtung der Wehrmachtsbordelle war aber die Angst der Wehrmachtführung vor Geschlechtskrankheiten. Denn ein geschlechtskranker Soldat ist ein Soldat, der ausfällt, und das galt es zu verhindern. Und da man nicht die gesamte weibliche Bevölkerung unter gynäkologische Zwangskontrolle stellen konnte und die Soldaten häufig zu heimlichen Prostituierten gingen, befand man, man müsse den Soldaten gesundheitlich kontrollierte Frauen zur Verfügung stellen: in einem Wehrmachtsbordell.

Die Auswirkungen, die das staatlich errichtete Bordellwesen hatte, waren dann aber nicht die, die die Wehrmachtführung vorgesehen hatte. Die Geschlechtskrankheiten nahmen nicht ab, sondern zu. Denn die Wehrmachtsoldaten gingen weiterhin zu heimlichen Prostituierten – hier konnten sie den gewünschten Verkehr ohne Kondom besser durchsetzen. Steckten sie sich dort an, besuchten sie ein Wehrmachtsbordell und gaben dann an, sich dort infiziert zu haben. Diese Meldungen erwiesen sich häufig als falsch. Auch Ansteckungen bei Vergewaltigungen wurden so vertuscht.

Eine weitere Auswirkung des Bordellwesens war die Zunahme an Gewalttaten gegen nichtprostituierte Frauen. Die Bordelle verhinderten Sexualstraftaten gegen Frauen nicht – sie befeuerten sie. Bereits 1942 beklagt das Oberkommando des Heeres, die Soldaten nähmen aus den Bordellen ein äußerst abwertendes Frauenbild mit – dies wird für den NS-Staat aber nur deswegen ein Problem, weil die Soldaten ihr Frauenbild während des Fronturlaubs mit in die Heimat tragen und die deutschen (Ehe-)Frauen darunter leiden lassen. Eine Einstellung des Bordellwesens erfolgt dennoch nicht.

Allerdings häufen sich im Laufe des Krieges immer mehr Meldungen über Exzesse in den Wehrmachtsbordellen: Schießereien, Schlägereien, Übergriffe, Alkoholexzesse. Auch wird immer wieder thematisiert, dass die Bordelle dafür sorgen, dass auch junge Soldaten, die gar nicht vorhatten, je zu Prostituierten zu gehen, von ihren Kameraden in diese Einrichtungen mitgenommen werden. Das Bordellwesen, so stellt die Wehrmachtführung sehr schnell nach Einrichtung der Bordelle fest, produziert also immer mehr soldatische Freier. Die Triebabfuhrtheorie, nach der die Bereitstellung von Prostituierten Vergewaltigungen verhindere, funktioniert ebenso wenig: Die Soldaten begehen nicht nur Übergriffe an den Prostituierten; werden sie, was selten genug geschah, wegen Vergewaltigung einer einheimischen Frau angeklagt, berufen sie sich darauf, sie hätten gedacht, es handle sich dabei um eine Prostituierte und kommen damit davon. Das staatlich errichtete Bordellwesen produziert also Täter – und es sorgt dafür, dass sich die Soldaten die „Kriegsbeute Frau" nicht mehr individuell besorgen müssen.

Trotz einer lebendigen Erinnerungskultur kommt das Thema Prostitution in dieser bis heute kaum vor. Gedenkstätten klammern das Thema fast vollständig aus. Prostituierte Frauen erscheinen als Opfer zweiter Klasse. Welche Erklärungen könnte es Ihrer Meinung dafür geben?

Das lässt sich erklären durch die Stigmatisierung, der Frauen in der Prostitution unterworfen sind. Die Kategorisierung als „Asoziale" wirkt da einfach fort, ebenso wie der Mythos der „freiwilligen Meldung". Dass noch immer davon gesprochen wird, es habe sich hier nicht um Zwangsprostitution gehandelt, hat natürlich Konsequenzen: Wenn wir als Gesellschaft diese Frauen nicht als Opfergruppe anerkennen, dann muss sich der deutsche Staat auch nicht für das den Frauen angetane Leid entschuldigen. Und dann muss auch niemand Entschädigungsleistungen zahlen.

Dass diese Frauen nie erwähnt werden, sondern in der Vergessenheit versinken, hat auch noch eine andere Auswirkung: nämlich dass wir als Gesellschaft nicht anerkennen müssen, dass es sich hierbei um eine weitere Verbrechensart handelt, derer sich die Wehrmacht schuldig gemacht hat.

Erkennen Sie Parallelen in den Debatten um die Prostitution im Nationalsozialismus und den zeitgenössischen Debatten um Prostitution?

Ja, absolut. Zunächst ist auffällig, dass noch immer der Mythos existiert, man könne eine Prostituierte nicht vergewaltigen (denn dabei handelt es sich ja, wenn es um Zwangsprostitution geht). Auch die soldatischen Freier merken, wenn sie über ihre Besuche in Wehrmachtsbordellen sprechen, immer wieder an, das sei ja schon zuvor der Beruf dieser Frauen gewesen. Das dient ihnen dazu, ihr Gewissen zu erleichtern. Aber natürlich kann man auch eine Frau in der Prostitution vergewaltigen. Und natürlich ist es Zwangsprostitution, wenn man eine Frau wegen Prostitution festnimmt und sie dann andernorts unter Androhung von Haft, Folter oder Tod dazu bringt, sich zu prostituieren. Aber wir haben in Deutschland noch immer keine Definition für Zwangsprostitution. Und das kommt den Frauen aus den Wehrmachtsbordellen nicht zugute. Über sie wird auch heute noch gesagt, sie hätten doch stattdessen auch ins KZ gehen können. Oder in den Bordellen sei es wenigstens warm gewesen, und was zu essen hätten sie ja auch gehabt. Ihr Überleben wird ihnen vorgeworfen.

Aber wir werfen doch auch den Inhaftierten aus den KZ nicht vor, dass sie überlebt haben. Manchmal wird sogar behauptet, es habe sich hierbei nicht um Zwangsprostitution gehandelt, weil die Intention der Wehrmacht ja schließlich nicht gewesen sei, die Frauen sexuell zu versklaven. Man habe eben nicht anders handeln können, um den Soldaten Frauen zur Verfügung zu stellen und die Verbreitung von Geschlechtskrankheiten zu verhindern. Alles in allem hat man da noch sehr, sehr viel Verständnis für die Wehrmacht – und damit für Täter. Ich habe in meinem Buch vorgeschlagen, folgende Fragen zu stellen, um zu erkennen, ob Zwangsprostitution vorliegt:

Wird die Frau mittels Druck, Zwang, der Androhung von Gewalt, Fremdbestimmung, Einsperrung oder massiven Eingriffen auf ihren Leib oder ihr Leben dazu aufgefordert, die Prostitution aufzunehmen? Wird die Frau mittels Druck, Zwang, Einsperrung oder der Androhung von Strafe, Freiheitsberaubung oder Gewalt dazu gebracht, in der Prostitution zu verbleiben? Ist sie in der Lage, die Prostitution jederzeit auf eigenen Wunsch hin zu beenden, ohne negative Folgen (Verfolgung, Einsperrung, strafrechtliche Konsequenzen, Gewalt) befürchten zu müssen? Kann sie Freier ablehnen? Kann sie Preise und Praktiken selbst bestimmen? Wird sie in ihrer Bewegungsfreiheit eingeschränkt? Findet eine Einsperrung statt?

Wenn man diese Fragen stellt, wird deutlich, dass Zwangsprostitution vorgelegen hat. Was jetzt folgen muss, ist: noch mehr Forschung. Und auch: eine Anerkennung des Leids, das die deutsche Wehrmacht über Frauen und Mädchen in den besetzten Ländern gebracht hat. Viele von ihnen sind bereits gestorben. Wir als Gesellschaft haben es bereits versäumt, ihnen wenigstens Gelder zu zahlen, die ihnen helfen, die Folgen dieser Sexualgewalt zu lindern. Versäumen wir nicht auch noch ihre Anerkennung als Opfergruppe und die Bitte um Entschuldigung!

Die Ursprünge des Abolitionismus: der Kampf gegen die gesellschaftliche Doppelmoral

Damals [zur Zeit des Sezessionskrieges in den USA] gehörten wir zum ersten, aber nicht zum letzte Male in unserem gemeinsamen Leben einer Minderheit an, einer Menschengruppe, die zunächst so unbedeutend war, dass sie sich kaum irgendwo Gehör verschaffen konnte, deren Stellungnahme aber nachträglich, durch den Lauf der Dinge, voll gerechtfertigt wurde. Für uns war dies eine gute Schule, gegen den Strom schwimmen zu lernen oder wenigstens fest zu stehen in dem vorbeifließenden Strom und zugleich milde zu sein gegen die Feinde wie gegen die Tausenden, die zufrieden im breiten Fluss der herrschenden Tagesmeinung dahin schwammen. Oft empfanden wir das Gefühl des Alleinstehens in einer so wichtigen und erschütternden Sache schmerzlich, aber die damit verbundene Zucht war uns heilsam. Ist es doch später in noch stärkerem Maße unser Los geworden, um des Gewissens willen eine einsame Stellung einzunehmen und darin auszuhalten.

Josephine Butler

Die Initialzündung für den Startpunkt abolitionistischer Ideen lieferten die 1864 in England eingeführten *Contagious Disease Acts* (Gesetz über ansteckende Krankheiten – auch: CD-Acts). Mit den CD Acts wurden prostituierte Frauen kontrolliert und reglementiert, um die Verbreitung von Geschlechtskrankheiten unter den britischen Soldaten zu reduzieren. 1869 gründete Josephine Butler (1828 – 1906) die *Ladies' National Association for the Repeal of the Contagious Disease Acts (LNA)* und erhielt Unterstützung unter anderem von bekannten Liberalen wie John Stuart Mill oder der Frauenrechtlerin Florence Nightingale. Moralische Rückendeckung gab auch der französische Schriftsteller Victor Hugo, der in einem Brief an Butler schrieb *„In Amerika wurde die Sklaverei der farbigen Frauen abgeschafft; die* *der weißen Frauen besteht in Europa weiter und fortwährend ersinnt der Mann neue Gesetze zur Knechtung der Frau.* " Die LNA verbreitete ihre Forderungen in Form von acht Punkten in der Zeitung *Daily News*. Dies war der Auftakt für eine rührige und schlagkräftige Bewegung, die mehr als 500 Bücher und Flugschriften produzierte und mehr als 900 Protestveranstaltungen durchführte. Das House of Commons erreichten in den Jahren zwischen 1870 und 1885 mehr als 17.000 Petitionen mit insgesamt mehr als 2,6 Millionen Unterschriften.

Wie sehr Butlers Aktivismus die Männerseelen bedrohte, lässt sich unter anderem daran ablesen, was man(n) sich alles einfallen ließ, um sie am Sprechen zu hindern. So drohte der wütende Mob zum Beispiel jenen Hotels, in denen sie sich auf ihren Vortragsreisen einquartiert hatte, mit Brandstiftung. Mehr als einmal musste sie, von einem Pöbel aus Freiern und Zuhältern gejagt, durch die Straßen flüchten. 1872 wurde der Boden eines Heubodens, der als Veranstaltungsort aufgetan werden konnte, mit schwarzem Pfeffer bestreut, um das Sprechen zu vereiteln. Während der Versammlung wurden darüber hinaus im unteren Raum Strohbündel entzündet.[2] All diese Einschüchterungsversuche konnten die Bewegung jedoch nicht aufhalten: Bereits im Jahr 1883, also nur wenige Jahre nach deren Einführung, wurden die CD Acts zunächst außer Kraft gesetzt und schließlich 1886 vollständig aufgehoben.

Der Abolitionismus war nicht genuiner Teil der Frauenbewegung, aber mit dieser eng verbunden. Die Mitwirkung von - insbesondere jungen - Männern war ausdrücklich gewollt. So war Butler der Meinung, dass die Arbeit der Bewegung vor allem dabei ansetzen müsse, dass diese ihre „männliche Ich-Sucht" zu überwinden lernten. In Frankreich führte schließlich mit Yves Guyot, dem ehemaligen Staatsminister, ein Mann den Vorsitz des nationalen

Zweigs. Für sein Engagement verbrachte er unter anderem sechs Monate im Gefängnis. Darüber hinaus wurden in der internationalen abolitionistischen Bewegung politische, religiöse und nationale Grenzen überwunden. Die Idee zur internationalen Ausweitung der Bewegung war bereits 1874 auf einer Versammlung entstanden: *„Die abolitionistische Bewegung ist – wie die Frauenbewegung, mit der sie so eng verbündet ist – eine Welt-Bewegung. Ihre Grundprinzipien können überall, unabhängig vom Entwicklungsstand, der Regierungsform und jedem nationalen Ideal, angewendet werden".* Nur wenige Jahrzehnte später gab es abolitionistische Bestrebungen u.a. in den britischen Kolonien, Südafrika, Russland, Nordamerika (1899), Japan (1904), Uruguay, Ägypten, Ungarn, Rumänien, Litauen und Syrien (1920).

Der Deutsche Kulturbund als erster übergesprungener Funke

Die Wurzeln des deutschen Abolitionismus gehen zurück in das Jahr 1880, als die Sozialistin Gräfin Gertrud Guillaume-Schack (1845 – 1903) mit dem Deutschen Kulturbund einen ersten Versuch unternahm, die *Internationale Abolitionistische Föderation* ins Deutsche Reich zu bringen. Als erste Frau thematisierte Guillaume-Schack auf sehr gut besuchten öffentlichen Veranstaltungen die Ausbeutung der Frau in der Prostitution, sprach sich gegen die Regulierung aus und brachte eine entsprechende Petition zur Abschaffung der Prostitution ein. Sie und ihre Mitstreiterinnen begingen damit einen gesellschaftlichen Tabubruch und erzürnten die Gemüter. So wurde u.a. einer ihrer Vorträge am 23. März 1882 bereits nach rund 15 Minuten wegen „groben Unfugs" aufgelöst. Sie und die Organisatorin mussten sich vor Gericht verantworten, denn die Staatsanwaltschaft betrachtete es als skandalös, ein solches Thema vor einem gemischten Publikum aus Männern und Frauen zur Sprache zu bringen.

Ebenfalls bereits 1882 wandte sich die protestantische Frauenversammlung gegen die Polizeiwillkür, die sich gegen prostituierte Frauen richtete, und brandmarkte stattdessen den Freier als „Hauptinfektionsherd", vor dem die Frauen geschützt werden müssten. Im 1885 gegründeten christlichen *Verein zur Hebung der öffentlichen Sittlichkeit* wurden die Frauen jedoch zunächst verdrängt und dann schließlich sogar ausgeschlossen, womit der Prohibitionismus der dort aktiven Männer die Oberhand gewann.

Aufgrund öffentlicher Aussagen gegen Prostitution von führenden Sozialdemokraten wie August Bebel suchte Guillaume-Schack ein Bündnis mit den Sozialdemokraten, die auch in Ländern wie England und Italien die gute Sache unterstützten. Allerdings führte gerade diese Verbindung zu der unter Bismarck verbotenen Sozialdemokratie zur Ausweisung Guillaume-Schacks aus dem Deutschen Reich, mit der Folge, dass der Deutsche Kulturbund wieder aufgelöst wurde und der erste Versuch, den Abolitionismus in Deutschland zu verankern, schon 1886 als gescheitert erklärt werden musste.

Der deutsche Zweigverein der Internationalen Abolitionistischen Föderation (IAF)

Einen zweiten Anlauf nahm der Abolitionismus im Deutschen Reich schließlich um die Jahrtausendwende im Jahr 1899, als in Hamburg – durch Lida Gustava Heymann (1868 - 1943) - und in Berlin – durch Anna Pappritz (1861 – 1938) - zwei erste Zweigvereine der IAF gegründet wurden. Sieben Jahre später existierten insgesamt 16 lokale Gruppen. Ab 1902 sorgte das Vereinsorgan *Der Abolitionist* für eine weite Verbreitung der Positionen und Vernetzungsaktivitäten. Eine zentrale Bedeutung kommt Pappritz zu, die auf einer Englandreise Butler begegnet war und dort den Kampf gegen

Prostitution als Arbeitsfeld und Lebenssinn für sich entdeckte. Sie hatte das übergriffige Verhalten von deutschen Männern geschildert und war auf die deutsche Reglementierung der Prostitution als eine der Ursachen für dieses Verhalten hingewiesen worden: *„Dass es eine Prostitution gebe ... das war mir neu und das erschien mir furchtbar. Noch unfassbarer aber schien mir, dass der Staat das Laster regelt, um dem Mann gesunde Frauen zur Verfügung zu stellen."*

Die deutsche Frauenbewegung, die sich 1865 auf einer großen Frauenkonferenz in Leipzig ihren Ausgangspunkt geschaffen hatte, spaltete sich 1890 auf in eine proletarische und eine bürgerliche Frauenbewegung. Letztere bestand aus einem radikalen Zweig unter Minna Cauer (Berliner Verein *Frauenwohl*) und einem gemäßigten Zweig unter Helene Lange (*Verband fortschrittlicher Frauenvereine VFFV*). Während der radikale Zweig eher propagandistisch arbeitete, lag der Fokus des gemäßigten Zweiges auf der gemeinnützigen Arbeit. 1894 gelang es, den *Bund deutscher Frauenvereine* (BdF) als Dachverein zu gründen, der 1901 137 Vereine mit 70.000 Mitgliedern und 1913 2.200 Vereine mit rund einer halben Million Mitgliedern unter sich vereinte. In der Prostitutionsfrage nahm der BdF bis 1895 eine Position ein, die international für Entsetzten bei den Frauenrechtlerinnen sorgte: Gefordert wurde unter anderem die Behandlung geschlechtskranker prostituierter Frauen in Krankenhäusern oder Zwangserziehungsanstalten, eine Anzeigepflicht der Ärzte bei Geschlechtskrankheiten sowie die sofortige Ausweisung von Ausländerinnen. Auch im Verein *Frauenwohl* dominierten die prohibitionistischen Positionen der Vorsitzenden Hanna Bieber-Böhm (1851 – 1910) den Verband.

Große Bewegung in die Diskussion über die Prostitutionsfrage kam, als ein Fall einer Zwangsuntersuchung eines Fräulein Köppen Aufsehen erregt hatte und eine Protestkundgebung in Berlin am 9. Januar 1898 mit rund 2.000 Teilnehmenden stattfand. Bei der Vorstandswahl des Vereins *Frauenwohl* im Januar 1899 obsiegte die Abolitionistin Anita Augspurg (1857 – 1943) über Bieber-Böhm, was den Austritt Letzterer, gemeinsam mit 40 weiteren Mitgliedern, zur Folge hatte. Auf der 5. Generalversammlung des BdF 1902 in Wiesbaden ließ sich Anna Pappritz in den Vorstand wählen. Eine Resolution gegen Zwangsuntersuchungen wurde hier mit drei Enthaltungen angenommen und eine einstimmige Beschlussfassung zur Intensivierung des Kampfes gegen die staatlich reglementierte Prostitution herbeigeführt.

Staatlicherseits wurden den Abolitionistinnen viele Steine in den Weg gelegt. Die Hamburger Polizeibehörde beispielsweise hielt die Diskussionen für *„gefährlich und der Unsittlichkeit Vorschub leistend"* und verhängte kurzerhand ein Versammlungsverbot. Hierdurch steigerte sich jedoch nur das ohnehin bereits große öffentliche Interesse, und der Zweigverein verlegte seine Aktivitäten auf preußischen Boden, nach Altona, wo ein Vortrag von Heymann von 850 Personen, darunter 350 Männern, besucht wurde. Die öffentliche Wirkung blieb trotz der nicht sehr unterstützenden Tagespresse, dem *„Bollwerk männlicher Macht"* (Anna Pappritz), nicht aus.

Anders als in anderen Ländern war der Abolitionismus in Deutschland insbesondere von der Frauenbewegung getragen. Das klare Geschlechterverhältnis spiegelt sich auch in den Mitgliederzahlen wieder: Im Jahr 1910 hatte die Föderation in Deutschland etwa 1.000 Mitglieder, wovon nur 13,8 % männlich waren. Nichtsdestotrotz gab es auch hierzulande engagierte Abolitionisten, wie den Gießener Rechtsprofessor Wolfgang Mittermaier oder den Colmarer[3] Pfarrer Emile Hoffet. Von Hoffet sind diese leidenschaftlichen und klaren Worte gegen Prostitution als gesellschaftliche

Notwendigkeit überliefert, die als massiver Angriff auf das Männerbild und die männlichen Privilegien gelten können:

Dieser Satz ist, man möge ihn drehen und wenden, wie man wolle, eine Verläumdung der Männerwelt. ... Gegen ihn erheben wir im Namen alles dessen, was wir je geehrt und geliebt, im Namen unserer eigenen Ehre, im Namen derer aller, die uns eines besseren belehrt und durch ihr eigenes Beispiel gerade den Gegenbeweis geliefert, den allerenergischsten Protest. ... Wenn die Dinge wirklich also ständen, wenn der Mann nicht ohne die Prostitution leben könnte, ... wenn es Naturgesetz wäre, dass die Erinnerung an die Feigheit und Ehrlosigkeit, seinen Leib nicht in Zügel gehalten zu haben, auf jedem Männergewissen zu lasten haben, dass man kein Mann sein kann, ohne das Frauengeschlecht ... erniedrigt zu haben, ... dann bliebe uns, um unsere Ehre zu retten und die Achtung der Frauen zu verdienen, kein anderer Ausweg, als ein schleuniges Scheiden aus dem Leben. Einer auf solcher Grundlage basierten Menschheit müsste baldigst ein Ende gemacht werden.

Im elsässischen Mühlhausen – nur knapp 40 km von Hoffets Colmar entfernt - betrug der Männeranteil im abolitionistischen Zweigverein im Jahr 1908 überraschenderweise dann auch sogar 60 %.

Die AbolitionistInnen agierten neben den zahlreichen öffentlichen Veranstaltungen auch strategisch mit einem Schneeballsystem in so genannten „Heimstubensitzungen", um ihre Ideen und Vorstellungen in der breiten Bevölkerung zu verankern. So wurden zwölf Frauen aus verschiedenen Stadtteilen zu einer privaten Zusammenkunft eingeladen, auf der es eine intensive Debatte zum Thema gab und wo Flugblätter und Informationsmaterialien ausgehändigt wurden. Kurze Zeit später fanden dann wiederum Veranstaltungen mit neuen Gästen in den Wohnungen und Häusern der zuvor Eingeladenen statt. So konnten vor allem die Arbeiterinnen gut für die Sache gewonnen werden. Die Abolitionistinnen und Abolitionisten wandten sich gegen die Auffassung der moralisch verdorbenen Prostituierten und diskutierten stattdessen die sozialen und ökonomischen Ursachen der Prostitution und thematisierten die männliche Nachfrage.

Der deutsche Zweig der *Internationalen Abolitionistischen Föderation* konnte einige zentrale Erfolge verbuchen. Die Dresdner Abolitionistin Katharina Scheven (1861 – 1922) gehörte zu den ersten zehn Frauen, die in das Dresdener Stadtverordnetenkolleg gewählt wurden. Nach der Sozialdemokratin Scheven wurde bereits 1926 eine Straße benannt, was zeigt, wie viel Respekt sie sich hat erarbeiten können. Die sprachgewandte und eloquente Scheven, die als Bindeglied zu den ausländischen Gruppen der IAF fungierte, stellte schon 1910 fest, dass es der Bewegung gelungen war, das Schweigen über die Prostitution und ihre Folgen erfolgreich zu brechen:

Überall in der ganzen zivilisierten Welt hat der abolitionistische Gedanke in den letzten Jahren einen ungeahnten Aufschwung genommen, und wer die Zeichen der Zeit zu deuten versteht, der sieht trotz aller düsteren Wolken, die den Himmel jetzt noch bedecken, doch schon das Morgenrot eines neuen Tages heraufdämmern. ... Wenn auch die heutige Generation diesen Tag nicht mehr erleben wird, so ist es doch für uns, die wir an sein Kommen glauben, tröstlich und erhebend, unter den Pionieren sein zu dürfen, die die Bahn für sein Kommen frei machen.

Eine große Wirkung hatte der von Anna Pappritz im Jahr 1919 herausgegebene Sammelband „*Einführung in das Studium der Prostitutionsfrage*". Hierfür hatte sie auch zahlreiche Ärzte und Juristen gewinnen können. Mit der Wahl von Frieda Radel (1869 – 1958) in die

Hamburgische Bürgerschaft im Jahr 1920 gelang es, einen Ausschuss einzusetzen, der zum Ergebnis hatte, dass die Bordelle ungesetzlich seien und abgeschafft gehörten. Die Schließung wurde am 17. März 1922 vollzogen.

Der größte Erfolg gelang den deutschen AbolitionistInnen schließlich mit dem zum 1. Oktober 1927 in Kraft getretenen Gesetz zur Bekämpfung der Geschlechtskrankheiten, welches die grundsätzliche Strafbarkeit von den prostituierten Frauen nahm und mit der die Abschaffung der Bordelle eine Entmachtung der Zuhälter erwirken sollte.

Nationalsozialistische Repression gegen den Abolitionismus

Mit der Machtergreifung der Nationalsozialisten machte jedoch nur kurze Zeit später die *„Verordnung zum Schutz von Volk und Staat"* wieder alle abolitionistischen Hoffnungen zunichte. Die Abolitionistinnen Lida Gustava Heymann und ihre Lebensgefährtin Anita Augspurg standen schon seit 1923 auf der „schwarzen Liste" der „zu liquidierenden" Personen der Nationalsozialisten und lebten als überzeugte Pazifistinnen ab 1933 im Schweizer Exil.

Die beiden hatten den Kampf für Frauenrechte zu ihrem Lebensmittelpunkt gemacht und kämpften an allen Fronten: Sie riefen zum Eheboykott auf, forderten Schutz vor sexuellen Belästigungen und Vergewaltigungen, den Frauen- und Mädchenhandel und die Ansicht von der Frau als Ware, für mehr Rechte für uneheliche Mütter, gegen die Vergewaltigung von schwarzen Frauen in den deutschen Kolonien, gegen Kolonialismus, gegen Schleierzwang in muslimischen Ländern, gegen den § 218 und die Hetze gegen die jüdischen Mitbürgerinnen und Mitbürger. Nachdem ein Nazitrupp mit Knüppeln in eine Frauenversammlung geprügelt hatte, wurden sie beim bayrischen Innenminister vorstellig, um Hitlers Ausweisung zu fordern. Das pazifistische Engagement wurde als Vaterlandsverrat und Deutschenfeindlichkeit aufgefasst. Die Nationalsozialisten konfiszierten den gesamten Besitz und vernichteten das von Heymann und Augspurg aufgebaute Archiv der Frauenbewegung.

Den abolitionistischen Vereinen gingen von heute auf morgen aufgrund der Gleichschaltung der Vereine alle jüdischen Mitglieder verloren. Anna Pappritz haderte sehr mit dieser Situation:

Ich ... kann mich dem Zwange, unsere jüdischen Mitglieder auszuschalten, nicht fügen. Abgesehen von meinen persönlichen Anschauungen entspricht die Maßnahme nicht den Grundsätzen der Föderation, die immer für Gerechtigkeit und Sittlichkeit eingetreten ist. Gerechtigkeit und Sittlichkeit sind keine teilbaren Begriffe; man kann sie nicht auf dem einen, dem sexuellen Gebiet verfechten, und sie auf einem anderen Gebiet verletzen. Wenn der Vorstand die Ausschaltung der jüdischen Mitglieder beschließt, so lege ich mein Amt als 1. Vorsitzende nieder.

Sechs jüdische Vorstandsmitglieder überzeugten sie in einer langen Debatte, die Arbeit weiter zu führen. Widerwillig ließ sich Pappritz, die zum Gesicht des Abolitionismus in Deutschland geworden war, darauf ein, empfand dies jedoch als eine „ungerechte und unehrenhafte" Handlung, die ihrer inneren Überzeugung zutiefst widersprach. Die jüdischen Mitglieder traten sodann zurück, um dem Berliner Ortsverein die weitere Arbeit zu ermöglichen.

Der Abolitionist Wolfgang Mittermaier wurde 1933 in Gießen zwangsemeritiert und erhielt keine erneute Honorarprofessur in Heidelberg. Er hielt die internationalen Kontakte aufrecht, und nach Kriegsende nahm er die abolitionistischen Aktivitäten wieder auf und versuchte, Frauen dazu zu bringen, den Kampf fortzuführen: *„Ich meine, die Frauenwelt darf es nicht dulden, dass Frauen in der bisherigen Art als Menschen zweiter Klasse, als Objekte männlicher Lust behandelt werden".* Eine Wiederbelebung der schlagkräftigen Bewegung gelang jedoch nicht, und es blieb im Kampf gegen die patriarchale Institution der Prostitution für eine sehr lange Zeit sehr ruhig in Deutschland.

Bertha Pappenheim und die jüdische Frauenbewegung[4]

Mit ihrer scharfen Anklage gegen den Mädchen- und Frauenhandel machte sich Bertha Pappenheim einen Namen als *„eine der stärksten Persönlichkeiten des deutschen Judentums".* Und dies, obwohl der als „Anna O." bekannt gewordenen Patientin von Siegmund Freuds Freund Josef Breuer noch von diesem die Lebensfähigkeit abgesprochen worden war: Es wäre besser, sie würde sterben, um von ihrem Leiden erlöst zu werden. Eine ungeheuerliche Aussage, nicht nur vor dem Hintergrund ihres späteren Lebenswerkes.

War es bereits mutig gewesen, sich als Frau aus gutem Hause öffentlich über Prostitution zu äußern, nahmen einige Menschen jüdischer Herkunft ihr 1897 die offensive Benennung des Problems der jüdischen Mädchenhändler, die jüdische Mädchen von Osteuropa nach Lateinamerika verkauften, übel. Denn bereits damals waren es die marginalisiertesten Mädchen und Frauen, die in der Prostitution gehandelt wurden: Von den 42 unter Polizeiaufsicht in den staatlichen Bordellen von Buenos Aires stehenden Bordellen mit insgesamt ca. 4.000 kasernierten prostituierten Frauen, waren 90 % Jüdinnen aus Osteuropa. Jährlich wurde ein Nachschub von etwa 10.000 Mädchen benötigt. Die Benennung dieser Tatsachen brachte Pappenheim insbesondere vor dem Hintergrund des bereits stark antisemitischen gesellschaftlichen Klimas im

Deutschen Reich vor ein Dilemma, für das sie Totschweigen als keine Lösung betrachtete. So schrieb und appellierte die Visionärin:

Wir wissen, dass eine große Anzahl jüdischer Mädchen das Gewerbe der freien Prostitution betreibt; - wir wissen, dass in allen Bordellen der Welt Jüdinnen zu finden sind, und wissen, dass im Mädchenhandel – Händler und Ware – größtenteils jüdisch sind – und wir wissen, dass auch das Familienleben heute nicht mehr das ist, was es einst war, da die Männer – Väter und Söhne – sich selbst und ihr Haus nicht mehr freihalten, von dem Schmutz, den die Tränen der betrogenen und verdorbenen Frauen, nicht wegwaschen können. ... Wenn wir Juden nicht anfangen, unsere Schuldigkeit zu tun, dann können wir die Schmach erleben, dass je mehr christliche Mädchen dem Marktverkehr entzogen werden, umso mehr und umso sicherer wird die jüdische Ware die Nachfrage zu bestreiten haben. ... Doch hoffe ich, dass es mir gelingen wird ... einen großen Kreis davon zu überzeugen, dass das Schicksal jener Mädchen ... eine Selbsterniedrigung der Gesellschaft bedeutet, die sich gerade dort taub und blind stellt, wo sie ihre Sinne besonders zu schärfen hätte. ... Die Geschlechtssklaverei, die käufliche Hingabe des Weibes solidarisch als eine Entehrung der ganzen Frauenwelt aufzufassen, alles, was diese Sklaverei herbeiführt und erleichtert, fördert oder gutheißt zu verdammen, ist eine ethische Forderung, die sich in den Kreisen der zum Selbstbewusstsein erwachsenden Frauenwelt immer häufiger Bahn bricht.[5]

So bereiste Bertha Pappenheim Galizien, besuchte internationale Kongresse, berichtete schonungslos von den Zuständen und Menschenrechtsverletzungen, die sie vorfand, von der Ausgrenzung großer Bevölkerungsteile von Bildung und gesellschaftlicher Teilhabe und der daraus resultierenden Chancenlosigkeit: Drei Viertel der galizischen Juden lebten unter dem

Existenzminimum, russische Jüdinnen durften nur dann außerhalb des ihnen zugewiesenen Ansiedlungsgebietes leben, wenn sie sich als prostituierte Frauen registrieren ließen. Pogrome durch Nichtjuden waren zudem an der Tagesordnung.[6]

Besonders hob sie jedoch auch die zerrütteten Familienverhältnisse hervor und betrachtete diese als noch schwerwiegendere Ursache als die grassierende ökonomische Not. Sie entlarvte den Mythos der Freiwilligkeit und klagte die Nachfrage durch den Mann als zentrale Ursache der Prostitution an. Ihr grenzenloser Mut wurde von zahlreichen jüdischen Frauen mit Solidarität belohnt. Der von ihr gegründete Jüdische Frauenbund umfasste 1907 bereits 82 Ortsvereine mit 32.000 Mitgliedern.

Aber Pappenheim sprach nicht nur Tacheles und klagte an. Sie wollte Betroffenen auch konkret helfen, und es gelang ihr, dank großzügiger Spenden ein Heim für junge Frauen mit unehelichen Kindern und prostituierte Frauen in Neu-Isenburg zu errichten. Dies brachte ihr den Ruf einer der wichtigsten Pionierinnen der Sozialarbeit ein. Zu ihren Unterstützern gehörten unter anderem Albert Einstein und Martin Buber. 1912 gelang es ihr, die Frankfurter Stadtverordnetenversammlung zur Zustimmung der Abschaffung der Bordelle zu überzeugen. Die Umsetzung scheiterte an einem Boykott des Polizeipräsidenten.

Pappenheim gab ihren Kampf auch dann nicht auf, als sie 1935 an einem bösartigen Tumor erkrankte. Obwohl bettlägerig, folgte sie noch einen Monat vor ihrem Tod im Mai 1936 einer Vorladung der Gestapo nach Offenbach. Ihre Arbeit wurde weitergeführt, in der Reichspogromnacht im Jahr 1938 jedoch zwei der vier Gebäude von marodierenden Nazis mit Pechfackeln unter „Juden heraus!"-Rufen niedergebrannt. 1942 wurden die dann noch 70

Bewohnerinnen schließlich nach Theresienstadt deportiert und die meisten in Auschwitz, Majdanek oder Ravensbrück ermordet. Bertha Pappenheims enge Vertraute Hanna Kaminski, mit der sie eine lebenslange Freundschaft verband, starb noch auf dem Transport. Das Haus wurde der Hitlerjugend zugeschlagen (und ist heute eine Gedenkstätte).

Notes:

(1) Die Ausführungen in diesem Kapitel beruhen im Wesentlichen, sofern nicht anders angegeben, auf den beiden großen Veröffentlichungen zum Abolitionismus in Deutschland. Zum einen: Dr. Kerstin Wolff: Anna Pappritz (1861-1939). Die Rittersguttochter und die Prostitution, Ulrike Helmer Verlag, Sulzbach im Taunus: 2017.; zum anderen Bettina Kretzschmar: „Gleiche Moral und gleiches Recht für Mann und Frau". Der deutsche Zweig der Internationalen abolitionistischen Bewegung (1899-1933), Ulrike Helmer Verlag, Sulzbach im Taunus, 2014.

(2) George W. Johnson und Lucya A: Die Lebensgeschichte der Josephine Butler. Eine Frau kämpft für Gerechtigkeit, Verlag Chr. Kaiser, München: 1979

(3) Colmar im französischen Elsass gehörte zu dieser Zeit zum Deutschen Kaiserreich

(4) Marianne Brentzel: Anna O. - Bertha Pappenheim, Wallstein Verlag, Göttingen: 2002.

(5) Helga Heubach (Hrsg.,): Bertha Pappenheim: Sisyphus. Gegen den Mädchenhandel. - Galizien, Freiburg im Breisgau, Kore: 1992.

(6) Esther Schapira: Die Galizien-Connection. Gelobtes Land, in: EMMA 1/1987, S. 38.

5 Fragen an … Dr. Kerstin Wolff

Kerstin Wolff ist Historikerin und leitet die Forschungsabteilung bei der Stiftung Archiv der deutschen Frauenbewegung in Kassel. Ihr Forschungsschwerpunkt ist die Geschichte der Frauenbewegung in Deutschland. 2017 hat sie im Ulrike Helmer Verlag das Buch „Anna Pappritz. 1861 – 1939. Die Rittergutstochter und die Prostitution" veröffentlicht.

Liebe Kerstin, du hast ein extrem fundiertes und akribisch recherchiertes Buch zum Leben der deutschen Abolitionistin Anna Pappritz geschrieben, welches gleichzeitig auch eine hervorragende Übersicht zu den feministischen Kämpfen und auch Auseinandersetzungen um Prostitution ihrer Zeit liefert. Kannst du etwas dazu sagen, was dich zu dieser Arbeit motiviert hat und was die für dich interessantesten Erkenntnisse waren? Und in Bezug auf Differenzen innerhalb der feministischen Bewegung: Was waren hier die Hauptstreitpunkte?

Ich freue mich, dass du das Buch über Anna Pappritz so einschätzt! Zu Beginn hat mich erst einmal die Person interessiert, und ich habe mich gefragt, warum es zu Pappritz noch keine Biographie gibt. Die Quellenlage ist vergleichsweise gut, und deshalb fand ich das merkwürdig.

Interessanterweise stand also für mich die Frage nach dem Kampf gegen Prostitution bzw. gegen die Reglementierung der Prostitution nicht im Vordergrund, als ich begann, diese Arbeit zu verfassen. Ich bin mit einer klaren Haltung zur Prostitutionsfrage in die Forschungsarbeit hineingegangen und bin – spannenderweise – mit einer anderen herausgekommen. Das war sicher das für mich interessanteste, mein eigener Prozess, der mich von der Haltung: ‚Prostitution ist ein Beruf wie jeder andere auch' weggeführt hat, hin zu der Position, dass Prostitution eines der zugrundeliegenden Stützmomente eines frauenfeindlichen Geschlechterverhältnisses ist.

Was ich inhaltlich sehr spannend fand war, dass eine klare „politische" Zuordnung des Abolitionismus innerhalb der bürgerlichen Frauenbewegung nicht möglich ist. Es heißt zwar immer, Abolitionismus sei „links" oder „radikal", aber ich kann dies nicht bestätigen. Anna Pappritz schaffte es, dass der *Deutsch-Evangelische Frauenbund*, der im politischen Spektrum auf der konservativen Seite stand, sich zum Abolitionismus bekannte, und auch der *Bund Deutscher Frauenvereine*, der große Dachverband der bürgerlichen Frauenbewegung, nimmt den Abolitionismus als seine Position zur Prostitutionsfrage auf. Wie konnte das gelingen? Meiner Meinung nach zeigt sich hier, dass der Abolitionismus ein Projekt war und ist, welches konsequent „alle" Frauen mit der Frage der Prostitution verknüpft und aufzeigt, welche Folgen Prostitution für alle Frauen hat. Ich weiß, dass es dazu andere Meinungen gibt, aber ich halte es für das ganz Besondere des Abolitionismus um 1900, dass hier bürgerliche Frauen sich bewusst nicht aus dem Prostitutionsgeschehen hinausdachten und -argumentierten, sondern bewusst fragten, was dieses Gewerbe für alle Frauen bedeutete.

Aber natürlich gab es auch Differenzen, die stark an der Frage entlang geführt wurden, wie Prostitution verhindert werden könnte. Dabei waren sich alle einig, dass Armut und Prostitution stark zusammenhingen, es also darum gehen müsste, Armut zu bekämpfen und Frauen zu ermächtigen, einen gut bezahlten Beruf ausüben zu können. Der Streit entstand an der Frage, wo heterosexuelle Sexualität stattfinden sollte. Hier setzten ‚die Radikalen' auf das Konzept der Freien Liebe, also auf uneheliche, freiwillig geschlossene Paarbeziehungen, und ‚die Gemäßigten' setzten auf die klassische Ehe. Wobei sie immer auch betonten, dass die Ehe als Institution reformiert werden müsste. Die Gemäßigten setzten auf die Ehe, weil hier ein gewisser Schutz von Ehefrau und vor allem der Kinder gewährleistet war. Die Radikalen glaubten, dass, wenn heterosexuelle Sexualität aus den Fesseln der monogamen bürgerlichen Ehe befreit sein würde, der Mann keine Nachfrage nach Prostitution mehr erzeugen würde, denn er könne seine „Triebe" ja ausleben. Die aus diesen Beziehungen hervorgehenden Kinder sollten vom Staat besser geschützt werden – dieser solle sozusagen die „Vaterstelle" einnehmen.

Heute wissen wir, dass letztendlich beide Lebensformen Prostitution nicht verhindern können, da es bei dieser nicht primär um die Möglichkeit geht, Sexualität auszuleben.

Wie ist der Anti-Prostitutions-Abolitionismus historisch einzuordnen, auch im Zusammenhang mit der internationalen Anti-Sklaverei-Bewegung? Und warum denkst du, ist die Bewegung gegen Prostitution in Deutschland in viel stärkerem Maße von der Frauenbewegung geprägt gewesen als in anderen Ländern, wo der Abolitionismus durch Männer und Frauen mehr oder weniger gleichermaßen getragen war?

Die Abschaffung der Sklaverei und die Abschaffung der Reglementierung der Prostitution treffen sich vor allem in ihren zugrundeliegenden Überlegungen, wobei die Prostitutionsbekämpferinnen das „Wording" der Anti-Sklaverei Bewegung übernahmen und Prostituierte als „weiße Sklavinnen" bezeichneten – hier zeigt sich übrigens sehr deutlich das Nichtmitdenken von anderen Hautfarben, denn auch in dieser Zeit gab es andersfarbige Prostituierte.

Beide Bewegungen teilen auch das Utopische ihrer Forderungen. Die Sklaverei abzuschaffen schien genauso unvorstellbar zu sein wie die Abschaffung der Prostitution – leider haben wir beides auch noch nicht erreicht, auch wenn die Sklaverei juristisch als abgeschafft gilt. Beide Bewegungen sehe ich eingebettet in den großen Diskurs um Menschenrechte, der angestoßen durch die Aufklärung im gesamten 19. Jahrhundert (wieder einmal) geführt wurde. Denn die Frage, die sich bei beiden Ausbeutungsverhältnissen ergibt, ist die nach der Legitimität des Zugriffs auf einen anderen Körper und die „Nutzung" seiner Ressourcen.

Es ist richtig, dass in Großbritannien der Abolitionismus sowohl von Männern als auch von Frauen getragen wurde, und auch in anderen Ländern war dies der Fall – zum Beispiel in Frankreich. Dem gegenüber steht das deutsche Kaiserreich, in dem der Abolitionismus von Frauen und von der Frauenbewegung dominiert wurde.

Allerdings spielte neben der Frauenbewegung in Deutschland noch ein anderer großer Player im Gespräch um die Prostitution eine Rolle, und dies war die *Deutsche Gesellschaft zur Bekämpfung der Geschlechtskrankheiten* (DGBGK). Diese männlich geprägte Gesellschaft wurde stark von Ärzten, staatlichen Beamten und Sozialreformern dominiert und kann vielleicht als ‚männlicher Arm' der abolitionistischen Bewegung verstanden werden. Nicht, dass in der DGBGK nur abolitionistisch argumentiert wurde – im Gegenteil. Aber hier fand unter Männern eine Debatte um Prostitution statt, und hier äußerten sich auch Männer gegen die Reglementierung – oder auch dafür.

Was aber sicher richtig ist, ist die Beobachtung, dass in Großbritannien viel selbstverständlicher auch Männer als Abolitionisten auftraten, was im Kaiserreich als Mann schwerer war. Trotzdem kann man auch in Deutschland nicht von einem weiblichen abolitionistischen Zugang sprechen und von einem männlichen reglementaristischen.

Kannst du die abolitionistische Bewegung in Deutschland charakterisieren? Wer waren die Hauptprotagonistinnen? Wie haben sie gearbeitet und was waren ihre Erfolge?

Eine Beschäftigung mit dem Thema Prostitution war trotz aller Liberalisierung um 1900 schambesetzt. Daher finden wir hier wenige Frauen und Männer, die sich trauten, ihren Namen mit diesem Arbeitsgebiet zu besetzen.

Recht unbekannt ist Gräfin Gertrud Guillaume-Schack, die bereits im Jahr 1880 einen Versuch startete, den Abolitionismus nach Deutschland zu holen. Das war aber zu früh, sowohl die Frauenbewegung als auch die gesamte Gesellschaft war noch nicht in der Lage, über dieses Thema zu sprechen. Außerdem stand die Sozialdemokratie, die als „natürliche Verbündete" des Abolitionismus in vielen Ländern galt, unter Beobachtung durch die Sozialistengesetze. Dieser Versuch scheiterte daher.

Als Vorläuferin würde ich auch Hanna Bieber-Böhm einschätzen, die sich zwar nicht vollständig auf abolitionistische Grundüberzeugungen einließ, die es aber schaffte, das Thema innerhalb der Frauenbewegung besprechbar zu machen.

Erst Anna Pappritz und ihrer langjährigen Mitarbeiterin Katharina Scheven – die beiden würde ich als Arbeitsteam beschreiben – gelang es, einen deutschen Zweig der Internationalen Abolitionistischen Föderation aufzubauen, zu leiten und voranzutreiben.

Als bekannte Abolitionistin würde ich auch Lida Gustava Heymann beschreiben, die aber einen anderen Ansatz – oder sagen wir besser – eine andere Methode präferierte. Während Pappritz und Scheven auf Aufklärung, interne und externe Publikationen, Tagungsteilnahmen und teilweise auch konkrete Hilfsarbeit setzten, versuchte Heymann mit dem Mittel des öffentlichen Skandals auf dieses Politikum hinzuweisen. Sie hielt öffentliche Versammlungen ab und puschte das Thema politisch stark. Das war den beiden anderen – Pappritz und Scheven – zu ‚radikal‘, wobei ich glaube, dass es eben beide Zugänge braucht.

Hinweisen möchte ich auch noch auf Paula Müller-Otfrid, Leiterin des *Deutsch-Evangelischen Frauenvereins,* die ihren gesamten Verband abolitionistisch aufstellte. Auf männlicher Seite möchte ich auf einen Pastor Emile Hoffet hinweisen, über den ich keine näheren Angaben machen kann, und auf Alfred Blaschko, der immer wieder mal versuchte, abolitionistische Ansätze in der DGBGK durchzusetzen. Als wichtigen Unterstützer sehe ich auch den Jura-Professor Wolfgang Mittermaier.

Selbstverständlich gab es auch „in der zweiten Reihe" wichtige MitarbeiterInnen, ohne die auf lokaler, aber auch nationaler und internationaler Bühne nicht viel gelaufen wäre. Diese gründeten lokale Zweigvereine, luden RednerInnen ein und hielten das Thema „am Kochen".

In der Weimarer Republik änderte sich infolge des frühen Todes von Katharina Scheven so einiges. Lida Gustava Heymann wandte sich von diesem Arbeitsfeld ab und dem Pazifismus zu, sodass letztendlich nur noch Anna Pappritz übrig blieb. Diese galt als „die Expertin" in Sachen Prostitutionsbekämpfung und schaffte es dann schließlich – mit Hilfe der nun im Reichstag sitzenden Paula Müller-Otfrid – das erste abolitionistisch beeinflusste Prostitutionsgesetz durchzubringen.

Das *Gesetz zur Bekämpfung der Geschlechtskrankheiten* – in Kraft getreten im Oktober 1927 – schaffte die frauenverachtende Praxis der Sittenpolizei und das Reglementierungssystem ab. Ein großer Sieg des Abolitionismus, der allerdings nur bis 1933 anhielt, bis die Nationalsozialisten das Gesetz außer Kraft setzten.

In einem Buch über Josephine Butler habe ich gelesen:

Erst Frauen des linken, radikalen Flügels der deutschen Frauenbewegung, die in Kontakt mit Josephine Butler gekommen waren, gründeten am Ende des 19. Jahrhunderts die ersten Abolitionistischen Zweigvereine ... 1908 erklärten sich die deutsch-evangelischen Frauen für eine Moral. Umgekehrt als in England waren hier also nicht christliche Gruppen zum Gewissen der Gesellschaft geworden, sondern radikale Gruppen zum Gewissen der Kirche.

Du bist darauf bereits eingegangen, aber ich möchte nochmal nachfragen: Wie würdest du persönlich die deutsche (und internationale) abolitionistische Bewegung politisch verorten, vor allem vor dem Hintergrund, dass der zeitgenössische Abolitionismus so stark insbesondere von der politischen Linken attackiert wird?

Ich bin stark versucht, zu sagen, dass der Abolitionismus keinem politischen Lager zugerechnet werden kann. Es gab und gibt sowohl politisch linke BefürworterInnen als auch rechte, und sowohl linke als auch rechte GegnerInnen. Dass in England die Dinge anders liefen als im deutschen

Kaiserreich, liegt sicher auch daran, welche Rolle jeweils die protestantische Kirche spielte.

Meiner Meinung nach wendeten sich Menschen dem Abolitionismus zu, die die Perspektive umdrehten und bereit waren, hinzuschauen. Nicht umsonst heißt eine Publikation von Anna Pappritz *„Den Schleier zerreißen"*. Sie waren in der Lage, das System zu sehen und zu fragen, was es aufrecht erhält. Und dabei kommt dann relativ schnell die Nachfrage der Freier in den Blick. AbolitionistInnen schauen also nicht auf die Prostituierte, sondern wenden den Blick und schauen (zum ersten Mal!) auf den nachfragenden Mann. Sie räumen die Moral zur Seite und beschäftigen sich mit den sozialen und gesellschaftlichen Gründen für Prostitution, wobei klar wird, dass die Gesellschaft es mit einem großen Frauen-Armutsproblem zu tun hat.

In den späten 1920er Jahren werden dann erstmals Interviews mit Prostituierten gemacht, die alle beschreiben, dass der Hauptgrund ihrer Berufswahl die schlechte wirtschaftliche Situation ist. Wobei ich hier als Forscherin darauf hinweisen möchte, dass nicht ganz klar ist, ob diese Antworten die Situation widerspiegeln oder die Interviewten die Antwort gaben, von der sie annahmen, dass die InterviewerInnen sie hören wollten. Denn die Zeit, dass Prostituierte freiwillig und selbstbestimmt von ihrer Tätigkeit erzählten, war noch nicht angebrochen.

Wieso denkst du, ist die abolitionistische Bewegung heute hierzulande so wenig im gesellschaftlichen Bewusstsein verankert? Welchen Einfluss hatten die Weltkriege hierauf?

In der Tat ist der deutsche historische Abolitionismus so gut wie vergessen. Es gibt nicht wenige KollegInnen, die bei Abolitionismus in Deutschland an die Bewegung zur Abschaffung der Sklaverei denken.

Das hat nicht so sehr etwas mit dem Ersten Weltkrieg zu tun, denn in diesem waren die Abolitionistinnen – nach anfänglichem Zögern – sehr aktiv. Entscheidend war die nationalsozialistische Gewaltherrschaft, die alle abolitionistischen Ideen und Fortschritte zunichtemachte und man zu einer ‚klassischen' reglementaristischen Politik zurückkehrte.

Nach 1945 waren dann alle Strukturen und auch das persönliche Netzwerk der Abolitionistinnen zerstört. Die meisten Protagonistinnen waren verstorben, vertrieben, ermordet oder zur Emigration gezwungen worden, und das *Gesetz zur Bekämpfung der Geschlechtskrankheiten* existierte nur noch in der Erinnerung – genauso wie die Bewegung des Abolitionismus. Die Gesellschaft nach 1945 hatte anscheinend auch keinen ‚Grund', sich mit diesem Thema zu beschäftigen.

Auch die sich nach 1945 neu formierende Frauenbewegung nahm das Thema Prostitution erst einmal nicht wieder auf; weder im abolitionistischen noch im reglementaristischen Sinne. In einer Zeit, in der weibliche Fürsorgezöglinge häufig mit dem Vorwurf der Prostitution konfrontiert wurden, was dazu diente, sie in sogenannte Erziehungsheime einzusperren, wurde Prostitution wieder nur aus der Position der sich anbietenden, moralisch zu verurteilenden Prostituierten angeschaut.

Erst die Vertreterinnen einer neuen Phase der Frauenbewegung begannen in den 1970er-Jahren damit, die Situation von Frauen als Prostituierte genauer zu untersuchen; abolitionistische Forderungen wurden aber auch hier nicht laut. Der Freier als Nachfrager und damit Antreiber der Prostitution geriet auch wieder ins Dunkel, aus dem er erst in den letzten Jahren zunehmend herausgeholt wird.

Ich bin sehr dankbar, dass es eine neue abolitionistische Bewegung gibt, die diesen Perspektivwechsel wieder ins Zentrum ihrer Arbeit rückt. Es ist meiner Meinung nach überfällig, Männer und diejenigen, die Prostitution konsumieren, auf ihre Verantwortung hinzuweisen.

Da halte ich es mit Anna Pappritz, die bereits 1906 sagte:

Im Allgemeinen gilt es doch gerade, in Bezug auf andere Vergehen, als ganz besonders verächtlich und verwerflich, den wirtschaftlich Schwächeren durch Geld zur Ausübung einer strafbaren Handlung zu veranlassen. ... Ich sehe auch, wo es sich um Prostitution handelt, gerade in der Ausnutzung des Schwächeren von Seiten des Mannes ein erschwerendes Moment.[1]

Notes:
(1) Anna Pappritz: Von welchem Gesichtspunkte aus soll die Frauenbewegung an einer Reform der sexuellen Ethik arbeiten?, in: Deutschland: Monatsschrift für die gesamte Kultur, H. 45, Juni 1906, S. 258.

Legalisierte und regulierte Prostitution als Einfallstor für den organisierten Frauenhandel

Die prominenten Unternehmer und Politiker verbieten die Abtreibung und investieren in die Legalisierung der Prostitution, die sie allerdings in Ghettos verbannt wissen wollen, „damit die guten Frauen sie nicht sehen müssen." Die Prostituierten sollen möglichst unsichtbar sein, aber nicht etwa, weil sie schlechte Frauen und ein „Schandfleck der Gesellschaft" sind, sondern weil sich auf diese Weise die Sklaverei besser organisieren lässt. Währenddessen wird die gesamte Sexbranche modernisiert und globalisiert und entwickelt neue Marketingmethoden und einen politisch korrekten Diskurs. Die Mafia spricht von unserer sexuellen Freiheit, während es in Wirklichkeit um die Versklavung und den Konsum von Menschen geht, und sie behauptet, die Frauen träfen freie Entscheidungen, während sie in Wirklichkeit Sklavinnen sind. Doch nicht nur die Linke und die postmodernen Feministinnen kaufen ihnen diesen Diskurs ab; die Rechte, die unter dem Kruzifix oder der Soutane die Luxusprostitution konsumiert, ist mindestens genauso begeistert. ... Das Gewerbe ist auf Kontrolle und Ausbeutung ausgerichtet. Erstens bietet es den Männern der Welt, das, was ihnen Frauen ... nicht freiwillig geben – nämlich Sex ohne Regeln, mit Gehorsam und Unterwerfung. Und zweitens gibt es einigen wenigen die Möglichkeit, sich auf Kosten der vielen zu bereichern. Es wäre naiv zu glauben, mit der Legalisierung der Prostitution würde die Mafia das Geschäft mit der sexuellen Ausbeutung ... einfach aufgeben.

Lydia Cacho[1]

Länder, die für das legalisierte / regulierte Prostitutionsregime bekannt sind, sind insbesondere Deutschland und die Niederlande, jedoch auch die übrigen deutschsprachigen Länder sowie Australien und Neuseeland. Unter dieser Prostitutionspolitik ist der Bordellbetrieb grundsätzlich erlaubt, er ist jedoch bestimmten Regelungen unterworfen, die lokal kontrolliert werden. Das

Prostitutionsgewerbe ist wie alle anderen Gewerbe auch der Steuerpflicht unterworfen, Bordelle werden mitunter staatlich konzessioniert.

Die Regulierung soll dazu dienen, die schädlichsten Auswirkungen der Prostitution zu verhindern („Schutz der Jugend" durch Sperrgebietsverordnungen, verpflichtende Registrierung, Gesundheitsberatungen und unter Umständen Pflichtuntersuchungen ...), weshalb diese Politik auch als „Ansatz der Schadensminimierung" bezeichnet wird (Harm Reduction Approach). Interessanterweise ist diese Bezeichnung erstaunlich ehrlich, erkennt sie doch eindeutig an, dass Prostitution mit entsprechenden Schäden einhergeht. Es erscheint wie eine Kapitulation der Gesellschaft, wenn diese Schäden nicht vermieden, sondern lediglich reduziert werden sollen.

In diesem System wird Prostitution grundsätzlich als gesellschaftlich legitime Tätigkeit betrachtet, die Frauen in der Prostitution werden ganz selbstverständlich besteuert, eine komplette Gleichstellung mit anderen Berufen findet jedoch nicht statt. So dürfen beispielsweise, trotz mannigfaltiger Versuche, Jobcenter nicht in die Prostitution vermitteln – so weit geht die Zumutbarkeit jedweder Tätigkeit tatsächlich (noch) nicht. Allerdings soll in diesem Zusammenhang darauf hingewiesen sein, dass diese Nicht-Vermittlung auf einem Urteil des Bundessozialgerichtes beruht, welches Prostitution als Verstoß gegen die Menschenwürde betrachtet.[2]

Die unsachgemäße Trennung von Prostitution und Menschenhandel

Obwohl Frauen in der Prostitution unabhängig von ihrem Freiwilligkeitsgrad das gehandelte Objekt sind, legt diese Prostitutionspolitik großen Wert auf eine Trennung zwischen Prostitution und Menschenhandel. Dies ist unter anderem der Grund dafür, warum Deutschland die UN-Konvention aus dem Jahr 1949 bis heute nicht ratifiziert hat, denn diese sieht Menschenhandel und Prostitution als untrennbar miteinander verbundene Teile der Sexindustrie an, die gemeinsam in Angriff genommen werden müssen, *„da die Nachfrage nach Prostitution und alle anderen Formen von sexueller Ausbeutung in Bezug auf das Wachstum und die Ausbreitung des Handels mit Frauen und Kindern eine entscheidende Rolle hat"*.[3]

Es wäre falsch, die Legalisierung der Prostitution als eine widerwillige Strategie auf ein „notwendiges Übel" zu betrachten, sondern es ist vielmehr ein aktives Handeln mit dem Ergebnis einer schnellen Ausbreitung der Industrie. Sheila Jeffreys weist darauf hin, dass während vielerorts die Frauen auch in der legalisierten Prostitution mit rigiden Repressionsmaßnahmen zu kämpfen haben, auf der anderen Seite die Zuhälterei eine gesellschaftliche und juristische Legitimation erhält.

Dies ist einer der Gründe, warum laut Jeffreys der illegale Teil der Industrie in allen legalisierten Systemen um ein vielfaches umfangreicher ist als der legale Sektor, in dem die Regulierungen ausschließlich ihre Wirkung entfalten können. Dass die Legalisierung den Frauenhandel für Dritte insgesamt profitabler gestaltet, lässt sich daran belegen, dass jene europäischen Länder mit legalisierten Prostitutionsmärkten die höchsten Zahlen an gehandelten Frauen haben: Paola Monzini schätzt den Anteil für Deutschland beispielsweise auf 90 % der prostituierten Frauen.[4] Die Zahl der geahndeten Menschenhandelsdelikte ist jedoch gleichzeitig verschwindend gering, da die Notwendigkeit einer subjektiven Aussage des Opfers die Verfolgung für die Behörden unglaublich schwer gestaltet.

Was ist Menschenhandel eigentlich?

Den meisten Menschen wird ein bestimmtes Szenario in den Sinn kommen, wenn sie den Begriff Menschenhandel zur sexuellen Ausbeutung hören. Zum Beispiel stellen sie sich eine aus dem Ausland mit Gewalt herangeschleppte Frau vor, die in einem Kellerverlies an der Heizung gekettet in einer Art geheimen Markt von Freiern in aller Heimlichkeit brutal vergewaltigt wird. Jene Freier wissen genau was sie tun: Sie benutzen eine wehrlose Frau, wenden bewusst Gewalt an, nehmen sich rücksichtslos, was sie wollen. Tatsächlich stellt sich Menschenhandel für viele Betroffene in der Realität jedoch völlig anders dar. Viele Betroffene von Menschenhandel wissen gar nicht, dass das, was ihnen angetan wird, unter diese Begrifflichkeit fällt.

Eine Definition von Menschenhandel finden wir im *Zusatzprotokoll zur Verhütung, Bekämpfung und Bestrafung des Menschenhandels, insbesondere des Frauen- und Kinderhandels zum UN-Übereinkommen gegen die grenzüberschreitende organisierte Kriminalität* (Palermo-Protokoll). Darin heißt es:

Im Sinne dieses Protokolls:

a. bezeichnet der Ausdruck „Menschenhandel" die Anwerbung, Beförderung, Verbringung, Beherbergung oder Aufnahme von Personen durch die Androhung oder Anwendung von Gewalt oder anderen Formen der Nötigung, durch Entführung, Betrug, Täuschung, Missbrauch von Macht oder Ausnutzung besonderer Hilflosigkeit oder durch Gewährung oder Entgegennahme von Zahlungen oder Vorteilen zur Erlangung des Einverständnisses einer Person, die Gewalt über eine andere Person hat, zum Zweck der Ausbeutung. Ausbeutung umfasst mindestens die Ausnutzung der

Prostitution anderer oder andere Formen sexueller Ausbeutung, Zwangsarbeit oder Zwangsdienstbarkeit, Sklaverei oder sklavereiähnliche Praktiken, Leibeigenschaft oder die Entnahme von Organen;

b. ist die Einwilligung eines Opfers des Menschenhandels in die unter Buchstabe a genannte beabsichtigte Ausbeutung unerheblich, wenn eines der unter Buchstabe a genannten Mittel angewendet wurde;

c. gilt die Anwerbung, Beförderung, Verbringung, Beherbergung oder Aufnahme eines Kindes zum Zweck der Ausbeutung auch dann als Menschenhandel, wenn dabei keines der unter Buchstabe a genannten Mittel angewendet wurde;

d. bezeichnet der Ausdruck "Kind" Personen unter achtzehn Jahren.

Diese Definition wurde in der *Convention On Action Against Trafficking In Human Beings* des Europarates vom 16. Mai 2005 übernommen.

Hier noch einmal etwas verständlicher ausgedrückt: Von Menschenhandel sprechen wir, wenn eine oder mehrere Personen eine oder mehrere weitere Personen durch eine Methode aus einem bestimmten Maßnahmenkatalog von A nach B bringt/bringen, mit dem Ziel sie auszubeuten. Es spielt dabei überhaupt keine Rolle, ob die ausgebeutete(n) oder auszubeutende(n) Person(en) dem Ganzen aus welchen Gründen auch immer freiwillig zugestimmt hat / haben.

Das bedeutet im Klartext: Eine Frau, die in einem bitterarmen europäischen Land angeworben wird, um in einem reichen Land wie Deutschland wissentlich in der Prostitution tätig zu sein, der man tausende von Euro vom hart erarbeiteten Lohn abknöpft, ist de facto ein Menschenhandelsopfer. Es handelt sich um ein Ausbeutungsverhältnis, denn die Ausnutzung der existentiellen Armut einer Person ist nach Definition des Palermo-Protokolls eine Ausnutzung von Hilflosigkeit. Wenn wir uns vor Augen führen, welche Frauen die Mehrheit in der deutschen Prostitution stellen, dann liegt auf der Hand, dass Deutschland ein Paradies für Menschenhändler ist. Denn hier unter der legalisierten und regulierten Prostitutionspolitik können diese frei und ohne jegliche Furcht agieren.

Schuldsklaverei: Alltag in Deutschland

Einige der Frauen werden unter falschen Versprechungen angeworben und erwarten, in Deutschland als Kellnerin, Reinemachefrau, etc. arbeiten zu können. Ihnen wird die zukünftige Tätigkeit verschwiegen, sie werden mit Gewalt gefügig gemacht (klassische „Zwangsprostitution"). Andere wissen, dass sie in Deutschland in Clubs, Bars oder auch Bordellen Geld verdienen werden, aber nicht unter welchen Bedingungen. Einige mussten schon im Herkunftsland ihren Lebensunterhalt in der Prostitution bestreiten und hoffen, im reichen Deutschland schneller und mehr verdienen (und für eine neue Existenz in ihrem Herkunftsland ansparen) zu können.

Meist wird bei der Anwerbung eine „Vermittlungssumme" verlangt, die angeblich schnell erwirtschaftet werden kann. So werden die Frauen dann in der Schuldsklaverei/Schuldknechtschaft gehalten: So lange die Schulden für die „Vermittlung" nicht abbezahlt sind, können sie nicht aussteigen. Reicht der ökonomische Druck nicht, wird die Frau selbst oder ihre Familie im Herkunftsland mitunter massiv mit Androhung von Gewalt in Abhängigkeit gehalten.

Wenn nun also eine Frau aus Rumänien wegen der Vermittlungssumme mit 20.000 Euro Schulden ihr Leben in Deutschland startet und dann für den „Arbeitsplatz" in ihrer Terminwohnung (in der sie nicht nur arbeitet, sondern auch lebt) beispielsweise 140 Euro Miete pro Tag zahlen muss, dann ist es schier unmöglich, von diesem Schuldenberg runterzukommen. Sie braucht drei bis vier Freier am Tag, nur damit dieser nicht weiter anwächst. Wenn sie krank wird und keine Männer bedienen kann, dann bedeutet auch dies, trotz manchmal 50 % „Rabatt" bei der Miete, immer noch eine Verschärfung der Schuldensituation.

Man kann also sagen, dass sehr viele der Frauen, die sehr wohl wissen, dass sie in Deutschland in der Prostitution tätig sein werden, getäuscht wurden über die Arbeits- und Lebensbedingungen, die sie hier erwarten: Niemand hat ihnen gesagt, dass sie unter Umständen 24 Stunden am Tag, sieben Tage die Woche für ihre Kunden zur Verfügung stehen müssen; niemand hat ihnen gesagt, dass sie im selben Bett schlafen werden, in dem ihnen Freier beispielsweise ins Gesicht ejakuliert haben; niemand hat ihnen gesagt, dass sie allein 60 bis 90 Freier im Monat bedienen müssen, nur um nicht noch mehr Schulden anzuhäufen; niemand hat ihnen erzählt, dass sie zwar jederzeit durch die Tür und ihrer eigenen Wege gehen können, dass dies aber sofort an ihrer Familie (deren Aufenthaltsort die Menschenhändler kennen) gewaltsam gerächt wird, solange die Schulden nicht beglichen sind. All dies wird als die „Ketten im Kopf" bezeichnet.

Hinzu kommt erschwerend, dass die Familien vieler Betroffener nicht über die Tätigkeit in der Prostitution Bescheid wissen. In ihrer Isolation, unter dem ständigen Kostendruck, haben die Frauen kaum eine Chance, sich Hilfe zu suchen. Sie wissen nicht an wen sie sich wenden können, das Misstrauen in die Polizei sitzt tief, insbesondere wegen weit verbreiteter Korruption in ihren

Herkunftsländern. Sie können die Sprache nicht. Die Angst vor Sanktionen gegenüber Familienmitgliedern, meistens Kindern, in den Herkunftsländern, hält viele Frauen darüber hinaus ab, gegen ihre Peiniger auszusagen. Ohne die Aussagen der Betroffenen ist die Beweisführung gegenüber dem Straftatbestand des Menschenhandels jedoch fast unmöglich.

Ist Menschenhandel nur ein Betriebsunfall?

Wie vollkommen absurd die Situation ist, lässt sich an einem recht aktuellen Beispiel einer Osteuropäerin, die in Deutschland Opfer von Menschenhandel wurde, gut aufzeigen: Die Frau musste 50 % des hart verdienten Geldes an ihren „Arbeitgeber" abgeben, 24 Stunden / sieben Tage die Woche zur Verfügung stehen, wofür ihr im Gegenzug laut Arbeitsvertrag „Wohnung, Essen, Arbeitskleidung, Flugtickets, Papiere und Werbung gestellt werden würden". Sie wurde in verschiedenen deutschen Prostitutionsstätten prostituiert und musste ihrem „Arbeitgeber" sexuell – unbezahlt und gegen den ausdrücklichen Willen – unentgeltlich zur Verfügung stehen. Nachdem ihr Peiniger sie nun zwei Tage in einer Wohnung eingesperrt hatte und die Frau über das Internet auch andere Leidensgeschichten von Frauen mit besagtem Mann recherchieren konnte, sprang die Frau aus dem Wohnungsfenster und zog sich schwere Verletzungen am Rücken und an den Beinen zu.[5]

Man sollte annehmen, dass der brutale Zuhälter und Ausbeuter sich nun mindestens wegen Menschenhandel zur sexuellen Ausbeutung, Freiheitsberaubung, Vergewaltigung und ausbeuterischer und dirigistischer Zuhälterei vor Gericht hätte wiederfinden müssen und der Frau Leistungen nach dem Opferentschädigungsgesetz zustehen müssten. Tatsächlich jedoch wurde die Frau von einer Beratungsstelle gegen Menschenhandel dabei unterstützt, beim Sozialgericht Hamburg durchzusetzen, dass ihre auf der

Flucht erlittenen Verletzungen rechtskräftig als „Arbeitsunfall" anerkannt wurden. Dieser Logik zufolge handelte es sich bei ihrem Ausbeutungsverhältnis also um ein „Arbeitsverhältnis".

Wenngleich es erfreulich ist, dass die Betroffene auf Grundlage dieses Urteils vom Staat zumindest vorübergehend staatliche Leistungen erhält (oder erhielt), muss die Frage erlaubt sein, wie abgestumpft eine Gesellschaft eigentlich ist, die eine solche Logik zulässt. Und es muss auch die Frage erlaubt sein, ob auf Grundlage dieser Rechtsauffassung von der Frau erwartet wird, nach Wiederherstellung ihrer Arbeitsfähigkeit wieder der „Sexarbeit" nachzugehen? Inge Kleine analysiert auf dem Blog von *Abolition 2014 – Für eine Welt ohne Prostitution* zutreffend:

[Wir müssen] Gewalt gegen Frauen (und andere) als das sehen, was sie ist und [anerkennen], dass „Freiwilligkeit" oder „Zwang" keine Kriterien sind, wenn es um Ausbeutung und Gewalt geht. Und [wir dürfen] bei Ausbeutung nicht die Definitionen anwenden, die sich in der Rechtsprechung rund um das „häppy sexwörk" gebildet haben, sondern [müssen] das gelten lassen, was unter die – ja genau die - „Sittenwidrigkeit" fällt. Ausbeutung, die vorliegt, wenn ein Geschäftsmodell oder ein Arbeitsverhältnis dem „Anstandsgefühl aller billig und gerecht Denkenden" widerspricht. Das [alles] hat nämlich nichts mit Sex zu tun, aber sehr viel mit Ausbeutung.[6]

„Entkriminalisierung" – ein neuer, anderer Politikansatz?

Als die zeitgenössische abolitionistische Bewegung sich um 2013 herum in Deutschland neu formierte, galten Deutschland und die Niederlande international noch als Musterbeispiele für eine vorbildliche, progressive Prostitutionspolitik. Je mehr jedoch die Aktivistinnen die Nachteile und erschreckenden Folgen dieser Politik durch die Aktivistinnen aufzeigten, desto mehr ließ sich eine Tendenz beobachten: Immer häufiger werden Aussagen getroffen wie „Ja, also so wie in Deutschland wollen wir das ja gar nicht haben! Unser Vorbild ist Neuseeland, mit seiner Politik der Entkriminalisierung!".

Was kennzeichnet also diese vermeintlich „neue" Prostitutionspolitik? Im Grunde genommen ist die Idee hinter der Entkriminalisierung die, den Prostitutionsmarkt völlig sich selbst zu überlassen und in ihn mit keinerlei Regelungen oder Gesetze einzugreifen. Alle Aspekte der Prostitution, egal ob das sich Prostituieren, das Freiertum, der Betrieb einer Prostitutionsstätte, Zuhälterei, Menschenhandel … sind nach dieser Denkweise straffrei. Weder wird die Straßenprostitution eingeschränkt, noch ist das Einholen einer Genehmigung für eine Prostitutionsstätte notwendig. Alles, was für die Errichtung eines Ausbeutungsbetriebs benötigt wird, ist eine reguläre Baugenehmigung.

Für einen Markt, der wie die Prostitution dermaßen von Banden organisierter Kriminalität bestimmt ist, klingt es doch – Achtung Zynismus! – wie eine grandiose Idee, diesen Akteuren und Akteurinnen völlig freie Hand zu lassen. Wo keine Gesetze, da kein Gesetzesbruch und keine Straftaten. Tatsächlich müssen jedoch zwei Dinge zur Kenntnis genommen werden: Erstens unterscheidet sich dieser Politikansatz nur äußerst geringfügig von der deutschen Politik zwischen 2002 und 2017. Und auch die Regelungen des Prostituiertenschutzgesetzes machen es der organisierten Kriminalität nicht entscheidend viel schwerer.

Zum anderen gibt es kein Land der Welt, in dem die politischen EntscheidungsträgerInnen diese Laissez-Faire-Haltung konsequent durchziehen – auch in Neuseeland, wo es durchaus Regeln, wenn auch sehr wenige, gibt, ist dies nicht der Fall. Darüber hinaus haben die BefürworterInnen dieses Ansatzes ein weiteres Problem: Je mehr Neuseeland als das Land der vermeintlich Glückseligen international in den Vordergrund geschoben wird, desto mehr betroffene Frauen auch aus diesem Land erheben lautstark ihre Stimme. Und in Zeiten des Internet dringen diese Stimmen auch sehr leicht und mühelos zu all jenen vor, die bereit sind, sie zur Kenntnis zu nehmen.

Der Entkriminalisierungsansatz ist letztlich nur eins: alter Wein in neuen Schläuchen.

Notes:

(1) Lydia Cacho: Sklaverei. Im Inneren des Milliardengeschäfts Menschenhandel, Fischer Taschenbuch Verlag, Frankfurt, 2012.

(2) Bundessozialgericht, Urteil vom 6. Mai 2009, B 11 AL 11/08 R.

(3) Sheila Jeffreys: Die industrialisierte Vagina. Die politische Ökonomie des globalen Sexhandels, Marta Press, Hamburg: 2014.

(4) Paola Monzini: Sex Traffic: Prostitution, Crime and Exploitation, Zed Books, 2005.

(5) Humboldt Law Clinic: Auch Sexarbeit ist Arbeit, 15. August 2016,
http://grundundmenschenrechtsblog.de/auch-sexarbeit-ist-arbeit/#more-439

(6) Inge Kleine: Gewalt im Bordell Europas – ein „Arbeitsunfall", 20. August 2016,
http://abolition2014.blogspot.com/2016/08/gewalt-im-bordell-europas-ein.html.

5 Fragen an ... Dr. Inge Kleine

Inge Kleine ist eine feministische Aktivistin und Bloggerin. Sie engagiert sich aus einer grundsätzlich feministischen Haltung gegen Gewalt gegen Frauen. Ihr Hintergrund dabei sind Soziologie, Geschichte und Sprachanalyse.

Liebe Inge, wie bist du zum Thema Prostitution gekommen, und was hast du in der Auseinandersetzung in Bezug auf die Betrachtung der Gesellschaft gelernt?

Mein Engagement zu Prostitution begann mit meinem Engagement gegen sexuelle Gewalt. Im Zuge der Aktion *#ichhabnichtangezeigt* (siehe www.ichhabnichtangezeigt.wordpress.com) zur Verdeutlichung von Vergewaltigung aus Sicht der Betroffenen sah ich die gesamtgesellschaftlichen Wurzeln der Gewalt. Mir wurde unsere Position als Frauen in dieser Gesellschaft deutlich und wie systematisch und umfassend diese Gewalt ist. Offiziell und an der Oberfläche wird sexuelle und andere Gewalt gegen Frauen und Kinder verurteilt, es gibt immer wieder gute Ansätze einer Intervention – Studien wie die von Monika Schröttle oder die *Daphne*-Studien der EU zum rechtlichen Umgang mit Vergewaltigung zum Beispiel oder der *Runde Tisch zur Aufarbeitung sexueller Gewalt gegen Kinder* – aber die Praxis in den Medien und bei der Strafverfolgung zeigt ein kulturelles Klima, das diese Gewalt mindestens hinnimmt, wenn nicht sogar unterstützt. Es werden keine echten Konsequenzen gezogen: Verurteilungsquoten sind minimal, die Dunkelziffer ist enorm, der Wille, Verjährungsfristen abzuschaffen und Opfer wirklich zu unterstützen, gering.

Mir wurden zwei Dinge absolut klar: Erstens, wie stark sexuelle und andere Gewalt gegen Frauen und gegen Kinder mit der Verweigerung der Unterstützung der Opfer und den praktischen Täterermutigungen durch gerichtliche Praxis und eine täterbestärkende Öffentlichkeit zusammenhängen und verzahnt sind, und dass in der Prostitution als System, besonders wenn sie staatlich so legitimiert und unterstützt wird wie in Deutschland, alle diese Dinge zusammenkommen und institutionalisiert werden.

Mit anderen Worten: Mir wurde auf vielen Ebenen klar, dass eine Gesellschaft, die Prostitution zulässt, sie systematisiert oder sogar als wünschenswert sieht, keinen vernünftigen und tragfähigen Umgang mit Vergewaltigung finden kann. Dass Prostitution nicht wegen irgendwelcher Entscheidungen einzelner Frauen existiert, sondern dass sie in Ländern mit dem deutschen oder niederländischen Ansatz eine staatlich garantierte Infrastruktur zur sexuellen Benutzung von Frauen durch Männer gegen eine Gebühr ist – und dass ich in einem Staat lebe, der dies mindestens hinnimmt, wenn nicht sogar befördert.

Bei Prostitution handelt es sich um eine gesellschaftliche Praxis, die Sexismus, Armut, Rassismus, Hilfeverweigerung für Opfer von Gewalt und Alltagssexismus als Ressource braucht und die sie daher niemals beenden wird. Diese Praxis findet statt in einer Gesellschaft, die bis zur Halsstarre wegschaut und wegschauen muss, damit beide – Prostitution und die Gesellschaft an sich – weiter so funktionieren können wie bisher. Die Mittel des Wegschauens sind Umdeutungen der Situation, gerne geglaubte Marketing-Botschaften der angeblichen sexuellen Freiheit von Frauen in diesem System und vielleicht auch das, was Andrea Dworkin als den unglaublichen Schmerz beschrieb, den wir fühlen, wenn wir endlich hinschauen:

Ich denke, viele Frauen widersetzen sich dem Feminismus, weil es eine Qual ist, sich der brutalen Frauenfeindlichkeit, die Kultur, Gesellschaft und alle persönlichen Beziehungen durchdringt, voll bewusst zu sein. (A. Dworkin)

Ein wesentliches Mittel des Wegschauens ist auch die Vereinnahmung des in den Medien sichtbaren Feminismus, eines Feminismus, der die jetzige Gesellschaft in ihren Grundzügen nicht mehr stört, sondern stützt. Engagement gegen „sexualisierte Gewalt" ist erlaubt – solange dieses Engagement nicht wirklich etwas beendet. Melissa Farley schreibt in einem Artikel dazu über eine Art „kulturelle Amnesie", und anders kann ich mir diese Blindheit gegenüber dem Thema Prostitution nicht erklären: Dass innerhalb feministischer Diskussionen wirklich gedacht wurde und wird, dass ein Text zu individueller „Choice" in diesem System den darin enthaltenen Sexismus, den Rassismus, den Klassismus aushebelt, dass es Feministinnen, die sexistische Werbung oder Vergewaltigungsmythen oder Dynamiken der Partnerschaftsgewalt beschreiben können, nicht gelingt, die eigentlich grell hervorstechenden Parallelen zur Prostitution zu erkennen oder eine Machtanalyse vorzunehmen.

Mir hat es den Boden weggezogen, als ich merkte, wie sehr Erkenntnisse zu Sexismus, Gewalt, Stereotypen, sexistischer Werbung offenbar einfach nur nachgeredet wurden, wie sehr einfach rein assoziativ argumentiert wurde, wie anfällig diese Frauen gegenüber den Vermarktungsstrategien der Sexindustrie waren.

Mit dem Wiederaufleben eines radikalen Feminismus oder wenigstens des Feminismus der „zweiten Welle" ändert sich das hoffentlich wieder, aber im Mainstream-Feminismus, der uns auch in den Parteispitzen begegnet, fehlt bei vielen bisher ein wirklicher politischer Anspruch auf grundlegende Änderungen. Schlimmer: Bis vor kurzem fand sichtbarer politischer Anspruch auf Änderungen z. B. im Bereich Prostitution (oder Pornographie oder Leihmutterschaft) auf der Gegenseite statt.

Was habe ich also gelernt? Wir müssen grundlegend denken, um Gewalt gegen Frauen zu beenden, uns für grundlegende Änderungen der Gesellschaft einsetzen. Mein Engagement hat mich radikalisiert.

Du bist eine der Mitbegründerinnen des Netzwerkes *Abolition 2014 – Für eine Welt ohne Prostitution*. Wie ist dieses Netzwerk entstanden, und was sind die Schwerpunkte der Arbeit?

Das Netzwerk entstand offiziell anlässlich des *Frauen*kampftags 2014* am 8. März 2014 in Berlin. Einige Abolitionistinnen hatten sich vor allem über Facebook kennengelernt – über die damals noch *Stop Porn Culture* genannte Gruppe von Gail Dines, über die als Dauerveranstaltung eingerichtete Seite *Prostitution abschaffen* einer jungen Feministin. Es folgten (geheime) Facebook-Gruppen, deren Initiatorinnen alle entweder zur Linken oder zu den Grünen gehörten, die über die offene Unterstützung der Sexindustrie in ihren Parteien entsetzt waren, die aber vor allem sehr viel politische Erfahrung einbringen können. Von Anfang an gehörten aus der Prostitution ausgestiegene Frauen zu uns, die mit unglaublichem Mut und Engagement Aufklärungsarbeit machten und deren Berichte unser Verständnis der Dynamiken innerhalb des gesamten Systems unglaublich schärften. Sie sind der tragende Pfeiler in jedem soliden Ansatz gegen Prostitution, weil sie sicherstellen, dass nicht über die Betroffenen hinweg und dann zu ihrem Schaden gehandelt wird.

2014 trafen wir uns das erste Mal anlässlich der Teilnahme an der Demonstration und lernten dabei auch unsere Gegenseite von Nahem kennen: Während der Demo umstellten sie uns, spannten ihre Transparente um uns herum und besprühten unsere Plakate. Und sie taten uns einen riesigen Gefallen: Da sie die Demo damit aufhielten und ihre Aktion auch noch per Twitter verbreiteten, machten sie den Begriff „Abolitionistin" in der politischen Diskussion bekannt, sie zeigten belegbar, von wem hier Gewalt ausgeht, und sie verschafftem unserem Anliegen (acht Frauen, ein Mann auf einer Demo mit 5.000) einen Platz in der *taz*.

Als wir am Abend nach der Demo feierten, entschieden wir uns für ein Bündnis. Vorbild waren und sind Vorstreiterinnen in Frankreich mit ihren Aktionen und Artikeln. Wir machten aus *Abolition 2012* einfach für Deutschland *Abolition 2014*. Mit *Abolition 2014* und anderen Initiativen sehen wir uns in einer großartigen solidarischen feministischen Bewegung weltweit. Im März 2014 organisierten Wiesbadener Feministinnen (ja inklusive dir, Manu) eine abolitionistische Informationsveranstaltung in Wiesbaden mit Marie Merklinger, Kajsa Ekis Ekman und Rachel Moran, im Dezember 2014 gestaltete Anita Heiliger in München den ersten großen Abolitionistischen Kongress in Deutschland seit mehr als 100 Jahren, dem mehrere Fachtage folgten: Wir sind in der Gesellschaft angekommen.

Die Schwerpunkte von *Abolition 2014* waren und sind: Aufklärung über die Realität in der Prostitution, über die verschiedenen Studien, Verbreitung der Arbeit anderer Gruppen, vor allem international, Skandalisierung der deutschen Zustände und vor allem Verbreitung unserer Forderungen: Einführen des Nordischen Modells mit allen seinen Säulen: Entkriminalisierung der Frauen, Männer, Trans* in der Prostitution; Aufklärung in der Gesellschaft über Prostitution (mit Sexualkunde in Schulen, die auf Gleichheit aufbaut), Schulung von Sozialarbeit und Polizei; echte, solide und informierte, langfristig angelegte Ausstiegsbegleitung und -untersützung; Null-Toleranz zu Zuhälterei und Bordellbetrieb, Freierbestrafung zur Kriminalisierung der Nachfrage, da sie den Markt für die Brutalität schafft.

Bei dem Entwurf neuer Gesetze und bei ihrer Umsetzung achten wir vor allem auf die Beteiligung der ausgestiegenen Frauen, der Überlebenden und auch von Frauen, die noch in der Prostitution sind.

Wie erlebst du die gesellschaftliche Debatte um Prostitution in Deutschland, auch im Vergleich zu anderen Ländern? Und inwiefern, würdest du sagen, hat sie sich in den letzten Jahren verändert?

Die Debatte ist in Deutschland sehr verhärtet und hat feministische Gruppen in zwei im Moment wohl noch unversöhnliche Lager gespalten, die sich gegenseitig „Feminismus" absprechen. Wir hatten und haben eben nicht nur toxische Männlichkeit gegen uns, Freier und deren Unterstützer, die auf ihr „Herrenrecht" hier bestehen, sondern dazu eine gleichgültige, oberflächlich-liberale Gesellschaft, die sich gerne beruhigen lässt, und vor allem einen Fun-Feminismus, der die Marketing-Strategien der Sexindustrie übernommen hat, angefangen mit dem Begriff der „Sexarbeit", weitergemacht mit dem Begriff der „SWERF" (angeblich „sex worker exclusionary radical feminist") als Delegitimierungsstrategie und für personalisierte Angriffe.

Was uns außerdem auffiel und auch erschreckt hat ist, wie abgehärtet wir in Deutschland sind: Bei Veranstaltungen im Ausland baten Anwesende teilweise um Pausen, oder Moderatorinnen brauchten eine kurze Auszeit angesichts der Bilder und Informationen, an die wir uns schon gewöhnt hatten.

Was sich in den letzten Jahren verändert hat? Es ist uns gelungen, viele in der Öffentlichkeit zu sensibilisieren. Mit der vernetzten Arbeit stehen weder wir noch EMMA so alleine auf weiter Flur wie noch 2014: Mit *Terre des Femmes* als großer Organisation, mit *Sisters e.V.* sind die Möglichkeiten auf politische konkrete Einflussnahme gestiegen, es gibt ein neues Bündnis für das

Nordische Modell in Deutschland, das Anliegen wird in der Politik, vor allem in der SPD, bis in den Bundestag vertreten, die Frauen im *Netzwerk ELLA* sind als notwendige Gesprächspartnerinnen anerkannt: Es ist unglaublich, was wir erreicht haben.

Das Nordische Modell ist vielen in Deutschland bekannt, der naive Gedanke, Prostitution ließe sich von Gewalt ablösen, und eine freie selbstbestimmte „Sexarbeit" sei darin möglich und würde das gesamte System Prostitution verbessern, steht nicht mehr so unhinterfragt in den Medien, der dringende Handlungsbedarf wird gesehen.

Wie man sich dem in der Politik stellen wird, ist noch offen: Striktere Regulierung? Mehr sozialpädagogische Begleitung? Stärkung von Ausstiegsmöglichkeiten ohne Änderungen im Gewerbe? Oder endlich den Mut zu einer Grundsatzentscheidung?

Gleichzeitig ist die Auseinandersetzung nicht vorbei. Unsere Gegnerinnen aus dem liberalen Feminismus verlassen zwar langsam das Thema, nachdem klar wird, dass ihr bisheriger Ansatz doch einiges übersehen hat, und die Debatten verschieben sich auf neue Themen, wie die jetzt erbittert geführten Auseinandersetzungen zur Rolle des Transaktivismus im Feminismus.

Sexualassistenz, also die Ausdehnung der Ausbeutung auf Männer mit teilweise sehr schweren Behinderungen und das Festhalten von Frauen (Männern, Trans*) in der Prostitution darüber anstelle von echten Alternativen wird als neuer Geschäftszweig mit öffentlicher Unterstützung etabliert. Auf den Webseiten dieser Anlaufstellen gibt es auch „Kontaktangebote", also Werbeanzeigen für Personen, die „Sexualbegleitung" anbieten.

Was, denkst du, macht es für deutsche Abolitionistinnen so besonders schwer im Kampf für eine Gesellschaft ohne Prostitution?

Auch vor 2002 war Prostitution in Deutschland legal, in der öffentlichen Wahrnehmung banalisiert (vgl. z. B. den Wiesenhit / Schenkelklopfer „Skandal im Sperrbezirk" der Spider Murphy Gang), Bordelle gab es geduldet schon die ganze Zeit. Eines der sichtbarsten Ergebnisse des Prostitutionsgesetzes von 2002 ist ein explodierter Markt. Wir stellen uns also gegen ein milliardenschweres, gut vernetztes Business.

Weitere Faktoren sind, dass in Deutschland anders als in Frankreich, den USA oder Großbritannien, weniger auf Vorbilder und feministische Kontinuität zurückgegriffen werden kann. Zwei Weltkriege und vor allem dazwischen der Faschismus bedeuteten immer wieder ein Abreißen der Verbindungen zu Frauen vor uns. Französische Feministinnen konnten schnell an Abolitionistinnen der Zeit vor dem Zweiten Weltkrieg anknüpfen, hier musste Feminismus Ende der 60er praktisch von vorne anfangen. Und wir haben bis heute trotz der Anläufe der 70er und 80er keine wirklich starke, laute, unbequeme feministische Bewegung.

Dies betrifft nicht nur die Prostitution: Studien zu Einstellungen in Firmen, Zahlen zum Geschlechterverhältnis im Bundestag, zu Frauen in Führungspositionen oder in den MINT-Fächern zeigen, dass Deutschland im internationalen Vergleich zurückliegt. Vergewaltigung in der Ehe wurde erst 1998 kriminalisiert, die Istanbul-Konvention mehrere Jahre nicht ratifiziert, weil unser Sexualstrafrecht nicht dem dort geforderten Standard entsprach, Gesetze gegen Stalking wurden erst kürzlich etwas angepasst, Männer- und Väterrechtler setzen sich mit Zugriff auf Kinder durch.

Es kann das gruselige Frauenbild aus der deutschen Geschichte sein, die Tatsache, dass wir hierzulande auch keine sichtbare ArbeiterInnenbewegung (mehr) haben ... ich bin froh, dass jetzt langsam eine feministische Bewegung wieder Schwung bekommt, die echte Alternativen entwirft.

Wie bewertest du das Prostituiertenschutzgesetz nach den gut zwei Jahren, die es jetzt in Kraft ist?

Ich möchte nicht auf diejenigen losgehen, die damit versucht haben, die Situation zu verbessern und die Betroffenen in der Prostitution zu stärken, ihnen – auch denen ohne Staatsbürgerschaft – den Zugang zu Unterstützung zu erleichtern, gleichzeitig mehr Handhabe gegen Betreibende zu schaffen. Die Einführung des Nordischen Modells war 2015/2016 illusorisch, und im Gesetz ist an einigen Stellen das Bemühen um die Frauen zu sehen. Gleichzeitig kann ich keine positive Bilanz ziehen, außer vielleicht dahingehend, dass die Probleme damit noch sichtbarer werden.

Viele melden sich offenbar gar nicht erst an, was das schon vorhandene Dunkelfeld in Deutschland vergrößert, Auflagen an Betreibende werden nicht umgesetzt, da sie als nicht praktikabel gelten. Das Einzige, was sicher funktioniert, ist das Abkassieren von Steuern. Und das Werbeverbot wurde mal schnell eben endgültig mitkassiert.

Das Gesetz und seine Folgen belegen, dass Prostitution so toxisch ist, dass regulierende Eingriffe vielleicht punktuell bestimmte Facetten verbessern, insgesamt aber nur neue Probleme schaffen.

Und letztlich ist der Ansatz einfach falsch: Über Regulierungen schreiben wir praktisch staatlicherseits und als Gesellschaft fest, welche Verletzungen an sexueller Selbstbestimmung, welche Formen von Gewalt und von Marginalisierung wir hinzunehmen bereit sind – schlimmer: Wir legalisieren sie schwarz auf weiß. Schon das ProstG von 2002 hatte diese Wirkung, als im Zuge der Rechtsprechung entschieden wurde, dass Zuhälter oder „Agenturen" 50 % der Einnahmen der Frau (nach Bezahlen von Mieten oder Gebühren oder Steuern) ganz legal abgreifen können.

Letztlich scheitert das Gesetz, weil Prostitution Männerdominanz und Gewalt zum Funktionieren braucht und deswegen nicht über Regulierung zur sicheren „Sexarbeit" wird.

Außerdem hat es ausgesprochen bescheidene Ziele, wenn wir es zum Beispiel mit dem französischen „Gesetz zur Unterstützung von Personen in der Prostitution und zur Freierbestrafung" vergleichen: Während das französische Gesetz darauf aufbaut, dass Prostitution den fundamentalen Prinzipien des französischen Staates widerspricht, zu denen die Gleichheit zwischen Männern und Frauen gehört und denen zufolge der menschliche Körper niemals eine Ware sein kann, belehrt uns das deutsche Gesetz in seiner Begründung, dass es sich um einen „Wirtschaftszweig" mit erheblichen Umsätzen handelt, der „den Eigengesetzlichkeiten der Marktwirtschaft folgt", in dem jedoch Grundrechte „der Beteiligten" gefährdet sind. So kann die Tatsache, dass Prostitution das Ausnützen ökonomischer Macht zur Durchsetzung von sexuellem Zugang durch fast ausschließlich Männer bedeutet, natürlich auch - und sehr geschlechtsneutral – ausgedrückt werden.

Das Thema Gleichheit zwischen Männern und Frauen findet sich nur am Rande, unter den „Gesetzesfolgen", hinter „Erfüllungsaufwand", Sachkosten, Verwaltungsaufwand, als allerletzter Gesichtspunkt: *„Prostitution ist ein Wirtschaftsbereich, der in einem sehr hohen Maße durch Asymmetrien im*

Geschlechterverhältnis geprägt ist." Das Gesetz trage dazu bei, „*Nachteile der geschlechterasymmetrischen Ausprägungen der Prostitution zumindest teilweise zu kompensieren.*"

Eine „teilweise Kompensation" bei „geschlechterasymmetrischen Ausprägungen" innerhalb von Gewalt als Ziel. Mir fällt dazu nichts mehr ein. So ein Ansatz kann nicht funktionieren, so ein Ansatz soll nicht funktionieren. Es gibt nur eine vernünftige Lösung: Abolition und den schwedischen Ansatz dazu.

Vom Prostitutionsgesetz (ProstG) zum Prostituiertenschutzgesetz (ProstSchG) – eine Einordnung

Diese [Liberalisierung], die hab ich dermaßen persönlich als Angriff auf meine Person erlebt, und tu das immer noch. Zur [Liberalisierung] hin, haben also Männer angerufen bei uns und haben gesagt: „Jetzt, wo das euer Beruf ist, kann ich euch ja die „Monika" nachmittags mal zwei Stunden schicken. Wir haben Schulden. Wie viel verdient die denn da?" Die Männer haben jetzt kein schlechtes Gewissen mehr. Früher wurde man als Zuhälter abgestempelt, wenn man ne Frau auf den Strich geschickt hat. Heute sagt er ihr: „Nimm doch einfach mal nen anderen Beruf an". Ich finde, das ist der Ausdruck des größten Frauenhasses, Prostitution als Beruf zu deklarieren. Ich denke, da ist der Zenit schon längst überschritten. Es gibt da keine Steigerung von.

Ellen Templin[1]

Wie wir gesehen haben, hat die legalisierte und regulierte Prostitution in Deutschland eine jahrhundertelange Tradition. Hartnäckig hält sich also der Irrglaube, mit dem Prostitutionsgesetz von 2002 sei die „Prostitution in Deutschland legalisiert worden". Tatsächlich setzte der Gesetzgeber ein Gerichtsurteil des Verwaltungsgerichtes Berlin aus dem Jahr 2000 in Rechtsprechung um.[2]

Konkret bedeutete der Wegfall der Sittenwidrigkeit, dass prostituierte Frauen seit dem 1. Januar 2002 (theoretisch) ihren Lohn vor Gericht einklagen und von Betreibern regulär sozialversicherungspflichtig beschäftigt werden können. Wie sehr diese Regelungen an der Realität in der milliardenschweren Sexindustrie vorbeigehen, zeigt sich an der lächerlich geringen Zahl jener Betroffenen, die von diesen Möglichkeiten Gebrauch machen konnten. Warum sollte ein Betreiber einer Prostitutionsstätte (ob Laufhaus oder Terminwohnung) auch auf die horrenden Zimmermieten von 100 bis 150 Euro täglich verzichten und stattdessen „Arbeitnehmerinnen" beschäftigen, mit allen damit verbundenen Rechten wie Lohnfortzahlung im Krankheitsfall, Urlaub, Mutterschutz oder Elternzeit.

Während also die Möglichkeit prostituierter Frauen, in einem sozialversicherungspflichtigen Verhältnis der Prostitution nachzugehen aus naheliegenden Gründen nur äußerst marginal genutzt werden konnte, breiteten sich infolge der Lockerung des Straftatbestands der Förderung der Prostitution und der damit verbundenen Liberalisierung des Prostitutionsmarktes, schnell neue Geschäftsmodelle aus.

Das Aufkommen und der breite Zugang der Bevölkerung zum Internet, bedingte beginnend zur Jahrhundertwende außerdem weltweit eine Entwicklung von der Straßen- zur Innenprostitution. In Deutschland dürfte die Prostitution zum Zeitpunkt der Einführung des Prostituiertenschutzgesetzes im Jahr 2017 zu mehr als 50 % in Terminwohnungen stattgefunden haben, die sich in den letzten 30 Jahren auch unbemerkt vom Großteil der Bevölkerung außerhalb der Toleranzzonen etabliert haben.

Binneneuropäischer Handel in die sexuelle Ausbeutung

Mit der EU-Osterweiterung veränderte sich auch der Anteil ausländischer Frauen in der Prostitution, von einer Minderheit zu einer absoluten Mehrheit. Insbesondere aus den Armenhäusern Europas wie Rumänien, Bulgarien und Ungarn, werden heute Frauen für den Prostitutionsmarkt rekrutiert. Migration in die Prostitution erfolgt insbesondere von den wirtschaftlich schwächeren Ländern in die wirtschaftlich stärkeren Länder. EU-Bürgerinnen bieten sich für die Anwerbung an, da sie der Freizügigkeit unterliegen, kein Visum für die Einreise benötigen und keine Aufenthaltstitel beantragen müssen. Die EU-Grenzöffnungen bedeuteten für die Händler eine Senkung der Eintrittskosten ins Zielland und bewirkten eine Gewinnmaximierung für diese.

Ethnische TürkInnen machen nur etwa 10 % der bulgarischen Bevölkerung, jedoch 50 bis 80 % der in die Prostitution gehandelten Bulgarinnen aus. In Rumänien sind Romni um die 50 % der gehandelten Personen, bei nur ca. 9 % Anteil in der Gesamtbevölkerung. In Bezug auf Ungarn beträgt das Verhältnis 7 % zu 40 % der gehandelten Frauen.[3] Armut und ethnische Marginalisierung machen sie vulnerabel für die Anwerbung in die Prostitution. So führten der Zusammenbruch des Realsozialismus in Osteuropa und die damit verbundene hohe Männerarbeitslosigkeit unter anderem zu einer Veränderung der Frauenrolle: Frauen nehmen zunehmend die Rolle der Versorgerin ein, man spricht von einer Feminisierung der Verantwortung.

Die Vorbehalte gegen Minderheiten wie den Roma aus Rumänien und Ungarn oder den ethnischen Türkinnen aus Bulgarien gründen auf einem Rassismus, der auch unter westeuropäischen Freiern wiederzufinden ist: Romnija und ethnische Türkinnen gelten als „Zigeunerschlampen" und sind auch in der Prostitutionshierarchie ganz unten. Sie lassen sich auch deshalb besonders leicht ausbeuten, da sie wenige FürsprecherInnen haben und es wenige Menschen gibt, die ihnen helfen möchten, aus der Prostitution auszusteigen. Der Rassismus manifestiert sich auch in den unterschiedlichen Preisen, welche die Freier bereit sind, für die Frauen unterschiedlicher Nationalitäten zu zahlen. Wenn sich die Betroffenen in der Sexindustrie aus den am meisten unterdrückten ethnischen Gruppen rekrutieren, verliert die Gesellschaft den Blick für die Schädigung der Opfer.

Von zentraler Wichtigkeit ist auch: Diese Frauen kommen aus kollektivistischen Gesellschaften, in denen der oder die Einzelne eingebunden ist in ein intensives Beziehungsnetz. Die Identität des Individuums (Selbst- und Fremdbild) ist in diesen bestimmt von ihrer Position innerhalb ihrer Gruppe. Die Interessen der Gruppen (Ziele, Wohlergehen) spielen eine zentrale Rolle, während in individualistischen Systemen (wie dem deutschen) in der Regel eigene Vorlieben, Bedürfnisse und Ziele über denen von anderen stehen. Es liegt deshalb nahe zu vermuten, dass die Kombination von hedonistischer Konsumorientierung der Freier aus einer individualisierten Gesellschaft mit dem Verpflichtungsgefühl der osteuropäischen Frauen gegenüber ihrer Gemeinschaft, beste Voraussetzungen für die ökonomische Ausbeutung der Frauen auf dem Prostitutionsmarkt für die Profiteurinnen und Profiteure schafft.

Rahmenbedingungen im deutschen Prostitutionsmarkt

Während Frauen nach wie vor den Hauptteil der prostituierten Personen stellen, ist auch die mann-männliche Prostitution, bei der sich die prostituierten Männer zunächst überwiegend aus ehemaligen Heimkindern rekrutierten, infolge der zunehmenden Zuführung armer osteuropäischer (zumeist heterosexueller) Männer ebenfalls im Wachsen begriffen. Eine Nachfrage für prostituierte Transpersonen besteht ebenfalls in einer Nische.

Im europäischen Vergleich sind zwar die Profitmöglichkeiten für die Betreiber riesig, die mit der Prostitution generierbaren Löhne jedoch sehr niedrig, weshalb Deutschland im Ausland den Ruf als „Bordell Europas" und mit seinem riesigen und vor allem günstigen Prostitutionsangebot als „Aldi für Prostituierte" bei ausländischen Sextouristen genießt.

Trotz der immer wieder mantrahaft vorgebrachten Behauptung, dass die Legalisierung die Prostitution sicherer machen würde, ist die Gewalt in der deutschen Prostitution unbestreitbar hoch und resultierte nicht zuletzt in mehr als 100 (dokumentierten) Morden und Mordversuchen in der deutschen Prostitution seit der Jahrtausendwende.

Evaluation des ProstG durch die Bundesregierung

Bereits der 2007 von der Bundesregierung vorgelegte *Bericht der Bundesregierung zu den Auswirkungen des Gesetzes zur Regelung der Rechtsverhältnisse der Prostituierten (Prostitutionsgesetz – ProstG)* belegte eindeutig, dass das Gesetz gescheitert war.

Der Bericht stellte im Einzelnen fest:

- Von der Möglichkeit zur gerichtlichen Durchsetzung des Rechts auf Bezahlung machten die prostituierten Frauen nur in „verschwindend geringem Ausmaß" Gebrauch.

- Die Möglichkeit zum Abschluss von sozialversicherungspflichtigen Arbeitsverträgen wurden „nur in sehr geringem Umfang genutzt".

- In der Praxis treten Betreiber weiterhin nach außen als Vermieter auf, „obwohl zum Teil intern die Arbeitsbedingungen detailliert vorgeschrieben werden und somit de facto abhängige Beschäftigungsverhältnisse vorgelegen haben dürften. ... Die Fortsetzung dieser Praxis ermöglicht den [Betreibenden] auch weiterhin eine maximale Gewinnabschöpfung ohne Arbeitgeberpflichten."

- Auf die tatsächliche Situation von Prostituierten hinsichtlich der Art und des Umfangs ihrer sozialen Sicherung hat das ProstG sich „offenbar kaum ausgewirkt."

- Das Gesetz hat keinen positiven Einfluss auf die Ausstiegsmöglichkeiten aus der Prostitution.

- Die Bekämpfung von Zwangsprostitution und Menschenhandel wurde mit der Veränderung der Straftatbestände §§180a und §§181a StGB und dem Wegfall der objektiven Kriterien nicht erleichtert. Insbesondere illegalisierte und drogenabhängige prostituierte Frauen konnten vom Gesetz nicht profitieren.

- Weder hat das Gesetz zu weniger Kriminalität noch zu mehr Transparenz beigetragen.

- Eine Verbesserung der Arbeitssituation durch das Gesetz kann nicht festgestellt werden.

Die Folgen der Marktliberalisierung

Genau genommen wurde also mit dem Prostitutionsgesetz von 2002 die Prostitution nicht legalisiert, sondern der Prostitutionsmarkt liberalisiert. Der Straftatbestand der „Förderung der Prostitution" wurde abgeschafft, und Zuhälterei gilt nur dann noch als Straftat, wenn sie „ausbeuterisch" ist. Was konkret von Gerichten als Einbehaltung von mehr als 50 % des Prostituiertenlohnes definiert wurde.

Heute bestimmt die Nachfrage der Freier die Art der angebotenen Handlungen. Während es in den 1990er Jahren noch üblich war, dass bestimmte Handlungen in der Prostitution ausgeschlossen waren (Küssen, „tabuloser" Sex ohne Kondom, so genannter „Girlfriendsex", …), gibt es heute nichts mehr, das nicht vermarktet wird.

Bordelle „bestellen" ihre „Ware" wie in einem Versandkatalog und stellen Anforderungen an Körpergröße, Figur und Körbchengröße, Haarfarbe etc. Kriminalkommissar Helmut Sporer bezeichnet die Händler deshalb auch als eine Art Einzelhändler, die mitunter eine Händlergarantie aussprechen und das „Produkt" zurücknehmen, wenn es den Ansprüchen der Freier nicht genügt.[4] Viele Prostitutionsstätten bieten eine breite Angebotspalette unterschiedlicher Frauen für jeden Geschmack. In größeren Laufhäusern beispielsweise sind die jeweiligen Flure oft nach Herkunftsregionen aufgeteilt und/oder nach Spezialinteresse (Sado Maso, Transpersonen, …). Kleine Prostitutionsstätten, insbesondere Prostitutionswohnungen, sind manchmal spezialisiert (auf Polinnen, Asiatinnen …) oder bieten verschiedene Typen von Frauen zur Auswahl an. Permanente Ortswechsel dienen dazu, die Käufer auf der einen Seite immer mit „Frischfleisch" zu versorgen, auf der anderen Seite die gehandelten Frauen zu desorientieren und zu verhindern, dass sie vertrauensvolle soziale Kontakte zu Personen außerhalb des Milieus aufbauen. Oft hat man es mit etablierten Prostitutionsringen zu tun, unter denen ein Tausch zwischen den verschiedenen Bereichen der Prostitution und zwischen den Bundesländern (und Nationalstaaten) stattfindet.

Für die Kundenbindung werden dieselben Strategien angewandt, wie in jedem anderen Markt auch. Betreiber bieten Angebote mit Geld-zurück-Garantie, 10er-Rabatt-Karten und Themenabende. Unter dem Prostitutionsgesetz wurde alles erlaubt, von Pauschalangeboten („All you can fuck" für einen bestimmten Eintrittspreis), Gang-Bang-Partys mit hochschwangeren Frauen, das Abfüllen mit Alkohol, um die Grenzen zu überschreiten, ... – der Fantasie wurden keine Grenzen auferlegt. Die unzähligen Freierforen ähneln den Produktbewertungsportalen, in denen Hygieneprodukte, HiFi-Geräte oder Filme von KonsumentInnen bewertet werden. Hier werden Ratings erstellt, gemessen an detaillierten Schilderungen der äußeren Erscheinung (Form des Hinterns, Echtheit und Festigkeit der Brüste, Hygiene ...), des an den Tag gelegten Engagements (lustlos, voll Porno ...) und der Ausführungsqualität der sexuellen Handlungen („Das Blasen war kurz, intensiv, aber nicht sehr tief und mit zu viel Zahneinsatz").

Weder für den Freier noch die Händler spielt die Persönlichkeit der Frau eine Rolle. Es zählt nur, dass sie die Erwartungen erfüllt bzw. den gewünschten Gewinn erwirtschaftet. Insofern ist sie austauschbar, und dies völlig unabhängig von ihrem Freiwilligkeitsgrad: Die Tätigkeit in einer Prostitutionsstätte hängt alleine ab von der Fähigkeit, die tägliche Miete zu generieren. Wer dies nicht (mehr) schafft, wird ersetzt.

Das Prostituiertenschutzgesetz: ein Versuch der Schadensbegrenzung

Mit dem Prostituiertenschutzgesetz reagierte die Bundesregierung 2017 in erster Linie auf einen völlig außer Kontrolle geratenen Markt. Die Erfahrungen aus den nordischen Staaten in die Debatte um eine Gesetzesreform einzubeziehen, wurde nicht einmal in Betracht gezogen. Dies, obwohl immer mehr Länder sich dieser Politik anschließen und inzwischen sogar das Europäische Parlament und der Europarat ihren Mitgliedsstaaten eine entsprechende Gesetzesübernahme empfehlen.

Traditionen wollen gepflegt werden und es ging von vornherein um eine

Beibehaltung des legalisierten Systems. Mit einem Mehr an Regulierung wurde versucht, die schlimmsten Auswüchse des Prostitutionsgesetzes wieder einzufangen und den Markt durch Regeln „fairer" zu gestalten. Dem zugrunde liegt die irrige Annahme, dass die mit der Prostitution verbundenen Risiken und Gefahren wesentlich von den Bedingungen abhängen, unter denen sie ausgeübt wird.

Prostitution an sich wird in Deutschland jedoch von jeher nur von der Angebotsseite her „als vom Recht zu respektierende autonome Entscheidung" betrachtet. Eine Betrachtung von Seiten des Freiers oder von Prostitution als Gleichstellungshindernis mit Auswirkungen für die gesamte Gesellschaft findet nach wie vor nicht statt. Statt einem universellen Verständnis von Menschenwürde „bestimmen der oder die Einzelne zuallererst selbst, was ihre Würde ausmacht."[5]

Zentrale Elemente des ProstSchG – und ihre Bewertung

Das Gesetz sieht vor, dass Prostitutionsstätten nunmehr ordnungsrechtlich konzessioniert werden müssen. Dies ist grundsätzlich problematisch, da eine offizielle Genehmigung einer Akzeptanz und Legitimation gleichkommt. Den Freiern wird hiermit suggeriert, dass eine sexuelle Benutzung der Frauen in den öffentlich genehmigten Prostitutionsstätten in Ordnung ist. Die Genehmigung kommt einem Gütesiegel gleich, welches dem Freier die Verantwortung abnimmt, über sein Handeln nachdenken zu müssen.

Wenngleich es geboten erscheint, dass das Wohnen an der „Arbeitsstätte" unterbunden werden muss, damit die Frauen nicht im gleichen Bett schlafen müssen, in dem sie die Freier bedienen, und auch ansonsten eine private Rückzugsmöglichkeit gegeben sein muss, berücksichtigt eine solche

Verpflichtung der Trennung nicht, dass den Ausbeutern hiermit eine weitere Profitmöglichkeit, nämlich für die Unterkunft, gesichert wird. Dies steht im Widerspruch zum Versuch, Mietwucher bei der Vermietung von Zimmern in den Prostitutionsstätten zu vermeiden. Es spricht auch nichts gegen eine Zuverlässigkeitsprüfung für Betreiber, denn es ist schier unerträglich, wenn einschlägig verurteilte Menschenhändler einfach munter weitermachen dürfen. Auf der anderen Seite ist es naiv zu glauben, es fänden sich in der Praxis nicht ausreichend unbelastete Strohmänner und –frauen.

Die Einhaltung der häufig verlachten Kondom-Pflicht kann in der Tat in der Praxis nicht wirklich effektiv überprüft werden. Allerdings unterbindet sie wirksam das Werben für entsprechende Praktiken. Und wie ein Blick in Freierforen zeigt, scheint sie in der Tat die Frauen dabei zu stärken, die Kondom-Nutzung häufiger durchsetzen zu können. Es ist zu begrüßen, dass bei einer Missachtung die Freier bestraft werden. Ein erster, wenn auch zaghafter Einstieg in die Freierkriminalisierung.

Das Verbot menschenunwürdiger Geschäftsmodelle wie Flat-Rate oder Gang Bang ist begrüßenswert, andererseits wurde bereits gerichtlich festgestellt, dass Prostitution an sich gegen die Menschenwürde verstößt. Deshalb muss hier die Frage erlaubt sein, wer eigentlich darüber entscheiden soll, was noch menschenwürdig ist und was nicht mehr: Sind gesundheitliche Schäden wie Schließmuskel- oder Blasenschwäche bei häufigem Analverkehr nicht menschenunwürdig? Sind sexuelle Handlungen mit Urin und Kot nicht menschenunwürdig? Sind „Zwangsfütterungen" nicht menschenunwürdig? Wie häufig am Tag müssen sexuelle Handlungen stattfinden, damit sie als menschenunwürdig gelten können? Wie niedrig muss die Bezahlung sein, damit sie als menschenunwürdig betrachtet wird?

Es klingt erst einmal gut, dass zumindest jene Freier bestraft werden sollen, die wissent- und willentlich zwangsprostituierte Frauen benutzen. Allerdings zeigen die Erfahrungen aus Ländern, in denen es entsprechende Regelungen bereits gibt (z.B. Finnland), dass es große Probleme bei der Nachweisbarkeit gibt. Zum anderen fällt ganz offensichtlich ökonomischer Zwang nicht unter diese Definition von Zwangsprostitution.

Es ist zu begrüßen, dass die ursprünglichen Pläne zu verpflichtenden Gesundheitsuntersuchungen, die ein Zurück zu alten, gegen die körperliche Unversehrtheit verstoßende Zwangsmaßnahmen bedeutet hätten, nicht umgesetzt wurden. Angesichts der vielen Frauen, die keinen Krankenversicherungsschutz haben und unter Schmerzen und Beschwerden leiden und keinen Zugang zum Gesundheitssystem haben, hätten die Kommunen jedoch zu einer Gewährleistung der medizinischen Versorgung auf freiwilliger Basis für die Betroffenen verpflichtet werden müssen. Das Gesetz versäumt es sträflich, endlich den Zugang zu bezahlbaren Krankenversicherungstarifen zu gewährleisten. Ungeklärt bleibt auch die Frage der sozialen Absicherung, wenn die Tätigkeit in der Prostitution nicht mehr möglich ist.

Auf der einen Seite ist die eingeführte Anmeldepflicht nachvollziehbar, wenn man Prostitution als Beruf wie jeden anderen betrachtet, denn alle Gewerbetreibenden müssen sich anmelden. Mit der gleichzeitigen Meldung an das Finanzamt wird jedoch klar, dass es hier insbesondere darum geht, dem Zuhälter Staat die Steuereinnahmen zu sichern – eine Abgabe, die den Frauen den Ausstieg aus der Prostitution zusätzlich erschwert. Das Gesetz versäumt es außerdem, endlich eine flächendeckende Versorgung mit unentgeltlichen Beratungsangeboten und Traumatherapie sicherzustellen und dem Ausstiegswunsch der meisten Frauen in der Prostitution Rechnung zu tragen.

Es scheint nach wie vor nicht in den Köpfen angekommen zu sein, dass die Mehrheit sich ein Leben ohne Prostitution wünscht und es individueller Unterstützung bedarf, um dies sicherzustellen.

Festzuhalten bleibt, dass die Bundesregierung es mit dem Gesetz versäumt hat, sich die Frage zu stellen, in welcher Gesellschaft wir eigentlich leben wollen – und ob Prostitution in dieser Gesellschaft einen Platz haben kann und soll. Das Gesetz ist nicht das, was die Betroffenen gebraucht haben: die Anerkennung dessen, dass das, was Freier ihnen antun, Unrecht ist. Selbst dann, wenn sie der eigenen sexuellen Ausbeutung aus irgendwelchen Gründen zugestimmt haben. So wie es keine Bioprostitution gibt, gibt es auch keine Situation einer irgendwie gearteten, ggf. eingeschränkten, Anerkennung als Beruf wie jeden anderen: Es gibt entweder die Anerkennung als "Beruf wie jeder andere", mit allen gesellschaftlichen Konsequenzen, oder die Erkenntnis, dass andere Menschen nicht für die eigene Bedürfnisbefriedigung gekauft werden können. Alles dazwischen muss zu Recht als scheinheilig bezeichnet werden.

Notes:
(1) Radio Wüste Welle: Interview mit einer Domina, 8. Oktober 2010, Transkription auf Abolition 2014, http://abolition2014.blogspot.com/2014/05/interview-mit-einer-domina.html.
(2) VG Berlin, Urteil vom 1. Dezember 2000, VG 35 A 570.99.
(3) European Roma Rights Centre: Breaking the Silence. Trafficking in Romani Communities, Budapest 2011.
(4) Helmut Sporer: Speech for the Seminar „Reality of Prostitution", Brussels: European Women`s Lobby", 2013.
(5) Bundesministerium für Familie, Senioren, Frauen und Jugend: Bericht der Bundesregierung zu den Auswirkungen des Gesetzes zur Regelung der Rechtsverhältnisse der Prostituierten (Prostitutionsgesetz – ProstG), Januar 2007.

5 Fragen an ... Lena Teschlade

Lena Teschlade ist Sozialarbeiterin und hat die Fachberatungsstelle für Frauen in der Prostitution von SOLWODI in Bonn aufgebaut. Sie ist außerdem Mitglied der SPD und Mitgebgründerin des „Netzwerk Pro Sexkaufverbot" in der SPD.

Liebe Lena, wie bist du mit dem Thema Prostitution in Berührung gekommen und welche Erkenntnisprozesse hat die Beschäftigung mit dem Thema bei dir ausgelöst?

Ich habe im Jahr 2012 während meines Masterstudiums ein sechsmonatiges Praktikum bei der NGO *Care International* in Sarajevo (Bosnien und Herzegowina) absolviert. Dort habe ich in einem Projekt gearbeitet, welches das Empowerment von Roma-Frauen zum Ziel hatte. Während meines Aufenthalts habe ich eine empirische Forschung zu diesem Projekt durchgeführt und Interviews mit den Frauen aus dem Projekt geführt. Über meine Arbeit im Praktikum und meine Forschung bin ich auch mit dem Thema Menschenhandel konfrontiert worden.

Besonders die Roma-Minderheit ist signifikant häufiger von Menschenhandel betroffen. Soziale Ungleichheit und die prekären Lebensverhältnisse der Minderheit sind dafür die Gründe. Viele Roma haben keine Geburtsurkunde und sind bei keiner Behörde offiziell registriert. Aus diesem Grund ist eine Strafverfolgung im Bereich Menschenhandel sehr schwierig. Besonders häufig sind Roma-Frauen betroffen, die zum Zweck der sexuellen Ausbeutung in andere europäische Länder gehandelt werden.

Entweder wird den Frauen und ihren Familien zugesagt, dass die Tochter im Ausland eine gute Arbeit erhält und eine Ausbildung machen kann, oder die

Mädchen werden von Familienmitgliedern oder ihren Freunden (Loverboys) dann in die Prostitution verkauft. Einige Frauen sind auch vorher darüber informiert, dass sie sexuelle Handlungen gegen Geld im weitesten Sinne anbieten sollen. Allerdings werden sie über die ausbeuterischen Bedingungen getäuscht, und die Familien wissen auch nicht immer, wo sich die Frauen gerade befinden.

Die Gespräche mit den Frauen und deren Familien haben mich damals tief betroffen gemacht. Weil mir dadurch deutlich geworden ist, wie eng soziale Ungleichheit/Armut und Menschenhandel und Prostitution miteinander verbunden sind. Besonders schockiert hat es mich dann aber, als ich feststellen musste, dass ein Großteil der Frauen nach Deutschland oder in die Schweiz gebracht werden. Mir war bis dahin nicht bewusst, welch schlimme Ungerechtigkeit vor meiner eigenen Haustür passiert.

Darüber hinaus hat mich ein Gespräch mit einer jungen Romni sehr berührt. Sie hat mir berichtet, mit welchen Erwartungen sie nach Deutschland gegangen ist. Deutschland, das war für sie der Inbegriff von Freiheit und Gleichberechtigung. Ein Land, in dem junge Frauen frei und selbstbestimmt leben dürfen. Dann musste sie in Dortmund in der Prostitution tätig sein und hat festgestellt, dass die schlimmen Bedingungen und Zustände in Deutschland politisch legitimiert sind. Das hat mir gezeigt, dass wir diesen Zustand nicht hinnehmen dürfen.

Nach meinem Auslandsaufenthalt habe ich eine SOLWODI-Fachberatungsstelle in Bonn aufgebaut und engagiere mich seitdem in diesem Bereich.

Als Sozialarbeiterin vertrittst du eine andere Position als viele andere Sozialarbeiterinnen in Deutschland. Kannst du dir erklären, warum so viele hier eine prostitutionsverharmlosende Position einnehmen?

Ich bin nicht nur Sozialarbeiterin, sondern ehrenamtlich auch noch politisch aktiv. Für mich gibt es eine Differenzierung zwischen meiner Profession als Sozialarbeiterin und meinem politischen Engagement.

Dennoch sehe ich sehr deutlich die Auswirkungen, die politisches Handeln auf die praktische Arbeit hat. Das möchte ich kurz ausführen: Ich bin mir sehr sicher, dass die Mehrheit der Sozialarbeiterinnen und Sozialarbeiter in der Prostitution, genau wie ich selbst, ausschließlich das Wohl der Menschen in der Prostitution im Blick haben, und wir sind uns auch einig, dass Prostitution häufig eine Auswirkung von extremer Armut und sozialer Ungleichheit ist. Ich bin auch davon überzeugt, dass es einige wenige Menschen gibt, die nach formalen Kriterien freiwillig und selbstbestimmt der Prostitution nachgehen. Selbstbestimmt bedeutet für mich, dass ich die Tätigkeit frei wählen kann und jederzeit eine Möglichkeit für den Ausstieg habe. Der Anteil ist im klassischen Prostitutionsgewerbe jedoch verhältnismäßig klein. Der deutlich größere Teil befindet sich in einer ökonomischen Zwangslage und hat keine Alternative.

Darüber hinaus ist Prostitution überwiegend weiblich. Ich kann nicht akzeptieren, wenn Prostitution zur „Bekämpfung" von Armut toleriert wird. Häufig ist unter Sozialarbeiterinnen und Sozialarbeitern der Satz zu hören: „Wir akzeptieren die Prostitution. Man kann es nicht verhindern und nicht verbieten." Damit wird für mich ein unerträglicher Zustand akzeptiert und wir beschäftigen uns nur noch damit, das Leid möglichst klein zu halten. Ich möchte, dass wir dieses Leiden beenden.

Konkret bedeutet das für mich: Ich habe in meiner Haltung gegenüber den Frauen in der Prostitution auch immer eine hohe Akzeptanz gegenüber den Menschen gehabt. Hier setzt auch das Nordische Modell an. Wir verbieten den Kauf von Sex, aber nicht die Prostitution. Damit sind die Menschen in der Prostitution immer entkriminalisiert. Das finde ich ganz entscheidend.

Jetzt lebe ich auch nicht in einer Blase und bin durchaus in der Lage den Sachverhalt differenziert zu betrachten: Selbstverständlich werden wir mit dem Nordischen Modell nicht morgen die gesamte Prostitution abschaffen. Das ist klar, weil die Wurzel natürlich die Armut ist und daher dürfen wir uns nicht der Illusion hingeben, dass dies als einzige Maßnahme reicht. Deshalb sieht das Nordische Modell eine Reihe weiterer Maßnahmen vor. In Schweden wurde beispielsweise die Sozialarbeit ausgeweitet und viel Geld in Ausstiegsangebote gesteckt! Das passiert in meinen Augen in Deutschland viel zu wenig. Teilweise geschieht sogar das Gegenteil, und die Beratungsstellen bieten Einstiegsberatungen an.

Ähnlich wie in der Drogenhilfe wird Prostitution als etwas wahrgenommen, was sich nicht verdrängen lässt und deshalb muss man es akzeptieren und die Menschen in ihrer individuellen Situation unterstützen. Grundsätzlich finde ich die Haltung nachvollziehbar, aber meine Überzeugung ist es, dass wir umdenken müssen. Es muss ein stärkerer Fokus auf Ausstiegsprogramme und Qualifizierungsangebote gelegt werden. Selbstverständlich müssen die Menschen in der Prostitution dies auch selbst wollen. Für manche ist ein Ausstieg nur dann möglich, wenn sie in der Übergangsphase neben der Weiterbildung auch weiterhin der Prostitution nachgehen können, da ansonsten das Geld nicht reicht. Auch hier müssen Angebote vorgehalten werden.

Du engagierst dich in der SPD, wo es erfreulicherweise in den vergangenen Jahren sehr viel Bewegung in der Haltung zu Prostitution gegeben hat. Kannst du eine Einschätzung dazu geben, was sich hier verändert hat und warum?

Das Thema Prostitution wird in der SPD kontrovers diskutiert, aber nicht leichtfertig. Auch in meiner Partei bin ich mir sicher, dass die meisten Genossinnen und Genossen das Wohl der Menschen im Blick haben und sich um fundamentale Rechte, wie das Recht auf sexuelle Selbstbestimmung, sorgen. Für diese Rechte haben viele Frauen über Jahrzehnte gekämpft, und ich finde absolut richtig, dass wir deshalb gut überlegen, wie wir mit dem Thema umgehen.

Ich denke, eine entscheidende Wendung in der Diskussion ist sicherlich dadurch gekommen, dass Prostitution heute überwiegend von jungen Frauen aus dem Ausland ausgeübt wird und dass Armut und die prekäre Lebenssituation die Hauptgründe für einen Einstieg in die Prostitution sind. Dass sich hier etwas tun muss, darüber herrscht weitgehend Einigkeit. Ziel ist aber auch ein möglichst großer Konsens, um alle Gruppen in der Prostitution zu berücksichtigen. An diesem Punkt bin ich aber etwas „radikaler" als manche Genossinnen und Genossen. Ich bin fest davon überzeugt, dass wir keine Lösung finden werden, die alle zufrieden stellt. Wenn aber eine große Zahl von Menschen in der Prostitution ausgebeutet wird, dann sehe ich es als sozialdemokratische Verantwortung, eine Politik zu machen, die der größeren Gruppe gerecht wird. Die Sozialdemokratie ist die Vertretung für die Schwächsten in der Gesellschaft und setzt sich für die Bekämpfung sozialer Ungleichheit ein. Deshalb sollten wir auch hier an der Seite der Schwächeren stehen und unsere Politik nach den Menschen ausrichten, die in der Prostitution ausgebeutet werden.

Darüber hinaus stellt ein Verbot von Prostitutionsnutzung und damit das Nordische Modell für mich auch eine Haltung in der Gesellschaft dar. Bei der aktuellen liberalen Gesetzgebung in Deutschland beschäftigt sich kein Käufer mit seinem „Konsum". Genau wie in vielen anderen Bereichen ist es dem Käufer häufig völlig egal, wie die Bedingungen sind und unter welchem Leidensdruck die Frauen stehen. Prostitution ist legal, und damit hat man die Verantwortung an die Politik abgegeben und hat für sich selbst eine Legitimation. Das muss sich ändern!

Was sind deiner Meinung nach die dicksten Bretter, die ihr als AbolitionistInnen in der SPD zu bohren habt?

Die SPD beschäftigt sich schon sehr lange, sehr intensiv, mit dem Thema. Die Schwierigkeiten und Gesetzeslücken im Gesetz aus 2002 sind erkannt worden, und es hat viele Diskussionen darüber gegeben, was sich ändern muss. Das Ergebnis ist die Novellierung des Gesetzes und das neue Prostituiertenschutzgesetz.

Das Gesetz hat durchaus gute Ansätze, aber auch das neue Gesetz geht in der Summe an den Bedürfnissen und der Lebensrealität der Frauen in der Prostitution vorbei. Wir sind also noch immer nicht fertig. Bei der zukünftigen Diskussion wird das dickste Brett sein, endlich eine Linie und einen Konsens zu entwickeln, welcher breit getragen wird. Aktuell dreht sich die Diskussion häufig im Kreis. Dieses wichtige Thema fordert aber eine Geschlossenheit und einen einheitlichen Kurs. Hier sehe ich die größte Herausforderung, damit wir unser gemeinsames Ziel erreichen und die Lebenssituation für die Menschen in der Prostitution verbessern.

Die britische Sozialdemokratin Mary Honeyball hat ja mit ihrem Bericht im Europaparlament eine fraktionsübergreifend unterstützte Resolution für das Nordische Modell durchbringen können. Seid ihr auch über die Ländergrenzen hinweg gut vernetzt in Bezug auf die Thematik?

Für die Beantwortung dieser Frage habe ich mich auch nochmal mit der MdEP Maria Noichl besprochen. Sie ist SPD-Abgeordnete im Europäischen Parlament und darüber hinaus unsere Bundesvorsitzende des Arbeitskreises sozialdemokratischer Frauen (AKF). Das Europäische Parlament hat sich im Jahr 2014 mehrheitlich, in einem rechtlich nicht-bindenden Entschließungsantrag, für das sogenannte Nordische Modell in der gesamten EU ausgesprochen. Dabei stehen die Reduzierung der Nachfrage und die Rechte der Frauen im Mittelpunkt der Überlegungen:

Meist sind es Frauen, die in der Prostitution tätig sind. Und da wir uns in einer patriarchalen Gesellschaft befinden, machen die in ihr üblichen Machtstrukturen auch vor diesem Bereich nicht Halt.

Wie kann eine Politik gestaltet werden, die Menschen individuelle Entfaltungsmöglichkeiten garantiert, ohne dabei die zu vernachlässigen, die besonderer Unterstützung bedürfen?

Was sind die jeweiligen Auswirkungen auf Frauen, Frauenrechte und das Bild, welches die Gesellschaft von Frauen zeichnet und reproduziert? Was sind die Auswirkungen auf das Ziel der Gleichstellung?

In der weiteren Diskussion stehen sich auch heute noch zwei scheinbar unvereinbare Positionen gegenüber: Die derer, die sich für die Verbesserungen der Arbeitsbedingungen der Menschen in der Prostitution einsetzen und die derer, die sich für die Einführung des Nordischen Modells einsetzen – diese Linie wird jedoch nicht an Parteilinien deutlich, sondern verläuft vielfach innerhalb der unterschiedlichen Parteien.

Dass dieses Thema eine gesamteuropäische Relevanz hat, zeigt sich beispielsweise daran, dass in den angrenzenden Ländern (z. B. Spanien, Deutschland, Belgien), in denen eine andere Rechtslage herrscht, vermehrt Freier aus Frankreich die Dienste einer Prostituierten in Anspruch nehmen. Viele Grenzregionen wehren sich lautstark über die "steigende Nachfrage", die von Investoren durchaus begrüßt wird. Dabei sei nur an den Bau eines Großbordells in Saarbrücken erinnert. Gleichzeitig "wandern" auch die deutschen Freier in bestimmten Grenzregionen, wie zum Beispiel in die Tschechische Republik, da hier die Preise niedriger sind. Das Thema hat also eine grenzüberschreitende europäische Bedeutung. Eine noch stärkere europäische politische Vernetzung wäre wünschenswert.

Empirische Erkenntnisse zur Lebenssituation prostituierter Frauen in Deutschland

Erst wenn der Sklave sich zu regen, zu beklagen beginnt, wenn er Zeichen von Leben und Widerstand von sich gibt – sei es, dass er seine eigene Stimme erhebt oder durch einen Genossen spricht, der ihn vertritt – erst dann fängt wirklich das Ringen um Freiheit an. So haben die geknechteten Frauen eine Stimme gefunden in einer Frau, welche nur zu dem Zweck aufgeweckt wurde, laut von kommender Befreiung zu künden. Was hat dabei die Unvollkommenheit dieser ersten Stimme zu sagen? Es ist die Stimme einer Frau, die gelitten hat und die nun zu heiliger Empörung, zum Kriege aufruft. Sie wird durchdringen. Mit der Zeit kommen wir dann von allen Seiten her an unsere Feinde heran mit dem schweren Geschütz von Tatsachen, Zahlen und wissenschaftlichen Beweisen. Wir werden sie nicht schonen, ihnen keine Gnade erzeigen. Ihr Lügengewebe, womit sie sich decken, wollen wir in Stücke reißen, die Scheußlichkeit ihres Vertrages mit der Hölle bloßstellen. Jahr für Jahr werden wir, und die nach uns kommen in diesem Werk, weiterkämpfen, bis unsere Feinde keinen Boden mehr unter den Füßen haben.

Josephine Butler[1]

Spricht man über die Lebenssituation von Frauen in der Prostitution in Bezug auf Gewalterfahrung in der Kindheit und im Tätigkeitskontext sowie die mentale und physische Gesundheit, stößt man in aller Regel auf eine extreme gesellschaftliche Verleugnung.

Wenngleich bereits die sogenannte erste und zweite Frauenbewegung alle heute bekannten Faktoren deutlich benannte, und heute außerdem sogar unzählige empirische Studien dazu existieren, sind die VerteidigerInnen der Sexindustrie der unerschütterlichen Überzeugung, dass Frauen die Prostitution schadlos überstünden. Dies ist auch in Deutschland der Fall, obwohl auch hierzulande die Forschungslage keinerlei Zweifel über die gravierenden Folgen zulässt.

Eine wichtige Bedeutung kommt für Deutschland der vom Bundesministerium für Familie, Senioren, Frauen und Jugend in Auftrag gegebenen Studie zur *Lebenssituation, Sicherheit und Gesundheit von Frauen in Deutschland* mit seiner *Teilpopulationen-Erhebung bei Prostituierten* aus dem Jahr 2004[2] zu, da diese auch einen Vergleich zur weiblichen Vergleichsgruppe aus der Hauptuntersuchung zulässt.

Die Studie stellt neben der Gewalt als häufigste Probleme der prostituierten Frauen Überschuldung, Isolation, Obdachlosigkeit, das Fehlen von Privatsphäre und gesundheitliche Beeinträchtigungen fest.

Gewaltprävalenz in der Kindheit

Das überdurchschnittliche Aufwachsen prostituierter Frauen in dysfunktionalen Familienkontexten kann auch in der Studie von Schröttle/Müller deutlich nachgewiesen werden: Während in der Hauptuntersuchung 81 % bei den eigenen Eltern aufgewachsen sind, sind es nur 47 % der prostituierten Teilpopulation.

Natürlich ist der häufig vorgebrachte Vorwand richtig, nach dem Mädchen und Frauen in Deutschland generell häufig Betroffene von geschlechtsspezifischer Gewalt werden. Nichtsdestotrotz zeigt die Studie, dass prostituierte Frauen in erheblich größerem Ausmaß von Gewalt in der Herkunftsfamilie betroffen sind. So haben fast zwei von drei prostituierten Frauen (73 %) körperliche Gewalt erfahren, mehr als jede zweite (52 %) häufig oder gelegentlich und nicht nur einmalig. Bei der Hauptuntersuchung lagen die Werte mit 52 % einmalig und eine von fünf (20 %) häufig oder gelegentlich deutlich darunter. Heftige Prügel haben sieben Mal so viele prostituierte Frauen (37 %) einstecken müssen, als die durchschnittlichen weiblichen Befragten der Hauptuntersuchung (5 %).

Seelische Verletzungen liegen bei fünf Mal so vielen prostituierten Frauen (52 %) vor (Hauptuntersuchung: 10 %). Darüber hinaus haben fast drei Mal so viele prostituierte Frauen (56 %) gewalttätige Übergriffe zwischen den Eltern miterlebt (Hauptuntersuchung: 18 %)

Die Prävalenz sexueller Übergriffe in der Kindheit liegt bei prostituierten Frauen mehr als vier Mal so hoch (43 %) wie in der Hauptuntersuchung (10 %). Fast 40 % wurden sexuell angefasst (Hauptuntersuchung: 8 %), 13 % wurden zum Geschlechtsverkehr gezwungen (Hauptuntersuchung: 2 %) und 13 % zu sexuellen Handlungen gedrängt oder gezwungen (Hauptuntersuchung 2 %). Insgesamt war ein hoher Anteil der gewaltbetroffenen prostituierten Frauen in der Kindheit mehrfach Gewalt ausgesetzt. Schröttle/Müller schließen aus den Zahlen, dass prostituierte Frauen in hohem Maße aufgrund der sexuellen Gewalterfahrungen in der Kindheit an den Einsatz ihres Körpers als Objekt gewohnt sind und wiedererlebte Gewalt ein bekanntes Muster darstellt.

Insgesamt haben der Studie von Schröttle/Müller zufolge 92 % der prostituierten Frauen mindestens eine der genannten Formen sexueller Belästigung erfahren, 82 % Formen psychischer Gewalt, 87 % seit ihrem 16. Lebensjahr mindestens eine Form körperlicher Gewalt und 59 % mindestens eine Form der sexuellen Gewalt seit dem 16. Lebensjahr. Damit ist die Gewaltprävalenz bei psychischer und physischer Gewalt zwei bis drei Mal so hoch wie in der Hauptuntersuchung und bei sexueller Gewalt gar fünf Mal so hoch. Auch haben die prostituierten Frauen die jeweilige Gewalt häufiger erlebt als die Vergleichsgruppe, der Anteil der Mehrfachviktimisierten liegt hier jeweils 20 % höher. Darüber hinaus hat die prostituierte Teilpopulation schwerere Ausprägungen von Gewalt erfahren müssen, so zum Beispiel hat mehr als jede dritte prostituierte Frau (36 %) seit ihrem 16. Lebensjahr sexuelle Gewalt mit Verletzungsfolgen erfahren (Hauptuntersuchung: 4 %), fast zwei von drei (61 %) körperliche Gewalt mit Verletzungsfolgen (Hauptuntersuchung: 17 %). Zu einer ähnlich hohen Gewaltprävalenz von prostituierten Frauen in der Kindheit kommt auch eine Studie von Zumbeck, nach der 83 % der Befragten einer Selbsteinschätzung zufolge in der Kindheit traumatisiert wurde, 65 % durch körperliche Misshandlungen und 50 % durch sexuelle Gewalt.[3]

Gewaltprävalenz im Prostitutionskontext

Die Studie hat auch explizit Gewalterfahrungen im „Arbeitskontext" erhoben. Auch wenn viele befragte prostituierte Frauen Antworten zu Fragen in Bezug auf Gewalt in der Prostitution nicht beantworten wollten, sind die erhobenen Werte mehr als eindeutig. Bereits in einer britischen Studie wurde festgestellt, dass bestimmte Gewaltformen (verbale und körperliche) als „Berufsunfall" betrachtet werden.

Schröttle/Müller stellen fest, dass ein erheblicher Teil der Gewalthandlungen der prostituierten Teilpopulation im Zusammenhang mit der Prostitution stehen. Befragt nach den letzten zwölf Monaten gaben 89 % der befragten prostituierten Frauen an, sexuelle Belästigung erfahren zu haben; vier von fünf (81 %) waren von psychischer Gewalt betroffen, 83 % hatten mindestens eine Form körperlicher Gewalt erfahren, davon 28 bis 40 % massive Gewalt, 39 %

wurden verprügelt oder mit Fäusten geschlagen, 37 % erhielten Morddrohungen, 34 % wurden mit einer Waffe bedroht und 28 % gewürgt.

Fast doppelt so häufig wie die Vergleichsgruppe wurden prostituierte Frauen an öffentlichen Orten, in öffentlichen Gebäuden oder fremder Wohnung Opfer von körperlicher Gewalt, sogar fast vier Mal so häufig im Auto, auf Parkplätzen oder in Parkhäusern. Die Gewaltprävalenz bei sexueller Gewalt in der Prostitution ist bei der Straßen- wie der Innenprostitution gleich hoch (71 %).

Während Gewalt gegen Frauen im Durchschnitt häufig im sozialen Nahumfeld stattfindet, haben fremde Täter in der Prostitution einen deutlich höheren Anteil als in der Vergleichsgruppe. So ist beispielsweise die sexuelle Gewalt im „Arbeitskontext" in der Prostitution sechs Mal so hoch wie in der Hauptuntersuchung, wobei sich hier vor allem die Freier verantwortlich zeichnen. Doppelt so häufig wie in der Vergleichsgruppe sind Unbekannte für die Gewalt verantwortlich.

Insofern verwundert es nicht, dass prostituierte Frauen um ein Vielfaches häufiger Wunden, Knochenbrüche, Kopf-/Gesichtsverletzungen erlitten und mehr als doppelt so häufig medizinische und polizeiliche Hilfe in Anspruch genommen und vier Mal so häufig Anzeige erstattet haben. Bei Berücksichtigung der Schwere der Verletzungen liegt die Inanspruchnahme entsprechender Hilfe unter der der Vergleichsgruppe, was auf die Schwere der Verletzungen bei prostituierten Frauen schließen lässt.

Fast jede dritte prostituierte Frau (31 %) fühlt sich am „Arbeitsplatz" unsicher, 78 % geben Angst vor gewalttätigen Freiern an. 16 % wurden Opfer von Wohnungseinbrüchen (Hauptuntersuchung: 7 %) und 40 % von

Raubüberfällen (fast ausschließlich im „Arbeitskontext") (Hauptuntersuchung: 8 %), die meisten mehrfach.

Während seitens der Sexindustrie immer betont wird, die Tätigkeit in Wohnungen oder Apartments sei aus Sicherheitsgründen anderen Prostitutionsorten vorzuziehen, wurden in der Studie von den Betroffenen diese sowie die Straße als die gefährlichsten Arbeitsorte eingestuft.

Psychische Belastungen, Substanzmissbrauch und soziale Isolation

Nur 12 % der Befragten in der Teilpopulation der prostituierten Frauen gab an in den letzten zwölf Monaten keine psychogen wirksamen Substanzen konsumiert zu haben (Hauptuntersuchung: 21 %). Die Nutzung von Psychopharmaka lag zwei bis drei Mal so hoch wie in der nichtprostituierten Vergleichsgruppe. Der Konsum von Drogen lag mit 41 % sogar mehr als 13-fach so hoch (Hauptuntersuchung: 3 %). Auch beim Alkohol- und Tabakkonsum lag die Nutzungsquote um ein Vielfaches höher. Die Folgen der psychischen Belastungen und des Substanzkonsums unter prostituierten Frauen zeigten sich bereits bei der Befragung für die Studie: Mehrere Befragte konnten dem Interview sehr schwer folgen, schliefen währenddessen ein und hatten mit vielen Erinnerungslücken zu kämpfen.

Fast jede zweite prostituierte Frau (49 %) benannte in der Selbsteinschätzung mehr als zehn psychische Beschwerden (Hauptuntersuchung: 11 %). 17 % gaben an, sie litten unter dem Gefühl, nichts wert zu sein (Hauptuntersuchung: 2 %), 14 % benannten Angstanfälle und Panikattacken (Hauptuntersuchung: 3 %), Kaufsucht und Konsumzwang war für 13 % ein Thema (Hauptuntersuchung: 1 %). 20 Mal so viele prostituierte Frauen berichteten von dem Gefühl, sich selbst verletzen zu wollen (8 % - Hauptuntersuchung:

0,4 %) und sechs Mal so viele von Suizid-Gedanken (6 % - Hauptuntersuchung: 1 %).

Wie sehr Prostitution mit Stigmatisierung, gesellschaftlicher Ausgrenzung und Leben in einer Parallelwelt einhergeht, zeigt die Tatsache, dass prostituierte Frauen vergleichsweise stark sozial isoliert sind. Mehr als die Hälfte gab an nie Besuch von Freunde oder Bekannten zu erhalten (Hauptuntersuchung: 17 %). Zwei bis drei Mal so viele gaben an, sie würden gute Freundinnen, eine enge Beziehung, Wärme und Geborgenheit oder Menschen, bei denen sie sich wohlfühlen, vermissen. Ein Drittel bis ein Viertel hat keinerlei Ansprechpersonen für Probleme in der Prostitution oder sexueller Art. Der Mangel an sozialen Kontakten und sozialer Anerkennung geht einher mit einem niedrigen Selbstwertgefühl der Befragten.

Körperliche Folgen und Geschlechtskrankheiten

43 % der befragten prostituierten Frauen gaben an, mehr als 17 Kunden in der Woche bedienen zu müssen (bei 18 % sind es mehr als 35 Kunden pro Woche). An dieser Stelle sei zu erwähnen, dass deutsche prostituierte Frauen aus Gründen des Zugangs mit 77 % der Befragten bereits 2004 in der Studie deutlich überrepräsentiert waren. Migrierte prostituierte Frauen haben in aller Regel durchschnittlich noch mehr Freier zu bedienen, um ihre Kosten zu decken. Dass diese mechanische Dauerbelastung des Körpers Auswirkungen auf die Gesundheit der prostituierten Frauen hat, liegt auf der Hand.

Bei der Selbsteinschätzung des gesundheitlichen Zustands benannten mehr als zwei Drittel (67 %) der prostituierten Teilpopulation mehr als zehn körperliche Beschwerden - doppelt so viele wie in der Hauptuntersuchung. Die höchsten Werte wurden gemessen bei sehr starken Menstruationsbeschwerden (23 % -

Hauptuntersuchung: 5 %), starker/schwacher oder unregelmäßiger Menstruation (21 % - Hauptuntersuchung: 6 %) und Magen- und Darmproblemen (18 % - Hauptuntersuchung: 8 %).

Aufschluss über die Prävalenz sexuell übertragbarer Krankheiten (STD`s) gibt eine Studie der Universität Lübeck[4], bei der dem Studienkollektiv der untersuchten prostituierten Frauen eine nichtprostituierte Kontrollgruppe gegenübergestellt wurde. Die Prävalenz aller untersuchten Infektionen war in der prostituierten Gruppe deutlich höher. Signifikante Unterschiede ergaben sich für Aminkolpitis (8 %), Gonorrhoe (3,6 %), Syphilis (7 % frühere, 1 % akute), Hepatitis B (16 %) und im Gesamtinfektionsstatus. Hepatitis C wurde bei 4,5 % der prostituierten Frauen gefunden, in der Kontrollgruppe, wie auch Aminkolpitis, Gonorrhoe, Trichomoniasis, Syphilis und Hepatitis C hingegen gar nicht nachgewiesen. Bei einem Viertel der untersuchten prostituierten Frauen lag mindestens eine behandlungsbedürftige STD vor, 41,8 % der prostituierten Frauen waren in mindestens einem Marker für eine akute oder frühere Infektion positiv.

Prostitution als Zementierung der Armut

Da ein Großteil des in der Prostitution verdienten Geldes wegen der Zahlung von Mieten, Steuern, Verhütungsmitteln, ggf. Abtreibungskosten, Kleidung, medizinische Versorgung sowie Alkohol und Drogen gleich wieder abfließt, ist das Ansparen größerer Beträge in der Prostitution in der Regel nicht möglich. Die ökonomische Situation programmiert ein Scheitern und Anhäufen von Schulden vor. Diese ökonomische Abhängigkeit, bei der erst eine Menge Geld für Dritte generiert werden muss, um schwarze Zahlen zu schreiben, wird als Debt-Bondage (Schuldknechtschaft) bezeichnet.

Es wird von einer sehr niedrigen Zahl von Frauen ausgegangen, die ohne Konsequenzen jederzeit aus der Prostitution aussteigen können, wobei damit nicht nur finanzielle Konsequenzen gemeint sind. Das Abkassieren von Wuchermieten, zum Beispiel, wenn eine Frau 600 Euro (oder mehr) für eine Woche im Laufhaus zahlen muss, ist ein Anzeichen für das Vorliegen von legalisierter Ausbeutung.[5] Der Großteil des Geldes verbleibt bei Dritten, bei denen es sich meistens um legal-illegale[6] Netzwerke Organisierter Kriminalität handelt.

DeRiviere errechnete in einer internationalen Studie die lebenslangen Kosten ehemaliger prostituierter Frauen und kam zu dem Ergebnis, dass bereits während der Tätigkeit in der Prostitution die Hälfte der Frauen auf wohlfahrtsstaatliche Unterstützung angewiesen war. Ein Großteil der Einnahmen (37,2 %) ging an Zuhälter und Betreiber, den Konsum von Alkohol und Drogen (46,6 %) und die Teilnahme an Entzugsprogrammen (8,5 %). Unterm Strich blieben den Frauen nur rund 8 % der Einnahmen übrig. Während Frauen in der Straßenprostitution rund 93 % ihrer Einnahmen behalten konnten (nicht einberechnet der Zugriff eines etwaigen Zuhälters), gingen 10 bis 50 % der Einnahmen aus der Innenprostitution alleine an den Betreiber/Vermieter.

Da wegen der Tätigkeit in der Prostitution im Vergleich zu anderen Tätigkeiten Ausbildung und innerbetriebliche Fortbildungen fehlten, beeinträchtigt dies die Zukunftspotentiale auf dem Arbeitsmarkt beträchtlich. Zusammen mit den gesundheitlichen und psychischen Folgen ergaben sich in der Studie für jede Frau Nettokosten von durchschnittlich 173.788 Dollar aus ihrer Prostitution, auf die gesamte Lebenszeit berechnet.[7] Am Ende ihrer Prostitutionstätigkeit stehen die Frauen also oft mit leeren Händen und beträchtlichen gesundheitlichen Beeinträchtigungen da.

Diese Befunde lassen sich auch für Deutschland reproduzieren. So stellte Heinz-Trossen bereits 1992 fest, dass die Einkommen prostituierter Frauen im Vergleich zu anderen Berufsgruppen zwar „eklatant" hoch seien, jedoch festgestellt werden muss, dass sich die Mehrzahl dennoch „in finanzieller Not befindet und permanent verschuldet" ist. Bei 44,8 % der von ihm befragtenFrauen blieb nichts vom verdienten Geld übrig.[8] Die Studie des Bundesministeriums aus 2004 stellte fest, dass 48 % der befragten prostituierten Frauen bereits während ihrer Tätigkeit in der Prostitution auf ergänzende Sozialhilfeleistungen (33 %) oder Leistungen von Arbeitsamt sowie Wohngeld (15 %) angewiesen waren.

Kein Wunder also, dass die verstorbene Hamburger prostituierte Domenica Niehoff aus ihrer eigenen Erfahrung auf die Frage, was auf prostituierte Frauen später zukomme, antwortete: „Elend. Verdammt viel Elend. 90 von 100 Huren werden ein Fall fürs Sozialamt."[9]

Fazit

Wenn auch das in der Prostitution inhärente gesellschaftliche Stigma gegenüber prostituierten Frauen (und anderen) nicht von der Hand zu weisen und als große Belastung anzusehen ist, zeigen die vorliegenden empirischen Erkenntnisse dennoch eindeutig, dass der von der Frauenbewegung bereits früh herausgestellte Zusammenhang zwischen bestimmten Erfahrungen in der Kindheit und der Prostitutionstätigkeit in einem signifikanten Zusammenhang stehen.

Auch ist die Gewaltprävalenz in der Prostitution, die um ein Vielfaches höher liegt als bei nichtprostituierten Frauen, ebenso wenig von der Hand zu weisen, wie die mit der Lebensbiographie einhergehenden psychischen und körperlichen Belastungen. Folgerichtig kommen Schröttle/Müller zum Ergebnis, dass der körperliche und psychische Gesamtzustand der prostituierten Frauen als „äußerst problematisch" anzusehen ist.

Notes:

(1) Georg W. und Lucya A. Johnson: Die Lebensgeschichte der Josephine Butler. Eine Frau kämpft für Gerechtigkeit, Chr. Kaiser Verlag 1979, München.

(2) Autorinnen: Dr. Monika Schröttle / Prof. Dr. Ursula Müller, interdisziplinäres Zentrum für Frauen- und Geschlechterforschung der Universität Bielefeld.

(3) Sybille Zumbeck: Die Prävalenz traumatischer Erfahrungen, posttraumatische Belastungsstörungen und Dissoziation bei Prostituierten, eine explorative Studie, Hamburg 2001.

(4) Anna Wolff: Untersuchung zum Infektionsstatus von Prostituierten in Lübeck, Inauguraldissertation 2007.

(5) Corinna Geißler: Bulgarische und rumänische Frauen in der Prostitution. Das Beispiel Wien, Diplomarbeit Universität Wien 2014.

(6) Netzwerke, die Handel mit Frauen in der Deckung der Legalität betreiben und durch diese geschützt sind, weil der Charakter ihres Tuns nicht als solcher wahrgenommen wird oder ihnen nachgewiesen werden kann.

(7) Linda DeRiviere: A Human Capital Methodology for Estimating the Lifelong Personal Costs of Young Women Leaving the Sex Trade, in: Feminist Economics, 12.3, 2006.

(8) Alfons Heinz-Trossen: Prostitution und Gesundheitspolitik, Europäische Hochschulschriften, Peter Lang Verlag, Frankfurt, 1992.

(9) Alice Schwarzer: Ein Besuch bei Domenica, in: Prostitution ein deutscher Skandal, Kiepenhauer & Witsch, Köln 2013.

5 Fragen an ... Dr. Liane Bissinger

Liane Bissinger ist Gynäkologin mit eigener Praxis in München. Von 1996 bis 2000 arbeitete sie in Hamburg in der „Zentralen Beratungsstelle für Sexuell Übertragbare Erkran. Liane engagiert sich im Arbeitskreis „Stop Sexkauf" des Kofra in München und in der feministischen „Mittwochsdisko" in Dießen am Ammersee.

Liebe Liane, welche Erfahrungen hast du als Gynäkologin in Hamburg in der Arbeit mit prostituierten Frauen gemacht?

Zum besseren Verständnis für den Hintergrund meiner Erfahrungen werde ich zunächst die Einrichtung vorstellen, in der ich vier Jahre lang gearbeitet habe. Es handelt sich um die *Zentrale Beratungsstelle für Sexuell Übertragbare Erkrankungen*, die wegen des sperrigen Namens auch als ZB abgekürzt wurde. Träger war die *Behörde für Arbeit, Gesundheit und Soziales* (BAGS) der Hansestadt Hamburg, und örtlich wie räumlich hervorgegangen war die ZB aus der traditionellen „Zwangsuntersuchungsstelle", in der sich jahrzehntelang Frauen in der Prostitution auf unwürdigste Art auf Geschlechtskrankheiten untersuchen lassen mussten.

Der gesetzliche Zwang wurde in Hamburg Anfang der 90er Jahre abgeschafft und modellhaft durch eine Einrichtung ersetzt, die auf Freiwilligkeit, Anonymität und Kostenfreiheit basierte. Ausgestattet mit mindestens zehn Sozialpädagoginnen, zwei Ärztinnen, einer Krankenschwester, einer MTA und Dolmetscherinnen für mindestens fünf Sprachen, war die „ZB" recht einmalig in Deutschland. Es sollten möglichst alle Frauen erreicht werden. Für Männer in der Prostitution gab es eine andere Beratungsstelle, Transpersonen konnten beide Stellen in Anspruch nehmen.

Das Angebot der ZB bestand in aufsuchender Sozialarbeit auf der Straße, mit einem großen Bestand an mehrsprachigen Informationsmaterialien und der Untersuchungsstelle an sich, wo die Frauen Beratung, Untersuchung und auch medizinische Behandlung erhalten konnten. Alle Mitarbeiterinnen vertraten einen Standpunkt der Akzeptanz der Prostitution an sich und wollten die Frauen in ihrer Tätigkeit „empowern".

Der Grund, warum die Behörde so viel Geld in die Hand nahm, lag in dem Auftrag, sexuell übertragbare Erkrankungen (STI) von der Bevölkerung fern zu halten. Da in dieser Zeit der Markt für Prostitution schon expandierte und damit viele illegalisierte Frauen nach Hamburg in die Prostitution geschleust wurden, sah man in dem speziellen Angebot der ZB die einzige Chance, möglichst viele zu erreichen. Die Frauen, die ich als Gynäkologin nachts bei der Straßensozialarbeit oder tagsüber in der ZB kennenlernte, kamen überwiegend aus Osteuropa, Lateinamerika oder Thailand, aber natürlich wurde das Angebot der ZB auch durch deutsche Frauen wahrgenommen.

Ich überlege gerade, welche der unzähligen Erfahrungen von besonderem Interesse sein könnte. Ganz intuitiv möchte ich von der übergroßen **Angst** der Frauen berichten, sich mit einer unheilbaren Erkrankung zu infizieren. Natürlich war damit insbesondere und gerade in den 90er Jahren die Ansteckung mit HIV/Aids gemeint, aber die oft panische Angst, *„sich irgendetwas eingefangen zu haben"*, war allgemein enorm. Ich erinnere den Fall zweier sehr junger Russinnen, die beide vom gleichen Freier "gebucht" wurden. Als er sich nach „Verrichtung" im Badezimmer säuberte, sahen sie rote Flecken auf seinem Rücken. Dies war an einem Wochenende. Sie kamen beide halb wahnsinnig vor Angst am Montagmorgen in die ZB und waren sicher, sich mit HIV infiziert zu haben. Eine der beiden hatte innerhalb der zwei Tage selbst einen massiven Ausschlag entwickelt. Wir konnten sie in diesem Fall beruhigen, aber trotz allem war die Wartezeit auf das endgültige Testergebnis für die beiden entsetzlich lange.

Auch der **Ekel**, den die Frauen immer äußerten, hat sich mir extrem eingeprägt. Der Ekel vor den Freiern, den Männern, die oft ungewaschen, schlecht riechend, respektlos daherkamen und Vereinbarungen nicht einhielten oder „Dinge" forderten, die für die Frauen unzumutbar waren. Warum es ihnen möglich war, diese Erfahrungen preisgeben zu können, war dann schließlich doch der akzeptierenden und respektvollen Umgebung der ZB zu verdanken, der Tatsache, dass in ihrer Sprache vermittelt werden konnte und dass die gynäkologische Untersuchung nicht schmerzhaft oder unwürdig war.

Oft begegnete mir im Gespräch die Formulierung der Frauen, **„das bin gar nicht ich"**, die das macht. Erklärend wurde dann oft eine konkrete Notsituation im Leben angeführt als Auslöser für die Tatsache, nun prostituiert zu sein, geprägt von Zwängen, Druck, Schulden. Und obwohl, wie schon erwähnt, eine absolut akzeptierende Atmosphäre in der ZB herrschte, waren die Frauen voller Scham und beschämt und richteten alles gegen sich selbst. Mit dem „das-bin-gar-nicht-ich" erklärten sie aber auch oft eine Art Überlebensstrategie, die in der direkten Konfrontation mit dem Freier zur (unbewussten) Anwendung kam. Diese Tatsache kennen wir aus der Psychotraumatologie als Dissoziation.

Schließich muss ich noch als Teil meiner Erfahrungen die **Hoffnungslosigkeit** und **Resignation** erwähnen, die viele der Frauen mit sich trugen. Da waren Träume und die Aussicht auf ein besseres Leben oft zusammengeschrumpft auf ein bloßes Überleben. Wenn schon nur die ZB zu den guten Teilen des Lebens gehörte, kann man ahnen, welche Ressourcen sonst noch zur Verfügung standen. Das Fehlen von Alternativen hat mich in meiner tagtäglichen Arbeit sehr begleitet, und so musste ich meine Arbeit als Gynäkologin dort auch immer wieder hinterfragen. Haben wir die Frauen „nur wieder arbeitsfähig" gemacht, oder haben wir zum Überleben beigetragen?

Wir haben uns stark dafür eingesetzt, dass mit dem ProstSchG nicht die Zwangsuntersuchungen wieder eingeführt werden. Gleichzeitig wissen wir, dass viele der betroffenen Frauen keine Krankenversicherung haben. In welchem Maß wurde eure auf Freiwilligkeit und Anonymität beruhende Untersuchungsmöglichkeit von den Betroffenen in Anspruch genommen?

Vor kurzem habe ich genau darüber mit unserer damaligen Russisch-Dolmetscherin, mit der ich immer noch befreundet bin, gesprochen. Sie hat gesagt: *„Alle haben das Angebot angenommen"*. Alle, die wir erreichen konnten. Und wir konnten tatsächlich über die damals in Hamburg weit gestreuten Informationen sehr, sehr viele erreichen. Die Werbung für die ZB wurde auch durch andere Beratungsstellen mitgetragen, z. B. durch *Ragazza*, TAMPEP, die Aids-Beratung, aber auch durch die Behörden und die Polizei. *„Die Frauen waren ja auch darauf angewiesen"*, erklärt meine Freundin, und durch die Möglichkeit der kulturellen und sprachlichen Mediation konnte eine entsprechende Vertrauenssituation hergestellt werden.

Viele die, abgesehen von den meisten der deutschen Frauen, keine Krankenversicherung hatten, kamen regelmäßig, denn in diesen Jahren war auch eine längere Verweildauer an einem Ort für sie noch möglich. Unangenehm für uns war die Beobachtung, dass doch etliche von ihnen tatsächlich durch ihre Zuhälter zur ZB gebracht wurden; draußen parkten teilweise hoch auffällige Autos. Leider profitierten die Zuhälter eben auch durch die ZB: Sie konnten damit hausieren gehen, dass *„ihre Frauen sauber waren"*.

Aber das Wichtigste für die Frauen war einfach die regelmäßige Entlastung von der Angst vor Krankheit oder eben die medizinische Behandlung bei bestehenden Beschwerden. Denn der Spielraum unserer Entscheidungen darüber, ob über die Untersuchung auf STI hinaus ärztliche Leistungen erbracht werden mussten oder bei wem welche Behandlung durchgeführt wurde, war erfreulicherweise recht groß. Und es gab sogar die Möglichkeit, in dringenden Fällen über behördliche Krankenscheine auch eine Behandlung in anderen Fachrichtungen oder im Krankenhaus zu erwirken. Und das war auch notwendig; ich denke an akute Blinddarmentzündungen, vereiterte Zähne, Versorgung von Verletzungen und vieles mehr.

Nebenbei bemerkt ist noch interessant, dass auch deutsche Frauen zur gynäkologischen Untersuchung in die ZB kamen. Die Akzeptanz und die Kenntnis über ihren Prostitutionshintergrund waren für sie entscheidend. Als Resümee ergibt sich für mich die absolute Notwendigkeit, vergleichbare medizinische Versorgungsmöglichkeiten anzubieten, solange es in Deutschland noch Prostitution gibt.

Was sind die häufigsten Beschwerden, die du bei Frauen in der Prostitution mitbekommen hast?

Zu den häufigsten Beschwerden zählten erwartungsgemäß Beschwerden und Schmerzen im Genital- und Unterleibsbereich. Neben den STI waren Entzündungen oder Verletzungen an der Vulva und Vagina sehr häufig, die durch mechanische Überbeanspruchung, Überdehnung oder gezielt beigebrachte Verletzungen zu sehr schmerzhaften Einrissen führen konnten.

Sehr häufig fand sich auch die sogenannte bakterielle Vaginose, die sich durch Brennen, Jucken und schlecht riechenden Ausfluss zeigt und die auch in Folge zu aufsteigenden bakteriellen Entzündungen im Unterleib, z. B. Eileiterentzündungen, einhergehend mit extrem starken Schmerzen und Fieber, führen konnten. Hier war dann öfter eine akute Krankenhausbehandlung notwendig.

Blasenentzündungen zählten schon fast zum Alltag der Frauen durch Unterkühlung, unzureichende sanitäre Einrichtungen oder wiederum durch die mechanische und bakterielle Belastung. So wurden oft Antibiotika völlig ungezielt zur Prophylaxe genommen.

Die weiteren Beschwerden kann ich in einer Art Körperreise folgendermaßen aufzählen:

Kopf: Kopfweh, Migräne, Hämatome, verletzte Trommelfelle, Zahnentzündungen, ausgeschlagene Zähne, Kiefergelenksentzündungen (durch zu lange Überdehnung des Gelenkes bei Oralverkehr), Rachen- und Kehlkopfentzündungen (hervorgerufen durch das lange und tiefe „Aufnehmen" eines erigierten Penis mit Unterdrückung des natürlichen Würgereflexes, bei einem Freier nach dem anderen)

Haut: Hämatome, Ekzeme (durch mangelnde Hygiene der Freier, aber auch als psychosomatischer Ausdruck von Stress, Ekel, usw.)

Magen-Darm-System: Durchfälle und Verstopfung im Wechsel (zerstörte Darmflora und damit zusätzlich geschwächtes Immunsystem; auch durch häufige Einläufe, um den Stuhlgang für den Analverkehr kontrollieren zu können), häufiges Erbrechen, miserable Ernährungssituationen, Essstörungen

Beckenboden: Inkontinenz von Urin und Stuhl (eigentlich eher ein Problem nach Geburten oder nach der Menopause, aber hier teilweise auch schon bei jüngeren Frauen, hervorgerufen durch vaginale und anale Überdehnungs- und Vergewaltigungssituationen)

Allgemein: viele Schmerzen am gesamten Körper, Schlafstörungen, Abhängigkeit von Schlafmitteln, Alkohol, Drogen, Medikamenten (um irgendwie den Alltag und das Leben zu ertragen).

Kannst du etwas zum Thema Schwangerschaft und Prostitution sagen?

Ein Hauptproblem war natürlich die Frage der Verhütung, und am häufigsten wurde eine hormonelle Kontrazeption in Form der Pille genutzt, gefolgt von der sogenannten Drei-Monats-Spritze. Aber die Wirksamkeit dieser Methoden war durch unregelmäßige und/oder falsche Einnahme oder durch Darmprobleme oft herabgesetzt. Nebenbei bemerkt schätze ich das Risiko von Thrombosen im Bereich der Lebenswelten in der Prostitution als absolut erhöht ein, durch Nikotin, mangelnde Bewegung und nicht erkannte (angeborene) Risikofaktoren. In diesem Kontext habe ich z. B. eine Thrombose mit Lungenembolie erlebt.

Es kam sehr häufig zu ungewollten Schwangerschaften. Über die Schwierigkeiten, einen menschlich und medizinisch akzeptablen Schwangerschaftsabbruch zu erhalten, können viele Frauen berichten. Wenn aber noch eine Krankenversicherung und ein Aufenthaltsstatus fehlen, ist die Lage oft verzweifelt. Ich muss allerdings sagen, dass damals in Hamburg eine gute Kooperation mit dem Familienplanungs-Zentrum bestand, und so konnte die ZB die betroffenen Frauen, sogar in Begleitung einer Dolmetscherin, dorthin vermitteln.

Schwangerschaften können auch verdrängt werden. In einem Fall, den ich erinnere, war die Schwangerschaft schon so weit fortgeschritten und nicht wahrgenommen, also verdrängt, dass die Schmerzen, mit denen die Frau zu uns kam, tatsächlich Wehen waren, die direkt in den Kreißsaal führten. Unvorstellbar, dass sich diese Frau solange Freiern aussetzen musste.

Aber es gab auch Beratungen bei Kinderwunsch. Hintergrund war, dass ein vermeintlich guter (deutscher?) Partner gefunden schien und die Frau sich bei uns vorher versichern wollte, dass die Prostitution keine Folgeschäden in Bezug auf ihre Möglichkeit, schwanger zu werden und Kinder zu gebären, hinterlassen hatte. Vielleicht ein Weg um auszusteigen?

Immer wieder wird von der Pro-Prostitutions-Lobby betont, dass Frauen in der Prostitution kein größeres STI-Risiko hätten. Als Beleg wird dann die HIV/AIDS-Quote angeführt, die sich nicht wesentlich unterscheide zu den nicht-prostituierten Frauen. Eine Studie der Universität Lübeck hat jedoch eine signifikant höhere Rate anderer Geschlechtskrankheiten festgestellt. Wie würdest du das aus deiner Fachpraxis einschätzen?

Die Studie der Universität Lübeck bestätigt absolut meine Beobachtung. Die Hauptaufgabe der ZB bestand im Screening auf STI, und angeboten wurde eine Untersuchung auf Gonorrhö (GO), Chlamydien, Trichomonaden durch Abstriche, die auch sofort ausgewertet wurden, sowie Syphilis, Hepatitis und HIV über eine Blutuntersuchung. Hier mussten die Frauen die Ergebnisse entsprechend später und persönlich abholen. Die STIs waren auch die wichtigsten Kennziffern für die Behörde.

Über die Häufigkeit von IIIV in unserer Klientel im Vergleich zur „Normalpopulation" habe ich keine Zahlen mehr in Erinnerung, aber die anderen oben aufgezählten STIs waren deutlich erhöht. Es verging kein Untersuchungstag, an dem nicht eine oder mehrere GOs, Chlamydien oder Trichomonaden diagnostiziert wurden. Und das ist auch gut erklärbar. Erstens waren die Frauen sehr oft gezwungen, ohne Kondom tätig zu sein. Manche erzählten, dass Freier, die das nicht wollten, das Kondom noch beim Verkehr absichtlich zerstörten. Zweitens spielt hier die Bakterielle Vaginose eine große Rolle. Dabei kommt es zum Verlust der natürlichen und schützenden Vaginalflora, z. B. durch häufige Vaginalspülungen mit z. T. gefährlichen Substanzen, die die Frauen aus Hygienebedürfnis und auch als Schutz vor Schwangerschaft durchführten.

Ebenso schädigend für die Flora ist der ständige Gebrauch von Gleitmitteln, Kondomen und nicht zu vergessen die mechanische Beanspruchung des Gewebes. Dies alles kann zu einem Verlust des natürlichen Immunschutzes in der Vagina führen und somit eine günstige Eintrittspforte für verschiedene STIs sein. GO, Chlamydien, Trichomonaden, so sie erkannt werden, können natürlich behandelt werden. Problematisch ist es mit dem HPV-Virus, der sich zunächst in den Schichten des Muttermundes einnisten, und viel später, oft erst nach 10 oder 20 Jahren dann zu einem Gebärmutterhals-Krebs führen kann. Leider waren damals Krebsabstriche nicht im Routineangebot.

Eine „Arbeit" wie jede andere, die man nur besser schützen müsse – das will uns oft suggeriert werden. Dem kann ich mit all meiner Erfahrung als Frauenärztin nur die allerdeutlichste Absage erteilen. Ich kenne keine andere Tätigkeit, die so gesundheitsschädigend und tödlich wie die der Prostitution ist. Und ich habe mich in meinem Bericht überwiegend auf die körperlichen Aspekte konzentriert. Über die zerstörenden Auswirkungen auf die Seele können PsychotraumatologInnen ebenso ausführlich berichten.

Über „Hurengewerkschaften", AIDS-Geld und Lobbyorganisationen für „Sexarbeit"[1]

Zuhältersprache ist eine akzeptierte Sprache in der links-liberalen Kultur geworden, leider inklusive zu vieler Feministinnen. Es ist eine Sprache, die all jene vergiftet, die genug Glück hatten, den Sexhandel zu überleben und danach streben, wirkliche Freiheit für alle Prostituierten zu erreichen. Sexarbeit / Sexarbeiterin. Dieser Begriff wurde zum politisch korrekten Ausdruck für alle in der Sexindustrie. Er wird benutzt, ohne nachzudenken, er wird benutzt, als wäre es der einzig richtige Begriff, um die Prostituierten zu beschreiben. Er wird benutzt, und sticht wie ein Dolch in die Herzen der Überlebenden des Sexhandels, er wird benutzt und bringt all unsere Freiheit zum verstummen und unsere Möglichkeit, über Zuhältersprache zu sprechen ...
Sexarbeit/Sexarbeiterinnen ist die Sprache des Hasses und der Sklaverei. Aber die Linke und viele liberale Feministinnen haben die Begriffe übernommen und reklamieren sie als ihre eigenen. Dabei vergessen sie oder entscheiden sich, sich nicht daran zu erinnern, dass diese Begriffe den Zuhältern gehören.

Rebecca Mott[2]

Seit den 1970er Jahren baute die Sexindustrie systematisch weltweit Lobbygruppen auf, um ihre Agenda – Prostitution als „Beruf wie jeder andere" (= „Sexarbeit") zu etablieren – zu verfolgen. Bis zu den 1980er Jahren waren diese Bemühungen wenig erfolgreich. Erst dann konnte die „Sexarbeits"-Bewegung, insbesondere vor dem Hintergrund einer weltweiten AIDS-Krise, zu einer machtvollen, internationalen Kraft avancieren.

Pieke Biermann und die Anfänge der Hurenbewegung in Deutschland

1980 veröffentlichte die frühere prostituierte Pieke Biermann ein außergewöhnliches Buch mit dem Titel „Wir sind Frauen wie andere auch.

Prostituierte und ihre Kämpfe". Außergewöhnlich deshalb, weil ihre scharfsinnige Analyse zum Platz der Frau im Geschlechterverhältnis deutlich von der Frauenbewegung geprägt ist. Man muss sich vor Augen führen, dass das Buch zu einer Zeit geschrieben wurde, in der Vergewaltigung in der Ehe noch lange kein Straftatbestand war[3] und Frauen nur zu einem geringen Teil erwerbstätig und somit vom Ehemann in noch viel höherem Maße als heute ökonomisch abhängig waren.

Vor diesem Hintergrund lässt sich eine Argumentation nachvollziehen, nach der die „sexuelle Dienstleistung" gegenüber dem Ehemann zur nicht entlohnten Hausarbeit gezählt wird. Aus ihren Worten über Sexualität spricht eine gewisse Resignation, und es wird deutlich, warum Biermann die sexuelle Verfügbarkeit der Frau als „Arbeit" bezeichnet, die Frau als „verkonsumierbares" Objekt, welches nach Verbrauch entsorgt wird, und die Frauen allgemein als „Sklaven der Welt, einerlei, welche Hautfarbe sie besitzen, einerlei, ob „ihr" Mann ebenfalls Sklave ist oder Herr." Zuhälterei beginnt ihrer Auffassung nicht erst dann, wenn man(n) der Frau Lohn wieder abnimmt, sondern bereits dort, „wo verhindert wird, dass Frauen überhaupt Lohn erhalten".

Biermanns Logik zufolge haben Frauen verschiedene Strategien gelernt, um sich der ihnen aufgezwungenen Sexualität zu entziehen: Durch Gewichtszunahme oder Gewichtsabnahme, durch Migränen, durch Frigidität, durch allgemeine „Reizlosigkeit". Der als revolutionär erscheinende Gedanke liegt darin, für die ohnehin aufgezwungene und unbefriedigende Sexualität wenigstens Geld zu nehmen und somit in die Lage versetzt zu werden, sich schöne Dinge und Träume im Leben zu erfüllen:

Wer sich also Gedanken über Prostitution machen will, muss sich an die Tatsache gewöhnen, dass Prostituierte nicht nur anschaffen, weil sie „nicht anders können" – sondern auch, weil sie etwas anders wollen. Mehr.[4]

Eine Glorifizierung oder Romantisierung von Prostitution findet sich in diesem Buch jedenfalls nicht. Deutlich werden die psychologischen Folgen des Vorspielens eines Vergnügens, das in der Prostitution nicht vorhanden ist, benannt, Dissoziationsmechanismen beschrieben. Freier werden als „ekelhaft" und „zum Kotzen" betitelt. Zusammenfassend lässt sich sagen, dass Biermanns Analysen schlüssig sind und die Schlussfolgerungen als patriarchale Überlebensstrategie nachvollziehbar. Mit „Frauenbefreiung" und einem Durchsetzen der ur-feministischen Forderung nach einem Ende von ungewollter Sexualität hat dieser Ansatz jedoch nichts zu tun.

Autonome Hurenprojekte in der BRD

Ein ganz ähnlicher Tenor findet sich in der Veröffentlichung „Beruf Hure" des Prostituierten-Projekts *Hydra*[5]: Ganz klar wird hier die männliche Nachfrage nach Prostitution als deren Ursache benannt. Die Prostitution - ein „Symptom einer kranken Gesellschaft" - wird gleichermaßen als Erfindung sowie als Stütze der patriarchalen Geschlechterordnung analysiert, mit der sich der Mann den „Besitzanspruch … auf „seine Frau" sichert, ohne der männlichen Promiskuität im Wege zu stehen". Weiter noch ist *Hydra* sich bewusst, dass die Prostitution die Stellung der Frau insgesamt in der Gesellschaft wirklichkeitsgetreu widerspiegelt. Ähnliche Töne schlägt die *Prostituiertenselbsthilfe HWG* (Frankfurt) in ihrem „Prostitution. Ein Handbuch" an.[6]

In beiden Büchern kommen prostituierte Frauen dahingehend zu Wort, dass sie ein gestörtes Verhältnis zum Körper beschreiben, darstellen, wie sie sich bei der Tätigkeit „wegmachen" müssen und wie sehr sie sich vor den Freiern, „triebabhängigen Kreaturen", ekeln. Die Nachfrage als Ursache für Prostitution und Menschenhandel wird eindeutig benannt und die Notwendigkeit von Ausstiegs- und Umschulungsmaßnahmen betont. An der Ausbeutung prostituierter Frauen (und anderer) von Seiten der Profiteure der Großindustrie kann nach der Lektüre kein Zweifel sein. Insbesondere im Buch der HWG wird dargestellt, wie die Frauen von den Bordell- und Terminwohnungsbetreibern richtiggehend abgezockt und finanziell ausgenommen werden.

Schauen wir uns nun die Entstehungsgeschichte der „Hurenprojekte" in der Bundesrepublik Deutschland an, lässt sich feststellen, dass diese zwar unter Beteiligung und Mitwirkung prostituierter Frauen gegründet wurden. So war Pieke Biermann eine der Gründerinnen von *Hydra* in Berlin. Gegründet wurde *Hydra* jedoch als Idee von „Sozialarbeiterinnen, Sozialpädagoginnen, Ärztinnen, Lehrerinnen und Psychologinnen", mit Unterstützung von „10 Studentinnen" von der FU Berlin. Die Zahl der nicht prostituierten Akteurinnen überstieg die Zahl der prostituierten Akteurinnen um ein Vielfaches. Diese kamen zum *Café Hydra* vor allem mit einem „ganzen Bündel an Problemen" und auf der Suche nach Ausstiegsoptionen.[7] Auch bei Gründung des „autonomen Hurenprojektes" *Kassandra* in Nürnberg waren mitnichten nur prostituierte Frauen beteiligt.

Im Jahr 1989 gründete Laura Méritt, die wenige Jahre später wegen ausbleibender Freierinnen mit dem Versuch eines Bordells für Frauen baden ging[8], eine Künstlerinnengruppe namens *Nutten und Nüttchen* und betonte den Spaß-Faktor an der Prostitution. Sie brachte sich hiermit den Spott der bekannten Hamburger prostituierten Domenica Niehoff ein, die kommentierte: „Zwei Studierte aus reichem Elternhaus, die mal eben mit dem Arsch wackeln. Das sind keine richtigen Huren".[9] Ebenso echauffierte Domenica sich über die nicht-prostituierten Aktivistinnen / Mitarbeiterinnen von *Hydra*, die sich auf den „Hurenbällen" der Organisation bewusst lasziv gekleidet „den gaffenden Freiern" verkauften.

Dass es den Organisationen offenkundig nicht gelang, die prostituierten Frauen hinter sich zu versammeln, zeigen die nackten Zahlen. So war *Hydra* 1983 auf sieben aktive Frauen zusammengeschrumpft. Im Jahr 2010 waren zwölf Frauen bei *Hydra* organisiert. Im angeschlossenen Förderverein sind mehr Männer als Frauen eingetragen, vor allem Freier.

Die 1970er Jahre: COYOTE und das AIDS-Geld

Tatsächlich kam die Gründung der Hurenprojekte in Deutschland deutlich verspätet. Als Vorreiterin kann die 1973 gegründete amerikanische Initiative COYOTE (*Call off Your Old Tired Ethics*) gelten. Sie bestand aus Liberalen, Beatniks und prostituierten Frauen, wurde jedoch von bekannten Zuhältern geleitet. JuristInnen, JournalistInnen und SozialarbeiterInnen unterstützten die Initiative. Auf so genannten Hurenbällen („Hooker`s Balls") wurden prostituierte Frauen medienwirksam unter Teilnahme zahlreicher Prominenter versteigert. Am Hurenball 1978 nahmen 20.000 Menschen teil.

Sponsoren der Organisation waren u.a. die *Glide Memorial Church*, eine kalifornische Methodistenkirche, und die *PlayboyFoundation*. Nach acht Jahren ihres Bestehens zählte die Organisation 30.000 Mitglieder, davon waren jedoch nur etwa 3% prostituierte Frauen. Trotzdem wurde die Initiative zunächst als „nationale Organisation für Prostituierte", dann als

„Gewerkschaft für Huren" und schließlich als „Hurengewerkschaft" bezeichnet. Diese Organisation prägte maßgeblich den Begriff „Sexarbeit", weshalb Prostitutionsüberlebende die Begriffe „Sexarbeit" und „Sexarbeiterin" als „Zuhältersprache" konsequent ablehnen.

Ende der 1980er Jahre hatte man die Verbreitung von HIV/AIDS als gesellschaftliches Problem erkannt und suchte händeringend nach Lösungen, Regierungen und internationale Organisationen verausgabten große Summen zur HIV-Prävention, von denen sich Lobbygruppen für Prostitution einen bedeutenden Anteil unter den Nagel rissen. So bekam COYOTE beispielsweise 50.000 Dollar für ein „Safer Sex"-Projekt für prostituierte Personen. Priscilla Alexander und Margo St. James reisten um die Welt und vermarkteten ihr „Sexarbeits"-Konzept. Alexander wurde schließlich von der Weltgesundheitsorganisation WHO als Beraterin engagiert und konnte dort maßgeblich deren Positionierung zu Prostitution beeinflussen.

Der Siegeszug der Sexarbeits-Lobby ab den 1990er Jahren …

Das *Network of Sex Work Projects* (NSWP) wurde 1993, finanziert aus EU-Mitteln, von nationalstaatlichen Regierungen sowie der Rockefeller Foundation gegründet. Die Agenda bestand und besteht darin, Prostitution als „Arbeit" zu normalisieren und den prostituierten Frauen die Kondom-Nutzung beizubringen. Dabei hatte zu diesem Zeitpunkt die HWG bereits längst erkannt, dass die Freier die „Gummimuffel" sind, aber das nur nebenbei bemerkt. Heute ist das NSWP in mehr als 40 Ländern vertreten.

Ebenfalls 1993 wurde das Netzwerk TAMPEP (*European Network for HIV/STI Prevention and Health Promotion among Migrant Sex Workers*) gegründet, finanziert von der niederländischen De Graaf Foundation. Ziel war die HIV-Präventionsarbeit mit „migrantischen Sexarbeiterinnen", tatsächlich beinhaltet die Arbeit jedoch vor allem Kampagnen für legalisierte und regulierte Prostitution. Die Europäische Kommission bezuschusste das Projekt alleine im Jahr 2006 mit 600.000 Euro. Der TAMPEP-Mitarbeiterin Hanka Mongrad zufolge ist Ausstiegshilfe für ökonomisch marginalisierte, gehandelte Frauen aus Osteuropa nicht vorgesehen. Man möchte sie hingegen „zu besseren Prostituierten (…) machen".

Als Ergebnis dieses Sponsorings breitete sich das „Sexarbeits"-Narrativ immer weiter aus: 1998 sprach sich die *International Labour Organization* (ILO) erstmalig für eine Legalisierung der Prostitution aus. Im Jahr 2001 folgte die WHO. Auch UNAIDS blieb nicht unbeeindruckt von den Bemühungen. Die Lobby konnte darüber hinaus viele AkteurInnen auch direkt in regionale, nationale und internationale Institutionen einschleusen. So war Laura Agustín, eine der Sprecherinnen der schwedischen *Rose Alliance*, bei TAMPEP beschäftigt. Ihr zufolge handelt es sich bei Menschenhandel zur sexuellen Ausbeutung um einen Mythos, die migrantischen „Sexarbeiterinnen" seien vielmehr „kosmopolitische Subjekte".

… und die Hinwendung zur „Schadensminimierung"

Während also zumindest in den Anfängen bei Organisationen wie Hydra noch eine deutlich gesellschaftskritische Positionierung festzustellen war, sucht man eine solche heute ziemlich vergebens. Mit dem AIDS-Geld kam die Hinwendung zu einem Ansatz der „Harm Reduction", also der Schadensminimierung. Ein seltsam verräterischer Begriff, zeigt er doch deutlich, dass den Organisationen, die diesen Ansatz verfolgen, durchaus die Schäden bewusst sind, die Frauen (und anderen) in der Prostitution zugefügt werden.

Die Tipps, die den Betroffenen in teuren Hochglanz-Broschüren mit auf den Weg gegeben werden, werden in den Ohren der meisten sehr zynisch klingen. So wird australischen „Sexarbeiterinnen" empfohlen, doch immer so zu tun, als würde es ihnen gefallen. Die *Scarlet Alliance* rät bei sexuellen Grenzüberschreitungen – die sich auch als Gewalt bezeichnen ließen -, bei der Zurückweisung besser nicht zu viel Ärger zu verursachen, damit die Erregung des Freiers erhalten bleibt. Prostituierte Frauen in Südafrika bekommen die Empfehlung, „aus Versehen" einen Schuh unter das Bett zu schubsen, damit sie unauffällig überprüfen können, ob dort vielleicht Waffen deponiert sind.

„Sicherheits-Sets" für „Sexarbeiterinnen" erhalten einen Alarm, Kondome, Lippenbalsam, Gleitgel und Pfefferminzbonbons und sollen den Menschen, in der Prostitution „eine bessere Lebensqualität" bieten. Ganz offenkundig ist den Organisationen durchaus klar, dass von Freiern eine große Gefahr für die Frauen in der Prostitution ausgeht, denn in welch anderem Job bekommen Frauen Broschüren mit Sicherheitstipps und einen Alarm ausgeteilt? All diesen Projekten liegt offenkundig auch die Vorstellung zugrunde, dass die prostituierte Person die Verantwortung trägt für das Wohlbefinden und die Gesundheit des „Kunden".

Doña Carmen und der Bundesverband sexuelle Dienstleistungen (BSD)

Der Frankfurter Verein *Doña Carmen* wurde 1993 von der Sozialarbeiterin Juanita Henning gegründet. Er ist bekannt für besonders kompromisslose Positionen in Bezug auf „Sexarbeit" und liegt häufig im Clinch auch mit anderen Sexarbeits-Organisationen. Organisationen wie diese kritisieren nicht mehr die dargestellte finanzielle Ausblutung der prostituierten Frauen in den Bordellbetrieben, sondern haben sich dem Schutz aller Formen der Prostitution verschrieben. Henning und ihre MitstreiterInnen wandten sich außerdem gegen eine Kampagne zur „Freier-Sensibilisierung", denn mit solchen Kampagnen würde Freiern ein Verantwortungsgefühl eingepflanzt, welches diese nicht zu haben bräuchten. Sie würden zu Spitzelei und Denunziantentum angestiftet, womit sie der Polizei zuarbeiteten.

Der Verein vertritt außerdem die Position, bei Menschenhandel handele es sich um eine Art Hirngespinst und nicht um eine „gesellschaftliche Realität". Zwangsprostitution würde anhand von nicht prostitutionsspezifischen „Anzeichen" (Minderjährigkeit, Vergewaltigung, Ausbeutung, Überwachung, …) konstruiert, womit den Freiern ein schlechtes Gewissen eingeredet werde. Damit würden sie von der „Befriedigung ihrer sexuellen Bedürfnisse", also ihrem „eigentlichen Anliegen", abgelenkt.

Während *Doña Carmen* häufig in der Bevölkerung noch den (fälschlichen) Ruf einer Prostituiertenorganisation hat, ist der von Stephanie Klee 2002 in Berlin mitgegründete Verein *Bundesverband sexuelle Dienstleitungen* (BSD) unverhohlener, wessen Interessen er vertritt. Wenngleich Klee sich auch als „Sexualassistentin" für Männer mit Behinderung einen Namen gemacht hat, wendet sich der Verein ausdrücklich an Bordellbetreibende und organisiert diese unter seinem Dach. Als Berufsverband wurde der Verein vom Amtsgericht in Charlottenburg nicht anerkannt, da er 2003 nur 33 Mitglieder hatte und nicht die geforderten 300 bis 500 vorweisen konnte.

Die im BSD organisierten „UnternehmerInnen" werben für sich selbst mit einem „Gütesiegel", welches gewisse Mindeststandards in Bezug auf Prostitutionsstätten bestätigen soll. Die ausgegebene Devise lautet: „Kunden können ohne Scheu und Bedenken diese Betriebe aufsuchen". Auch hier findet sich also wieder die Absicht, den Freiern ein Angebot an Frauen anzubieten, über deren Benutzung sie nicht groß nachdenken sollen: Wenn Dritte die

Qualität schon geprüft haben, dann klingt das doch nach einem „Freifickschein" – ganz ohne zu viel Nachdenken und vor allem ohne schlechtes Gewissen.

Berufsverband erotische und sexuelle Dienstleistungen (BesD e.V.)

Um die Diskussionen um eine Prostitutionsgesetzgebung zu beeinflussen, wurde im Jahr 2013 in Köln der *Berufsverband erotische und sexuelle Dienstleistungen* gegründet. Der Sitz in Berlin bot sich geradezu an für einen Verein, der Einfluss auf die Bundespolitik nehmen möchte. Auch wenn sich nach eigenen Angaben im BesD nur „aktive oder ehemalige Sexarbeiterinnen" organisieren und ihm zugutegehalten werden muss, dass die in der Öffentlichkeit auftretenden Sprecherinnen tatsächlich alle eine eigene Prostitutionsgeschichte zu haben scheinen, muss dennoch festgehalten werden, dass einige der Protagonistinnen als Studioinhaberinnen oder Agentur-Betreiberinnen zumindest auch an der Prostitution anderer (mit)verdienen.

Selbstverständlich ist es völlig legitim und immer zu verteidigen, dass sie sich an der öffentlichen Debatte um Prostitution beteiligen. Zu kritisieren ist jedoch, dass die eigene Rolle in Bezug auf den Profit aus der Prostitution Dritter in der Diskussion in der Regel nicht offen gelegt wird. Wenn politische VertreterInnen sich von einem Verein beraten lassen, muss ihnen zumindest klar sein, ob die Person, die zu ihnen spricht, gerade die Interessen der prostituierten Frau oder die der Unternehmerin vertritt. Auch sollte ein Verein, der nach eigenen Angaben nur eine dreistellige Anzahl von Mitgliedern hat, der Öffentlichkeit nicht suggerieren, er sei die Interessenvertretung der Frauen in der Prostitution. Zweifel daran müssen auch dann aufkommen, wenn der Verein gemeinsam mit dem 2007 gegründeten Bordellbetreiberverband UEGD

(*Unternehmerverband   Erotikgewerbe   Deutschland*)   gemeinsame
Pressestatements abgibt.

Der einen Nutzen, der anderen Schaden

Zusammenfassend lässt sich sagen, dass sich auch in diesem Bereich die Entpolitisierung von einer strukturellen Gesellschaftskritik hin zu einer völlig individualisierten Sichtweise nachzeichnen lässt. Während in den Anfangstagen die (wie aufgezeigt bereits vermeintliche) „Hurenbewegung" noch deutlich geprägt war von den Analysen der zweiten Frauenbewegung, jedoch vor der schier unlösbaren Mammutaufgabe der Frauenbefreiung kapitulierte und der Prostitution ein selbstermächtigendes Moment aus dem patriarchalen Scheißehaufen zurecht fantasierte - eine Überlebensstrategie, die zumindest in ihrer Logik gedanklich nachvollziehbar ist – hat das zunehmende Sponsoring im Zuge der AIDS-Epidemie und die Einbindung von Profiteuren und Profiteurinnen der Sexindustrie ganz offensichtlich dazu geführt, die Interessen und angeblichen Bedürfnisse des Freiers ins Zentrum der eigenen Politik zu stellen.

Geblieben ist das Narrativ, nach dem „Sexarbeiterinnen" nicht Opfer sind und/oder sein wollen. Es scheint so, dass die gesellschaftliche Abwertung jener, die in einem Machtverhältnis unten und nicht oben stehen, ins Selbstverständnis übernommen wurde. Vielleicht die logische Konsequenz einer Gesellschaft in der „Du Opfer!"zum gängigen Schimpfwort avanciert ist. Die eigene Unterdrückung zu akzeptieren und in etwas Positives umzudeuten kann kurzfristig ein Gefühl vom Empowerment suggerieren. Auf lange Sicht jedoch – und das belegen uns unzählige Berichte von Betroffenen – ist es am Ende der physische und psychische Schaden, mit dem prostituierte Frauen (über)leben müssen. Politische EntscheidungsträgerInnen täten gut daran, sich die frühen Veröffentlichungen von Hydra und Co. vor diesem Hintergrund noch einmal zu Gemüte zu führen und mit heutigen Aussagen der angeblichen Gewerkschaften zu kontrastieren.

Notes:

(1) Teile dieses Kapitels erschienen im Juli 2015 unter dem Titel „AIDS-Geld, Lobbyarbeit und Hurenprojekte" auf dem Blog Abolition 2014 – Für eine Welt ohne Prostitution.

(2) Rebecca Mott: Überall höre ich Zuhältersprache, auf: Abolition 2014, 28. April 2014.

(3) Vergewaltigung war in Deutschland bis 1997 noch als „außerehelich" definiert.

(4) Pieke Biermann: „Wir sind Frauen wie andere auch". Prostituierte und ihre Kämpfe, Rowohl Verlag, Reinbek 1982.

(5) Prostituierten-Projekt Hydra: Beruf: Hure, Galgenberg, Hamburg 1988.

(6) HWG e.V.: Prostitution. Ein Handbuch, Schüren, Frankfurt, 1994.

(7) Prostituierten-Projekt Hydra: Beruf: Hure, Galgenberg, Hamburg 1988.

(8) Focus: Frauen wollen nicht Freier sein, 25. Januar 1993.

(9) Das Magazin: Meine Erfahrungen als Prostituierte habe ich abgeschüttelt wie die Ente das Wasser", 24. August 1996.

5 Fragen an … Dr. Sheila Jeffreys

Die Britin Sheila Jeffreys war u. a. Professorin für Sozial- und Politikwissenschaften im australischen Melbourne und arbeitete speziell zu den Themen Sexindustrie, Schönheitspraktiken, Pornographie, feministische internationale Politiken, sexuelle Gewalt in Kriegen, lesbischen Politiken, u.v.m. Ihr Buch „Die industrialisierte Vagina. Die politische Ökonomie des globalen Sexhandels" erschien 2014 im Hamburger Verlag Marta Press in deutscher Übersetzung.

Liebe Sheila, mit deinem Buch „Die industrialisierte Vagina" hast du eines der wohl wichtigsten und umfassendsten Bücher zur globalen Sexindustrie geschrieben. Wie bist du ursprünglich auf das Thema Prostitution gestoßen, und welche Feministinnen haben deine Arbeit am meisten inspiriert und warum?

Ich habe erstmals 1979 über Prostitution geschrieben. Das war ein Paper für eine Konferenz der Frauenbefreiungsbewegung zu sexueller Gewalt. Ich habe versucht zu erklären, warum Prostitution und Ehe zwei komplementäre Formen der Frauenunterdrückung sind. Ich musste erneut über Prostitution nachdenken, als ich 1991 nach Australien umsiedelte und herausfand, dass der Staat Victoria Bordelle legalisiert hatte. Ich war entsetzt. Ich habe nachgefragt, ob ich einen australischen Zweig der internationalen Organisation *Coalition Against Trafficking in Women* gründen könnte. Das habe ich 1994 getan, Kampagnen gegen legale Prostitution in Australien geführt und bin um die Welt gereist, um am Beispiel von Victoria zu erläutern, welche Schäden ein solches System zur Folge hat.

Mein erstes Buch zu Prostitution wurde 1997 in Australien veröffentlicht, „The Idea of Prostitution". Es beschäftigte sich mit der Geschichte der

Prostitution im zwanzigsten Jahrhundert und damit, wie diese Form von männlicher Gewalt gegen Frauen gerechtfertigt wurde und wie Feministinnen dagegen kämpften. Ich habe Prostitution als Gewalt gegen Frauen definiert.

In den 2000er Jahren wurde mir bewusst, dass ich erneut über Prostitution schreiben muss, als mir klar geworden war, auf welche Weise diese Industrie industrialisiert und globalisiert worden war. Ich habe Ehe als eine Form der Prostitution inkludiert, Katalogehen, arrangierte Formen der Ehe und Zwangsverheiratungen, Kinderehen, Polygamie, Menschenhandel, Strip Clubs, Militärprostitution, Kinderprostitution, Pornographie und die Schäden, die die legalisierte Prostitution verursacht. Meine Hoffnung war, dass wenn ich erläutere, wie diese Industrie Teil der politischen Ökonomie ist und nicht einfach nur eine freie Wahl von Frauen darstellt, sozialistische Feministinnen erkennen würden, dass es da ein Problem gibt. Das ist nicht passiert. Es sind immer noch vor allem Radikalfeministinnen, die dafür kämpfen, diese Form männlicher Gewalt gegen Frauen abzuschaffen.

Was macht Prostitution deiner Meinung nach zu einer der größten sozialen Ungerechtigkeiten im 21. Jahrhundert und warum denkst du, dass so viele Menschen, die sich als „progressiv" bezeichnen, ihre Existenz verteidigen? Wie sehr ist dieses Denken mit den neoliberalen Vorstellungen verknüpft, die sie doch eigentlich bekämpfen?

Nach meinem Verständnis beruht die Unterdrückung von Frauen auf dem Besitz und der Benutzung von Frauenkörpern für Reproduktion und Sexualität. Dies findet auf verschiedene Weise statt, inklusive vieler Formen der Ehe, Prostitution und Leihmutterschaft. Es ist nicht möglich, dass Frauen frei sind, wenn auch nur einige Frauen und Mädchen lediglich als

Tauschobjekte betrachtet werden und wenn Frauen, wie Kate Millett es formulierte, zu einer Fotze reduziert werden.

Menschen, die Prostitution verteidigen, sind Liberale, die alle Formen des Missbrauchs und der Unterdrückung als freie Wahl verteidigen. Jeder, der versteht, wie strukturelle Unterdrückung funktioniert, versteht, warum Prostitution aufhören muss. Die politische Linke ist in den letzten Jahrzehnten sehr neoliberal geworden und hat akzeptiert, dass bestimmte Formen der Unterdrückung lediglich eine freie Wahl sein können.

Warum macht es keinen Sinn, an der verbreiteten Unterscheidung zwischen Menschenhandel und Prostitution festzuhalten? Und warum, denkst du, ist diese Unterscheidung selbst für viele Aktivistinnen und Aktivisten eine bequeme Falle, in die sie gerne tappen?

Die Unterscheidung zwischen Menschenhandel und Prostitution beruht in der Regel auf der Basis der freien Wahl. Jene, die nicht in der Lage sind zu akzeptieren, dass jede Prostitution Gewalt gegen Frauen ist, sind fest entschlossen, Frauen so zu betrachten, dass sie Prostitution frei wählen. Deshalb verstehen sie es lediglich als problematisch beim Menschenhandel, wenn Frauen von A nach B gehandelt werden und klare physische Gewalt sichtbar ist.

Natürlich ist Menschenhandel tatsächlich die Verschiebung von Frauen von Land zu Land, von einem Teil des Landes zu einem anderen oder von einer Sektion der Industrie zu einer anderen, unter der Kontrolle männlicher Besitzer und Käufer, wobei der Konsens der Frauen hierzu keine Rolle spielt.

Diese Unterscheidung zu treffen, ermöglicht der Industrie ihren Erhalt. Sie erlaubt Staaten weiterhin, dem männlichen Recht auf Sex zu dienen und jene Männer mit Frauen und Mädchen zu versorgen.

Jene, die diese Unterscheidung machen, sind nicht in der Lage zu erkennen, dass es einen Unterschied geben sollte zwischen der Sexualität in der Prostitution und einer gleichberechtigten Sexualität. Sexualität, bei der Frauen bezahlt werden, um sich zu fügen, bei der sie dissoziieren müssen, um zu überleben, bei der sie darauf trainiert wurden, in einer Geiselnahme-Situation zu verhandeln, zu fliehen, oder wie sie ihre Vagina betäuben müssen, ist Gewalt. Es gibt keine Möglichkeit, Sexualität zu einer erotisierten Gleichberechtigung zu machen, solange Prostitution die Schablone bleibt für das, was unter Sex verstanden wird.

Noch vor einigen Jahren wurde der legalisierte deutsche Prostitutionsmarkt noch als Vorbild für den Rest der Welt verkauft. Dank der Aufklärungsarbeit deutscher Abolitionistinnen erkennen wir nun einen Trend dazu, dass Lobbyistinnen das neuseeländische Modell in den Vordergrund stellen. Als eine Forscherin, die lange in Australien gelebt hat, bist du im Vergleich zu uns Europäerinnen und Europäern näher dran an dem, was in Neuseeland passiert. Gibt es deiner Meinung nach einen Unterschied zwischen Legalisierung/Regulierung und Entkriminalisierung? Oder ist das nur ein verzweifelter Versuch, das sinkende Schiff zu retten?

Ich bin 2015 nach Großbritannien zurückgekehrt. In Australien gibt es sowohl Legalisierung als auch Entkriminalisierung. Entkriminalisierung erlaubt allen alles. Ganze Wohnungsblocks können von Zuhältern übernommen werden, die in allen Bordelle betreiben. Die Legalisierung setzt Bordelllizenzen und

Restriktionen darüber voraus, wo Prostitution betrieben werden darf. Bei beidem handelt es sich um die Industrialisierung von Gewalt gegen Frauen zum Profit von organisierten Verbrechen, Sex-Geschäftsmännern und staatlichen Regierungen.

Du hast dich in deinen Veröffentlichungen auch bereits früh mit queeren Politiken auseinandergesetzt. Wie, denkst du, sind die beiden Themen verknüpft und welche Strategien sollten Feministinnen dagegen entwickeln?

In meinem Werk „Unpacking Queer Politics" aus dem Jahr 2003, „The Lesbian Revolution" aus dem Jahr 2018 und meiner neuen Autobiographie „Trigger Warning: My Lesbian Feminist Life" (2020), erläutere ich, dass mit der schwulen Politik der 1980er Jahre und insbesondere nach der Geburt der queeren Politiken in den 1990er Jahren jegliche Versuche von Feministinnen, männliche Politik zu transformieren, zerstört wurden.

Feministinnen wie ich haben sehr hart dafür gearbeitet, Gewalt gegen Frauen zu beenden und Frauen von der Leibeigenschaft männlicher sexueller Gewalt zu befreien. Wir haben darauf hingewiesen, dass die Art, wie Sexualität konstruiert wird, als Erotisierung weiblicher Unterordnung, sich ändern muss, damit Frauen frei sein können.

Schwule Männer haben jedoch alle diese Formen der Objektifizierung und von aggressiver und gewaltvoller männlicher Sexualität, die wir so verzweifelt verändern wollten, unterstützt. Sie stützten Pädophilie, Sadomasochismus, Pornographie und Prostitution, und diese erlebten eine Wiedergeburt als Queerpolitik. Heute unterstützen sie als Teil ihrer sexuellen Freiheitsagenda

Transgenderismus und viele anderen Formen sexuellen Verhaltens, die für die Leben von Frauen und Kindern destruktiv sind.

Die heutige Queerpolitik hat überhaupt nichts mehr mit der Befreiung in der homosexuellen Politik zu tun, die wir kurzzeitig in den frühen 1970er Jahren erleben durften. Queerpolitik hängt unmittelbar mit dem Kapitalismus und den Industrien der sexuellen und reproduktiven Ausbeutung durch Prostitution und Leihmutterschaft zusammen. Auf diese Weise wurde schwule Politik fest eingebunden in das Bollwerk männlicher Vorherrschaft und steht entgegengesetzt zur Frauenbefreiung.

Lesben wurden von der Queerpolitik exkludiert, in der Tat ist es fast unmöglich, das Wort überhaupt in den Mund zu nehmen. Lesben sollen sich nun als queer, non-binär oder trans bezeichnen. Schwule Männer sind weiterhin Männer und dürfen sich auch noch als schwul bezeichnen. Sie müssen ihre Sprache nicht ändern. Sie haben immer noch ihre Clubs und Kneipen. Sie sind Teil der Phalanx männlicher Macht.

Selbstorganisation der Prostitutionsüberlebenden

Prostitutionsüberlebende sind die Speerspitze der abolitionistischen Bewegung; Ihre Stimmen sind das Grundgestein, auf dem unsere Bewegung aufgebaut ist. Wie die Erzählungen der Sklavinnen und Sklaven, sind die Wahrheiten der Prostitutionsüberlebenden überzeugend, enthüllend und zutiefst verstörend.

Melissa Farley[1]

Immer wieder bekommen Abolitionistinnen zu hören, dass sie einen paternalistischen Ansatz verfolgen würden. Die Rede ist von einer „Rettungsindustrie", und der Narrativ lautet, dass prostituierte Frauen gegen ihren ausgesprochenen Willen aus einer für sie als positiv empfundenen Tätigkeit herausgerissen werden sollen. Man solle doch lieber mal „mit Betroffenen reden", statt immer nur über sie, heißt es.

Dabei wird völlig verkannt, dass bereits die Analysen der zweiten Frauenbewegung ein Ergebnis dieses eingeforderten Dialoges waren. So veröffentlichte beispielsweise Kate Millett im Jahr 1971 ein Buch, für das sie zwei amerikanische Prostitutionsüberlebende interviewt hatte.[2] Nicht nur das: Prostituierte Frauen waren und sind selbstverständlicher Teil der Frauenbewegung. So hatte sich Andrea Dworkin während einer Zeit der Wohnungslosigkeit in Frankreich aus ökonomischer Not selbst prostituieren müssen. Und so kämpfte eine Linda Boreman, der die Rolle der selbstbestimmten und glücklichen Pornodarstellerin in „Deep Throat" aufgezwungen war, gemeinsam mit Dworkin und anderen für ein Gesetz gegen Pornographie.

Aber auch eine Vielzahl von autobiographischen Schriften gibt schon seit vielen Jahrzehnten Aufschluss über die Realität in der Prostitution. Darüber hinaus existieren zahlreiche Veröffentlichungen, die gebündelt Betroffenenberichte beinhalten, insbesondere aus der Militärprostitution von Japan, China und Korea.

Auf der Webseite der Organisation *Equality Now* finden sich bis zum heutigen Tag mehr als 250 Beiträge von Betroffenen. Der 2016 veröffentlichte Sammelband „Prostitution Narratives"[3] beinhaltet unzählige Statements von Prostitutionsüberlebenden aus Ländern wie Australien, Kanada, Dänemark, Irland, Neuseeland, Großbritannien und den USA. Der Begriff Prostitutionsüberlebende verweist auf den kommerziellen Gewaltcharakter der Prostitution und die häufig lebenslangen Traumatisierungen, die aus ihr resultieren.

WHISPER: Die erste Selbstorganisation von Prostitutionsüberlebenden[4]

Die erste Überlebenden-Organisation in den USA, und vermutlich auch weltweit, war WHISPER (*Women Hurt in Systems of Prostitution Engaged in Revolt*). Sie wurde 1985 von Evelina Giobbe gegründet:

Wir, die Frauen von WHISPER, sind der Brutalität der patriarchalen Familie entkommen, um uns nun auf Gedeih und Verderb der Gnade der Zuhälter, Kuppler, und Vermittler ausgeliefert zu sehen, die eine Multimilliarden-Dollar-Industrie errichtet haben, um das zu verkaufen, dessen uns ursprünglich unsere Väter und Ehemänner beraubt haben. Wir sind hier, um die Lüge zu entlarven, dass Prostitution die Antwort auf die soziale, sexuelle und ökonomische Unterordnung der Frau sei. Prostitution ist keine „Berufswahl" ... Die Institution der Prostitution nieder zu reißen ist die anspruchsvollste Aufgabe des zeitgenössischen Feminismus.[5]

Das Akronym WHISPER wurde gewählt, da Frauen in der Prostitution untereinander über die Schäden in der Prostitution in aller Regel nur flüstern, während die Lügen und Mythen über die vermeintliche Realität in der Prostitution von „selbsternannten Expertinnen und Experten" geradezu herausgeschrien werden.

WHISPER führte in einem „Oral History Projekt" eigene empirische Erhebungen durch, die die bekannte hohe Gewaltbetroffenheit von Frauen in der Prostitution noch einmal belegten: 90 % der befragten Frauen hatten in der Kindheit übermäßig viel physische oder sexuelle Gewalt erfahren. 90 % waren in ihren Familien geschlagen worden. 74 % waren im Alter zwischen 3 und 14 Jahren sexueller Gewalt ausgesetzt.

WHISPER hatte von Beginn an einen explizit radikalfeministischen Anspruch und definierte Prostitution als eine Form institutionalisierter sexueller Gewalt gegen Frauen. Dies ist das Fundament, auf dem ein großer Teil der heutigen Bewegung gegen Prostitution und Menschenhandel aufbaut. Dieser Hintergrund ist jedoch heute leider oft nicht mehr im feministischen Geschichtsgedächtnis präsent. WHISPER war Vorbild für viele der heutigen Überlebenden-Organisationen.

Überlebenden-geführte Hilfsprogramme

Gerade in den USA, einem Land mit einem wenig ausgebauten Sozialstaat, in dem weitgehend karitative Einrichtungen Sozialarbeit leisten, gibt es zahlreiche von Überlebenden geführte oder unterstützte Hilfsprogramme. Das frühere WHISPER-Mitglied Vednita Carter beispielsweise gründete 1996 das sehr erfolgreiche Programm *Breaking Free*. Die Organisation bietet direkte Hilfen in Bezug auf Wohnen, Bildung und direkte Interventionen und hilft jährlich Hunderten von Frauen, Prostitution und sexuellen Gewaltverhältnissen zu entfliehen.

Seit 1999 organisiert *Breaking Free* auch so genannte „Freierschulen" (*Men Breaking Free*), in denen für Freiertum bestrafte Männer sich mit ihrem Fehlverhalten auseinandersetzen können. Die drei Grundarbeitsfelder des Programmes sind:

- Reflexion, was den Freier dazu veranlasst hat, Prostitution zu nutzen
- Reflexion über die Auswirkungen der Prostitutionsnutzung auf die prostituierten Frauen, die Freier selbst, ihre Familien und die Gesellschaft
- Erarbeiten von individuellen Maßnahmen, um das eigene Leben nachhaltig zu verändern.

Andere Beispiele für von Überlebenden geführte Programme sind *Veronica's Voice*, GEMS oder *Courtney's House*. Diese Art von Programmen ist bestens geeignet, um prostituierte Frauen effektiv zu unterstützen und ihnen bei der Gewalt- und Traumaverarbeitung zu helfen. Außerdem leisten die Organisationen einen wichtigen Beitrag über die Fortbildung und Schulung von Polizeibehörden und anderen staatlichen Institutionen.

Nationale und internationale Vernetzungen

Obwohl prostituierte Frauen in Argentinien bereits 1875 entkriminalisiert wurden und das Land bereits 1949 die im selben Jahr verabschiedete UN-Konvention gegen Prostitution und Menschenhandel ratifizierte und auch entschieden gegen die Profiteure der Prostitution vorging, greifen zahlreiche lokale und Bezirksregierungen immer wieder zu Maßnahmen, die prostituierte Frauen mit Repressalien drangsalieren. Seit den 1990er Jahren werden insbesondere junge Frauen aus der Dominikanischen Republik nach Argentinien gehandelt.

Die Prostitutionsüberlebende Sonia Sánchez gründete im Jahr 2000 die Frauenrechtsorganisation AMMAR-Capital (*Asociación de Mujeres Meretrices de la Argentina*), in der mehr als 400 aktive und ehemalige prostituierte Frauen aus Buenos Aires organisiert sind. Zusammen mit der bolivianischen Aktivistin Maria Galindo veröffentlichte sie das Buch „Ninguna mujer nace para puta" (Keine Frau wird als Hure geboren). Am 6. Juni 2007 führten die beiden eine Demonstration Hunderter prostituierter Frauen an, die sich gegen die Ausbeutung von Frauen aussprach.

Im Oktober 2003 hielten 75 philippinische Prostitutionsüberlebende in Manila eine nationale Konferenz ab. Alma Bulawan, die Vorsitzende der Organisation BUKLOD, stellte für die Teilnehmenden fest:

Die Legalisierung der [Prostitutions-]Industrie ist nicht notwendig, um den Zugang zu sozialer Sicherung für prostituierte Frauen zu gewährleisten. Wir verlangen unsere Rechte als Bürgerinnen, aber wir lehnen die Legalisierung der Prostitution, die den niedrigen Stand der Frau in der Gesellschaft aufrechterhält, ab.

2012 wurde die Organisation *SPACE International* (*Survivors of Prostitution-Abuse Calling for Enlightment*) von fünf Überlebenden in Irland gegründet, darunter Rachel Moran, deren biographisches und sehr analytisches Buch „Paid For" auch unter dem Titel „Was vom Menschen übrig bleibt" auf Deutsch veröffentlicht wurde. SPACE organisiert heute Aktivistinnen aus Irland, Kanada, den USA, Frankreich, Deutschland (vertreten von Marie Merklinger), Dänemark, Australien, Südafrika und Großbritannien.

Wie stark die weltweite Vernetzung ist, zeigte sich beispielsweise 2019, als sich 350 Prostitutionsüberlebende in einem von Marian Hatcher und Rebecca Bender initiierten Brief[6] an die amerikanischen Präsidentschaftskandidaten wandten und eine vollständige Entkriminalisierung und damit Legalisierung der Prostitution vehement ablehnten. Ob diese Bitten vom neu gewählten US-Präsidenten Joe Biden erhört werden, oder ob sich hier die vermeintlich „progressive" Sexarbeits-Position durchsetzen wird, bleibt abzuwarten. Zumindest Vizepräsidentin Kamala Harris hatte sich zwar bei der Abschaltung der Internet-Inserat-Plattform *Backpage* einen Namen gemacht und sich zwischenzeitlich auch mal für das Nordische Modell ausgesprochen. Im Verlaufe des Wahlkampfes waren schließlich jedoch auch Sexarbeits-Positionen von ihr zu vernehmen.

Manifest der Überlebenden von Prostitution und Menschenhandel

2005 führte die *Coalition Against Trafficking in Women* (CATW), eine weltweit agierende NGO, gemeinsam mit der *European Women`s Lobby*, dem Dachverband der nationalen Frauenräte in Europa, eine Konferenz im Europäischen Parlament durch. An ihr nahmen Überlebende aus Belgien, Dänemark, Korea, Großbritannien und den USA teil. Ein „Manifest der Überlebenden der Prostitution und des Menschenhandels" wurde verabschiedet, welches im Folgenden dokumentiert wird:

Wir, die Überlebenden von Prostitution und Menschenhandel, die heute zu dieser Konferenz zusammengekommen sind, erklären, dass Prostitution Gewalt gegen Frauen ist.

Frauen in der Prostitution wachen nicht eines Tages auf und „entscheiden sich" Prostituierte zu sein. Es wird für uns entschieden durch Armut, erlebte sexuelle Gewalt in der Vergangenheit, durch Zuhälter, die unsere Gefährdungen ausnutzen, und durch die Männer, die uns für den Sex der Prostitution kaufen.

Prostitution ist sexuelle Ausbeutung, eine der schlimmsten Formen der Ungleichheit der Frau und eine Verletzung der Menschenrechte.

Viele Frauen in der Prostitution wurden in dieser schwer geschädigt, einige sind gestorben, und einige wurden von ihren Zuhältern oder Kunden ermordet. Physische Gewalt, Vergewaltigung und Demütigung werden uns oft von Kunden, Zuhältern, Anwerbern, der Polizei oder anderen, die durch Prostitution einen Gewinn erzielen, zugefügt. Die Bevölkerung verurteilt uns entweder als „Huren" oder denkt, wir verdienen eine Menge Geld.

Die Situation von Frauen in der Prostitution wird verschlechtert durch Gesetze und eine Politik, die uns als Kriminelle und als Abschaum der Gesellschaft behandeln, während Kunden, ZuhälterInnen, ManagerInnen und BordellbetreiberInnen nicht zur Rechenschaft gezogen werden. Unsere Situation wird ebenfalls verschlechtert durch die Vergabe von Lizenzen an Prostitutionsbetriebe und legalen Schutz für Zuhälter, Kunden und die Sexindustrie.

Die meisten Frauen werden in einem sehr frühen Alter in die Prostitution gezogen. Das weltweite Durchschnittseinstiegsalter liegt bei 13 Jahren. Opfer von Prostitution und Menschenhandel haben kaum Möglichkeiten für einen Ausstieg. Programme, die Frauen in der Prostitution eine Alternative bieten, sind sehr rar.

Frauen in der Prostitution träumen von einem Leben frei von Unterdrückung, einem Leben, das sicher ist und einem Leben, in dem wir als Bürgerinnen partizipieren können, und in dem wir unsere Rechte als menschliche Wesen, nicht als „Sexarbeiterinnen“, ausüben können,

Wir, Überlebende aus Belgien, Dänemark, Korea, Großbritannien und den Vereinigten Staaten von Amerika, erklären:

1. Prostitution muss beseitigt werden. Daher sollte sie nicht legalisiert oder gefördert werden.

2. Gehandelte und prostituierte Frauen brauchen Unterstützungsangebote, die ihnen dabei helfen, sich eine Zukunft außerhalb der Prostitution aufzubauen, dazu gehören rechtliche und finanzielle Amnestie, finanzielle Unterstützung, Praktika, Arbeit, Unterkunft, Gesundheitsversorgung, rechtliche Vertretung, Bleiberechte und kulturelle MediatorInnen und Sprachschulung für Opfer des internationalen Menschenhandels.

3. Frauen in der Prostitution brauchen Regierungen, die MenschenhändlerInnen, ZuhälterInnen und Männer, die Frauen in der Prostitution kaufen, bestrafen und die Sicherheit und Schutz vor denen bieten, die ihnen schaden wollen.

4. Hört endlich auf, Frauen festzunehmen, und nehmt die Täter des Menschenhandels und der Prostitution fest.

5. Stoppt die Polizeischikanen gegen die Frauen in der Prostitution und die Abschiebung gehandelter Frauen.

6. Prostitution ist nicht „Sexarbeit", und Menschenhandel ist nicht „Migration für Sexarbeit". Regierungen sollten aufhören, die Sexindustrie zu legalisieren und zu entkriminalisieren und den Zuhältern und Käufern die Erlaubnis zur Ausnutzung der Frauen in der Prostitution zu geben.

Als Überlebende von Prostitution und Menschenhandel werden wir unsere vereinten Kräfte weiterhin stärker bündeln und unseren Zusammenschluss ausbauen, jede Frau beim Ausstieg aus der Prostitution unterstützen, und mit unseren Verbündeten zusammenarbeiten, um die Menschenrechte der Opfer von Menschenhandel und Prostitution voranzubringen.

Deutschland: Das Netzwerk ELLA

Die deutsche Prostitutionsüberlebende und langjährige Aktivistin Huschke Mau gründete am 1. Januar 2018 das *Netzwerk ELLA*. ELLA ist eine Aktionsgruppe von Frauen, die in der Prostitution waren oder sind, und die sich dafür einsetzen, dass Prostitution als geschlechtsspezifische Gewalt, speziell als sexuelle Gewalt, anerkannt wird. Die Aktivistinnen veröffentlichen Texte und Stellungnahmen, sprechen auf Veranstaltungen, mit Medien und mit Politikerinnen und Politikern. In einem Forum werden Aktionen geplant, Forderungen erarbeitet und gegenseitige Hilfestellungen erbracht.

Von ELLA lässt sich nicht nur sehr viel über die Realität in der Prostitution lernen oder die Mechanismen verstehen. Das Netzwerk nimmt als Betroffenenorganisation auch eine wichtige Funktion ein, indem Fehlentwicklungen in der abolitionistischen Bewegung mithilfe deutlicher, aber konstruktiv-solidarischer Kritik bereits frühzeitig erkannt und benannt werden können. Ein Korrektiv, dass Menschen ohne gelebte Erfahrung in der

Prostitution als große Chance und Bereicherung empfinden sollten (was sie leider nicht immer tun).

War es vor knapp acht Jahren nur eine Handvoll von Frauen, die mutig und relativ isoliert voneinander ihre Stimme erhoben, sehen wir immer mehr Frauen, die in sozialen Netzwerken oder auch im öffentlichen Raum und auf Veranstaltungen laut werden.

Wir, Frauen aus der Prostitution, können und wollen für uns selbst sprechen.
Wir haben unsere Bühne – die Straßen und die Netzwerke.
Wir haben eine Stimme – sie ist laut und deutlich.[7]

Der Bann scheint dank des *Netzwerks ELLA* auch in Deutschland gebrochen: Immer mehr Prostitutionsüberlebende hierzulande schließen sich der Organisation an oder betreiben ihre eigenen Blogs und Internetseiten.

Und andernorts

In fast jedem Land finden sich heutzutage entsprechende Netzwerke analog dem Beispiel von WHISPER, in dem sich Prostitutionsüberlebende organisieren und sich in die öffentliche Debatte einmischen.

Das schwedische *Nätverket PRIS (Prostitutes' Revenge in Society)* wurde im April 2007 offiziell gegründet. Auch PRIS wendet sich gegen die Vorstellung, dass eine Legalisierung des Freiertums und der Zuhälterei Frauen in der Prostitution helfen würde. Gleichzeitig werden auch Forderungen an den schwedischen Staat gerichtet, insbesondere nach dem Ausbau der Hilfszentren, substantiell höheren Strafen gegen Freier, sowie den Export des politischen Ansatzes in andere Länder.[8]

Eines der vielen anderen Beispiele ist das *KWANELE Survivor Movement*, der ersten Überlebenden-Organisation in Südafrika, die von Nomonde Mihlali (Mickey) Meji gegründet wurde. Wie viele andere prostituierte Frauen setzte sich Meji zunächst für eine Legalisierung der Prostitution ein. Sie tat dies zunächst sogar institutionell gefördert. Für die Sexarbeits-Organisationen S.W.E.A.T. und *African Sex Workers Alliance* (ASWA) reiste sie um die Welt, nahm an Kongressen und Veranstaltungen teil und glaubte, im Interesse der ihren zu handeln. Als sie jedoch mit prostituierten Frauen in Neuseeland sprach und diese ihr zu verstehen gaben, dass die Entkriminalisierung der Prostitution keine Hilfe für die Frauen in der Prostitution darstelle, bekam sie erste Zweifel. Diese verstärkten sich, als *S.W.E.A.T.* eine geplante Dokumentation der Gewalt gegen Frauen in der südafrikanischen Prostitution erfolgreich verhinderte, weshalb sie die Organisation schließlich verließ.[9]

Heute sagt Meji:

Wir haben ein Leben voller Schmerz und Misshandlung in der Sexindustrie gelebt. Diejenigen, die sich für eine Entkriminalisierung des Handels aussprechen, sprechen sich aus für die Entkriminalisierung des Missbrauchs durch die Männer, die unsere Körper für ihre sexuelle Befriedigung gemietet haben, und die Entkriminalisierung der Zuhälter, der Bordellbetreiber und der Pornographen, die unsere Verletzlichkeit aufgrund von Armut, Ungleichheit und Arbeitslosigkeit ausbeuten. Wir werden so lange kämpfen, bis das System der Prostitution vollkommen abgeschafft ist.

Wer also die Forderung man solle „mit Betroffenen reden", ernst meint, jedoch Prostitutionsüberlebenden-Organisationen nicht in die eigene Debatte mit einbezieht, beweist, dass es sich hierbei nur um eine wenig ernst gemeinte und leere Worthülse, um eine Nebelkerze, handelt.

Notes:

(1) Melissa Farley, in: Caroline Norma und Melinda Tankard Reist (Hrsg.): Prostitution Narratives. Stories of Survival in the Sex Trade, Spinifex Press, Melbourne 2013.

(2) Kate Millett: Das verkaufte Geschlecht: Die Frau zwischen Geschlecht und Prostitution, Desch Verlag, München: 1973.

(3) Caroline Norma und Melinda Tankard Reist (Hrsg.): Prostitution Narratives. Stories of survival in the sex trade, Spinifex Press, Melbourne 2013.

(4) Die nachfolgenden Absätze beruhen im Wesentlichen auf meinem Beitrag in dem Buch von Katharina Sass (Hrsg.): Mythos Sexarbeit, PapyRossa Verlag, Köln 2017.

(5) Evelina Giobbe: Confronting the Liberal Lies About Prostitution, in: Dorchen E.H. Leidholdt und Janice G. Raymond (Hrsg.): The Sexual Liberals and Their Attack on Feminism, Pergamon Press, 1990.

(6) 350 Survivors of Prostitution Oppose Full Decriminalization in Letter to 2020 Presidential Candidates, https://prostitutionresearch.com/.

(7) Netzwerk ELLA: Über die Rolle der Organisationen von Überlebenden der Prostitution und Betroffenen in der abolitionistischen Bewegung, 5. Oktober 2020, https://netzwerk-ella.de

(8) http://www.nätverketpris.se/goals.html.

(9) Journey from Sex Work Advocate To Survivor Leader, 25. Mai 2017, https://prostitutionresearch.com/.

5 Fragen an ... Huschke Mau

Huschke Mau ist Ex-Prostituierte, schreibt in ihrem Blog über ihre Erfahrungen in zehn Jahren Prostitution und ist Gründerin des Netzwerks ELLA, einer politischen Interessenorganisation von ehemaligen und aktiven prostituierten Frauen.

Liebe Huschke, seit wann engagierst du dich für das Nordische Modell und eine Gesellschaft ohne Prostitution und mit welchem Hintergrund?

Meinen ersten Text zu Prostitution habe ich 2014 geschrieben. Er hieß „Ich habe die Schnauze voll von euch" und war ein wütendes Pamphlet gegen all die ProstitutionsbefürworterInnen, die Prostitution ständig und einzig als ermächtigendes, absolut unproblematisches Berufsfeld und als Job wie jeden anderen hingestellt haben. Ich bin ja selber Ex-Prostituierte. Als Kind wurde ich schwer misshandelt und habe auch schwere körperliche Gewalt gegen meine Geschwister und meine Mutter mitansehen müssen, auch sexuelle Gewalt. Mit 17 bin ich von zuhause weggelaufen. Eine Zeitlang war ich in einem Mädchenhaus, aber danach, als es darum ging, selbstständig zu werden, bin ich einfach durch alle sozialen Netze gefallen, niemand war für mich zuständig, Unterstützung Fehlanzeige. Ich wollte nun aber unbedingt überleben, also habe ich begonnen, mich zu prostituieren. Mein erster Zuhälter war ein Polizist. Das klingt jetzt alles ungewöhnlich, aber das ist es nicht.

Mein Lebenslauf ist eigentlich der Durchschnitt, wenn man sich anschaut, welche Frauen und Mädchen in der Prostitution landen. Bei sehr vielen Gesprächen in den Aufenthaltsräumen der Wohnungsbordelle, in denen ich war, habe ich festgestellt, dass es fast immer drei Faktoren sind, die zusammenkommen und zur Prostitution führen: Die sexuelle Vortraumatisierung ist der eine Punkt – ich kenne in der Tat keine Frau, die sich prostituiert und die nicht zuvor sexuelle Gewalt erlebt hat, die nicht als Kind missbraucht oder später vergewaltigt worden ist. Sexuelle Vortraumatisierung untergräbt das Selbstwertgefühl, man glaubt, man sei nichts wert, man sei Dreck, nur zum Ficken gut.

Der zweite Punkt ist die wirtschaftliche Not. Eigentlich haben alle Frauen, die ich in der Prostitution kennengelernt habe, Prostitution als ihre letzte und einzige Option gesehen, wirtschaftlich zu überleben. Und der dritte Punkt ist eine Person, die, verharmlosend ausgedrückt, beim Einstieg hilft. Das nennt man gemeinhin „Zuhälter", aber dieser Begriff ist mit einem bestimmten Klischee behangen, das so nicht immer stimmt. Es sind nicht immer prügelnde, brutale Schränke. Es sind oft die Partner der Frau. Ein Zuhälter ist eigentlich jemand, der der Definition nach von der Prostitution einer Frau lebt bzw. davon profitiert. So gesehen ist auch der deutsche Staat ein Zuhälter, denn er profitiert von den Millionen und Milliarden, die in Deutschland in der Prostitution umgesetzt werden. Jedenfalls hatte das, was ich in den Medien zu Prostitution gelesen und gesehen habe, so gar nichts mit der Realität zu tun, die sich mir in der Prostitution gezeigt hat.

Die Verharmlosung der Schäden, die Prostitution hervorruft, hat mich unglaublich zornig gemacht. Prostitution zerstört Frauen. Prostitution zerstört die Gleichberechtigung innerhalb der Gesellschaft. Und Prostitution zerstört jeden Respekt für Frauen in den Männern, die sich als Freier betätigen, jedes Mitgefühl. Schon als ich selbst noch in der Prostitution war, habe ich gefühlt, dass etwas eklatant nicht stimmt. Aber ich konnte es nicht benennen. Die Gesellschaft hat mir gespiegelt, was die Männer mit mir tun, sei völlig legitim. Ich aber habe es als sexuellen Missbrauch empfunden, den ich aus wirtschaftlicher Not dulde. Und das ist, was viele Frauen in der Prostitution dazu sagen. Wenn wir aber einsehen, dass Prostitution sexuelle Gewalt gegen

Frauen ist, dann müssen wir daraus die Konsequenzen ziehen und handeln, indem wir folgerichtig das Nordische Modell einführen: eine Freierbestrafung, genug staatlich garantierte Ausstiegsplätze für Frauen in der Prostitution, eine Entkriminalisierung von prostituierten Frauen und genügend gesellschaftliche Aufklärung über Prostitution.

Wie empfindest du als Betroffene die gesellschaftliche Debatte in Deutschland und welche gesellschaftlichen Gruppen lassen sich deiner Meinung nach besser erreichen und welche schlechter? Erkennst du bei internationalen Vorträgen einen Unterschied im gesellschaftlichen Klima? Und siehst du eine Entwicklung?

Die gesellschaftliche Debatte über Prostitution in Deutschland nimmt langsam Fahrt auf. Als ich 2014 meinen ersten Text veröffentlichte, war in den Medien die „Sexarbeit ist Arbeit"-Propaganda noch gang und gäbe. Inzwischen mehren sich in der medialen Debatte aber massiv die kritischen Betrachtungsweisen und Töne, und das ist gut so. Prostitution ist sexuelle Gewalt gegen Frauen, und in einer fortschrittlichen Gesellschaft gehört sie abgeschafft. Die Legalisierung der Prostitution hat den „Job" nicht entproblematisiert. Die Legalisierung verschleiert im Gegenteil den sexuellen Missbrauch, der in der Prostitution geschieht, weil den Freiern suggeriert wird, ihr Handeln sei legitim, denn es ist ja legal.

Das Stigma, mit dem wir Frauen aus der Prostitution uns herumschlagen, die Diskriminierung, wird mit der Legalisierung aber nicht weniger. Während den Freiern erlaubt wird, sich sexuellen Zugang zu Frauen zu erkaufen, die ohne Geldnot nicht mit ihnen schlafen würden, verbleibt das Stigma auf uns Frauen aus der Prostitution. Wir sind noch immer „arbeitsscheu", „dreckig", „faul", „Schlampen" und „Nutten". Zwangsprostitution und Menschenhandel nehmen zu, da Zuhälter darin ihre Chance sehen, Kasse zu machen – denn die massive Nachfrage, die es in Deutschland nach „sexuellen Dienstleistungen" gibt, all die Freier, sie müssen ja befriedigt werden.

Wenn ich Vorträge halte oder Texte schreibe, merke ich, dass viele Menschen sich noch nie mit Prostitution beschäftigt haben. Sie haben keine Ahnung, was da eigentlich stattfindet, und sind erstaunt, wenn sie über die Realitäten in der Prostitution hören. Die Denke, Prostitution sei das älteste Gewerbe der Welt und ließe sich nicht reduzieren oder abschaffen, ist immer noch tief verankert in deutschen Köpfen. Beides lässt sich aber leicht widerlegen. Vor allem Frauen verstehen leichter, was Prostitution ist, wenn ich darüber spreche, was auf den Zimmern geschieht. Ich bekomme massenweise Mails von Frauen, die selber Vergewaltigungen, sexuelle Nötigungen usw. erlebt haben und die mir schreiben: „Ich habe keine Prostitution erlebt, aber ich kenne alles, was du sagst". Es kommt ihnen deshalb bekannt vor, weil Prostitution und sexuelle Gewalt dasselbe ist. Darüber kann man gut Aufklärung erreichen.

Ich erkläre auch immer und immer wieder das Nordische Modell und warum die Legalisierung nichts bringt. Freier werden wir nie erreichen, aber die interessieren mich auch gar nicht. Ich diskutiere nicht mit Freiern. Ich diskutiere ja auch nicht mit Vergewaltigern darüber, warum Vergewaltigung schlecht ist und sie damit aufhören sollten. Frauen hören uns Aktivistinnen häufiger zu und haben mehr Mitgefühl mit Frauen in der Prostitution als Männer, das muss man leider so sagen. Männer sind in unserer sexistischen Gesellschaft so sehr an die Objektifizierung von Frauen gewöhnt, dass sie in der Prostitution, die ja die ultimative Objektifizierung von Frauen ist, gar kein Problem mehr sehen können.

In anderen Gesellschaften ist man da schon weiter. Wenn ich im Ausland Vorträge halte, ist man von den deutschen Zuständen, die in der Prostitution herrschen, geschockt. Verrichtungsboxen, also Toiletten und Sexkabinen in einem, am Straßenstrich, vom Staat hingestellt? Das wäre anderswo undenkbar. Ich denke, wenn Deutschland sich nicht weiter international blamieren will, was seine Prostitutionspolitik betrifft, dann muss gehandelt werden. Von außen, aus dem Ausland, wird klar erkannt, was Grausames und Frauenverachtendes bei uns stattfindet. Aber wir selber sehen es nicht mehr. Anscheinend haben wir uns zu sehr daran gewöhnt.

Du hast in der Vergangenheit häufiger berechtigte Kritik auch an der Bewegung gegen Prostitution geäußert. Was bedeutet für dich solidarisches Handeln mit den Frauen in der Prostitution?

Solidarität mit Frauen in der Prostitution ist ungemein wichtig. Gegen Prostitution sein, das kann jedeR. „Gegen Prostitution" sind am Ende auch manche extreme Rechte, für die wir Frauen aus der Prostitution „arbeitsscheues Gesindel" sind, „Parasiten" und „verkommene Gestalten", und die uns gerne mal in ein Arbeitslager stecken würden, wie es ja schon mal war in Deutschland. Für uns Abolitionistinnen, die wir uns ja auch als Nachfolgerinnen der ersten abolitionistischen Bewegung zu Beginn des 20. Jahrhunderts verstehen, ist diese Denke, dass es Prostitution gibt, weil es Prostituierte gibt und dass diese schlecht und minderwertig sind, aber eindeutig als frauenverachtend erkennbar. Der Ansatz, dem wir nachgehen, ist ein ganz anderer: Prostitution ist schlecht, weil sie sexuelle Gewalt gegen Frauen ist. Und Prostituierte sind Frauen wie andere auch. Und wir bestrafen keine Frauen dafür, dass sie sexuelle Gewalt erleben. Wir bestrafen ja auch Frauen nicht dafür, dass sie von ihrem Partner geschlagen werden und aus wirtschaftlicher Not trotzdem bei ihm bleiben.

Nein, die Verantwortung liegt immer klar beim Täter. Und das ist hier der Freier. Denn er nutzt eine absolut schiefe wirtschaftliche Hierarchie aus, um sich Sex zu kaufen, den die Frau eigentlich nicht mit ihm haben will. Wenn wir Vermieter bestrafen wollen, die Frauen ihre Wohnungen nur gegen Sex vermieten, wenn wir Chefs bestrafen wollen, die denken, sexuelle Belästigung oder sexuelle Verfügbarkeit bei ihren weiblichen Angestellten sei im Lohn mit drin, dann müssen wir auch Freier bestrafen.

Abolitionismus bedeutet, gegen Prostitution zu sein, aber für Prostituierte. Und das bedeutet auch: nicht die Prostituierte zu bestrafen. Das ist ja auch ein wichtiger Punkt im Nordischen Modell: Entkriminalisierung von Prostituierten. Keine Bußgelder mehr, die wir mittels Anschaffen abzahlen müssen. Keine Anmeldepflicht mehr und keine Kriminalisierung von Frauen in der Prostitution mehr. Prostitution an sich muss immer straffrei sein. Sie darf auf Seiten der betroffenen Frau keinen Regeln unterliegen, gegen die verstoßen werden könnte. Wir reglementieren schließlich auch nicht an Vergewaltigungsopfern rum oder an Frauen, die von ihren Partnern geschlagen werden.

Du hast das Netzwerk ELLA gegründet. Kannst du erläutern wer sich in diesem Netzwerk engagiert und was eure Zielsetzung ist?

Im Netzwerk Ella engagieren sich Frauen, die selber in der Prostitution waren oder noch sind. Frauen, die von der Prostitution anderer profitieren, also Escortagenturchefinnen oder Bordellbetreiberinnen nehmen wir nicht auf, auch wenn sie zusätzlich noch selber anschaffen. Denn wir finden, dass die Interessen von Bordellbetreiberinnen und die Interessen von Frauen, die sich prostituieren (müssen), einander ausschließen. Deswegen ist es für uns auch unverständlich, wieso Interessenvertretungen wie der BesD e.V. als Hurengewerkschaft bezeichnet werden: Eine Gewerkschaft, in der ArbeitnehmerInnen und ArbeitgeberInnen gemeinsam sind, ist keine Gewerkschaft mehr und auch kein „Verband von Sexarbeiterinnen".

Als ich das *Netzwerk Ella* gegründet habe, habe ich das aus zwei Gründen getan: der Erste war, dass ich gesehen habe, dass in fast allen Ländern, in denen das Nordische Modell eingeführt worden ist, eine solche Interessenvertretung von Frauen aus der Prostitution existiert. Es wird ja auch immer gesagt: „Wie jetzt, Ihr wollt Prostitution abschaffen, aber das wollen Prostituierte doch gar nicht, redet doch mal mit Prostituierten!", und nun, hier sind wir, und finden auch, dass Prostitution Gewalt gegen Frauen ist, auch die von uns, die noch in der Prostitution sind. Wir sind eine unabhängige Interessenvertretung für Frauen aus der Prostitution. Niemand finanziert uns, niemand schreibt uns vor, was wir zu sagen haben, wir sind völlig frei. Das ist mir wichtig.

Der zweite Grund, warum ich das *Netzwerk Ella* gegründet habe war, dass ich fand, wir Frauen mit Prostitutionserfahrungen sollten uns zusammenschließen, um unsere eigenen Ziele zu formulieren. Wir diskutieren ja auch intern über alles, egal, ob das jetzt die Anmeldpflicht ist oder Bußgelder oder sonst was. Und wir formulieren dann auch unsere Gedanken dazu. Das war zum Beispiel während Corona sehr wichtig, als alle gejubelt haben, dass Prostitution verboten worden ist. Und wir haben uns dann hingestellt und gesagt: „Hört mal, das ist überhaupt nicht toll, für viele Frauen in der Prostitution ist das die einzige Möglichkeit zu überleben, ihr könnt nicht einfach diese Möglichkeit wegnehmen und keine Alternative bereitstellen. Und ihr könnt auch nicht einfach denen, die es sich nicht mal leisten können, sich zu prostituieren, Bußgelder von 5.000 Euro aufdrücken, wovon sollen die bitte abbezahlt werden?" – Das war wichtig, weil es vielen Leuten klargemacht hat, wie die Lage vieler Prostituierter ist und was es bräuchte, und was der Unterschied ist zwischen einem Prostitutionsverbot und dem Nordischen Modell. Und an einigen Orten, wie z. B. Berlin, wurden zumindest die Bußgelder dann auch abgeschafft.

Was konkret wünschst du dir vom deutschen Staat und der Gesellschaft für Frauen in der Prostitution?

Mein Traum ist, dass hier in Deutschland das Nordische Modell eingeführt wird. Denn es braucht dringend einen anderen gesetzlichen Umgang mit Prostitution. Alles, was hier stattfindet, ist so elend falsch. Was Freier prostituierten Frauen antun, ist legal. Sie sprechen in Freierforen offen über die Gewalt, die sie uns antun. Lest es euch durch und seht hin! Und versteht: Das sind keine Typen, die nach dem Bordellbesuch wieder verschwinden, nein, das sind die Typen, mit denen auch ihr zusammenlebt! Das sind eure Brüder, Väter, Kollegen, Chefs und Partner!

Prostitution geht alle Frauen was an. Denn das Frauenbild, das Männer in den Puffs erwerben, das geben sie nicht an der Bordelltür wieder ab, wenn sie gehen. Das nehmen sie mit, und mit jedem Bordellbesuch verfestigt es sich: Frauen sind nur dazu da, Männer geschlechtlich zu befriedigen. Was Frauen dabei fühlen, ist egal. Die Sexualität und der Wille der Frau interessiert nicht.

Und: wirtschaftliche Notlagen, rassistische Diskriminierungen und die immer noch herrschende Ungleichbehandlung der Geschlechter können dazu ausgenutzt werden, Sex zu erpressen. Das ist, was Prostitution Männer lehrt. Und davon müssen wir wegkommen. Prostitution ist eine der zentralen Säulen des Patriarchats. Wenn eine Frau käuflich ist, sind es alle. Es gab so viele

Freier, die alle Frauen als Huren gesehen und mir davon erzählt haben: „Ich komme lieber zu dir, da weiß ich wenigstens, was ich hab. Andere Frauen muss ich auf ein Date einladen, das kostet. Essen gehen, Taxi usw., und am Ende darfst du nicht mal ran." Oder: „Meine Frau schläft nicht mehr mit mir, dabei bringe ich die Kohle nach Hause, es kann echt nicht wahr sein!" Das muss aufhören. Deutschland ist mittlerweile einer der zentralen Zielorte für Menschenhandel zum Zweck der sexuellen Ausbeutung.

Es ist unglaublich, aber in Deutschland gibt es eine Klasse von Frauen – arme Frauen, Frauen die sexuell vortraumatisiert sind, Frauen in Notlagen, Frauen, die in ihren Herkunftsländern und auch hier rassistisch diskriminiert werden -, die nur dafür da sind, unseren deutschen Männern die Schwänze zu lutschen. Als wären wir immer noch eine Kolonialmacht! Prostitution ist rassistisch, sexistisch und klassistisch, und man kann an ihr nichts fortschrittlicher gestalten, denn das ist ihr Wesen. Das Wesen der Prostitution ist Gewalt, vor allem sexuelle Gewalt. Deswegen gehört sie abgeschafft. Ich würde mir wünschen, dass die Gesellschaft das versteht, dass darüber ein Konsens besteht und dass wir nach diesem Konsens handeln. Das würde bedeuten, das Nordische Modell einzuführen.

Und ich wünsche mir noch weit mehr: nämlich, dass wir das Nordische Modell auch umsetzen, und zwar zu 110 %. Es darf kein Papiertiger sein. Freier müssen wirklich zur Verantwortung gezogen werden. Frauen in der Prostitution müssen wirklich entkriminalisiert sein, inklusive Aufenthaltsrechten usw. Es müssen wirklich genügend Ausstiegsplätze vorhanden sein, und es muss ein Recht darauf geben.

Und: Ich würde mir wünschen, dass wir das, was in Schweden gerade diskutiert wird, nämlich Gefängnis- statt Geldstrafen für Freier, gleich mit übernehmen, ebenso den Straftatbestand der „fahrlässigen Vergewaltigung": In Schweden ist es jetzt nicht nur so, dass Freier Geldbußen erwarten müssen, sondern auch, dass sie wegen „fahrlässiger Vergewaltigung" angeklagt werden, sollte es sich um eine Zwangsprostituierte gehandelt haben. Jeder Freier geht immer das Risiko ein, dass die Prostituierte dazu gezwungen wird. Stellt sich dieses Risiko als Fakt heraus, ist er dafür natürlich zur Verantwortung zu ziehen – ganz klar!

Über den rassistischen Charakter der Prostitution

Es ist wichtig, klar und deutlich zu benennen, dass es bei der Prostitution um die Kolonialisierung des weiblichen Körpers für den ökonomischen Profit des Mannes geht. ... Wir wissen, dass von dem Moment an, wo europäische Kolonialisten unsere Länder betraten, sie als Allererstes indigene Frauen vergewaltigt haben. Sobald sie die lokale Bevölkerung dezimiert hatten, brachten sie schwarze Frauen durch den Menschenhandel ins Land. Kulturell betrachtet basiert das System unseres Landes auf Genozid, Menschenhandel und Vergewaltigung. Selbst dann, als der Zustrom von gehandelten Menschen aufhörte, blieb die Sklaverei durch das Schwängern und die Vergewaltigung schwarzer Frauen erhalten. Das bedeutet, es gibt eine ratternde hauseigene Maschinerie, die die Vergewaltigung und Ausbeutung schwarzer Frauen bis heute aufrecht erhält. ... Prostitution ist unsere eigene schädliche kulturelle Praxis. So wie Kinderehen eine schädliche kulturelle Praxis in manchen Ländern sind, oder Brustabbinden eine schädliche kulturelle Praxis in anderen Ländern[1]. Prostitution ist eine globale schädliche kulturelle Praxis.

Taina Bien-Aimé[2]

Es ist egal, welches Land wir uns heute in Bezug auf die Prostitution anschauen: Es sind überall die Mädchen und Frauen aus ethnisch marginalisierten Minderheiten, die überproportional in der Prostitution sexuell ausgebeutet werden: Die Maori und pazifischen Inselbewohnerinnen in der neuseeländischen Prostitution, die burmesischen Mon und Karen in der thailändischen Prostitution, die Dalit und Nats in Indien – um nur einige wenige Beispiele zu nennen.

Der Begriff „Abolition" in Bezug auf die Abschaffung der Prostitution ist dem Kampf gegen die transatlantische Sklaverei nach Nordamerika in den 1800er Jahren entlehnt. Nicht nur wollten die ProstitutionsabolitionistInnen auf die

Parallelen zwischen den beiden gesellschaftlichen Phänomenen hinweisen, sondern auch auf die direkten kolonialistischen Wurzeln der sexuellen Versklavung der indigenen Frauen Nordamerikas und der nach Nordamerika versklavten Afrikanerinnen.

Darüber hinaus ist der hohe Anteil indigener und schwarzer Frauen in der amerikanischen Prostitution auch ein direktes Resultat aus Kolonialismus und Sklaverei. Deshalb handelt es sich mitnichten um eine unzulässige Bezugnahme auf einen etablierten Begriff, sondern um einen verbundenen Zusammenhang: Prostitution, Rassismus und Kolonialismus sind stark ineinander verwoben.

Ein Blick in die Geschichte zeigt auch: Das Gerede vom vermeintlich „ältesten Gewerbe des Welt" ist vollkommen ahistorisch und eurozentristisch. Denn an zahlreichen Orten der Welt war Prostitution gänzlich unbekannt – bis die Europäer sie etablierten.

Sexuelle Sklaverei von WoC[3] in den USA…

Wer über Prostitution in den Vereinigten Staaten von Amerika sprechen möchte, kann nicht über die sexuelle Versklavung indigener und afroamerikanischer Mädchen und Frauen hinwegsehen. Die Verbindung von Kolonialismus und Prostitution wird von knapp zwei Dritteln der indigenen Frauen in den USA deutlich gefühlt:

Unsere indigene Bevölkerung wusste nichts von Prostitution, bis die Briten kamen und unsere indigenen Frauen vergewaltigt, als Sklavinnen gehalten und sie für Sex benutzt haben.

Indigene Frauen berichten in Interviews, dass die rassistischen Abwertungen seitens der Freier noch tiefgreifender treffen als die physische Gewalt, die sie von ihnen erfahren: *Wenn ein Mann eine prostituierte oder eine indigene Frau betrachtet, dann denkt er jeweils das Gleiche über sie: „schmutzig".* " Bemerkungen von Freiern wie *„Ich dachte, wir hätten alle von euch getötet"* sind keine Seltenheit, genauso wenig wie beliebte Rollenspiele von Kolonialist und Kolonialisierter in der Prostitution.[4]

Die Juraprofessorin Cheryl Nelson Butler[5] erläutert wie mit dem Stereotyp der „Jezebel" die sexuelle Versklavung der schwarzen Frau legitimiert wurde: Der weißen frommen und keuschen „wahren" Frau und Lady, wurde die schwarze „sexuell deviante und moralisch minderwertige" Frau gegenübergestellt. Auf Grundlage dieser Rassifizierung durften schwarze und weiße Frauen auch nach der Abschaffung der Sklaverei nicht im gleichen Eisenbahnwaggon fahren. Schwarze Frauen, die auf der Suche nach Arbeit vom Süden in den Norden migrierten, wurden von Beschäftigungsagenturen in die Prostitution gezwungen. Auf Basis der Annahme, dass schwarze Frauen naturgegeben für die Prostitution gemacht seien, wurde ihnen bereits damals Freiwilligkeit unterstellt.

Das Schicksal der lateinamerikanischen Frauen unterschied sich nicht wesentlich von dem der indigenen und schwarzen Frauen. So wurden u. a. in den kalifornischen „Reed Camps" mexikanische Mädchen ab dem Alter von sieben Jahren von den Feldarbeitern sexuell benutzt.[6]

Die Auswirkungen zeigen sich bis heute: Das durchschnittliche Einstiegsalter in die Prostitution liegt in den USA zwischen 12 und 14 Jahren. AfroamerikanerInnen machen 26 % der Bevölkerung von New York City aus, jedoch 50 bis 67% der minderjährigen Mädchen in der Straßenprostitution der amerikanischen Metropolstadt sind schwarz, weitere 20 bis 26 % rekrutieren sich aus der Latino-Bevölkerung.[7] Statistiken des FBI zeigen, dass mehr als die Hälfte der in den USA wegen Prostitution verhafteten Kinder schwarz sind.[8] Die Prostitution indigener Frauen nimmt nach neuesten Studien alarmierend zu.

Auch wenn viele gerne einen Zusammenhang negieren, kann die Kultur als ein relevanter Nährboden für die Prostitution von WoC gelten. Nicht nur in der Flut pornographischer Bilder im Internet oder der Glorifizierung von Zuhältern im Rap werden rassistische Stereotype reproduziert. Was für die einen nur spaßige Unterhaltung ist, hat konkrete Auswirkungen auf die Leben von schwarzen Mädchen: 72 % der schwarzen Teenagerinnen sind der Auffassung, dass die Medien die Botschaft verbreiten, der Sexappeal schwarzer Mädchen stelle ihren höchsten Wert dar.[9]

Die schwarze Prostitutionsüberlebende und Gründerin der Organisation *Breaking Free*, Vednita Carter, findet deutliche Worte für die fatalistische Haltung, die auch Teile der schwarzen Bürgerrechtsbewegung im Griff hat. Diese hatte sich für eine vollständige Entkriminalisierung und Legalisierung der Prostitution, inklusive des Freiertums und der Zuhälterei, ausgesprochen:

Denkt die Black Lives Matter Bewegung so über schwarze Frauen? Dass es das ist, was wir sind? Dass wir es nur wert sind unsere Körper zu verkaufen?[10]

Langsam steigt das öffentliche Bewusstsein in den USA jedoch für die Verwobenheit von Prostitution und Rassismus. Die Obama-Administration unternahm zaghafte erste Schritte zur Anerkennung der besonderen Betroffenheit ethnischer Minderheiten von Prostitution. Die Nachfahren des bekannten früheren Sklaven und Abolitionisten Frederick Douglass sind der zeitgenössischen Bewegung gegen die Sex-Sklaverei beigetreten und möchten Bewusstsein für die Parallelen schaffen.[11] Und schwarze Prostitutionsüberlebende wie Tina Frundt, Marian Hatcher oder Vednita Carter tragen mit ihren zahlreichen Initiativen dazu bei, dass die Erfahrungen schwarzer Frauen Eingang in die sozialpolitischen Maßnahmen und die Gesetzgebung gegen sexuelle Ausbeutung und Prostitution finden.

... und in Kanada

Während des ersten Jahrhunderts der *Hudson`s Bay Company*[12] durften europäische Frauen nicht nach Rupert`s Land, wie Kanada zu dieser Zeit hieß, reisen. Auch Beziehungen der Siedler mit den einheimischen Frauen waren strengstens untersagt. Im Zuge der Kolonialisierung wurden indigene Kanadierinnen in einer Art Tausch-System sexuell zur Ware gemacht: Sie wurden im Austausch gegen Alkohol oder andere europäische Güter gekauft. Die Kolonisatoren errichteten florierende Bordelle oder hielten sich indigene Frauen als Konkubinen, Zweitfrauen ohne jegliche Rechte, die vollständig von den europäischen Männern abhängig waren.[13] Die öffentliche und private Prostitution wurde den indigenen Mädchen und Frauen aufgezwungen.

Die Studien über die heutigen Prostitutionsmärkte in Kanada sprechen eine deutliche Sprache. Um nur zwei plastische Beispiele zu benennen: Etwa 70 bis 80 % der etwa 400 jährlich auf den Straßen von Winnipeg prostituierten minderjährigen Mädchen sind indigen, obwohl die indigene Bevölkerung nur etwa 13,6 % der Gesamtbevölkerung ausmacht.[14] 52 % der 100 im Jahr 2002 befragten prostituierten Frauen in der Straßenprostitution von Vancouver waren indigene Frauen, obwohl der Anteil der indigenen Bevölkerung hier nur etwa 1,7 bis 7% der Gesamtbevölkerung beträgt.[15] Nur selten betrachtet die

Bevölkerung die sexuelle Ausbeutung der indigenen Bevölkerung als eine solche. Bis heute halten sich rassistische Stereotype, nach denen indigene Frauen traditionell als sexuell verfügbar gelten. Dies trägt auch hier dazu bei, dass die Prostitution als „selbst gewählter Lebensstil" betrachtet wird.

Einen beträchtlichen Anteil an der Durchsetzung des schwedischen Ansatzes in Kanada hatten deshalb die Selbstorganisationen indigener Frauen. Organisationen wie die *Native Women's Association of Canada* oder Bündnisse wie die *Indigenous Women Against The Sex Industry* machten in der gesellschaftlichen Debatte darauf aufmerksam, dass Prostitution keine traditionelle Tätigkeit indigener Frauen und Mädchen ist, sondern, dass diese ihren Communities genauso aufgedrängt wurde, wie das Residential-School-System: Bis 1996 wurden kanadische Indigene in Internat-artigen Schulen segregiert und waren dort u. a. physischer und psychischer Gewalt ausgesetzt. Man verbot ihnen die Verwendung der Muttersprache und hielt sie von ihren Eltern, Familien und ihrer Kultur fern.

Die tiefgreifenden intergenerationellen Traumata und die systematische Zerstörung der Familien machen indigene Mädchen und Frauen zu einer besonders leichten Zielscheibe für Freier und Profiteure. Die Feministin und Aktivistin Cherry Smiley hält hierzu fest:

Die Native Women's Association of Canada erkennt, dass der Staat indigene Frauen von einer Institution in die andere verschoben hat – Residential Schools, Pflegestellen, Gruppenunterbringungen und Gefängnisse – und lehnt es ab, Bordelle als die neue offizielle Institution für indigene Frauen und Mädchen anzuerkennen. Der Schaden in der Prostitution geht von Zuhältern und Freiern aus und von der Message, die diese Männer an unsere Frauen und Mädchen, sowie nicht-indigene Kanadierinnen und Kanadier aussenden.

... Indigene Frauen und Mädchen verdienen mehr, als täglich Gewalt durch Freier zu erfahren und von Zuhältern verkauft zu werden. Was wir brauchen, sind wirkliche Wahlmöglichkeiten. ... Wir wollen eine umfassende Prävention von Prostitution und Ausstiegsstrategien sowie eine schlagkräftige öffentliche Bildungskampagne, die KanadierInnen bezüglich Prostitution umerzieht und diese verdeutlicht als eine Form männlicher Gewalt gegen Frauen. Und als ein rassistisches und kolonialistisches System, welches auf rassifizierte und indigene Mädchen und Frauen abzielt. Die Abolition der Prostitution und die neue Gesetzgebung zu unterstützen steht im Einklang mit unseren traditionellen indigenen Lehren – und sie sagt uns, dass wir Freiheit, Respekt und Liebe würdig sind.[16]

Erkennbare Relikte des Sklavenhandels in der Prostitution

Die Prostitutionsforscherin Melissa Farley hat sich sehr eingehend mit der Frage beschäftigt, welche Elemente des traditionellen Sklavenhandels sich heute noch in der sexuellen Versklavung von Frauen ausmachen lassen,[17] die sich mitnichten auf das Anwenden von physischer Gewalt zum Brechen des Willens, ob durch den Sklavenbesitzer oder Zuhälter, beschränken.

Der Historiker Edward Baptist fand bei seiner 1934 durchgeführten Analyse von Briefen von Sklavenhändlern und –käufern detaillierte und fetischisierte Katalogisierungen der Hautfarbe weiblicher Sklavinnen. Farley stellt die These auf, dass die Sklavenhändler des 19. Jahrhunderts ihre Ware mit hoher Wahrscheinlichkeit in einer sehr ähnlichen Weise in Online-Katalogen präsentiert hätten, wie es heute die Internet-Annoncen für Prostitution tun, wenn es damals bereits das Internet gegeben hätte. Sie zieht darüber hinaus eine Analogie zwischen den Sklavenauktionen und dem Schaulaufen der prostituierten Frauen vor dem Freier in der Prostitutionsstätte. Eine Praxis, die von sehr vielen betroffenen Frauen als äußerst degradierend empfunden wird.

Chronische Gesundheitsprobleme sind ebenfalls Kennzeichen beider Phänomene, u. a. resultierend aus Überlastung, Stress, schlechter Ernährung, Schlaflosigkeit etc. So waren die Haupttodesursachen der Versklavten im US-Bundesstaat Virginia im Jahr 1850 Atemkrankheiten, Tuberkulose, Krankheiten des Nervensystems, Typhus, Durchfall-Erkrankungen und Cholera. Typische gesundheitliche Probleme prostituierter Frauen heute sind u. a.: Tuberkulose, Diabetes, Krebs, Arthritis, Malaria, Asthma, Herzrasen, Blutarmut, Gebärmutterentzündungen, Hepatitis A und B, Unfruchtbarkeit, Syphilis und HIV. Sowohl die Sklaven des 19. Jahrhunderts als auch prostituierte Frauen weisen eine exorbitant hohe Rate an Suizid-Versuchen auf.

Die Änderung des Namens ist ein Ritual sowohl der Sklaverei als auch der Prostitution. Während viele Sklavenhalter ihre weiblichen Sklaven ehelichten und damit psychologisch die Tatsache zu überdecken versuchten, dass sie die Frauen gekauft hatten, imitieren Freier heute eine romantische Liebesbeziehung, indem sie den prostituierten Frauen den so genannten „Girlfried Sex" aufzwingen.

Derzeit gültige Definitionen von Menschenhandel als „moderner Sklaverei", zum Beispiel im Palermo-Protokoll aus dem Jahr 2000, inkludieren das Vorliegen von Schuldsklaverei und halten die Zustimmung der Betroffenen zu solchen Ausbeutungsbedingungen aus Mangel an vorhandenen Alternativen für vollkommen irrelevant.

Frühere und zeitgenössische AbolitionistInnen hatten und haben gegen die gleichen Windmühlen zu kämpfen:

- gegen eine gesellschaftliche Toleranz gegenüber Ungerechtigkeiten gegen marginalisierte und vulnerable Bevölkerungsgruppen, bis hin zu deren kompletter Verleugnung;

- gegen eine Strategie des Versuches über Regulierungen eine Schadensminimierung („Harm Reduction") zu erreichen;

- gegen den Versuch, Ausbeutungsverhältnisse unter sprachlichen Euphemismen zu verdecken („Beschützer" für Sklavenhalter oder Zuhälter, „Sexarbeit / SexarbeiterIn", „transnationale migrantische Arbeiterin").

Genauso wie heute Führungen in Rotlichtbezirken durchgeführt werden oder als Dokumentationen getarnte Werbefilme der Sexindustrie über die Realitäten in der globalisierten Prostitutionsindustrie hinwegtäuschen sollen, wurden im 18. Jahrhundert Millionen in den Lobbyismus für die Sklaverei gesteckt. Britische Sklavenhalter boten Touren auf den West Indies an, um die Realität verzerrt darstellen zu können.

Und: Heute wie damals stellen die Zeugnisse der Ausgebeuteten die größte Bedrohung für die Ausbeutungsindustrie dar: Die autobiographischen Beschreibungen der Sklaven und Sklavinnen verhalfen der Anti-Sklaverei-Bewegung im 19. Jahrhundert zum Durchbruch, da diese die Lügen der Sklavenhändler entlarvten.

Genauso verhält es sich mit den Aussagen der Prostitutionsüberlebenden heute: Immer mehr erheben ihre Stimme, auf Veranstaltungen und im Internet, und zeigen die kurz-, mittel- und langfristigen Schäden durch die Prostitution auf. Sklaven, die es seinerzeit wagten zu sprechen, wurden gefoltert und getötet. Heute werden ehemalige und aktuell prostituierte Frauen lächerlich gemacht, als Lügnerinnen bezeichnet, mit dem Tod bedroht, sie werden mit Klarnamen und Adressen geoutet.

Problematisierung des Begriffes „weiße Sklaverei"

Im Kampf gegen Prostitution wurde im 20. Jahrhundert vor allem im angelsächsischen Raum der Begriff „weiße Sklaverei" geläufig. Der Begriff fand aber bereits damals seine KritikerInnen. Die Anarchistin Emma Goldman wandte sich beispielsweise 1911 in ihrem Text „The Traffic in Women" gegen diese Bezeichnung, weil sie die Meinung vertrat, dass die Versklavung „weißer" Frauen in der Prostitution sich technisch nicht von der sexuellen Versklavung von WoC unterscheidet. Auch betonte sie neben der häufig ausweglosen Situation und zerrütteten Familienverhältnissen der Betroffenen die zentrale Bedeutung der patriarchalen gesellschaftlichen Strukturen für die Existenz der Prostitution.

Goldman, selbst jüdischer Herkunft, war sich dessen bewusst, dass es die marginalisierten Verhältnisse der nach Amerika gehandelten europäischen Jüdinnen waren, die eine gewichtige Ursache spielten. Sie sprach sich gegen die gängigen und rassistischen Stereotype aus, nach denen Prostitution Jüdinnen nahe liege oder einer ihnen eigenen „Abenteuerlust" entspreche.

Damals wie heute handelt es sich bei Prostitution nicht etwa um eine „kulturelle Praxis" bestimmter ethnisch marginalisierter Communities, sondern vielmehr gehen Rassismus und Fetischisierung rassistischer Projektionen mit sexistischen Strukturen Hand in Hand. Nelson Butler und andere weisen jedoch zu Recht darauf hin, dass die betroffenen WoC in den „Weiße Sklaverei"-Kampagnen marginalisiert wurden und Gesetze wie der erkämpfte „White Slavery Act" entsprechend keinerlei Wirkung auf den Schutz von WoC entfalteten.

Ausbeutung von Romnija in Deutschland (und dem Rest von Europa)

Auch in Deutschland wird die Mehrheit der prostituierten Mädchen und Frauen aus dem Ausland rekrutiert. Studien kommen zu dem Ergebnis, dass in Armut lebende Frauen nicht von sich aus eine eigenständige Migrationsentscheidung treffen, sondern diese von Dritten an sie herangetragen wird. Migration in die deutsche Prostitution erfolgt vor allem deshalb überwiegend aus den wirtschaftlich schwächeren europäischen Ländern, da EU-Bürgerinnen der Freizügigkeit unterliegen und hiermit die Eintrittskosten ins Zielland für die profitierenden Dritten besonders niedrig sind. In Ländern wie Rumänien und Bulgarien herrscht wegen des starken Wirtschaftseinbruchs in den Jahren 2008/2009 eine sehr hohe Jugendarbeitslosigkeit. In bestimmten Regionen wie der bulgarischen Provinz Montana sind die Perspektiven für Frauen besonders gering, weshalb hier verstärkt für die Prostitution rekrutiert wird.

Roma und bulgarische TürkInnen machen nur etwa 10 % der bulgarischen Bevölkerung, jedoch 50 bis 80% der in die Prostitution gehandelten Bulgarinnen aus. In Rumänien sind es um die 50 % der gehandelten Personen, bei ca. 9 % Anteil an der Gesamtbevölkerung. In Bezug auf Ungarn machen Roma 7 % an der Gesamtbevölkerung aus, 40 % der gehandelten Frauen sind jedoch Romnija.[18] Auffallend ist jeweils die große Zahl der alleinerziehenden Mütter.

Aber auch hier gilt festzuhalten, dass Rassismus, Armut, soziale Ausgrenzung, Arbeitslosigkeit und mangelnder Zugang zur Bildung nicht die alleinigen

Faktoren sind, um erfolgreich in die Prostitution rekrutiert zu werden. Der Zusammenhang zwischen erfahrener Gewalt in der Kindheit und dysfunktionalen Familienverhältnissen zeigt sich auch hier: Nach Zimmermann et al. wurden 60 % der Frauen aus 14 untersuchten Staaten (darunter Rumänien und Bulgarien) Opfer körperlicher, bzw. sexueller Gewalt, bevor sie mit Prostitution in Berührung kamen.[19] Ein Großteil der gehandelten Mädchen und Frauen wird - entgegen beliebter Darstellungen - nicht in die Prostitution hinein getäuscht oder manipuliert, sondern bereits aus der Prostitution heraus rekrutiert.

Blind für den Rassismus

Europäische Netzwerke wie das *European Network of Migrant Women* benennen deutlich den rassistischen Charakter der Prostitution und haben sich dem Brüsseler Aufruf „Gemeinsam für ein Europa ohne Prostitution" angeschlossen. Anders als beispielsweise in Kanada, den USA, Südafrika oder Neuseeland gibt es jedoch in Deutschland bisher leider keine Migrantinnenselbstorganisation, die hier den Finger in die Wunde legt.

Auch ehemals kritische NGOs wie *agisra e.V.* haben in der Zwischenzeit das neoliberale Narrativ offensichtlich vollständig verinnerlicht und kämpfen für die Anerkennung von Prostitution als „Sexarbeit". Dies macht es der Gesellschaft und auch der politischen Linken leicht wegzuschauen und die Gewalt gegen ethnisch marginalisierte Frauen und Mädchen zu ignorieren. Schon Emma Goldman wusste: *„Das gewalttätigste Element der Gesellschaft ist die Ignoranz"*.

Es entlastet deshalb nicht von der gesellschaftlichen Verantwortung, den verbal immer wieder zur Schau getragenen Rassismus auch konkret dort zu beweisen, wo es dringend notwendig wäre: Wer der systematischen physischen und psychischen Zerstörung von Hunderttausenden von Romnija, Asiatinnen und Schwarzafrikanerinnen in unserer Mitte eine solche Gleichgültigkeit entgegenbringt, macht sich aktiv mitschuldig an den an ihnen verübten Verbrechen.

Notes:

(1) In manchen afrikanischen Ländern werden ab Einsetzen der Pubertät den jungen Mädchen die Brüste abgebunden oder mit heißen Steinen beschwert, um das Wachstum zu behindern (auch: Brustbügeln).

(2) Raquel Rosario Sanchez: Interview. Women of Colour Speak out against Prostitution, Feminist Current, 26. April 2019.

(3) WoC = Women of Colour: nicht-weiße Frauen.

(4) Melissa Farley et al: Garden of Truth: The Prostitution and Trafficking of Native Women in Minnesota, 27. Oktober 2011.

(5) Cheryl Nelson Butler: The Racial Roots of Human Trafficking, UCLA Law Review 1464, 2015.

(6) Maria Silezi Canciardo: Modern-Day Slavery and Cultural Bias: Proposals for Reforming the U.S. Visa System of Victims of International Human Trafficking, 7 Nevada Law Journal, 2007.

(7) France Gragg et al: New York Prevalence Study of Commercially Exploited Children, 19. April 2007.

(8) Jackie Jones: Black Teens Majority of Sex Traffic in U.S., New America Media, 30. Mai 2007.

(9) National Campaign to Prevent Teen & Unwanted Pregnancy: Under Pressure: What African-American Teens Aren`t Telling about Sex, Love and Relationships, 3: 2011.

(10) Janice G. Raymond: Racial Justice and Decriminalization of Prostitution: No Protection for Women of Color, in Dignity: A Journal on Sexual Exploitation and Violence, Volume 5: Issue 1, Article 9, 2020.

(11) Frederick Douglass Family Initiatives: History, Human Rights and the Power of One, 2013, https://fdfi.org/.

(12) Kanadisches Handelsunternehmen, das 1670 mit einem Privileg des Königs von England, Schottland und Irland gegründet wurde.

(13) Jackie Lynne: Colonialism and the Sexual Exploitation of Canada`s First Nations Women, paper presented at the American Psychological Association 106th Annual Convention, San Francisco, California, 17. August 1998.

(14) Grand Chief Ron Evans: Sex Slaves on Winnipeg Streets, Winnipeg Free Press, 8. Juli 2009.

(15) Melissa Farley, Jaqueline Lynne, Ann J. Cotton: Prostitution in Vancouver: Violence and the Colonialization of First Nations Women, Transcult Psychiatry 42, Sage Publications: 2005.

(16) Cherry Smiley: Real Change For Aboriginal Women Begins With The End of Prostitution, The Globe and Mail, 14. Januar 2015.

(17) Melissa Farley: Slavery and Prostitution: a 21st Century Abolitionist Perspective, in: Bonnie Martin und James F. Brooks (Hrsg.): Linking the Histories of Slavery in North America and its Borderlands, School for Advanced Research Press, Santa Fe: 2015.

(18) European Roma Rights Centre: Breaking the Silence. Trafficking in Romani Communities, Budapest 2011.

(19) Cathy Zimmermann: Stolen Smiles: The Physical and Psychological Health Consequences of Women and Adolescents Trafficked in Europe, The London School of Hygiene & Tropical Medicine, London: 2006.

5 Fragen an ... Grizelda Grotboom

Grizelda Grotboom ist eine südafrikanische Überlebende der Prostitution und des Menschenhandels. Sie hat Apartheid, Wohnungslosigkeit und ein von sexueller Gewalt geprägtes Jahrzehnt durchlebt. Grizelda ist eine bekannte Autorin („Exit!", Jacana Media Verlag, 2016), Aktivistin und Gründerin der Survivor Exit Foundation (https://survivorexit.org/).

Grizelda, kannst du uns etwas darüber erzählen, welche Auswirkungen das Apartheid-System bis heute auf deine Familie hat?

Erst kürzlich habe ich meine Großmutter väterlicherseits besucht. Sie lebt in einem Ort, der *German Village* genannt wird, und dieses Dorf wurde von den Deutschen kontrolliert. Meine Großmutter lebt heute immer noch in einem der Apartheids-Häuser, die sich in einem extrem schlechten Zustand befinden. Bis heute kann sie an diesem Haus nichts verändern, weil es irgendeinem deutschen Nachkommen zugesprochen wurde. Meine Großmutter blieb ebenso wie ihre Mutter in diesem Haus, in dem sie als Sklaven gelebt hatten. Es war sehr schwer für sie, aus diesem Haus ein Zuhause zu machen, vor allem deshalb, weil das Land immer noch den Deutschen gehört.

Das bedeutet, dass die weißen Leute in Südafrika, die Nachfahren der deutschen Sklavenhalter in diesem Dorf, immer noch den Besitz auf sich vereinen, sodass meine Oma bis heute in diesem schlammigen Haus wohnen muss. Und wenn man zum Ostkap geht, wird man sehen, dass es eine Menge älterer Frauen gibt, die immer noch unter diesen Bedingungen leben.

Es ist extrem traurig, die Abschaffung der Apartheid liegt nun 25 Jahre zurück, und trotzdem müssen Frauen aus der Khoisan-Minderheit immer noch auf dem Land, auf dem sie versklavt wurden, leben. Diese Menschen haben so sehr unter dem Rassismus gelitten. Die Deutschen, die Niederländer, die Briten, alle kamen sie nach Südafrika, haben sich das Land unter den Nagel gerissen, und wir haben bis heute damit zu kämpfen.

Wie hat die Apartheid deine eigenen Möglichkeiten eingeschränkt?

Wir haben in Kapstadt gelebt. Als ich acht Jahre alt war, haben sie die Menschen aus ihren Häusern vertrieben. Ich erinnere mich an die großen Lastwagen, die in die Stadt kamen, und dachte zuerst, dass sie uns vielleicht bessere Häuser geben würden.

Irgendwann ist mein Vater morgens verschwunden und kam am Nachmittag sehr betrunken nach Hause. Unser Haus war das letzte Haus an der Ecke, und ich erinnere mich, dass wir zum Hafen gingen. Mein Vater sagte etwas von Fisch, den er kaufen wolle, um ihn weiterzuverkaufen. Als ich fragte, ob wir jetzt wieder nach Hause gehen, sagte er „Nein", und dass wir in ein Asyl gehen würden. Dieses war nicht weit von unserem Viertel entfernt.

Damit fing es an mit meiner Wohnungslosigkeit, meiner Einsamkeit, dem Gefühl eine Verstoßene zu sein und dem verloren sein in einer Gemeinschaft, von der ich dachte, dass sie für immer mein Zuhause sein würde. Ich war gerade mal neun Jahre alt, als ich obdachlos wurde.

Wenn ich Weiß[1] gewesen wäre, dann wäre mein Leben extrem anders verlaufen. Selbst, wenn ich aus armen Verhältnissen gekommen wäre, hätte ich immer noch in einer gesunden Umgebung eines Heims leben können; ich hätte Beratungsangebote erhalten und Bildung. Ich denke, ich hätte meine Schule fertig gemacht und hätte vielleicht mein eigenes Zuhause gehabt. Binnen weniger Wochen hätte man mich von der Straße gerettet. Wenn ich weiß gewesen wäre, selbst aus einer Familie mit niedrigem Einkommen, dann ginge es mir heute wesentlich besser.

Ich denke, diejenigen, die von der Abschaffung der Apartheid am meisten hatten, waren die Xhosa. Denn Nelson Mandela, der erste Schwarze Präsident Südafrikas, war vom Stamm der Xhosa. Und auch die Zulu, die hatten Shaka Zulu, der für die Briten gekämpft und dafür sehr viel Anerkennung erhalten hat. Diese Menschen haben die ersten großen Feierlichkeiten erhalten, in den ersten zehn Jahren oder so.

Diejenigen, die hinten runter gefallen sind, sind vor allem die PoC. Die Menschen mit ursprünglich südafrikanischer Herkunft. Bis heute gibt es noch so viel Trauma durch die Apartheid und zahlreiche Konflikte. Wir PoC haben unsere Kultur bis heute nicht zurück.

Das Westkap wird von einer Partei namens *Demokratische Allianz* regiert. Die wurde von einer deutschen Journalistin mit dem Namen Helen Zille gegründet. Ihre Gesetze in Bezug auf die Unterstützung der Schwarzen und PoC im Westkap von Kapstadt sind extrem hart. Sie sind verhaftet im Armutsdenken. Sie denkt immer noch, dass wir keine vernünftigen Toiletten verdienen, sauberes Wasser oder unser eigenes Land, da wir nicht wüssten, was wir damit tun sollen.

Und so werden die PoC gewalttätig untereinander, da wir nicht davon profitiert haben, dass wir unsere Freiheit wieder bekommen haben. Es gibt keine Freiheit bis heute, vor allem nicht für die WoC in diesem Land. Wir sehen keine Freiheit, sondern nur Ketten an unseren Füßen

.

Wie stehst du zum Begriff „Zwangsprostitution"? In deinem Buch sagst du, dass es nicht immer physischer Zwang sein muss, sondern vielmehr eine Frage der Rahmenbedingungen ist? Welche Umstände bringen Frauen wie dich in die Prostitution?

Bei mir waren die Umstände die, dass ich ein Straßenkind war und jemand, eine Freundin, mich ausgenutzt hat. Sie hat es nicht für nötig befunden, sich darum zu scheren, was ich durchmache, sondern hat sich das zunutze gemacht. Als sie mich in eine andere Stadt gehandelt hat, dachte ich, ich würde eine Chance bekommen. Das ist offensichtlich die Sprache für uns Schwarze Frauen in Südafrika: Wenn jemand dir eine gute Möglichkeit verschafft und du als Frau den Wunsch nach Arbeit hast, nicht wahr? Du willst für deine Familie sorgen. Und du vertraust darauf, dass diese Person das versteht und es nicht für irgendetwas anderes nutzt.

Als ich mich mit ihr getroffen habe, hab ich nicht vermutet, dass mir das passieren würde. Als sie mich in der Wohnung willkommen hieß, dachte ich: „Wow, mein Leben wird sich ändern." Als ich den Raum betrat und diesen vollkommen leer vorfand, hatte ich keine Fragen. Ich hielt ein Nickerchen und wurde von drei schwarzen afrikanischen Männern aus dem Schlaf gerissen und ausgezogen, mit Klebeband auf meinen Augen, einer Drogeninjektion unter meinem Knie. Ich dachte, ich sei im falschen Haus. Und ich dachte, mit ihr würde das gleiche passieren. Der erste Typ hielt meinen Kopf, legte mich auf den Boden, beugte mich vornüber. Da wurde mir klar, dass ich wie eine Hündin sexuell ausgebeutet werden würde. Und das passierte dann jeden Tag. Und als ich nachts erneut aus dem Schlaf gerissen wurde und sie ein anderes Mädchen brachten, die auf mich wirkte, als hätte sie nie irgendeinen Schmerz erlebt, wusste ich, dass dieses Haus dafür genutzt werden würde, Mädchen und Frauen auszubeuten und sie zu verkaufen.

Ich dachte, ich wäre für ein besseres Leben hergekommen, ich hatte der Person vertraut. Das ist die Sprache, mit der eine Organisation namens S.W.E.A.T., von der Sexarbeits-Seite, alle manipuliert. Die denken, das sei die einzige Unterstützung für eine Frau, die aus der Armut und einem Leben mit wenigen Optionen kommt. Und sie versuchen, die Sprache der Überlebenden darüber, wie sie für die Sexindustrie rekrutiert oder in sie manipuliert wurden, umzudrehen und es als eine Arbeit anzusehen.

Ich versuch, das in meinem Kopf klar zu bekommen: Warum ist sexuelle Ausbeutung die einzige Arbeit für manche Schwarzen Frauen in Südafrika, wo wir versuchen, uns von der Sklaverei zu erholen? Warum geht es weiter mit dieser Unterdrückung, diesmal auf dem Rücken der Frauen?

Ich denke, es ist nicht nur die Schuld derjenigen, die dieses Narrativ vorantreiben, sondern auch die Schuld des gewöhnlichen afrikanischen Mannes, der schon immer der Meinung war, dass Frauen und Männer nicht gleichberechtigt sein sollten.

Und ich habe das Gefühl, dass diejenigen, die sagen, dass Mädchen und Frauen ihren Körper gegen Geld verkaufen sollten, nicht die Agenda der betroffenen Frauen vertreten, sondern, dass es sich um eine Agenda handelt, die von den selben Weißen Menschen kommt, die ökonomisch von den Körpern der Frauen profitieren. Die uns nicht die Freiheit und die Rechte geben wollen, das zu sein oder zu werden, was wir schon immer wollten: LandbesitzerInnen; die AfrikanerInnen, die wir schon immer hätten sein sollen. Für mich liegt hier das Problem.

Hier in Deutschland ist Prostitution seit Jahrhunderten legal. Denkst du, dass legale Prostitution die Bedingungen für Frauen in der Prostitution verbessern könnte?

Das letzte Bordell, in dem ich in den Zeitungen und auf den Pornoseiten inseriert wurde, war ein „Gentlemen`s Club". Es gehörte einer Weißen Frau und ihrem südafrikanischen Ehemann, der für die südafrikanische Verwaltung arbeitete. Jeder, der die Anzeigen in den Zeitungen sah, dachte es handele sich „nur um einen Strip-Club". Aber auf der anderen Seite desselben Bordells gab es drei Schlafzimmer mit verschiedenen Themen. Es waren meistens fünf oder zehn weiße Mädchen, drei WoC und ein Schwarzes Mädchen – ich – und manchmal noch ein weiteres Schwarzes Mädchen. Und es gab nie eine legale Sicherheit, die damit verbunden war.

Jeder Freier, den ich hatte, jede verdammte Minute und Stunde an diesem Ort, hat meine Gesundheit negativ beeinträchtigt, es war mit extrem viel Alkohol- und Drogen-Konsum verbunden, manchmal hatte man zweimal im Monat eine Überdosis. Es waren so viele Freier pro Nacht, die dein Körper aushalten musste, mit deinem Kopf und deinen intimen Bereichen. Alle 30 Minuten ein neuer.

Manchmal mussten wir Zeug in unsere Vagina stecken; manchmal nahmen wir Drogen, nur um wach zu bleiben; manchmal bluteten wir an Stellen, wo man nicht bluten sollte. Viele der Männer kamen besoffen zu uns, manche wollten aufgrund ihrer Rituale irgendwelche sexuellen Fantasien mit uns ausleben, und es gab keine Zeit, wo du als Frau, oder dein menschlicher Geist, sich einfach mal ausruhen konnte. Ausruhen konnte man meistens nur im Krankenhaus oder im Haus, mit Hilfe einer Unmenge von Medikamenten. Und das fand nur statt, wenn etwas richtig Schlimmes passiert war, nach einer Überdosis oder nach einem Streit zwischen Freiern. Sehr häufig trieben sich da Drogendealer rum, oft kriminelles Gesindel, und es wurde rumgeballert und solche Sachen. Nein, es gab keinerlei Sicherheit in der legalen Prostitution.

So viele der Mädchen hatten zahlreiche Abtreibungen in einem Jahr, nur weil ein paar Männer den vollen Gegenwert ihres Geldes und kein Kondom benutzen wollten. Und bis heute leide ich noch sehr unter all diesen gewalttätigen Dingen.

Was, denkst du, müsste stattdessen passieren? Und kannst du etwas über die von dir gegründete *Survivor Exit Foundation* erzählen und deinen Aktivismus bei *Embrace Dignity*?

Die arme Frau ist das arme Schwarze Kind ohne Bildung und ohne Arbeit. Die Menschen in Südafrika bekommen keine Arbeit wegen der korrupten Regierung. Die arme Frau ist oft auch die Migrantin, die legal für Arbeit ins Land gehandelt wird und die damit erpresst wird, dass, wenn sie nicht der Arbeit nachgeht, die sie machen soll, sie in der Prostitution landet. Übrigens von den gleichen Leuten, die auch in den Organhandel involviert sind.

Wenn wir über die arme Frau sprechen, dann sollten wir nicht nur über ihre Armut sprechen. Sie ist nämlich arm aufgrund eines bestimmten Systems. Die Frauen wollen nicht auf der Straße sein. Wir gehen jede Nacht raus und reden mit ihnen, und viele sagen, dass sie Angst vor einem Ausstieg haben, weil die Zuhälter die Kontrolle über ihre Kinder haben oder ihre Papiere besitzen, auch die von Südafrikanerinnen.

Wenn wir also über die Armut dieser Frauen sprechen, dann sollten wir darüber sprechen, wie sie nicht arm sein müssen, und zwar nicht durch sexuelle Ausbeutung, sondern über einen Weg, wie sie sich weiterentwickeln und ökonomische Unabhängigkeit erlangen können. Darüber sollten wir reden, wenn es um arme Frauen geht.

Meine Organisation befindet sich noch im Aufbau, es handelt sich um eine Art Stiftung, mit der wir vor allem Präventionsarbeit betreiben. Ich spreche über meine Geschichte, damit wir anderen Organisationen helfen können. Mein Ziel ist es, mehr Bewusstsein zu schaffen. Manchmal nehme ich das Geld, um die Frauen mit Kaution aus dem Gefängnis zu bekommen, oder ich helfe ihnen dabei, sich um ihre Kinder kümmern zu können.

Die meisten der Frauen haben zu viel Angst um in ein Schutzhaus zu gehen, viele erhalten keine Unterstützung für einen Drogenentzug, was erst mal der wichtigste erste Schritt wäre. Ich bin auch Mitglied der *Task Coalition* und manchmal vermittle ich Fälle an andere Organisationen und frage, ob sie helfen können. Und das „ob sie können" ist die schmerzvollste Frage, wenn wir gegen die sexuelle Ausbeutung von Individuen kämpfen.

Für den Herbst 2021 plane ich ein großes Treffen von Prostitutionsüberlebenden aus aller Welt in Südafrika, an einem Ort, an dem wir uns austauschen können, uns gegenseitig stärken und gemeinsam feiern. Das wird eine große finanzielle Kraftanstrengung, denn ich möchte, dass möglichst viele hierher kommen können, und wir wissen ja, dass die meisten der Betroffenen auch nach ihrem Ausstieg wenig Geld haben. Deshalb sammeln wir aktuell über unsere Webseite noch Geld für dieses Ansinnen.

Embrace Dignity ist eine Organisation die gegen die vollständige Entkriminalisierung der Prostitution kämpft. Sie helfen Überlebenden bei der Ausbildung von Fertigkeiten. Allerdings können sie das aktuell nur sehr begrenzt, wegen zu geringer Mittel. Deshalb konzentrieren sie sich im Moment vor allem auf die Gesetzesreform, für den schwedischen Ansatz oder das Gleichberechtigungs-Modell (*Equality Model*), wie wir es hier nennen.

Ich bin Abolitionistin. Sie haben mir dabei geholfen, mein Buch zu schreiben, sie haben mir Möglichkeiten gegeben, um meine Geschichte zu erzählen. *Embrace Dignity* hat in den letzten zehn Jahren zahlreichen Prostitutionsüberlebenden geholfen, aber es war ein harter Kampf, das konsistent leisten zu können.

Wir schätzen Nozizwe Routledge sehr, sie ist eine sehr herzliche Frau. Wenn es sie nicht gäbe, würde fast kein Wissen darüber bestehen, dass Frauen aus der Prostitution raus wollen. *Embrace Dignity* hat Südafrika sehr dabei geholfen, eine Debatte zu führen. Ich glaube, ohne sie gäbe es in Südafrika kein Bewusstsein über die Realität der Prostitution.

Notes:
(1) Grizelda differenziert zwischen Schwarzen („black") und PoC („colored") und verwendet diese Begriffe nicht synonym. Ich habe die Differenzierung in der Übersetzung entsprechend übernommen. Wenn der Begriff PoC sich nur auf Mädchen und Frauen bezieht, wird dies durch den Begriff WoC (Women of color) deutlich gemacht. Die Begriffe „Weiß" und „Schwarz" sind groß geschrieben, um ihren Zuschreibungs-Charakter deutlich zu machen.

Neonazismus, Rotlichtmilieu und Pädokriminalität – eine fruchtbare Symbiose[1]

Im Nationalsozialismus ist chauvinistisches Verhalten an der Tagesordnung. Männer im rechten Parteienspektrum sehen Frauen als Nutztiere, Sexobjekte, Gebärmaschinen oder Mittel um ihr Prestige zu steigern. Frau ist da zur Kindererziehung, zur Haushaltsführung, muss hübsch aussehen und sexuell immer verfügbar sein.

Antje Holzmann[2]

Die terroristische Neonazi-Gruppierung mit dem selbst gewählten Namen *NSU – Nationalsozialistischer Untergrund* ermordete zwischen 2000 und 2009 neun migrantische Mitbürger und eine Polizistin und konnte 2011 schließlich enttarnt werden. Im Zuge der Ermittlungen zum bundesweiten Terrornetzwerk kamen auch einige Verbindungen einzelner Aktivisten ins Rockermilieu, zu Frauen- und Kinderhandel sowie Pädokriminalität ans Licht. So wurden auf dem Rechner der Rechtsterroristin Beate Zschäpe zwei Mal pädokriminelle Inhalte sichergestellt. Zum ersten Mal Ende der 1990er Jahre.[3] Das Verfahren wurde jedoch eingestellt, da sie und ihre beiden Mitaktivisten Uwe Böhnhardt und Uwe Mundlos – die drei stellten den harten Kern der Terrorzelle – bereits in den Untergrund abgetaucht waren. Ein zweites Mal dann im Jahr 2011, als sich Zschäpe nach dem Tod der beiden Uwes stellte, auf einem PC in der von ihr in Brand gesetzten Wohnung in der Zwickauer Frühlingsstraße, in der die drei zuletzt lebten. Bemerkenswert an dem von den Beamten gesichteten Material war, dass ihnen dieses bis dato unbekannt war. Zum Teil handelte es sich bei den Kindern um „farbige Mädchen"[4], zum Teil beinhaltete es Videos, auf denen Jugendliche miteinander Sex haben. Da es sich bei diesem Fund im Vergleich zu den anderen Vorwürfen im Zusammenhang des NSU um eine „Geringfügigkeit" handele, die bei der Gesamtstrafenbildung keine Relevanz habe, wurde auch dieses Verfahren eingestellt. In den Browserverläufen des

PC in der Frühlingsstraße fand sich darüber hinaus eine Recherche nach diversen Büchern aus dem Bereich sexuelle Gewalt gegen Kinder[5]:

Pädokriminalität im Umfeld des NSU

Im Umfeld des NSU finden sich eine ganze Reihe von Menschen mit nachgewiesenem oder vermutetem Bezug zu Pädokriminalität. Über den NSU-Vertrauten Enrico Thiele sagte ein Zeuge, er „steht auf kleine Kinder". Eine Hütte Thieles in der Nähe des Fundorts der Leiche von Peggy Knobloch, bei der auch eine DNA-Spur von Uwe Böhnhardt gefunden wurde, soll von ihm benutzt worden sein.[6] [7] Ein weiterer Nutzer besagter Hütte soll Henning Haydt gewesen sein. Gegen Haydt wurde bereits wegen sexueller Gewalt gegen Kinder ermittelt. Auch der Besitz „pädokrimineller Dokumente"[8] sowie von Collagen, die die Vergewaltigung und Zerstückelung von Kindern zeigen sollen[9], sind in Bezug auf ihn bekannt. Es gibt außerdem eine Nähe zum Rocker- und Rotlichtmilieu, da er mit seiner Band *Limited Booze Boys* regelmäßig in Clubhäusern von *MC* (= Motorradclub) *Gremium*, *Red Devils* und anderen spielte[10].

Tino Brandt, der lange Jahre der Kopf des *Thüringer Heimatschutzes* war, in dem auch das NSU-Trio aktiv war, und der diesem Geld weitergeleitet haben soll, soll 2009 zusammen mit Thomas Dienel (V-Mann „Küche") einen Zuhälter-Ring mit rumänischen Jungen betrieben haben.[11] Da ihnen dies nicht nachgewiesen werden konnte, wurde das Verfahren eingestellt. Im Dezember 2014 wurde Brandt jedoch wegen „sexuellen Missbrauchs" und Zuhälterei in 66 Fällen verurteilt – in 91 weiteren Fällen wurde das Verfahren eingestellt, da das Gericht sich auf die schwersten Verdachtsfälle konzentrierte.[12] Gemeinsam mit Neonazi Mirko Eberlein (s. u.) hatte Brandt bereits um die Jahrtausendwende ein Internetportal namens *Junge Knaben* betrieben.[13]

Pädokriminelle Gewalttaten sind von einer Reihe von NSU-Vertrauten bekannt: Patrick Wieschke, ebenfalls ein Mitglied des *Thüringer Heimatschutzes*, der gute Kontakte zum NSU-Mitangeklagten Ralf Wohlleben hatte und Beate Zschäpe 2011 bei sich aufgenommen haben soll, wurde 2001 vorgeworfen, sexuelle Gewalt gegen eine 12-Jährige angewendet zu haben.[14] Auf einer von Uwe Mundlos angefertigten Liste von Kontaktpersonen fand sich der Name von Hans Joachim S., der der Polizei bestens bekannt ist wegen sexueller Gewalt gegen die eigenen Kinder und Misshandlung seiner Ehefrau.[15] Der V-Mann Torsten Ogertschnig berichtete seinem V-Mann-Führer bereits im Jahr 2003 vom NSU. Inhaftiert wurde er aufgrund von sexueller Gewalt gegen Minderjährige und illegalen Munitionsbesitzes[16]. Selbst wenn von einer sehr großen Dunkelziffer in Bezug auf sexuelle Gewalt gegen Kinder ausgegangen wird, die ja bekannt ist, ist diese Häufung in der Tat sehr auffällig.

Schnittmengen der Neonaziszene zum Rotlichtmilieu

Bereits im Jahr 1994 wurde in Brandenburg eine antifaschistische Broschüre mit dem Titel „Hinter den Kulissen #1" herausgegeben[17], in der die Autorinnen und Autoren sich u. a. unter dem Titel „Rotlichtmilieu in Zusammenarbeit mit faschistischen Schlägern" mit den Verquickungen von Neonazis und Rockermilieu auseinandersetzten.

Ein Auszug:

„Ein [Teil der Faschisten aus Potsdam] ... begann Mitte/Ende 1991, Kontakte ins Zuhältermilieu und in verschiedene Bereiche der „Organisierten Kriminalität" aufzubauen. [Manche] arbeiteten und arbeiten als Fahrer und „Schutz" für die Zuhälter des Straßenstrichs in der Thälmann- bzw.

Großbeerenstraße. Nachdem der Straßenstrich in der Thälmannstraße etabliert worden war, wurde Anfang 1993 ein Kinder- und Mädchenstrich aufgebaut, der zunächst über verdeckte Wohnungen in der Waldstadt organisiert war und dann in Wohnungen ... direkt gegenüber vom Potsdamer Magistrat verlegt wurde. ... Darüber hinaus bauten Altfaschos ... illegale Bordelle und Spielcasinos in Groß Derschau und einen zeitweiligen Wohnwagenstrich in Rathenow auf. Holger Steinbuch hat für seine Bordelle u. a. Frauen aus der ehem. CSFR regelrecht gekauft und dann zur Prostitution gezwungen. Gleichzeitig stieg die sog. „Springer Bande" ... in so genannte lukrative „Geschäftsbereiche" wie Schutzgelderpressung von Kneipen und Discos, Hehlerei und Autoschiebereien ... ein."

Diese Entwicklungen beschränkten sich nicht nur auf Brandenburg, sondern sind auch für Thüringen und das Umfeld des NSU und insbesondere den *Thüringer Heimatschutz* nachvollziehbar. So wurde im November 2013 von einer Gruppe von Neonazis aus Saalfeld und Umgebung, darunter der bereits erwähnte Mirko Eberlein und der - auch bei den *Bandidos* aktive - Michael Hubeny, ein Geldtransporter überfallen, um mit diesem Geld das Bordell *Blue Velvet* in Rudolstadt zu betreiben. Es fand ein Austausch von prostituierten Frauen zwischen den Saalfelder Neonazis und drei ebenfalls involvierten Litauern statt. Die Täter wurden zu Bewährungsstrafen verurteilt. Anfang Mai 2014 wurde in einem weiteren Verfahren bekannt, dass einer der Beteiligten in der Vergangenheit auch in Jena Wohnungen für Prostitutionszwecke angemietet hatte.[18]

Beate Zschäpe schrieb sich in der Haft eine Zeit lang mit einem gewissen Robin Schmiemann Briefe. Schmiemann, der ein Tattoo von *Combat 18* trägt, ist/war Mitglied der *Oidoxie Streetfighting Crew*. Ebenfalls dort Mitglied ist ein Sebastian Seemann, der Geld mit Waffen- und Drogengeschäften (Kokain) und Prostitution verdiente (und tut es vielleicht immer noch). Seemann, zu dessen „Geschäftspartnern" auch die *Bandidos* gehören, war bei *Blood & Honour* und Freund des dreifachen Polizistenmörders Michael Berger.[19]

Sven Rosemann, ein guter Freund des späteren NSU-Trios, war schon Ende der 1990er Jahre ins sogenannte Rotlichtmilieu gegangen und gehörte einem kriminellen Netzwerk an, über das die Ceska und andere Waffen zum NSU gelangt sein sollen.[20] Auch er verdiente (und verdient ggf. immer noch) mit Prostitution sein Geld und saß interessanterweise 1993 mit Böhnhardt zusammen in einer Zelle in der JVA Hohenleuben.[21] Rosemann machte auch Waffengeschäfte mit Jug Puskaric, der ebenfalls aus dem *Thüringer Heimatschutz* stammt, und sich heute als Zuhälter in Baden-Württemberg finanziert.[22]

Nach dem Verbot der *Skinheads Sächsische Schweiz (SSS)*, zu denen der NSU-Mitangeklagte André Eminger engen Kontakt pflegte, wichen viele auf das Rockermilieu aus. Zum Beispiel fanden viele Rechtsrockkonzerte aus dem Umfeld von *B & H* im Clubhaus des Dresdner *MC Gremium* statt.[23] Bei diesem MC tauchte Andreas Pohl als Vize-Präsident wieder auf, der sich bereits in den neunziger Jahren beim „Clan MC" betätigt hatte, einem MC, der von der Polizei schnell mit Rotlicht und Neonazikonzerten in Verbindung gebracht wurde.[24]

Die Expertin Andrea Röpke weist darüber hinaus darauf hin, dass Neonazis die Bezeichnungen von MCs benutzen (z.B. die *Hammerskins*), sowie deren Organisationen wie Chapter, usw. und sich in Drogen- und Frauenhandel einmischen, insbesondere in Norddeutschland.[25]

Dies sind nur ein paar wenige Beispiele, die Liste könnte unendlich weitergeführt werden. Das Gleiche gilt auch für den nächsten Bereich.

Schnittmengen mit den Bereichen anderer organisierter Kriminalität

Organisationen der Organisierten Kriminalität (OK) sind in allen Bereichen aktiv, in denen sich Geld machen lässt. Es gibt keine Spezialisierungen im Sinne von „Gruppe X ist aktiv im Kinder- und Frauenhandel, Gruppe Y zuständig für die Drogen, und Gruppe Z handelt mit Waffen". Insofern ist die in diesem Artikel vorgenommene Aufteilung zwar grundsätzlich unsinnig, aber unserem besonderen Interesse bzgl. Prostitution und Menschenhandel geschuldet.

Schauen wir uns zunächst noch einmal Hinweise an, die auf eine direkte Verbindung von Zschäpe/Mundlos/Böhnhardt selbst ins Rockermilieu hinweisen: Da ist zum einen eine DNA-Spur, die nach einer Schießerei vor dem Clubhaus der *Bandidos* in Berlin-Wedding gefunden wurde. Diese stimmt zumindest teilweise mit einer DNA-Spur aus einem der letzten Verstecke des Trios überein.[26] Ein ursprünglich aus dem *Thüringer Heimatschutz* stammender Zeuge aus dem *Bandidos*-Milieu aus Baden-Württemberg, das von *Blood & Honour* „Aufbauhilfe Ost" für den Aufbau eines Bandidos-Chapter in Thüringen bekam, sagte, er habe Beate Zschäpe Mitte der 90er Jahre kennengelernt, evtl. auch Uwe Mundlos.[27] Bereits Anfang 2012 war außerdem bekannt geworden, dass ein Rechtsanwalt im Jahr 2011 Beate Zschäpe in Erfurt bei einem Prozess gegen Mitglieder der *Bandidos* (darunter bereits erwähnter Michael Hubeny) gesehen haben will. Sie habe sich am Rande des Prozesses an ihn gewandt und um Hilfe gebeten. Im März 2012 war in der Szenezeitschrift *Biker-News* in der Rubrik „Jail Mail" ein Gruß an Beate Zschäpe zu entdecken.[28]

Auch ein Blick nach Hessen offenbart NSU-nahe Kontakte ins Rockermilieu: Der mitangeklagte und zu zweieinhalb Jahren Haft verurteilte André Eminger ist Mitglied beim *MC Stahlpakt*, der vor allem in Sachsen und Thüringen aktiv ist, und trug seine Kutte auch bei Gericht. Der NSU-Unterstützer Michel F. ist Mitglied bei den *Bandidos* in Kassel und ein inzwischen pensionierter Polizeibeamter aus Rotenburg schloss sich 2012 dem neugegründeten Kasseler Chapter der *Chicanos* an, bei denen es sich um einen Unterstützerclub der *Bandidos* handelt. Das Clubhaus der *Bandidos* befindet sich nur etwas über einen Kilometer vom Internetcafé des am 6. April 2006 ermordeten Halil Yozgat entfernt. Dort spielte am 18. März 2006 die Dortmunder Band *Oidoxie*, die sich öffentlich mit NSU-Unterstützer Ralf Wohlleben solidarisierte.

Deren Bandmitglied Marco E. stammt ursprünglich aus Hessen. An die Mitglieder der *Oidoxie Streetfighting Crew*, mit Kontakten zu *Combat 18*, wurden die Turner-Tagebücher als Anleitung für den Zellenbau verteilt.[29] Andreas Temme wiederum, der hessische Verfassungsschützer, der während oder unmittelbar vor dem Mord an Halil Yozgat in Kassel in dessen Internetcafé auf Sexseiten gesurft sein soll und dessen Spitzname „Kleiner Adolf" lautet, hat Kontakte zu den *Hells Angels*. Er war Anfang der Neunziger Jahre auf einer *Hells Angels* Party in Berlin und pflegt nach eigenen Aussagen private Kontakte zu den *Hells Angels* – weil er gerne Motorrad fährt, so seine Begründung.[30]

Der Versuch einer Einordnung

Abschließend zu diesem Komplex der organisierten Kriminalität im Allgemeinen und Handel mit Kindern und Frauen im Besonderen ist wichtig darauf hinzuweisen, dass all diese Zusammenhänge kein Zufall sind, haben doch Neonaziszene und Rockermilieu vor allem ihren Männlichkeitskult mit klar festgelegten Geschlechterrollenvorstellungen gemein, Rollenvorstellungen, die auch mit der Institution der Prostitution bedient und gestützt werden.

Mitunter wurde aus der Antifa-Szene heraus die Medienberichterstattung kritisiert, die auf die mütterliche Rolle Beate Zschäpes in Bezug auf das Trio hinwies. Die Kritik: Auch Frauen können zentrale Rollen in der Neonaziszene einnehmen und seien nicht einfach nur Mitläuferinnen. Dass das eine und das andere überhaupt kein Widerspruch ist, scheint von manchen nicht verstanden worden zu sein. Sexualität bzw. das traditionelle männliche Verständnis von Sexualität, in dem die Frau sich den männlichen angeblichen Bedürfnissen (gemeint sind Wünsche) unterzuordnen hat, ist in diesen Strukturen, in denen Männlichkeit, Gewalt und Stärke eine zentrale Rolle spielen, besonders stark ausgeprägt. Hier passt die Prostitution ideologisch wunderbar hinein. Sexualität ist ein Machtinstrument, sexuelle Gewalt und kommerzialisierte sexuelle Gewalt erfüllen eine wichtige Funktion, um diesen Machtwunsch auszuleben. Noch viel mehr gilt das in Bezug auf die Pädokriminalität, in der das Machtgefälle besonders stark ausgeprägt ist.

Sexuelle Gewalt gegen Kinder (und Frauen) ist bei weitem nicht nur auf solche Milieus beschränkt, aber sie passt hier besonders gut hinein. Dies auch in finanzieller Hinsicht: Prostitution und Menschenhandel sind genauso wenig von einander trennbar wie der Handel mit Frauen und der Handel mit Kindern: Das durchschnittliche „Einstiegsalter" liegt weltweit bei 13 Jahren. Wie in jedem Marktbereich bestimmt die Nachfrage das Angebot. Während sich über den Frauenhandel das meiste Geld über das Vermieten von Bordell- und Terminwohnungszimmern (durchschnittlich um die 150 Euro pro TAG) und das Abkassieren von „Schutzgeld" verdienen lässt (erst bei mehr als 50 % des Prostituierten"lohns" handelt es sich um den Straftatbestand der Zuhälterei), sind die „Löhne" im deutschen liberalisierten Prostitutionsmarkt ganz im Keller angekommen: 25 Euro im Frankfurter Laufhaus, bis zu 5 Euro, eine Schachtel Zigaretten oder etwas zu Essen im Straßenstrichbereich (die Bezeichnungen „Aldi" oder „Hartgeldstrich" kommen nicht von ungefähr) Kinder kann man schwerlich mit Wuchermieten ausbeuten, mit der Ware Kind lassen sich jedoch dafür besonders hohe Preise erzielen. Einen Hinweis darauf liefert die Berichterstattung über den Prozess gegen Tino Brandt. So heißt es beispielsweise: *„Die Staatsanwaltschaft hatte Brandt vorgeworfen, Minderjährige missbraucht und zum Sex an Erwachsene vermittelt zu haben. Bis zu 450 Euro sollen dafür jeweils geflossen sein"* [31]

Bei näherer Betrachtung des NSU-Mordes an der Polizistin Michèle Kiesewetter, der auf den ersten Blick nicht wirklich in die Mordserie hineinzupassen scheint, so fällt im Übrigen auf, dass sich über ihre enge Freundin, die Polizistin Anja Teichmann (später: Wittig), nicht nur eine Verbindung zwischen NSU und dem Mord an Peggy Knobloch herstellen lässt - Anja Teichmann/Wittig heiratete nicht nur eine von ihr eigentlich observierte Person mit Verbindungen ins Neonazimilieu, sondern war auch 2001 Mitglied in der bayrischen „Soko Peggy 1". Darüber hinaus war Kiesewetter kurz vor ihrem Tod in einer Aktion gegen Menschenhandel / Prostitution in einer russischen Disko *La Luna* als Undercover Agentin eingesetzt und wurde offensichtlich von der Russen-Mafia enttarnt. [32]

Satanismus und Rituelle Gewalt

Expertinnen und Experten wie die psychologische Psychotherapeutin Michaela Huber und der Kriminalbeamte a. D. und Menschenhandelsexperte Manfred Paulus werden nicht müde zu betonen, dass rituelle Gewalt und Kulte eine nicht unbedeutende Rolle spielen in Bezug auf Vorbereitung von Kindern für die Ausbeutung in der Prostitution. Auch Alt- und Neonazistrukturen sowie die organisierte Kriminalität werden von beiden benannt.

Die nachfolgenden Ausführungen bewegen sich im spekulativen Bereich, könnten jedoch Ansatzpunkte in diese Richtung liefern. Zunächst sei noch einmal verwiesen auf das Internetverhalten des Trios in der Zwickauer Wohnung (s. o.). Der Name Henning Haydt wurde bereits erwähnt. Hier sei noch einmal an die bei ihm gefundenen Collagen, welche die Vergewaltigung und Zerstückelung von Kindern zeigen, erinnert. Die NSU-Unterstützerin Mandy Struck war 2001 (im Jahr von Peggys Verschwinden) mit einem Neonazi namens Heiko Walther liiert, von dem sie vor Gericht sagte, dass sie mit ihm gemeinsam Sonnenwendfeiern und Schulungen besuchte. Sie schilderte, dass sie regelrecht vor ihm geflohen sei, denn er sei satanistisch gewesen und habe einen Altar im Wald gehabt. Außerdem habe er ständig versucht, sie „mit allen Mitteln" zu hypnotisieren.

Gleich mehrere NSU-Unterstützer tragen die Schwarze Sonne, ein Symbol der rechtsesoterischen Szene, als Tattoo auf ihrer Haut: André Eminger auf seinem Bein, Enrico Marx auf seinem rechten Ellenbogen. Die Schwarze Sonne ist in den Boden einer Säulenhalle in der Wewelsburg eingelassen. Diese diente zur Zeit des Hitler-Faschismus nicht nur als SS-Kaderschule unter Heinrich Himmler (derjenige übrigens, welcher die Wehrmachtsbordelle einrichten ließ), sondern wurde auch in jüngerer Vergangenheit von Opfern ritueller Gewalt als Kultort benannt.

Ein Mann namens Hendrik Möbus ermordete im Jahr 1993 seinen Mitschüler Sandro Bayer und wird deshalb „Satanistenmörder von Sondershausen" genannt. Nach einer frühzeitigen Haftentlassung lebte er bis zu seiner Abschiebung nach Deutschland bei William Pierce, dem Autor der bereits erwähnten Turner-Tagebücher, die in deutschen Übersetzungen im NSU-Umfeld aufgefunden wurden. Besuch in den USA erhielten die beiden von niemand Geringerem als Tino Brandt, nach Erkenntnissen des Thüringer Verfassungsschutzes wurde Brandts Flugticket von Pierce bezahlt.[33] Darüber hinaus ist Christian Schöndorfer, mit dem Möbus zusammen ein Musiklabel gründete, ein Freund von Beate Zschäpes Cousin Stefan Apel. Möbus Label und Internethandel *Merchant of Death* wurden später auch Sublabel von Mike Hesses Label *Hate Records*. Hesse ist Gründer der *Hammerskins* in Ostsachsen und ebenfalls mit William Pierce bekannt.[34] Es ist unbekannt, ob Turners Satanismus mit ritueller Gewalt in Verbindung zu bringen ist. Diese Zusammenhänge kennen in den Kulten jedoch immer nur die Menschen im inneren Zirkel, weshalb eine Erwähnung dennoch sinnvoll erscheint.

Ähnliches gilt für die Beobachtung, dass zahlreiche Personen im NSU-Netzwerk in Zusammenhang zu bringen sind mit der *Artgemeintschaft – Germanische Glaubens-Gemeinschaft wesensgemäßer Lebensgestaltung e.V.* Diese gehörte zu den möglichen Empfängern eines sichergestellten Spendenbriefes des NSU. Das Trio und zahlreiche andere aus dem Umfeld besuchten Veranstaltungen der Artgemeinschaft, und Mundlos hatte bis zu seinem Abtauchen deren Presseorgan *Die Nordische Zeitung* abonniert.[35]

Der Grund, aus dem dies hier genannt wird, liegt in der Tatsache, dass Nazi-Aussteiger Matthias Adrian 2008 in einem Interview berichtete, dass er über die Artgemeinschaft an einer schwarzen Messe der *Fraternitas Surtur* teilnahm. Es muss jedoch angemerkt werden, dass ein Experte einen Zusammenhang zwischen Artgemeinschaft und *Fraternitas Surtur* für eher unwahrscheinlich hält. Vielleicht kam darüber jedoch ein Kontakt zustande.

Offene Fragen

Es muss die Frage erlaubt sein, warum die Ermittler den Spuren auf Zschäpes Rechner nicht nachgegangen sind und die Frage nicht beantwortet wird, welche Kinder auf dem bis dahin unbekannten Material zu sehen sind. Auch scheint die Einbettung des NSU in ein größeres Netzwerk der organisierten Kriminalität nie in Erwägung gezogen worden zu sein.

Politisch linke ProstitutionsapologetInnen sollten sich auch die Frage stellen, welchen Beitrag Einkünfte aus dem „Rotlichtmilieu" – sowohl bei der legalisierten Zuhälterei als auch bei illegalen Praktiken des Prostitutionsbetriebs – für die Finanzierung von Neonazistrukturen leisten und inwieweit sich eine solche unkritische Haltung gegenüber Prostitution mit antifaschistischen Grundideen vereinbaren lässt.

Notes:
(1) Dieser Text erschien in einer anderen Form bereits am 20. Oktober 2016 auf dem Internetblog Abolition 2014.
(2) Antje Holzmann: Nationalismus, Trauma und Patriarchat, 30. März 2018, auf dem Blog „Die Störenfriedas".
(3) Stuttgarter Nachrichten: Finanzierte sich der NSU über Zuhälterei mit Kindern?, 13.10.2016.
(4) ZentralOrgan Bayern:Zschäpe Kinderporno. Faktenlage nach AKTEN-kenntnis, 15.07 2015.
(5) NSU-Leaks, Beitrag vom 28. Oktober 2014, EDV Seiten Internet.
(6) MDR: Nach Vernehmungen zu NSU-Verbrechen. Staatsanwaltschaft prüft ungeklärten Mord an Kind, 17.06.2014.
(7) Junge Welt: Wo sich Wege kreuzen konnten, 18.10.2016.
(8) Die Welt: Unheimliche Spuren. Die sonderbaren Pädophilie-Verbindungen des NSU.
(9) Die Welt: Rechtsterrorismus und Kindermord. Aktenzeichen NSU ungelöst, 16.10.2016.
(10) Recherche und Aktion Berlin: Limited Booze Boys. Das Ende einer politischen Band, 7. April 2015.

(11) Stuttgarter Nachrichten: Finanzierte sich der NSU über Zuhälterei mit Kindern?, 13.10.2016.

(12) Spiegel: Tino Brandt zu fünfeinhalb Jahren Haft verurteilt, 18.12.2014.

(13) Haskala: Razzia bei V-Mann Tino Brandt wegen Zuhälterei. Verbindungen von Neonazis und Rotlichtszene sind kein Einzelfall, 19.06.2014.

(14) Thüringen Rechtsaußen: Sexueller Missbrauch eines Kindes. NPD-Spitzenkandidat Patrick Wieschke in Erklärungsnot, 5.09.2014.

(15) Stuttgarter Nachrichten: Finanzierte sich der NSU über Zuhälterei mit Kindern?, 13.10.2016.

(16) Telepolis: Erfuhr der Verfassungsschutz in Baden-Württemberg doch 2003 vom NSU?, 7.7.2015.

(17) Hinter den Kulissen #1, https://issuu.com/antifa-pressearchiv-potsdam/docs/hinterdenkulissen_brb_1994.

(18) Haskala: Razzia bei V-Mann Tino Brandt wegen Zuhälterei. Verbindungen von Neonazis und Rotlichtszene sind kein Einzelfall, 19.06.2014.

(19) Linksunten Indymedia: Die Polizei – Wessen Freund und Helfer?, 28.10.2012.

(20) Antifa Infoblatt: Die Achse Chemnitz – Ludwigsburg, 2.4.2013.

(21) NSU Recherche: V-Personen, https://nsurecherche.wordpress.com/umfeld/v-personen/.

(22) Stuttgarter Nachrichten: NSU: Zuhälter, Muskelpaket, Neonazi, 14.03.2014.

(23) Belltower News: Rechtsextreme in der Rockerszene, 15.04.2008.

(24) Neues Deutschland: Rocker, Razzien – Rechtsextreme, 4.7.2013.

(25) Deutschlandfunk Kultur: Ganz bieder und doch menschenverachtend, 9.5.2015.

(26) Hintergrund: Verbindungen zwischen dem NSU und Rockergruppen, 25.09.2012.

(27) Süddeutsche Zeitung: Ermittlungen gegen Terrorgruppe NSU. Dokumente deuten auf Verbindungen zur Rockerszene hin, 22.09.2012.

(28) Neues Deutschland: Rocker, Razzien – Rechtsextreme, 4.7.2013.

(29) Publikative. NSU-Komplex. Neue Hinweise im Fall von V-Mann Temme, 23.12.2015.

(30) Hessenschau: Ex-Verfassungsschützer Temme besuchte Partys der Hells Angels.

(31) MDR: Prozess gegen Tino Brandt am Landgericht Gera.

(32) NTV: Konspiration mit NSU-Helfern. Polizistin überwarf sich mit Kollegen, 19.06.2014.

(33) Bitterlemmer: Neonazi Hendrik Möbus darf in Zeitungsartikeln namentlich genannt werden, 2.1.2015.

(34) Taz: Ein Roman vor Gericht, 29.08.2014.

(35) Antifa Infoblatt: Artgemeinschaft. Weitere Neonazi-Spitzel im NSU-Umfeld aufgeflogen, 20.03.2014.

5 Fragen an ... Dr. Cynthia Enloe

Dr. Cynthia Enloe ist eine US-amerikanische Politikwissenschaftlerin und Professorin an der Clark Universität in Worcester, Massachusetts. Ihre Forschungsschwerpunkte sind Militarisierung und Geschlecht. Sie ist Autorin zahlreicher Bücher.

Wann hast du erstmalig den Impuls verspürt, über die gesellschaftlichen Auswirkungen der Kolonialisierung und Militärprostitution zu forschen, und warum hieltest du das Thema für sehr relevant für Feministinnen? Wie geht es dir in diesem Zusammenhang mit dem Dritte Welle Feminismus? Hast du den Eindruck, dass die wertvolle Arbeit von dir und anderen Zweite Welle Feministinnen für die zeitgenössischen Feminismen noch relevant scheint?

Als ich mit meinen Recherchen begann, die in dem Buch *"Does Khaki Become You? The Militarization of Women's Lives"* mündeten, habe ich damit begonnen mich zu fragen, was die Aufmerksamkeit für das Thema Prostitution uns über gegenderte Dynamiken des Militärs und der Militarisierung enthüllen kann (Ich war an beidem interessiert.). Es ist kaum zu glauben, aber das war in den frühen 1980er Jahren! Ich hatte schon viele Jahre zu Rassismus und Ethnozentrismus in einem Dutzend verschiedener Militärs geforscht. Das hatte das Buch *"Ethnic Soldiers"* zur Folge. Aber als ich Feministin wurde, wurde mir klar, dass ich in all den Jahren mich nicht gefragt hatte: Wo sind eigentlich die Frauen, die das Militär schaffen, aufrechterhalten und nutzen? Diese Frage war die Motivation für die Forschung die mich zu "Khaki" führte.

Ich wollte alle verschiedenen Gattungen von Frauen in den zahlreichen Ländern erforschen, von denen Militärstrategen und Militär-Befehlshaber abhängig sind: Ehefrauen von Soldaten, Militär-Krankenschwestern, Frauen, die in den Militärfabriken arbeiten, Frauen in der Prostitution, Frauen in Rebellengruppen und, ja auch das: Frauen als Soldatinnen in Uniform.

Die frühen 1980er Jahre waren eine Zeit, die geprägt war von einer wunderbaren feministisch-wissenschaftlichen Energie; zahlreiche neue Bücher und Artikel wurden veröffentlicht. Viele davon wurden von feministischen Historikerinnen und historisch gesinnten Soziologinnen geschrieben. Eines der am meisten diskutierten Bücher dieser Zeit war *"Die Sexuelle Versklavung der Frau"* der Soziologin Kathleen Barry. Sie war eine Freundin und Kollegin hier aus Boston, also habe ich ihr Buch mit besonderem Interesse gelesen. Eines der Dinge, die meine Aufmerksamkeit erregt haben, war, wie Kathy diverse Kriegszeiten miteinander verglich, in ihrem Bestreben aufzuzeigen, wer vom männlichen Zugriff auf Frauen in der Prostitution profitierte und wer diese promotete. Das brachte mich dazu, mich mit weiterer Forschung zum Thema zu befassen, die frühere Kriege, verschiedene Militärs und den gerade zu Ende gegangenen US-Vietnam-Krieg beleuchteten. Gerade hierzu gab es eine stetige Flut von erhellenden Memoiren. Ich versuchte auch Aufschluss über spezifische politische Entscheidungen zu geben, die von bestimmten (vor allem männlichen) Personen in Machtpositionen getroffen wurden, Politiken, die zum Ziel hatten, die Prostitutionsbeziehungen im Militär zu formen. Schließlich bin ich Politikwissenschaftlerin; ich verfolge die Brotkrumen der Entscheidungsfindung.

Ein paar Bücher später habe ich die Fragen, die ich in "Khaki" gestellt hatte, wieder aufgegriffen. Dieses spätere Buch wurde *"Maneuvers: The International Politics of Militarizing Women`s Lives"*. Das war in den späten 1990ern. Ich hatte Glück, dass ich mich auf sehr viel neue Forschung von feministischen Beobachterinnen beziehen konnte. Am einflussreichsten war das bahnbrechende *"Sex Among Allies"* von Katherine Moon, welches bis ins kleinste Detail die Verhandlungen zwischen amerikanischen und südkoreanischen männlichen Offiziellen nachvollzog, die sich darum drehten die Frauen in der Prostitution zu kontrollieren, um die gut funktionierende südkoreanisch-US-amerikanische Militärallianz am Laufen zu halten. Besonders erfrischend war Katherine Moons Aufmerksamkeit für die koreanischen Frauen, die in der Prostitution im Umfeld der US-Militärbasen tätig waren. Sie gab ihnen eine Stimme. Sie zeigte auf, dass sie unterdrückte, aber auch komplexe, denkende Frauen waren.

Umso entschlossener wurde ich dafür Sorge zu tragen, dass mein eigenes Interesse an den politischen Zielen und Entscheidungen der männlichen Offiziellen, nicht von der irreführenden Vorannahme geprägt sein würde, dass Frauen (und Mädchen), die an irgendeinem militarisierten oder Kriegsprostitutionssystem beteiligt wurden, bloße Marionetten seien. Das sind sie nicht. Auch wenn sie nur wenig Ressourcen haben oder spärlichen Einfluss, denken diese Frauen und fertigen ihre eigenen Einsichten. Auf der anderen Seite bedeutet das Insistieren darauf, diese Frauen als komplexe Individuen mit ihrer eigenen Geschichte und eigenen Gedanken anzusehen nicht, dass man unterstellen sollte, Frauen in irgendeinem Prostitutionssystem seien in der Lage, die Bedingungen und Machtverhältnisse, die ihre Leben formen, zu beeinflussen.

Mir ist bewusst, dass diese zwei Bekenntnisse – weder bloßes Opfertum noch volle Handlungsfähigkeit vorauszusetzen – sehr schwer gleichzeitig zu befolgen sind. Dennoch glaube ich wirklich, dass dieser doppelte Aufwand es wert ist. Das resultiert aus all den Jahren, in denen ich mich sowohl mit dem Militär als auch mit den Frauen in der militarisierten Prostitution beschäftigt habe.

Heute bekomme ich von vielen jungen Feministinnen in zahlreichen Ländern mit, die Forschung betreiben – in Universitäten, für NGOs, für internationale Agenturen, für Medien – über die unzähligen Erfahrungen, die verschiedene Frauen mit dem Militär und in bewaffneten Konflikten haben. Es scheint eine sehr große feministische Neugier heutzutage zu geben! Das bedeutet nicht, dass es keine Debatten gibt über zum Beispiel die Handlungsfähigkeit von Frauen in der Prostitution oder die Effizienz von staatlichen Regulierungen oder die Mechanismen von Rassismus in der Gewalt gegen Frauen zu Kriegszeiten. Die gibt es. Aber mein Eindruck ist, dass die Frauen in so unterschiedlichen Ländern wie Indien, Schweden, Japan, Korea, Kolumbien, der Türkei oder Brasilien sich von diesen Debatten nicht abschrecken lassen. Sie wollen die ganze Bandbreite dessen kennenlernen, wie Militarisierung sich auf verschiedene Frauen auswirkt, während sie gleichzeitig die Leben der Frauen, die durch den Militarismus vulnerabel gemacht werden, ernst nehmen.

Kannst du einen Einblick geben, wie Pornographie und Prostitution in militärischen Zusammenhängen genutzt wurden (und werden)?

Wir haben ein wenig anekdotische Evidenz, dass das überwiegend männliche Personal pornographische Zeitschriften und Bilder konsumiert – nicht nur dann, wenn sie in Kampfgebieten sind, sondern auch, wenn sie auf Basen weit weg davon stationiert sind. Der Dokumentarfilm *„Armadillo"* beispielsweise, der eine dänische – überwiegend männliche – Militäreinheit begleitet, die in den frühen 2000ern mit den NATO-Kräften in Afghanistan eingesetzt war, zeigt Situationen bei denen männliche Soldaten sich Pornos auf ihren Computern anschauen, bevor sie auf ihre Patrouille starten. Von den USA wissen wir auch, dass es Druck von überwiegend Frauengruppierungen in den 1990er Jahren bedurfte, damit die Militärautoritäten Magazine mit pornographischem Inhalt aus dem Sortiment der Geschäfte auf den

Militärbasen nahmen, Geschäfte deren Kunden sowohl Soldaten als auch deren Familienmitglieder sind.

Was wir nicht haben – oder ich sollte sagen, was ich nicht gesehen habe – sind systematische Untersuchungen zu, erstens der Prävalenz des Pornokonsums unter männlichen Soldaten in verschiedenen Militärs; also wie hoch ist die Prävalenz des Konsums unter den männlichen Soldaten des chinesischen Militärs, des brasilianischen Militärs, des deutschen Militärs, des US-Militärs, des russischen Militärs oder des nigerianischen Militärs? Zweitens haben wir noch keine sorgfältige Studie zu den möglichen kausalen Verbindungen zwischen dem Zugang und der Nutzung von Pornographie durch männliche Soldaten auf der einen Seite und den individuellen Bemühungen, Frauen in der Prostitution aufzusuchen auf der anderen Seite. Gibt es Unterschiede zwischen Kampf-Settings und Nicht-Kampf-Settings? Differiert es zwischen Heimbasis und Stationierung im Ausland? Gibt es Unterschiede zwischen verheirateten und unverheirateten Soldaten? Drittens müssen wir heraus finden, wann und wie leitende Offiziere, die die Verantwortung für Militäroperationen tragen, und Militärbasen die Nutzung von Pornographie tolerieren oder sogar dazu ermuntern. Welche Vorstellungen haben diese leitenden Offiziere (die zumeist, aber nicht ausschließlich, männlich sind) über die Rolle von Frauen zu ihrem eigenen operativen Erfolg, über die Moral der männlichen Soldaten und über männliche Heterosexualität? Mit anderen Worten müssen wir mehr wissen, viel mehr. Die Tatsache, dass wir aktuell so wenig systematisch erhobene Daten aus sorgfältigen Studien zu bestimmten Militärs haben, ist, denke ich, ein Zeichen dafür, wie wenig Ernsthaftigkeit Forscherinnen und Forscher sowie politische Entscheiderinnen und Entscheider diesen nützlichen Fragen bisher zuteil haben werden lassen.

Welchen Einfluss hatte Militärprostitution auf bestimmte Länder mit Bezug auf die heutigen Sextourismusziele?

Heute sind jene Orte, bei denen kriegsgeformte Prostitution besonders bemerkenswert ist, jene Orte, aus denen Frauen, die zu Geflüchteten gemacht wurden, gezwungen werden zu fliehen. Es sind jene Frauen mit dem geringsten Schutz für ihre Menschenrechte und die am meisten verzweifelt sind, um irgendein Einkommen generieren zu können, insbesondere dann, wenn sie mit von ihnen abhängigen Kindern zu Geflüchteten wurden. Zum Beispiel mussten wir in den 1990er Jahren die kolumbianischen und bosnischen Frauen, die vor dem Bürgerkrieg flohen, nachverfolgen, während es in den frühen 2000ern die kongolesischen und afghanischen Frauen waren, die vor der Kriegsgewalt in ihren Herkunftsländern flohen. Heute sollten wir uns sorgfältig anschauen, wo die syrischen Frauen, die vor der Kriegsgewalt fliehen, sich prekäre Zuflucht suchen.

Natürlich werden nicht alle geflüchteten Frauen in die Prostitution gedrängt oder gehandelt. Wir müssen da sehr aufpassen mit nicht evidenzbasierten Annahmen. Gleichermaßen müssen wir uns fragen, wo geflüchtete Frauen und Mädchen Schutz suchen. Nicht jeder Ort ist ein Ziel für Männer, die sich selbst als Touristen ansehen. Dennoch gibt es Orte, die sowohl als Vergnügungsdestinationen angepriesen werden und die gleichzeitig Orte für geflüchtete Frauen und Mädchen sind. Die Leserinnen und Leser können bestimmt drei oder vier solcher Orte auf den heutigen Reisekarten benennen. Zwei exzellente niederländische feministische Journalistinnen haben kürzlich diese Intersektion in Djibouti aufgedeckt. Die autokratische, maskulinisierte Regierung von Djibouti hat Schritte unternommen, um diesen kleinen Golfstaat zu einem Ort zu machen, wo weibliche eritreische Geflüchtete, männliche Menschenschmuggler, männliche Touristen und männliche

Soldaten (aus mindestens vier Ländern) aufeinandertreffen. Prostitution ist inzwischen weitverbreitet.

In den letzten zehn Jahren gab es sehr viele Diskussionen darüber, wie UN-Friedensmissionen und sexuelle Ausbeutung miteinander verwoben sind. Haben dich diese Enthüllungen überrascht?

Die ersten Whistleblowerinnen über die sexuelle Ausbeutung von Frauen durch internationale männliche Blauhelme waren lokale weibliche Aktivistinnen in den Kriegsgebieten, zum Beispiel auf Haiti und in Sierra Leone. Das heißt, es waren lokale Feministinnen, die uns alle auf diese Muster des Missbrauchs aufmerksam gemacht haben, und genauso wichtig, auf die Verweigerung der lokalen und internationalen Offiziellen (mehrheitlich männlich) effektive Maßnahmen zu ergreifen, um die Täter zu bestrafen und den Missbrauch einzudämmen. Zunehmend wurden die Aktivistinnen von verbündeten Feministinnen unterstützt – in humanitären, Menschenrechts- und Friedensorganisationen, aber auch von einigen mutigen Frauen in den UN-Agenturen.

Friedensmissionen, die vom UN-Sicherheitsrat mandatiert sind, bestehen sowohl aus uniformiertem Personal und zivilen Beschäftigen in internationalen Agenturen. Jene Agentur, die am direktesten verantwortlich ist, die militärischen Friedenstruppen zu überwachen, ist die Hauptabteilung Friedenssicherungseinsätze („UNPKO"). Spätestens seit 2000 haben Feministinnen, die die UN kontrollieren und Druck auf sie ausüben, die Frauenrechte ernst zu nehmen, die Mitgliedsstaaten des UN-Sicherheitsrates und die Offiziellen in den UN-Agenturen gedrängt, den maskulinisierten Charakter der Friedenstruppen und der Friedensmissionen zu reduzieren. Sie berichten, dass das bisher wenig von Erfolg gekrönt war.

Die UN hat keine eigenen Streitkräfte. Sie ist darauf angewiesen, dass die Mitgliedsstaaten Soldaten in die Friedensmissionen entsenden. Nicht von allen Ländern wurden die männlichen Friedenstruppen des Missbrauchs angeklagt. Aber jene zur Verantwortung zu ziehen, die übergriffig gehandelt haben, hat sich als sehr schwierig erwiesen. Was normalerweise passiert, ist, dass das jeweilige Land jene männlichen Soldaten, die Straftaten begehen, einfach nach Hause schickt, ohne dass sie jemals formelle Anklagen erwarten müssen. Ein besonders prävalentes Muster des Missbrauchs waren männliche Soldaten – die in den kriegszerrissenen Gebieten oft die einzigen mit Geld sind – die lokale Frauen und Mädchen, die aufgrund der Konflikte verarmt waren, bestochen haben mit ihnen Sex gegen Bezahlung, Essen oder Medizin zu haben.

In meinen Augen haben die jüngsten Enthüllungen über Friedensmissionen verschiedene Realitäten betont: 1) Krieg lässt Frauen und Mädchen weiter verarmen, die bereits vor den Konflikten marginalisiert waren; 2) Ökonomisch und rechtlich marginalisiert zu sein, macht es für jedes Mädchen oder jede Frau wahrscheinlich, von Männern sexuell ausgebeutet zu werden, weshalb die ökonomische Sicherheit von Frauen ein zentrales friedenstiftendes Ziel sein sollte; 3) Männer in allen tief maskulinisierten Miltäreinheiten sind empfänglich dafür, Mädchen und Frauen zu betrachten als seien sie nur für ihr Vergnügen da; 4) Menschen in Machtpositionen gewähren übergriffigen Männern viel zu häufig Immunität, insbesondere, wenn diese Offiziellen sich selbst einreden, dass andere Ziele wichtiger sind als der Schutz von Frauenrechten; 5) Der beste Weg, um effektive Systeme der Verantwortung zu schaffen, ist es, genuine Allianzen zwischen lokalen Frauenaktivistinnen in Kriegsgebieten, Feministinnen in transnationalen Organisationen und feministisch informierten Frauen in nationalen und internationalen Institutionen zu schmieden.

Du hast einen wertvollen Beitrag dazu geleistet aufzuzeigen, welch großen Einfluss die Militarisierung auf Frauen auf der ganzen Erde hatte. Kannst du einen kurzen Überblick über deine zentralen Erkenntnisse geben?

Praktisch alles, was ich über die Mechanismen von Maskulinitäten und Weiblichkeiten zur Anheizung der Militarisierung weiß, habe ich von anderen gelernt, darunter viele Frauen und Männer, deren Namen kaum bekannt sind. Das ist ein Grund, warum ich so viele Fußnoten in meinen Veröffentlichungen unterbringe, um die Beiträge dieser Personen sichtbar zu machen. Und ich lerne immer noch. Deshalb habe ich dieses Interview damit begonnen zu unterstreichen, was ich immer noch nicht weiß!

Dennoch habe ich im Laufe der Jahre einige Dinge darüber gelernt, wie Militarisierung passiert oder warum sie so wirkmächtig erscheint. Das erste ist, dass jeder oder jede Organisation (eine Bewegung oder politische Partei), die entschlossen ist, ihre Gesellschaft zu militarisieren, versuchen wird, die Auffassung dessen, was als „normale" oder „bewundernswerte" Männlichkeit gilt, zusammenzuschrumpfen. Sie werden versuchen, Jungs und Männer davon zu überzeugen, dass Zähigkeit tugendhafter ist als Empathie, dass es ein Gütesiegel für einen echten Mann ist, der Beschützer von (bestimmten) Frauen zu sein, dass Gewalt auszuüben (oder das Fertigen von Wegen für andere Männer um Gewalt auszuüben! – viele militarisierte Männer sitzen an Computern) Beweis für authentische Männlichkeit ist. Darüber hinaus argumentieren diese Personen, die militarisierte Männlichkeit fördern, dass, auch wenn einige Frauen es verdienen, auf ein Podest gehoben zu werden, Männlichkeit der Weiblichkeit überlegen ist (was der Grund ist, warum in

Wahlkämpfen manche männliche Kandidaten versuchen, ihre männlichen Rivalen mit dem Anstrich der Weiblichkeit schlecht zu machen).

Das ist die eine Seite der zweiseitigen Münze der Gender-Politik. Auf der anderen Seite steht natürlich die Weiblichkeit. Jene, die die Militarisierung der Gesellschaft fördern, versuchen ebenso unsere Vorstellungen davon, welche Formen von Weiblichkeit kostbar, natürlich und akzeptabel sind, zusammenzuschrumpfen. Militarisierte Weiblichkeit nimmt verschiedene Formen ein: die loyale (das heißt selbstaufopfernde und klaglose) Ehefrau des männlichen Soldaten; die patriotische Wählerin, die auf die maskulinisierte politische Elite angewiesen ist, um die harten Entscheidungen zur nationalen Sicherheit zu treffen; die Frau in der Prostitution außerhalb der Militärbasis, die (in der militarisierten Fantasie) ihre Soldaten-Freier bewundert, dankbar für die kleinen Zahlungen ist, zu ihrem gewalttägigen Verhalten schweigt und als Gegenleistung nur wenig Warmherzigkeit erwartet; die Mädchen und Frauen, die sich unter natürlicher Weiblichkeit ihre Rolle vorstellen, die Beschützten zu sein; die Frauen, die andere Frauen hauptsächlich als Rivalinnen ansehen; die Frauen, die dankbar dafür sind, dass das Militär ihre Sicherheit vor einem dämonisierten „die" bewahrt.

Während ich von anderen gelernt habe, habe ich festgestellt, dass es nicht einfach ist, diese verzerrten Vorstellungen in Männer wie auch Frauen einzuindoktrinieren – und über die Lebenszeit zu erhalten. Es gibt immer mehr Erinnerungen und Geschichten, zum Beispiel über die zahlreichen Männer, die sich geweigert haben, sich in diese schlecht sitzenden Schuhe militarisierter Männlichkeit hineinzuzwängen. Das ist ein Grund, warum ich in den letzten Jahren vermehrt jenen Männern Aufmerksamkeit geschenkt habe, die sich als Gewissensverweigerer bezeichnen – in Deutschland, der Türkei und Korea.

Dank der feministischen Forscherinnen wissen wir auch, dass es unzählige verschiedene Frauen über die Generationen hinweg gab, die sich geweigert haben, sich in diese künstlich beschränkten Vorstellungen und Praktiken des gegenderten Militarismus lenken zu lassen. Sie sind nicht nur aus der Reihe getanzt, sondern haben auch klassenübergreifende, ethnienübergreifende und länderübergreifende Allianzen organisiert, um die Gefahren und Schäden der militarisierten Weiblichkeit zu entlarven. Es kommt nicht von ungefähr, dass die heutigen Feministinnen viele Militarisierer in so vielen Gesellschaften nervös machen.

Die zweite Frauenbewegung und ihr Kampf gegen Porno und Prostitution

[Mit] dem Aufbruch der neuen Frauenbewegung kamen die neuen, alten Themen auf den Tisch: Ausbeutung durch Haus- und Kinderarbeit, Einschüchterung durch Gewalt und Demütigung durch Sexualität. Feministinnen analysierten die herrschende Sexualität als patriarchales Machtinstrument, den Phallus als symbolischen und konkreten Ausdruck der sexuellen Herrschaft, des sexuellen Terrors von Männern ... Die müssen nur mal richtig durchgebumst werden, antworteten die Machos aller ökonomischen Klassen und politischen Farben. ... Es möge der Alten Welt gestattet sein, ganz unmodisch auf Folgendes hinzuweisen ... Die seit Jahrtausenden währende Unterdrückung von Frauen und die neu formulierten Antworten von Feministinnen bleiben noch ein paar Jährchen aktuell. Denn: Unter dem Pflaster liegt für uns Frauen noch lange nicht der Strand. Unter unserem Pflaster liegt, unter anderem, die Pornographie.

Alice Schwarzer[1]

Mit der so genannten zweiten Welle der Frauenbewegung gelangte die sexuelle Ausbeutung der Frau nach einigen Jahrzehnten wieder in den Mittelpunkt feministischer Analyse und Praxis. Insbesondere in den USA schrieben Radikalfeministinnen eine Vielzahl von heute noch bedeutsamen Büchern. Der Kampf gegen Pornographie und Prostitution stand dort seit Beginn der 1970er Jahre groß auf der Bewegungsagenda. So organisierten im Dezember 1971 amerikanische Feministinnen in New York City die erste internationale Konferenz zu Prostitution.

In Deutschland ließ der Protest noch ein wenig auf sich warten: Während in Großbritannien, Frankreich, der Schweiz, Österreich und den Niederlanden bereits die Abschaffung der Bordelle als Ort der Ausbeutung von Frauen lautstark gefordert wurde, blieb es in Deutschland in dieser Frage erst einmal noch ruhig.[2] Der Kampf gegen den Paragraphen § 218 und die Kriminalisierung der Abtreibung stand hierzulande bei der Revitalisierung der Frauenbewegung zunächst im Vordergrund.

Verrat der politischen Linken Frauen: Initialzündung für eine autonome Bewegung

Die Blindheit der politischen Linken für die patriarchalen Verhältnisse entlud sich bekanntermaßen bereits im September 1968, als auf einem Kongress des *Sozialistischen Deutschen Studierendenbundes* (SDS) die legendäre Tomate flog: *„Menschheitsbefreier wollten die Genossen gerne sein, Frauenunterdrücker aber wollten sie mindestens genauso gerne bleiben"*, erinnerte sich Helke Sander später zurück. Die energische Bitte der Frauen, auch ihnen einmal zuzuhören und die patriarchalen Verhältnisse mit in den Blick zu nehmen, verhallte ungehört und führte zur Entstehung der autonomen Frauenbewegung. Bereits bei der Auseinandersetzung um den Abtreibungsparagraphen konnte diese nicht auf die „Genossen" zählen und musste viel Häme und Anfeindungen über sich ergehen lassen. Eine parteienkritische, antiautoritäre und in ihrem Kern eher anarchistische Frauenbewegung entstand und wurde nunmehr zu einem bedeutenden politischen Faktor.

In das gleiche Horn stieß Gunhild Feigenwinter in der *Hexenpresse*, die jegliche Appelle an die männlichen Genossen die Forderungen der Frauen anzuerkennen, als „verlorene Liebesmüh" bezeichnete. Sie konstatierte, es würde vollends genügen, wenn die Unterdrückten ihre Unterdrückung nur selbst erkennen würden, *„denn Befreiung ist kein Gnadenakt der Unterdrücker."*[3]

Separatistische Absetzungsbewegungen linksdenkender Frauen und Hinwendung zu Konzepten des „politischen Lesbentums" werden nicht nur verständlich aus der Ignoranz der politischen Linken gegenüber ihren Themen, sondern auch aus der konkreten Bekämpfung ihrer Positionen heraus. Symptomatisch war ein Ereignis vom 13. Januar 1975 wie Portugal, das zeigt, wie der Frauenhass von links sich gegen die eigenen Genossinnen entlud: Als 200 Feministinnen in Lissabon Pornohefte und Pumps symbolisch als Symbole der Frauenunterdrückung öffentlich verbrennen wollten, stürzten sich 5000 bis 6000 Männer auf sie und schrien Parolen wie „Verbrennt sie!", „Frauen nur im Bett" oder „Geht nach Hause an den Herd!".[4] Frauen schafften sich als Reaktion auf die Feindseligkeiten im eigenen politischen Milieu dort wie hier Freiräume: für die Entwicklung ihres Aktivismus, zum Denken, zum Fühlen, zum frei sein.

Mit ihrem Text „Die Frauen sind die Neger aller Völker" legte Karin Schrader-Klebert einen ersten deutschen radikalfeministischen Grundlagentext zum Verhältnis von Prostitution und Ehe vor. Darin heißt es u. a.:

Die Kehrseite der Ehe ist die Prostitution. Sie ist der Ausweg, den der Mann für sich geschaffen hat, um sich die Hölle der Ehe erträglicher zu machen. ... Die Situation der Prostituierten und der Ehefrau entsprechen sich aufs Haar. Beide sind Objekte des Mannes: die Ehefrau ist – monogamietheoretisch – ein unveräußerliches Eigentum, dessen Nutzung allein einem einzigen zusteht; die Prostituierte ist potenzieller Besitz aller Männer, insofern sich viele ihre Benutzung durch Kauf für kurze Zeit sichern können. Bei beiden ist die Enteignung des Körpers geknüpft an die Dissoziation von Selbstverfügung und

Lust ... Die eine bezahlt ihre soziale Beachtung und Legitimität mit der Erniedrigung als Gebärmaschine und als Prestigeobjekt; während die andere ihre Möglichkeit, sich der Versklavung durch einen einzigen Mann zu entziehen, indem sie sich allen verkauft, noch mit sozialer Diffamierung bezahlt.[5]

Feministische Militanz: Spontigruppen und die Rote Zora

Bereits die Selbstbezichtigungskampagne zur Abtreibung hatte den sich beteiligenden Frauen aufgrund des krassen Tabubruchs viel Mut abverlangt. Einige Aktivistinnen sahen sich nur wenige Jahre später jedoch zu noch deutlicheren Gesetzesbrüchen gezwungen. So wurden leer stehende Häuser zur Errichtung von Frauenzentren und später auch von „Häusern für geschlagene Frauen" kurzerhand besetzt, selbst finanziert und renoviert und dienten als Katalysationspunkt für die Entstehung von mehr als 200 frauenbewegten Gruppen im ganzen Bundesgebiet.[6]

Im Jahr 1977 zählte die Bundesrepublik bereits rund 500 Pornokinos und unzählige Sexshops. Regelmäßig wurden diese zur Zielscheibe von Stinkbomben und Verwüstungen. *„Was uns stinkt soll stinken"*, konstatierten die Schwandorfer *Faschingsprinzessinnen der Abenddämmerung*, und:

Pornographie ist Theorie – Vergewaltigung die Praxis. ... Pornographie herzustellen ist eine Tat gegen Frauen; sie zu verkaufen, ist eine Serie von Taten. Der Konsum von Pornographie ist eine Tat gegen Frauen und löst weitere Taten aus. (ebd.)

Von den 13 Aktivistinnen wurden zwei dingfest gemacht und wegen Körperverletzung, Nötigung, Sachbeschädigung, Haus- und

Landfriedensbruch angeklagt. Statt zu Freiheitsstrafen wurden sie schließlich zu Geldstrafen in Höhe von 2.000 und 1.200 Mark verurteilt – der Richter anerkannte die seiner Meinung nach „ehrenwerten Ziele".

Aber auch die „Genossen" konnten sich nicht in Sicherheit wiegen. Im April 1977 reagierten die *Militanten Panther-Tanten* auf eine sexistische Titelstory mit passendem Titelbild (behaarte Männertatze auf nackter Frauenbrust) mit einem Zumauern der Redaktionsräume der *konkret*.[7] Aufgrund der zunehmend sexistischen Titelbilder der linken Zeitung, verließ auch die langjährige Kolumnistin (und spätere Terroristin) Ulrike Meinhof unter Protest die Redaktion.

Ab 1974 bereits machte die *Rote Zora* aus dem Dunstkreis der *Revolutionären Zellen* u. a. mit Anschlägen auf Sexshops und Frauenhändler von sich reden und zeigte sich empört über die Ignoranz der *„männer, die ansonsten ihren bruch mit diesem system in eine konsequente Praxis umsetzen"*, gegenüber dem antisexistischen Kampf. Im Frühjahr 1978 entwendete die Gruppe *„Sexfilme und Wäsche für 200.000 Mark aus Dr. Müllers Drecks-Shop".*

Im August 1983 verübte die *Rote Zora* in Münster einen Sprengstoffanschlag auf den Bus des Frauenhändlers Günther Menger, der gegen 10.000 Mark Provision junge Thailänderinnen nach Deutschland handelte. Die Aktivistinnen hielten es für unerträglich, dass Polizei und Justiz keine rechtliche Handhabe gegen die moderne Sklaverei sahen.

Durch die Tatsache, dass Anschläge wie dieser eine öffentliche Debatte über die Machenschaften der Täter heraufbeschworen, fühlten sie sich in der Wahl ihrer Mittel bestärkt. Kritischen Diskussionen in der Frauenbewegung über die Militanz begegneten sie mit der Frage:

Warum hat es keine abschreckende wirkung, wenn ein typ frauen verkauft, sondern wenn sein auto brennt? Dahinter steckt, dass gesellschaftlich legitimierte gewalt akzeptiert wird, während ein entsprechendes zurückschlagen abschreckt.

Nicht die Aktion, sondern ausschließlich die Reaktion erzürnte ihnen zufolge demnach die breite Bevölkerung. Die zahlreichen Anschläge auf Sexshops rechtfertigten sie vor sich mit den Worten:

Eigentlich sollte täglich einer dieser pornoläden brennen oder verwüstet werden! Also wir halten es für eine absolute notwendigkeit, die ausbeutung der frau als sexualobjekt und kinderproduzentin aus dem „privatbereich" herauszureißen und mit feuer und flamme unsere wut und unseren zorn darüber zu zeigen.[8]

Gespaltene Frauenbewegung

Aber auch die Feministinnen, die sich im legalen Bereich bewegten und der Auffassung waren, dass Militanz dem Anliegen schade, diskutierten um den richtigen Weg. Schon im Frühjahr 1973 kam es zu heftigen Diskussionen und inhaltlichen Auseinandersetzungen zwischen den Vertreterinnen radikalfeministischer und sozialistisch-feministischer Positionen. Ein großer Streitpunkt war u. a. auch das Weiblichkeitsverständnis: Während aus den Reihen der Frauenzeitschrift *Courage* eine essentialistische Auffassung vertreten wurde und eine Art Verehrung der Weiblichkeit bereits erkennbar wurde, sahen Radikalfeministinnen Geschlechterrollenstereotype (gender) als kulturell ansozialisiertes Anderssein.[9] Auf Grundlage des biologistischen Weiblichkeitsverständnisses und der Betonung der angeborenen Friedfertigkeit der Frau gelang es schließlich Ende der 1970er Jahre auch, einen Teil der Frauenbewegung auf eine Rolle als Bewahrerinnen des Friedens einzuschwören, auf das diese gehorsam ihre feministischen Ziele den Zielen der Friedensbewegung unterordneten.[10]

Es war kein Zufall, dass die Themen Porno und Prostitution Ende der 1970er Jahre schließlich wieder auf die Agenda der Frauenbewegung kamen, stand doch nun zunehmend das Thema der Gewalt gegen Frauen im Fokus. Scharfsinnig erkannten die Aktivistinnen, welche zentrale Rolle u. a. die Pornographie bei der epidemischen Zunahme der geschlechtsspezifischen Gewalt gegen Frauen spielte. Als „Die Geschichte der O" als Kinohit die SM-Welle einläutete und Frauen in so genannten „Snuff"-Filmen regelrecht totgefoltert wurden, stieß dies auf starken feministischen Protest.[11]

Eine repräsentative Umfrage unter 933 Frauen in San Francisco belegte bereits, dass männliche Anforderungen an Analverkehr, Gruppensex, Folterungen, Verbrennungen und Sex mit Tieren schon damals weit verbreitet waren und von jeder zehnten der befragten Frauen berichtet wurden. Diese Frauen gaben an, dass sie das Gefühl hatten, persönlich Opfer von Pornographie geworden zu sein.[12] Viel deutlicher als heute wurde von der Frauenbewegung der 1970er Jahre der Lehrbuch-Charakter der Pornographie für die konkret erfahrene und drastisch ansteigende Gewalt erkannt.

Eine feministische Kampagne gegen Sexismus im *Stern* blies schließlich auch in Deutschland zum Frontalangriff. Eine Gruppe um Alice Schwarzer, Inge Meysel und Margarete Mitscherlich reichte eine exemplarische Klage gegen die Zeitschrift ein und forderte die Unterlassung von Titeln auf denen „Frauen als bloßes Sexualobjekt dargestellt werden". Der *Deutsche Presserat* wurde mit mehr als 1.100 Protestbriefen geflutet und tausende von

Protestunterschriften wurden gesammelt. Auch der *Spiegel* bekam sein Fett weg: 2.000 Exemplare wurden ihm vor die Bürotür gekippt und mit Grütze überschüttet.[13]

Die Aktivistinnen trafen auf vehemente Gegenwehr, die ihren Tiefpunkt wohl in einer peinliche Satire der *Titanic* mit dem Titel „Wir haben abgerieben" erreichte. Die Abstempelung der Feministinnen als „prüde" und „sexfeindlich" kam jedoch nicht nur von den Mackern von *Playboy* bis *Taz*. Auch bei Feministinnen hatte der Sexualliberalismus zu dieser Zeit bereits zum Teil verfangen, weshalb die EMMA frühzeitig vor den Folgen warnte*:*

Da werden seit einiger Zeit unter dem chicen Etikett „Feminismus" Ansichten verkauft, deren krasse frauen- und menschenfeindliche Töne nur dank der kräftigen Begleitmusik der von einem solchen Unsinn natürlich begeisterten Männergesellschaft überhört werden können. Das gilt es jetzt zu benennen, wenn wir nicht untergehen wollen in diesem Brei der „neuen Weiblichkeit", sprich: der neuen Verdummung.[14]

Schon 1978 zeigte sich also auch die Uneinigkeit der deutschen Frauenbewegung in der Prostitutionsfrage. Für 1980 belegen Buchveröffentlichungen aus den Reihen der Frauenbewegung die verschiedenen Ansätze: Auf der einen Seite eine tiefgreifende Untersuchung des Prostitutionsmilieus von Rose-Marie Giesen und Gunda Schumann, die Prostitution als Ausdruck des Patriarchats analysierten. Auf der anderen Seite eine Textsammlung von Pieke Biermann, in der die Zuwendung zur Prostitution = Sexarbeit-Position bereits erkennbar wurde.[15]

Die Verkürzung der Prostitutionsfrage auf eine Frage der Ökonomie ist zurückzuführen auf die in der politischen Linken dominante Sicht der

218

materiellen Verhältnisse. Radikalfeministinnen kämpften von jeher nicht nur für Brot, sondern auch für Rosen, die Symbole der materiellen und psychischen Autonomie: „Prostituierte kriegen Brot, aber keine Rosen".[16] Die sozialen und psychologischen Dimensionen der patriarchalen Herrschaft blieben (und bleiben) in der materiellen Sichtweise weitestgehend unbeachtet.

Radikalfeministinnen wie Kate Millett analysierten das Stigma der Prostitution und die Entfremdung der Frau demgegenüber als dem Patriarchat inhärent und erkannten – bei allem Respekt für die individuellen Lebensentscheidungen von Frauen in den gegebenen Verhältnissen - die psychologischen Kosten, die daraus erwachsen:

Ich kann [den Preis der sexuellen Prostitution] an ihren Augen sehen, wenn das Blau der Iris tot wie Glas ist.[16]

EMMA und die „PorNo"-Kampagne

Seit Anbeginn ihrer Gründung berichtete die EMMA bis heute in regelmäßigen Abständen mit umfangreich recherchierten Dossiers über Prostitution und Pornographie. Der Kampf gegen die neue Pornographie entwickelte sich geradezu parallel in den USA und in Europa. In den USA brachten die *Women Against Pornography* unter Mitwirkung von zentralen Akteurinnen wie Susan Brownmiller oder Andrea Dworkin Tausende von Frauen gegen die sexuelle Erniedrigung von Frauen in der Pornographie auf die Straßen.[17]

In Deutschland holte die EMMA mit der „PorNo"-Kampagne zum Generalangriff auf die erstarkende Pornoindustrie aus. Den Auftakt lieferte eine große Konferenz mit 3.000 Teilnehmenden in Bonn. Weitere tausend

Menschen mussten aus Platzgründen draußen bleiben. Zentrales Kernstück der Kampagne war die Vorlage eines Gesetzesentwurfes, der sicherstellen sollte, dass jede Frau, die sich ungewollt mit Pornographie konfrontiert sieht, sich dagegen wehren und klagen kann. Der Gesetzesentwurf wurde von der heutigen Bundesverfassungsrichterin Susanne Baer und der Juristin Vera Slupik in Anlehnung an das in den USA von Andrea Dworkin und Catharine MacKinnon entwickelte Anti-Porno-Gesetz erarbeitet.[18]

Das zweiteilige EMMA-Dossier aus dem Jahr 1987 belegt plastisch, dass bereits Ende der 1980er Jahre Hardcore-Pornographie zum Mainstream geworden war und dass es sich hierbei mitnichten um eine zeitgenössische Entwicklung handelt. Die dokumentierten Darstellungen waren so deutlich und verstörend, dass viele Vertriebe die Ausgabe kurzerhand via Auslieferungsboykott aus dem Verkehr zogen. Die Bevölkerung jedoch war klar positioniert: Eine repräsentative Studie unter 923 Männern und Frauen ergab, dass 56 % der Befragten Prostitution als frauenfeindlich erachteten (68% der Frauen, 41 % der Männer). 76 % wollten das Angebot von Gewaltpornographie vollständig eingestellt wissen und 85 % befürworteten ein Gesetz gegen Pornographie zum Schutz der Frauen.

Verhaltene Unterstützung durch Politik und Gesellschaft

Heftigen Gegenwind erhielt die Frauenbewegung nun seitens der Mainstream-Medien. Die einzige Ausnahme war der (nun offenbar geläuterte) *Spiegel*, der sich unter Kulturchef Hellmut Karasek deutlich an die Seite der Frauenbewegung stellte. Einzelne Redakteurinnen wie Helga Lukoschat und Marie Neef-Uthoff aus der *Taz*-Frauenredaktion oder *Soz – das Zentralorgan der Sozialistischen Partei* gesellten sich dazu. Renate Damm, die Vorsitzende des *Deutschen Juristinnenbundes*, gehörte ebenfalls zu den Befürworterinnen eines Anti-Porno-Gesetzes. Weitere prominente Unterstützerinnen und Unterstützer waren z. B. die Schriftstellerin Elfriede Jelinek, der Publizist und Psychologe Hans-Martin Lohmann, die Vorsitzende des Deutschen Frauenrates, Irmgard Blättel, Hildegard Hamm-Brücher (MdB FDP), Showmaster Alfred Biolek oder die Musikerin Ina Deter. Ein ursprüngliches Wohlwollen in der Politik, von JuristInnen und Personen des öffentlichen Lebens verhallte jedoch schnell, so dass konkrete Gesetzesvorhaben allesamt im Sande verliefen.

Bereits bei der PorNo-Konferenz der EMMA 1978 in Bonn wurde deutlich, wie sehr grüne Funktionärinnen sich von der Frauenbewegung inhaltlich entfernt hatten. Während die grüne Basis sich in der Folge mit zahlreichen Aktionen und lokalen Basisgruppen rege am feministischen Kampf gegen die Sexindustrie beteiligte, gefielen sich die Berufspolitikerinnen bereits früh mit Forderungen nach der Anerkennung von Prostitution als Arbeit oder der Entwicklung von „alternativer Pornographie". Während Aktivistinnen der grünen Basis in Berlin die Beschlagnahmung von Gewaltpornographie veranlassten, fantasierten die Funktionsträgerinnen von einer „erotischen Gegenkultur von Frauen". Und dies, obwohl einer Umfrage zufolge 98 % der Wählerinnen und Wähler der Grünen ein Gesetz gegen Porno befürworteten (SPD: 86 %, CDU/CSU: 82 %, FDP: 69 %). [19]

Ähnlich wie die grüne Basis engagierten sich auch AsF-Frauen und Jusos redlich für das Anliegen. Obwohl vom CDU-Familienminister Heiner Geißler das Thema der Gewaltpornographie im Jahr 1994 ursprünglich zur Diskussion gestellt worden war, ging auch seine Partei schließlich zur Thematik völlig auf Tauchstation. Auch ein erneuter Vorstoß des *Bonner Frauenbündnisses* im Jahr 1998 für neue Gesetze gegen Pornographie, Kinderhass und Frauenhass, an dem sich zahlreiche Politikerinnen von SPD, CDU/CSU, Bündnis 90/Die Grünen und der FDP beteiligten, versandete.[20]

Kehrtwende um 180 Grad

Die Zeichen standen dennoch im Kampf gegen die Sexindustrie trotz massiver patriarchaler Gegenwehr gar nicht allzu schlecht. Während Schweden mit dem Kvinnofrid-Gesetz Geschichte schrieb, zeigte sich auch die amtierende deutsche Justizministerin Herta Däubler-Gmelin aufgeschlossen und kritisierte die Gesetze, die Frauen in der Prostitution diskriminierten, die Freier jedoch unbehelligt ließen. Zu den Entwicklungen in Schweden äußerte sie sich in einem Interview:

Das muss ich mir ansehen. Das wäre eine gesetzliche Missbilligung der Prostitution bei gleichzeitigem Ende der Diskriminierung für die Frauen. Das ist ein spannender Ansatz.[21]

Nur drei Jahre später, Brigitte Zypries war in der Zwischenzeit als Justizministerin gefolgt, sollte es jedoch ganz anders kommen. Die grüne frauenpolitische Sprecherin Irmingard Schewe-Gerigk, auch Vorsitzende der Frauenrechtsorganisation *Terre des Femmes*, feierte den 19. Oktober 2002 als „großen Tag für die Demokratie". SPD-Frauenministerin Christine Bergmann und die grüne Bundestagsabgeordnete Kerstin Müller ließen gemeinsam mit Bordellbetreiberin Felicitas Weigmann (heute Schirow) die Sektkorken knallen.

Eine als „Hurenbewegung" getarnte Aktion, finanziert von Profiteurinnen und Profiteuren der Prostitution, machte die feministischen Hoffnungen für viele Jahre zunichte und beeinflusste die Politik zugunsten der globalen

Prostitutionsmaschinerie: Mit dem *Gesetz zur Verbesserung der rechtlichen und sozialen Lage der Prostituierten* wurden Zuhälterei und Freiertum in Deutschland endgültig enttabuisiert und der Prostitutionsmarkt weiter liberalisiert. Aus Ausbeutern wurden biedere Geschäftsmänner, aus schmutzigem wurde sauberes Geld.

Notes:

(1) EMMA 5/1988: Granit.

(2) EMMA 2/1981: Die neue Frauenbewegung. So fing es an.

(3) EMMA 4/1981: Die neue Frauenbewegung, 3. Teil: …aufs Kämpfen eingestellt.

(4) EMMA 6/1981: Die neue Frauenbewegung, 5. Teil: Die „neue Zärtlichkeit".

(5) EMMA 2/1981: Die Frauen sind die Neger der Völker.

(6) EMMA 5/1981: Die neue Frauenbewegung, 4. Teil: Vom Panorama-Skandal bis zum Lohn für Hausarbeit.

(7) EMMA 8/1981: Die neue Frauenbewegung, 7.Teil: Vom Hexen und Hetzen.

(8) EMMA 6/1984: „Widerstand ist möglich". Die „Rote Zora" über ihr Selbstverständnis.

(9) EMMA 9/1981: Die neue Frauenbewegung, 8. Teil: Mit Mütterlichkeit gegen Männlichkeitswahn?

(10) EMMA 10/1981: Die neue Friedensbewegung, 9. Und letzte Folge: Wie geht es weiter?

(11) EMMA 8/1981: Die neue Frauenbewegung, 7.Teil: Vom Hexen und Hetzen.

(12) EMMA 11/1987: Die Beweise liegen vor.

(13) EMMA 10/1987: Frauen gegen Pornographie.

(14) EMMA 10/1981: Die neue Friedensbewegung, 9. Und letzte Folge: Wie geht es weiter?

(15) EMMA 10/1980: Macht Prostitution frei?

(16) EMMA 4/1981: Prostitution und Menschenwürde.

(16) Kate Millett: Das verkaufte Geschlecht. Die Frau zwischen Gesellschaft und Prostitution, Desch Verlag, München 1973.

(17) EMMA 12/1979: Frauen sagen NEIN!

(18) EMMA 1/88: Das Schweigen ist gebrochen.

(19) EMMA 9/1998: Hört, Hört.

(20) EMMA 5/1998.

(21) EMMA 2/1999.

5 Fragen an ... Chantal Louis

Chantal Louis hat an der Universität Dortmund Journalistik und Politikwissenschaften studiert. Nach einem Volontariat bei den Ruhr-Nachrichten arbeitete sie als freie Mitarbeiterin des WDR-Landesstudio Dortmund. Seit 1994 ist sie Redakteurin bei der Zeitschrift EMMA in Köln. Nach einem Auslandsstipendium im westafrikanischen Benin arbeitet Chantal außerdem als freie Journalistin für Print und Hörfunk, u. a. für WDR und Deutschlandfunk.

Liebe Chantal, die EMMA hat im Prinzip seit ihrer ersten Ausgabe das Thema der kommerziellen sexuellen Ausbeutung und Gewalt, zunächst vor allem zu Pornographie, auf der Agenda gehabt und regelmäßig umfangreiche Dossiers zum Thema veröffentlicht. Bitte erzähle etwas zu eurer langjährigen Arbeit zu diesen Themen.

Tatsächlich war die feministische Kritik an Prostitution und Pornographie, die ja zusammengehören, in EMMA von Anfang an Thema. Ich habe jetzt nochmal in den Jahresbänden nachgeschaut. In der dritten Ausgabe vom April 1977 erschien der erste Artikel zur Prostitution. In der Rubrik *„Mein Beruf"* – in der Frauen von ihrem Arbeitsalltag berichteten – gab es da den Beitrag *„Ich bin Animiermädchen"*. Darin schildert die 21-jährige Regine ihr Leben in der Prostitution: Sie hatte ihre Kindheit in Heimen verbracht, sich in eine viel zu frühe Ehe mit einem Mann gestürzt, der sich als Schläger entpuppte und sie, nachdem er seine Arbeit verloren hatte, zum Anschaffen schickte. Sie hat das „freiwillig" gemacht, irgendwoher musste ja das Geld kommen. Sie erzählt davon, wie wenig die Frauen de facto verdienen, wie sie in die Alkohol- und Drogensucht rutschen, und wie sie aus diesem Teufelskreis kaum wieder herauskommen. Auch, weil niemand „so eine" einstellen will. Regine wollte ihren Hauptschulabschluss nachholen und Hebamme werden, EMMA hat damals zu Spenden aufgerufen, um sie zu unterstützen.

Alles, was wir heute versuchen, der Öffentlichkeit und besonders der Politik klarzumachen - also die Bedingungen, unter denen Prostitution stattfindet - steckt schon in dieser Erzählung. Und es steckt auch drin, was Alice Schwarzer in ihrem Vorwort in Kate Millets „Sexus und Herrschaft" formuliert hat: *„ Der Kampf mit den Prostituierten muss für eine Radikalfeministin immer gleichzeitig ein Kampf gegen die Prostitution selbst sein. "* Die Debatte wurde ja dann bald grundsätzlicher, denn es gab rasch die Gegenbewegung: Frauen, die im Namen des Feminismus pro Prostitution antraten. Motto: Die finanziell abhängige Ehefrau verkaufe ja schließlich auch Sex gegen Geld, daher sei Prostitution im Grunde die emanzipiertere Variante dieses „Warenaustauschs".

Was genau waren die Hintergründe zur legendären PorNo-Kampagne?

Parallel zu dieser Debatte 1978 hat EMMA die Klage gegen die sexistischen Titelbilder des *Stern* geführt. Da ging es zum Beispiel um das Cover mit der nackten Grace Jones in Ketten. Zusammen mit neun weiteren Frauen - Margarete von Trotta war mit dabei, Erika Pluhar und auch Inge Meysel - hat Alice Schwarzer gegen solche Bilder geklagt, weil *„Frauen als bloße Sexualobjekte dargestellt werden und dadurch beim männlichen Betrachter der Eindruck erweckt wird, der Mann könne beliebig über die Frauen verfügen und sie beherrschen"*. Hier wird der Zusammenhang zwischen Pornographie und Prostitution deutlich: Bei beidem geht es um die Verfügbarkeit von Frauenkörpern für Männer. Zehn Jahre später, also 1988, hat EMMA dann die PorNo-Kampagne gestartet und einen Gesetzentwurf vorgelegt. Der definierte Pornographie als Verknüpfung von sexueller Lust und Erniedrigung und Gewalt gegen Frauen. Es ging also keineswegs, wie uns bis heute immer wieder unterstellt wird, um ein Verbot von Nacktheit oder der Darstellung von Sexualität, sondern um sexualisierten Frauenhass. Dabei haben sich die Macherinnen der Kampagne damals wohl in ihren kühnsten Alpträumen nicht vorstellen können, welches Ausmaß Art und Verbreitung von Pornografie heute haben. Dass heute schon Elfjährige auf ihren Smartphones alle Arten von Gewalt gegen Frauen im Internet anschauen können, ist eine Katastrophe, die leider kaum noch zurückzuholen ist.

Welche innerfeministischen Debatten wurden zu diesen Themen in der zweiten Frauenbewegung ausgetragen? An welchen Fragen verliefen die Haupt-Konfliktlinien?

Die Haupt-Konfliktlinie war und ist bis heute die Machtfrage. Diejenigen, die damals und heute Prostitution als „Ausdruck sexueller Selbstbestimmung" propagieren und mit der sogenannten „Freiwilligkeit" argumentieren, ignorieren beziehungsweise leugnen die patriarchalen Machtverhältnisse, in denen Frauen sich prostituieren (müssen). Sie ignorieren, dass Frauen weniger verdienen als Männer. Sie ignorieren, dass sie oft Opfer von sexuellem Missbrauch und Vergewaltigung werden. Sie ignorieren, dass die frühe (sexuelle) Demütigung und Behandlung als Menschen zweiter Klasse in der Prostitution ihre Fortsetzung findet.

Um diese Kernfrage geht es bis heute. Während Feministinnen wie wir diese Machtverhältnisse benennen und Prostitution als Menschenrechtsfrage betrachten, hält es die Gegenseite mit dem Neoliberalismus und tut so, als sei das alles einfach eine Frage der Entscheidung. Aber wie frei ist denn bitteschön diese Entscheidung? Bei den jungen Frauen aus Rumänien, die von ihren Familien zum Anschaffen geschickt werden? Bei den „Loverboy"-Opfern? Bei Frauen, die als Kind missbraucht wurden und früh gelernt haben, dass sie nur etwas wert sind, wenn sie sich sexuell benutzen lassen? Ich bin, gelinde gesagt, immer wieder erstaunt, wie gerade Menschen aus dem linken Spektrum all das ignorieren und so tun, als ob sich zu prostituieren eine Entscheidung ist wie die Frage, ob man lieber Germanistik oder Romanistik studieren möchte.

Dieser „liberale Feminismus", der alles zu einer Frage der individuellen Vorlieben und Entscheidungen erklärt, stellt die Machtfrage nicht. Der „Radikalfeminismus", also wir, stellen sie und gehen damit, wie der Name schon sagt, hingegen an die Wurzel des Problems. Und dann kommt man schnell zu dem Ergebnis, dass man ein System bekämpfen muss, das dazu da ist, Männern die permanente sexuelle Verfügbarkeit von Frauen zu garantieren: das System Prostitution.

Die zweite Frauenbewegung war ja gekennzeichnet durch einen stark anarchischen Charakter. Freche Sprüche und Aktionen waren an der Tagesordnung. Auch beim Lesen der EMMA entsteht ein Eindruck davon, warum sich so viele auf den Schlips getreten gefühlt haben. Männer, die Grünen, Promis, … alle bekamen ordentlich ihr Fett weg bei euch. Der heutige Feminismus kommt da im Vergleich oft sehr zahm daher. Glaubst du, dass er deshalb an Veränderungspotenzialen eingebüßt hat?

Es ist wirklich beeindruckend, wie die Frauen sich damals über jegliche Regeln und auch Gesetze hinweggesetzt haben. Sie haben Pornoläden oder - beim Kampf gegen den § 218 - Ärztekongresse gestürmt, sich in Talkshows einfach das Mikro geschnappt oder Häuser besetzt, um dort die ersten Frauenhäuser einzurichten. Diese, im besten Sinne, Respektlosigkeit vermisst man heute natürlich manchmal. Was das Fett-weg-Bekommen anbelangt: Die

EMMA ist immer unabhängig gewesen, was Parteipolitik und politische Lager anbelangt. Und tatsächlich kam ja die Verharmlosung von Prostitution, Pornographie und sogar von sexuellem Missbrauch vor allem aus dem linken Lager.

Das alles lief unter dem Label „sexuelle Befreiung" und Aufbegehren gegen die „spießigen, bürgerlichen Moralvorstellungen". Leider sind das genau die „Argumente", die wir heute in Bezug auf die Prostitution wieder hören. Das ist natürlich lächerlich, denn es war ja die Frauenbewegung, die die Prostitution von der „Sittlichkeitsfrage" zur Frauenrechtsfrage gemacht hat. Es war die Frauenbewegung, die die Doppelmoral angeprangert hat, die die Frau in der Prostitution zur Aussätzigen machte, während der Freier maximal ein Kavaliersdelikt beging. Es ging und geht nicht um Moral, sondern um Menschenrechte.

Jetzt kommt aber seit einigen Jahren noch der Queerfeminismus dazu, der, siehe oben, die Machtfrage nicht stellt, sondern alles, was nicht ins „cis-heteronormative" Schema passt, als „queer", „minoritär" und damit fortschrittlich adelt - leider auch die Prostitution. Alles, was zu einer Minderheit gehört, gilt im Namen von Queerfeminismus und Identitätspolitik als schützenswert, und da inzwischen „Sprechorte" und die korrekte Ansprache von Menschen, die ihr Geschlecht in Uni-Seminaren je nach Tagesform definieren, mit dem richtigen Pronomen wichtiger sind als die gesellschaftlichen Realitäten von Frauen, hält sich das Veränderungspotenzial dieser Strömung des Feminismus in engen Grenzen. Wenn man sie denn als feministisch bezeichnen möchte, denn sie ist im Ergebnis oft schlicht frauenfeindlich.

Ihr wart ja viele Jahre in Sachen Pornographie / Prostitution mehr oder weniger wie die einsame Ruferin in der Wüste. Wie erlebt ihr in der Redaktion die Entwicklungen der letzten Jahre?

Es ist großartig zu sehen, wie breit die Front der Kämpferinnen und auch Kämpfer – es sind ja durchaus auch engagierte Männer dabei – gegen das System Prostitution und für das Nordische Modell geworden ist. Diese Front wächst beständig und ist so vielfältig: von SozialarbeiterInnen bis TherapeutInnen, von engagierten Einzelpersonen und immer mehr Organisationen, die sich anschließen, oder Initiativen, die sich in den Städten gründen. EMMA hat vielen dieser Engagierten in Interviews und Reportagen eine Stimme gegeben, allen voran Frauen, die selbst in der Prostitution waren. Der mantraartig vorgetragene Vorwurf der Pro-Prostitutions-Lobby, wir würden „über Prostituierte reden, aber nicht mit ihnen", ist gerade in Bezug auf uns wirklich ein Witz. Es dürfte in Deutschland kein anderes Medium geben, in dem über die Jahre so viele Frauen zu Wort gekommen sind, die sich prostituiert haben.

Es ist erfreulich zu sehen, dass die Politik all diese Stimmen nun endlich zu hören scheint.

Schweden und der Frauenfrieden: Geschichte eines völlig neuartigen Ansatzes gegen Prostitution

Manche Länder, so wie Schweden, haben eine bahnbrechende Gesetzgebung implementiert, die den Kauf von so genannten „sexuellen Dienstleistungen" verbietet. ... Die Tatsache, dass diese Gesetzgebung in Schweden verabschiedet wurde, ist sehr bezeichnend, denn Schwedens Reputation als progressives Land, welches die Gleichberechtigung von Frauen fördert, weist darauf hin, dass diese neue Gesetzgebung, die den Sexkauf verbietet, nicht aus einer rückschrittlichen oder moralistischen Haltung gegenüber Frauen herrührt, sondern aus einem politischen Konsens, nach dem Prostitution eine Form der sozialen Ungleichheit ist, die die Menschenrechte von Frauen verletzt.

Janice G. Raymond[1]

Wie wir gesehen haben, lenkten bereits die ersten Abolitionistinnen und Abolitionisten im 19. Jahrhundert ihren Blick auf die Nachfrage. Die Forderung nach einer Kriminalisierung der Freier wurde jedoch erstmalig von der nordischen zweiten Welle des Feminismus aufgestellt. Sie war folgerichtig und resultierte aus der Analyse des Geschlechterverhältnisses und von Prostitution als sexueller Gewalt gegen Frauen. Dennoch war sie radikal und lange kein Selbstläufer, sondern die Durchsetzung der Freierkriminalisierung war ein langer und harter Kampf.

Die schwedische Prostitutionspolitik des 19. Jahrhunderts unterschied sich wenig von der deutschen: Seit dem Jahr 1847 wurde Prostitution reguliert, mit der wöchentlichen Pflicht zur Gesundheitsuntersuchung, Regelungen dazu, wo prostituierte Frauen wohnen durften und wie sie sich in der Öffentlichkeit zu verhalten hatten und mit der Verfrachtung in Besserungsanstalten, wenn sie gegen die Regeln verstießen. Zwar wurde die Regulierung im Jahr 1918 abgeschafft, in Kraft war jedoch noch ein Gesetz aus dem Jahr 1734, das Sex außerhalb der Ehe verbot. Verstöße gegen dieses Gesetz führten zu Zwangsarbeitsmaßnahmen und die Prostitution war der Hauptgrund für deren Verhängung. Dieses Gesetz war noch bis 1965 in Kraft.

Die 1970er Jahre bringen den Paradigmenwechsel

Auch die zweite Welle der schwedischen Frauenrechtsbewegung, darunter Frauen mit gelebter Erfahrung in der Prostitution, analysierte die soziale Position der Frauen in der Gesellschaft. Sie stellte heraus, wie Männer mit der Ausübung von Macht und sexueller Gewalt, die niedrige Position von Frauen aufrecht erhielten. In diesen Diskussionen entstand die Forderung der Freierkriminalisierung, die in den späten 1990er Jahren Eingang in die Positionen der Frauenorganisationen fast aller Parteien in Schweden fand.[2]

Hintergrund der neuen feministischen Aktivierung der 1970er Jahre waren gesellschaftliche Entwicklungen der 1950er und 1960er Jahre, die vor allem aus den Veröffentlichungen der Sexualwissenschaften, insbesondere dem Kinsey-Report[3], zu beobachten waren. Dieser Bericht war in Rekordzeit ins Schwedische übersetzt worden und passte zu dem modernen Verständnis, das die Bedeutung von Sexualität für die Gesundheit und das Wohlbefinden des Menschen in den Mittelpunkt stellte. Nach Dänemark (1969) war Schweden 1971 das zweite Land der Welt, in dem Pornographie legalisiert wurde.[4]

Kritische Stimmen ließen nicht lange auf sich warten und erreichten ihren Höhepunkt, als eine Regierungskommission im Jahr 1976 das Sexualstrafrecht „modernisieren" wollte.[5] Während Vergewaltigung in der Ehe in Schweden bereits 1965 strafrechtlich sanktioniert wurde[6], beabsichtigte man, nun im Bereich der sexuellen Straftaten die Strafmaße abzumildern. Zum Beispiel sollte das Mindestalter für sexuelle Kontakte von 15 auf 14 abgesenkt, das Konzept des „Inzest" aus dem Gesetz gestrichen und die strafrechtliche Verantwortlichkeit für Zuhälterei verringert werden. Es sollten nur noch jene bestraft werden, die eine andere Person „ungebührlich" ausbeuten. Was jedoch den größten Aufschrei auslöste, war die Absicht, das Strafmaß bei Vergewaltigung für „weniger schlimme Fälle" zu reduzieren und diese nur noch mit Bußgeldern zu belegen./ Die aufgeheizte Debatte erwies sich als Katalysator für eine neu erstarkende schwedische Frauenbewegung, der es schließlich gelang, die Regierungspläne zu stoppen.[8]

Gleichzeitig kam es zu einer rapide wachsenden Kritik der Frauenbewegung und der politischen Linken an der zunehmenden Kommerzialisierung der Sexualität, die infolge der Legalisierung der Pornographie zu beobachten war. Flankiert wurde die politische Kritik durch sozialwissenschaftliche Forschung. Bereits in den 1960er Jahren war eine der einflussreichsten sozialpolitischen Veröffentlichungen erschienen, in der Prostitution als ein Symbol des „unvollendeten Wohlfahrtsstaates"[9] charakterisiert wurde: Die AutorInnen streuten Salz in die Wunde, verwiesen auf die bis dahin unberücksichtigte Gruppe von Ausgestoßenen in der Gesellschaft und forderten empirische Forschung ein. Einen ersten Aufschlag dazu lieferten Sven-Axel Månsson und Stig Larsson mit ihren Beobachtungen zum Entstehen von Menschenhandelsstrukturen in Malmö, die sie der Bevölkerung in einer viel diskutierten Buchveröffentlichung[10] zugänglich machten. Die Autoren hatten festgestellt, dass die Zahl der prostituierten Frauen zwischen 15 und 20 Jahren im Jahr 1960 auf 360 prostituierte Frauen und einige Männer Mitte der 1970er Jahre explodiert war. Diese prostituierten sich entweder auf der Straße oder in den neu entstandenen Pornokinos oder Live-Sex-Clubs. Letztlich handelte es sich dabei um schlecht getarnte Bordelle, in denen zu 30 % aus Ost- und

Südeuropa gehandelte Frauen prostituiert wurden. Die Existenz von Menschenhandel war bis dahin in Schweden gänzlich unbekannt gewesen.

Empirische Erforschung der Prostitution und politische Debatte in Schweden

Im Jahr 1977 setzte die schwedische Regierung in Folge der gesellschaftlichen Debatte eine Kommission zu Prostitution ein, die sich bis 1988 intensiv mit dem Thema befasste.[11] Die Arbeit der Kommission basierte auf einem neuartigen soziologischen Ansatz mit einer extensiven Feldforschung und feministischer Analyse. Erstmalig wurden Frauen mit Prostitutionserfahrung angehört, Tiefeninterviews durchgeführt und die zentrale Rolle von Männern im Prostitutionsmarkt (als Zuhälter, Menschenhändler und Freier) wurde herausgestellt. Zum ersten Mal in der Geschichte sprachen Frauen aus der Prostitution selbst und nicht vermittels so genannter Expertinnen und Experten. Der Abschlussbericht kam zu dem Schluss, dass Prostitution ein Gleichstellungshindernis darstellt, und dem Ziel, ein gleichberechtigtes Schweden zu schaffen, entgegen steht[12]. Er empfahl jedoch keine Freierkriminalisierung. Stattdessen fokussierte man sich in den folgenden 15 Jahren auf eine Verbesserung der sozialpolitischen Unterstützungsmaßnahmen, um hierdurch Prostitution zu reduzieren.

Bereits 1981 wies jedoch der Verband der Sozialarbeitenden in einer Reaktion auf den Regierungsbericht darauf hin, dass eine Freierkriminalisierung positive Auswirkungen auf die Geschlechtergleichberechtigung haben und die Ausbeutung von Frauen verringern würde. Diese Idee fand weitere Verbreitung anlässlich einer Konferenz von *ROKS*, dem Zusammenschluss der schwedischen Frauen- und Mädchenschutzeinrichtungen, im Jahr 1990. Auf dieser Konferenz sprachen die amerikanische feministische Juristin Catharine

MacKinnon und die radikalfeministische Autorin Andrea Dworkin. In der Folge war die Forderung nach einer Freierkriminalisierung auf den jährlichen Konsultationen von *ROKS* mit ParlamentsvertreterInnen ein wiederkehrender Punkt auf der Agenda.[11]

Ein juristisches Framing der Prostitutionsfrage löste das sozialpolitische Framing in den 1990er Jahren zunehmend ab.[12] Die Auffassung wuchs, dass reine bewusstseinsbildende Kampagnen und unterstützende Interventionen nicht ausreichend sein können. Diese Ansicht wurde auch mit der Ausbreitung von HIV/AIDS und der wachsenden Globalisierung der Sexindustrie verstärkt.

1993 wurden eine Kommission zu Gewalt gegen Frauen sowie eine zweite Kommission zu Prostitution eingesetzt. In dieser kam der Vorschlag zu einer prohibitionistischen Prostitutionspolitik auf. Der Vorschlag, sowohl prostituierte Frauen (und andere) als auch die Freier zu kriminalisieren muss vor dem Hintergrund, dass die Kommission massenhaft Belege für die Schädigung der prostituierten Frauen zusammengetragen hatte, verwundern. Mit der Auffassung, dass die Betroffenen trotz allem eine gewisse Verantwortung für ihre Situation hätten, wurde Victim Blaming betrieben. Folgerichtig lehnten das Gesundheitsministerium, die Ombudsperson für Gleichstellung sowie *ROKS* diesen Vorschlag zur Prohibition ab. Sie brachten stattdessen erneut die einseitige Freierkriminalisierung ins Spiel. Die jeweiligen Abschlussberichte der beiden Kommissionen wurden im Jahr 1995 veröffentlicht[13,14] und resultierten schließlich in der heute geltenden Gesetzgebung, die von allen schwedischen Parteien unterstützt wird. Die politische Linke legt dabei stärkeres Gewicht auf die Feststellung von Prostitution als Gleichstellungshindernis. Die konservativen Parteien hingegen haben einen stärkeren Fokus auf die schädigenden Auswirkungen auf die direkt Betroffenen.

Kvinnofrid: Frauenfrieden

Im Mai 1998 wurde der „Kvinnofrid"- Gesetzesentwurf vorgelegt[15], dessen Bestandteil das Gesetz zum Verbot des Kaufes sexueller Handlungen ist:

Eine Person, die ... eine sexuelle Beziehung im Austausch gegen Bezahlung erwirbt, wird wegen des Erwerbs einer sexuellen Dienstleistung zu einer Geldstrafe oder einer Haftstrafe von höchstens 6 Monaten [später geändert in 1 Jahr – Anm. der Verf.[16]] *verurteilt. Dies gilt auch, wenn die Bezahlung von einer anderen Person versprochen oder getätigt wurde. ... Auch der Versuch ist strafbar.[17]*

Bei dem Gesetz handelte es sich um ein umfangreiches Maßnahmenpaket, mit dem Schweden die Verpflichtungen, die aus der *4. Weltfrauenkonferenz in Peking* resultierten, umsetzte. Die Maßnahmen waren im Einzelnen:

- Einführung eines neuen Straftatbestands der „gravierenden Verletzung der Würde und Integrität der Frau" mit dem Ziel einer rigideren Bestrafung in jenen Fällen, in denen Frauen durch ihren Partner oder Ehemann wiederholt Gewalt ausgesetzt sind und die Taten ihr Selbstwertgefühl schädigen,
- Erweiterung der Definition von Vergewaltigung um die Einbeziehung von Formen der sexuellen Gewalt, die zuvor unter den Straftatbestand der sexuellen Nötigung fielen (zum Beispiel: „Fist Fucking").
- Die Freierkriminalisierung **als Ergänzung** zu den bereits zuvor implementierten Maßnahmen zur Reduzierung der Prostitution.
- Verpflichtung der Sozialbehörden gewaltbetroffenen Frauen Schutz und Unterstützung zu gewähren.

- Ersetzen des Begriffes „Beschneidung" im Gesetz, durch „Weibliche Genitalverstümmelung", sowie Verdoppelung des Strafmaßes von zwei auf vier Jahre.
- Erweiterung des Begriffes „Sexuelle Belästigung" und Verpflichtung der Arbeitgeber keinerlei sexuelle Belästigung am Arbeitsplatz zu dulden. Bei Zuwiderhandlung sind Bußgelder zu verhängen.
- Einsetzung einer Gesetzeskommission zur Bewertung aller Bestimmungen zu Sexualstraftaten: Konsens statt Zwang als Kriterium zur Bewertung.
- Bessere Ausbildung für alle Berufsgruppen, die mit Gewaltbetroffenen arbeiten, insbesondere im Hinblick auf Geschlechtergerechtigkeit und Gewalt gegen Frauen.
- Erhöhung der jährlichen Mittel für Frauenhäuser um ca. eine Million Euro jährlich.
- Einrichtung eines rund um die Uhr verfügbaren nationalen Hilfetelefons.

Neben den Gesetzesänderungen stellte die schwedische Regierung ca. 4,1 Millionen Euro an finanziellen Mitteln für die Umsetzung bereit. Darüber hinaus wurde ein *Nationaler Aktionsplan zu Prostitution und Menschenhandel zu sexuellen Zwecken*[20] mit insgesamt 36 Maßnahmen aus fünf verschiedenen Bereichen verabschiedet, für den rund 2 Millionen Euro zur Verfügung gestellt wurden.

Die Bereiche waren:
- Schutz und Unterstützung für Risikopersonen
- Präventionsmaßnahmen
- Bessere Standards und größere Effizienz im Justizsystem
- Ausbau der nationalen und internationalen Kooperationen
- Öffentlichkeitsarbeit und Bewusstseinsbildung.

Für die Polizei wurde zur Umsetzung der Freierkriminalisierung eine weitere Million Euro für das Jahr 1999 bereitgestellt. Benannt wurde außerdem ein nationaler Berichterstatter zu Menschenhandel, der jährlich einen Bericht veröffentlicht. Das Gesundheitsministerium erhielt den Auftrag, den Prostitutionsmarkt kontinuierlich zu beobachten und auszuwerten und jährlich Bericht zu erstatten.

Prinzipien der schwedischen Prostitutionspolitik

Das Gesetz zur Freierkriminalisierung trat zum 1. Januar 2009 in Kraft. Schweden vertritt nun offiziell die Haltung, dass Prostitution prostituierten Frauen und Kindern, jedoch auch der Gesellschaft insgesamt schadet. Es handelt sich um männliche Gewalt gegen Frauen und betrifft vor allem jene, die ökonomisch und ethnisch marginalisiert und diskriminiert sind. Die meisten Opfer sind Frauen und Mädchen, wenngleich auch eine gewisse Anzahl junger Männer und Jungs von den fast ausschließlich männlichen Prostitutionsnutzern bevorzugt werden. Deshalb ist Prostitution ein geschlechtsspezifisches Verbrechen. Prostitution und Menschenhandel zur sexuellen Ausbeutung sind Menschenrechtsverletzungen, die nicht voneinander getrennt werden sollten, da sie intrinsisch miteinander verknüpft sind. Frauen und andere in der Prostitution dürfen nicht kriminalisiert oder administrativen Strafen unterworfen werden. Sie haben das Recht auf ein Leben ohne die Schädigungen durch die Prostitution.

Um Prostitution und Menschenhandel für sexuelle Zwecke zu beenden, müssen die politischen, sozialen, rechtlichen und ökonomischen Bedingungen, unter denen Frauen und Mädchen leben, verbessert werden. Es bedarf Maßnahmen zur Armutsbekämpfung, nachhaltige Entwicklung, Maßnahmen zur Geschlechtergleichstellung, um männlicher Gewalt gegen Frauen und Mädchen entgegenzuwirken, sowie sozialpolitische Maßnahmen.

Ein wichtiges Element schwedischer Politik ist die Beendigung der Nachfrage als Ursache für Prostitution: Es gäbe sie nicht, wenn niemand es als sein Recht ansehen würde, sexuelle Handlungen zu kaufen. Die Gesetzgebung hat deshalb zum Ziel, Männer strafrechtlich, ethisch und normativ zu einem verantwortlichen Handeln aufzurufen. Jegliche Formen der legalisierten Prostitution in Bordellen, Stripclubs, Massagesalons, sowie die Entkriminalisierung von Zuhältern, Menschenhändlern, Bordellbetreibern oder Freiern werden als Angriff auf die Geschlechtergleichheit bewertet.

Schutz und Unterstützung als Kernelement des schwedischen Ansatzes

Von zentraler Bedeutung ist die Hervorhebung des schwedischen Parlamentes in der Gesetzgebung, dass die Freierkriminalisierung lediglich eine wichtige Ergänzung der bisherigen Anstrengungen darstelle.[21] Hierin wird deutlich, dass das eigentliche Kernstück der schwedischen Prostitutionspolitik Schutz und Unterstützung sind.

Bereits seit Mitte der 1970er Jahre gibt es in Schweden spezialisierte Unterstützungseinrichtungen für Opfer von Prostitution und Menschenhandel in Stockholm, Göteborg, Malmö und Norrköping. Diese verfolgten zunächst unterschiedliche Ansätze. In Malmö wurden vor allem Schadensminimierungsansätze (Harm Reduction) verfolgt: Es wurden „Präventions-Pakete" verteilt mit Tipps für mehr Sicherheit, Alarme, Kondome, Gleitgele, Zahnbürsten, Feuchttücher etc. In Stockholm lag der Fokus vielmehr auf Ausstiegshilfen und Gesundheitsversorgung. In Göteborg begann man bereits Mitte der 1990er Jahre damit, auch Maßnahmen zu etablieren, die auf die Freier abzielen.

Das *Malmö-Projekt* kümmerte sich zwischen 1977 und 1981 um 224 prostituierte Frauen. 153 von diesen waren nach vier Jahren noch greifbar, die anderen weggezogen, befanden sich in Institutionen oder waren verstorben. Von den 153 Frauen hatten 73 % mit der Prostitution aufgehört und nur 10,3 % übten Prostitution in nach wie vor unverminderter Intensität aus. Bereits in den 1970er Jahren wurde also in Schweden bereits effektiv Schutz- und Unterstützung gewährt.[22]

Heute existieren zentrale staatliche Prostitutionsgruppen in Stockholm, Göteborg und Malmö. Die Einrichtungen bieten niedrigschwellige und aufsuchende Arbeit für Frauen in der Prostitution an, unabhängig davon, ob sie auf der Straße sind, in der Innenprostitution, oder im Internet inserieren. Das Angebot umfasst Beratung, Zugang zum Gesundheitssystem und Ausstiegsprogramme, die individuell maßgeschneidert werden. Auch Freier - ehemalige oder potentielle - und Pornonutzer erhalten kostenlos Beratung und Unterstützung. Außerdem beobachten die Prostitutionsgruppen den Prostitutionsmarkt und bieten Fortbildungen für andere soziale Einrichtungen und Behörden an. Eine große Rolle spielt hierbei die Aus- und Fortbildung für Polizei und Justiz. Die Polizei wird außerdem auf ihren Einsätzen von geschulten Sozialarbeiterinnen begleitet.

Eine große Bedeutung zum Schutz von Frauen und Mädchen wird der Bewusstseinsbildung zugeschrieben. Seit Verabschiedung des Gesetzes finden regelmäßig staatliche und zivilgesellschaftliche Informationskampagnen statt. Zwischen 2003 und 2004 organisierte die Regierung mehr als 100 Veranstaltungen an Schulen mit dem Film *Lilya 4-ever* des schwedischen

Regisseurs Lukas Moodysson. Mit eintägigen Workshops des Schwedischen Filminstitutes wurden mehr als 65.000 Schülerinnen und Schüler zwischen 15 und 18 Jahren an weiterführenden Schulen erreicht. 13.000 Exemplare des Handbuchs „Vad har mitt liv med Lilya att göra?" („Was hat mein Leben mit Lilya zu tun?") wurden an die Schulen verteilt.

Ebenfalls seit 2003 zertifiziert die Organisation ROKS Hotels und Konferenzzentren, die auf Pornokanäle auf den Hotelzimmern verzichten. Fast 200 Betriebe wurden ausgezeichnet und ermuntert, das Kampagnen-Logo auf ihren Informationsmaterialien zu verwenden. Über die Kampagnen-Webseite können auch direkt pornofreie Hotels gebucht werden.[23] Im Oktober 2014 wurden der *Schwedische Frauenrat*, *ROKS* und *Unizon* für eine Kampagne zu ethischen Regeln in Unternehmen mit einem Preis ausgezeichnet.[24]

Verbesserungsbemühungen und Optimierungsbedarfe

In den vergangenen 20 Jahren des Bestehens der Freierkriminalisierung hat sich gezeigt, dass trotz aller positiven Entwicklungen[25] ein optimaler Zustand noch nicht erreicht ist. Schweden hat deshalb mehrfach Anstrengungen unternommen, Gesetzgebung und Rahmenbedingungen weiter fortzuentwickeln.

Eine effektive Umsetzung des Gesetzes ist vor allem abhängig von der Einstellung jener, die dafür Verantwortung tragen. Die Polizei ist auch in Schweden männlich dominiert, konservativ und weitgehend homosozial. Die Umsetzung eines Gesetzes, das traditionelle männliche Werte bedroht, stellt deshalb eine besondere Herausforderung für diese Strukturen dar. In der Anfangszeit brachten die Ermittler viel Verständnis für die Freier auf und erklärten sich in zahlreichen Fällen bereit, den Bußgeld-Brief ins Büro statt nach Hause zu schicken. Ein umfangreiches Fortbildungsprogramm konnte die Einstellungen in der Institution jedoch so ändern, dass heute Verständnis und Unterstützung für die Zielrichtung des Gesetzes besteht. 2003 wurden der schwedischen Polizeibehörde weitere 3 Millionen Euro zur Bekämpfung von Prostitution und Menschenhandel zur Verfügung gestellt. Während man sich zunächst vorwiegend um die Prostitution auf der Straße kümmerte, liegt der Schwerpunkt inzwischen vor allem auf den verschiedenen Formen der Innenprostitution. In Folge der Fortbildungsoffensive stieg die Anzahl der Verhaftungen binnen eines Jahres um 300 %.[26] In den ersten zehn Jahren der Umsetzung landeten insgesamt bereits 702 Fälle des Kaufs sexueller Handlungen vor Gericht.

2016 setzte Schweden einen Sonderbotschafter gegen Menschenhandel im Außenministerium ein. Hiermit möchte das Land international ein Signal gegen die Ausbeutung von Frauen und Mädchen und Menschenhandel aussenden. Der Export des schwedischen Ansatzes in andere Länder ist erklärtes Ziel der schwedischen Außenpolitik.

Im Jahr 2017 verabschiedete das schwedische Parlament eine *Nationale Strategie gegen männliche Gewalt an Frauen* (2017-2026), die auch Prostitution beinhaltet. Im Februar 2018 wurde in diesem Rahmen ein neuer *Nationaler Aktionsplan gegen Prostitution*[27] mit 38 Maßnahmen in acht Bereichen verabschiedet:

1) Verstärkung der Kooperation zwischen öffentlichen und zivilgesellschaftlichen Akteuren
2) Verstärkung der Präventionsarbeit
3) Verbesserung der Möglichkeiten, Prostitution und Menschenhandel aufzudecken

4) Gesetzliche Maßnahmen
5) Mehr Schutz und Unterstützung für die Betroffenen
6) Eine effektivere Umsetzung des Gesetzes
7) Verbesserung des Wissensbestandes und Entwicklung neuer Methoden
8) Verstärkte internationale Kooperation

Weitere Verschärfungen der Freierkriminalisierung wurden als notwendig erachtet, denn ein Strafmaß spiegelt letztlich wieder, wie gravierend eine Gesellschaft ein Verbrechen einstuft. Solange Freier lediglich Bußgelder erhalten, hängt der Tat das Etikett einer minderschweren Verfehlung an. Außerdem bedarf es einer Einstufung des Freiertums als Verbrechen (statt als Vergehen), damit Betroffene Leistungen nach dem Opferentschädigungsgesetz geltend machen können. 2019 wurde schließlich in Schweden der Straftatbestand der „fahrlässigen Vergewaltigung" eingeführt, nach dem eine aktive und bewusste Einwilligung zu sexuellen Handlungen vorausgesetzt wird. Da Konsens nicht erkauft werden kann, kündigte Schwedens Justizministerin Åsa Lindhagen im Mai 2020 an, dass der neue Straftatbestand künftig auch auf Freier angewendet werden soll.[28]

Notwendig sind nach wie vor Verbesserungen in Bezug auf den Aufenthaltsstatus ausländischer Frauen in der schwedischen Prostitution, ohne die damit einhergehende Verpflichtung, vor Gericht gegen die Peiniger auszusagen. Auch die verstärkte Finanzierung von Hilfs- und Ausstiegsprogrammen wird weiterhin als notwendig angesehen.

Gesellschaftliche Stigmatisierung und Beschämung der Freier

Die Nutzung von Prostitution ist in Schweden heute stark gesellschaftlich geächtet. Die Gesetze von 1998 verlagerten das Stigma von den prostituierten

Personen auf die Freier. Immer wieder denken schwedische Männer jedoch, es treffe sie nicht, wenn sie Prostitution nutzen. Da Gerichtsverhandlungen zum Freiertum öffentlich stattfinden, berichten die Medien regelmäßig über entsprechende Verurteilungen. Im Folgenden ein paar Beispiele:

Im Mai 2005 wurde ein Richter des Verfassungsgerichtes dabei enttarnt, wie er einen anderen Mann für Sex bezahlte. Das Bußgeld, das sich in Schweden nach dem Einkommen richtet, betrug für ihn umgerechnet etwa 5.200 Euro.[29]

Im Oktober 2017 wurde im Umeå ein Polizist vom Dienst suspendiert, nachdem er Escort-Prostitution genutzt hatte.[30] Prostitutionsnutzung ist mit dem Dienst in der Polizeibehörde unvereinbar. Die 25 Jahre alte Frau hatte er in einem Internetforum gefunden. Die gefundenen Beweise – eine Verabredung über eine Konversation auf seinem Handy – erklärte der Mann damit, dass er das Handy seinem Bruder geliehen habe. Die Frau konnte ihn jedoch an seinen Tattoos eindeutig identifizieren, und auch eine zeitlich und vom Betrag her passende Bank-Abhebung von knapp 300 Euro sprach gegen seine Version.

Richtig schwer getroffen hat es im Sommer 2020 den Bestsellerautor, Moderator und TV-Koch Paolo Roberto. Nach seinem Auffliegen als Freier wurden ihm sämtliche Verträge aufgekündigt, seine Bücher aus den Regalen des Buchhandels verbannt. In den Medien gab er sich umgehend geläutert und sagte:

Mein Handeln ist das Schmutzigste, Widerlichste, was man einem anderen Menschen antun kann. Ich bin ein Parasit, der es verdient, ausradiert zu werden.

Aber auch mit diesen harschen Worten gegen sich selbst konnte er seine Karriere und seinen sozialen Status nicht mehr retten.[31]

Notes:

(1) Janice G. Raymond: The Connection Between Prostitution and Trafficking, in: Network North against Prostitution and Violence. Collected materials of the international conference „Prostitution is a global problem", November 18-19 2000 in Murmansk, Russia.

(2) Gunilla S. Ekberg et al., Brief: Swedish Laws, Policies and Interventions on Prostitution and Trafficking in Human Beings: A Comprehensive Overview (Stockholm, Schweden, 24 Februar 2018).

(3) Alfred S. Kinsey, Wardell E. Pomeroy, Clyde E.Martin: Sexual Behaviour in the Human Male, Philadelphia: W.B. Saunders Company, 1948.

(4) Sven-Axel Månsson: Commercial Sexuality, in: B. Lewin (Hrsg.): Sex in Sweden. On the Swedish Sexual Life, Stockholm: The National Institute of Public Health: 2000.

(5) SOU 1976:9: Sexual Offences: A proposal for an amendment of the Penal Code concerning crimes against morality.

(6) Zum Vergleich: In Deutschland ist dies erst seit 1997 der Fall.

(7) Sven-Axel Månsson: Kön, sexualitet och social arbeite – återblick på ingången till ett forskningsfält, Socialvetenskaplig Tidskrift, 19:2 (2012), S. 116-132.

(8) Emma Isaksson: Kvinnokamp. Synen på underordning och motstånd i den nya kvinnorörelsen. Stockholm: Bokförlaget Atlas, 2007.

(9) Gunnar Inghe und Maj-Britt Inghe: Den ofärdiga välfärden, Stockholm: Tidens Förlag, 1967.

(10) Sven-Axel Månsson und Stig Larsson: Svarta Affärer. Utredning om vissa klubbars och näringsställens sociala betydelse och struktur, Malmö: Malmö Socialförvaltning: 1976.

(11) Åsa Yttergren und Jenny Westerstrand: The Swedish Legal Approach to Prostitution. Trends and Tendencies in the Prostitution Debate, NORA – Nordic Journal of Feminist and Gender Research, 24:1 (2016), S. 45-55).

(12) SOU 1981:71: Prostitution i Sverige: Bakgrund och åtgärder.

(11) Yvonne Svanström: Policing Public Women. The regulation of Prostitution in Stockholm 1812-1880, Stockholm: Atlas Akademi, 2000.

(12) Josefina Erikson: Strider om mening. En dynamisk frameanalys av den svenska sexköpslagen. Uppsala University, Department of Political Science: Uppsala, 2011.

(13) SOU 1995:15: Könshandeln: Betänkande av 1993 års prostitutionsredning.

(14) SOU 1995: 60: Kvinnofrid: Slutbetänkende av Kvinnovåldskommissionen.

(15) Prop. 1997/98:55: Kvinnofrid.

(16) Bet. 2010/11: JuU22.

(17) Lag 1998:408: Om förbud mot köp av sexuella tjänster (Strafgesetzbuch, Kapitel 6: Sexualstraftraten, Abschnitt 11).

(20) Skr 2007/08:167: Handlingsplan mot prostitution och handel med människor för sexuella ändamål.

(21) Ola Florin: A Particular Kind of Violence: Swedish Social Policy Puzzles of a Multipurpose, Criminal Law, Sexuality Research and Social Policy, (9)3 (2012), S. 269-278.

(22) Stig Larsson: Könshandeln. Om prostituerades villkor, Skeab, Stockholm: 1983.

(23) http://porrfritt.se

(24) http://www.rattriktning.se (Rätt Riktning = die richtige Richtung).

(25) Siehe hierzu der Beitrag über die Studien zur Wirkung des Gesetzes.

(26) Gunilla S. Ekberg ebd.

(27) 2018-02-08 nr II:1: Handlingsplan mot prostitution och människohandel.

(28) Svenska Dagbladet: Regeringen: Sexköp ska ge fängelse, 19.05.2020

(29) Lasse Wierup: Sexköpande domare får jobba kvar i HD, Dagens Nyheter, 26. Mai 2005.

(30) Aftonbladet: Polis åtalas för sexköp – skyller på sin bror, 12. Mai 2018.

(31) Frankfurter Rundschau: Promi verstößt gegen Verbot von Sexkauf: „Ich bin ein Parasit", 14.07.2020.

8 Fragen an ... Gunilla Ekberg

Gunilla Ekberg ist Radikalfeministin und schwedisch-kanadische Anwältin für Menschenrechte. Von 2002 bis 2006 war sie im Industrieministerium als Expertin und Beraterin der schwedischen Regierung für Prostitution und Menschenhandel beschäftigt.

Liebe Gunilla, mich würde interessieren, was du jenen entgegnest, die sagen, der schwedische Ansatz sei Politik aus dem Elfenbeinturm, gemacht von Leuten, die nicht wüssten, wovon sie eigentlich reden?

Bei *Kvinnofrid* geht es ja genau darum, dass dieser Politikwechsel aus der feministischen Bewegung kam. Als ich 1976 noch zur Schule ging, wurde bereits in meiner örtlichen Gruppe darüber diskutiert. Frauen sprachen darüber, was wir der Gewalt entgegensetzen können. Es war wie jede andere Bewusstseinswerdungs-Gruppe, in der Frauen über all die schrecklichen Dinge sprachen, die ihnen von Männern angetan wurden.

In manchen dieser Gruppen, auch ein wenig in meiner, gab es Frauen, die Erfahrungen damit hatten, für Prostitutionszwecke verkauft zu werden. Nicht unbedingt durch organisierte Aktivitäten, über Bordelle oder dergleichen, aber als Überlebende von sexueller Gewalt in der Kindheit, die von den Tätern auch an andere Männer weitergereicht wurden. Und das ist nicht nur meine Erfahrung, ich habe mit einer Reihe von anderen Frauen gesprochen, und es gibt natürlich immer Frauen, die diese Erfahrungen gemacht haben, egal ob sie es Prostitution nennen oder sagen „er hat mich an seine Freunde verkauft" oder „mein Vater hat mich weggegeben" oder so etwas in dieser Richtung.

Diese Diskussionen wurden sehr offen geführt, denn prostituierte Frauen waren zu dieser Zeit in Schweden bereits nicht mehr kriminalisiert. Es ist wichtig, das im Hinterkopf zu haben, denn als das Gesetz, das Prostitution regulierte, in den 1920er Jahren abgeschafft wurde, waren Frauen in Schweden entkriminalisiert. Anders als in Island, wo Frauen in der Prostitution noch bis vor etwa elf Jahren kriminalisiert waren. Natürlich hatten auch die Schwedinnen noch Probleme, wegen der Gesetze zur Landstreicherei. Wenn du nicht nachweisen konntest, dass du eine feste Adresse hast, konntest du verhaftet werden. Das ist zum Glück Geschichte.

Prostitution wurde als soziales Problem angesehen in dem Sinne, dass es ein klares Verständnis davon gab, dass die Frauen in der Prostitution Frauen mit schwierigen Hintergründen waren. Frauen mit Drogenproblemen, Frauen ohne Obdach, … In den späten 70er und frühen 80er Jahren gab es, ich würde sie Bordelle nennen, aber es waren Clubs, in denen Frauen ausgebeutet wurden. Sven-Axel Månsson veröffentlichte ein Buch namens „Svarta Affärer", in dem es um Zuhälter, Geldwäsche und all diese Dinge ging. Es gab dann eine Regierungskommission, in der darüber diskutiert wurde, was man mit den prostituierten Frauen machen soll. Es war die erste Prostitutions-Kommission sozusagen. Und hier sagte man zum ersten Mal: „Bei Prostitution geht's nicht nur um die Frauen oder die Zuhälter, sondern es gibt da noch eine dritte Partei, die eigentlich der Grund für all das ist, nämlich die Männer, die kaufen." Also wurde hier über die gleichen Dinge gesprochen wie in der Frauenbewegung zur gleichen Zeit.

1986 richtete der nationale Dachverband der Frauenhäuser, *ROKS*, eine Reihe von Forderungen an das Parlament. Die Vorsitzende war sehr radikalfeministisch und eine gute Freundin von mir. Ihr war es ein großes Anliegen, über alle Formen der Gewalt zu sprechen. *ROKS* legte also eine Liste mit Wünschen für Veränderungen im Bezug auf den Umgang mit Gewalt gegen Frauen vor, einschließlich der Forderung nach einer Kriminalisierung der Männer, die Frauen zu Prostitutionszwecken kaufen.

Kannst du etwas zum schwedischen *Kvinnofrid*-Gesetz von 1998 sagen und insbesondere dazu, warum Prostitution ganz selbstverständlich ein Teil dieses Paketes war?

Die schwedische Frauenbewegung war nie wirklich autonom. Es gab nur eine kleine Gruppe von uns, die wir außerhalb aller politischen Parteien standen und allen kritisch gegenüber waren. Die Mehrzahl der Frauen in der Frauenbewegung war mit irgendeiner Partei verbunden, vor allem der Sozialdemokratischen Partei, der linken Partei und den Sozialliberalen der Liberalen Partei. Das führte dazu, dass als die Diskussion in der Frauenbewegung losging, auch gleichzeitig in den Parteien darüber diskutiert wurde. Es gab die Forderung, dass es eine breit angelegte Konsultation all jener geben sollte, die sich in Schweden mit den verschiedenen Formen der Gewalt gegen Frauen beschäftigten. Hierzu wurden einzelne Frauen eingeladen, Organisationen, die Regierung, ParlamentarierInnen, alle möglichen Personen. Sie saßen zusammen und führten lange Diskussionen, insbesondere auch über Sexualverbrechen.

Die erste Kommission, die sich vor allem mit Vergewaltigung befasste, schlug eine Gesetzgebung vor, die sehr freundlich gegenüber den Vergewaltigern war. Ich erinnere mich daran, weil ich da gerade an der Universität war und wir dagegen demonstriert haben. Hier änderten sich also unsere Diskussionen, und es gab dann eine zweite Kommission, deren Ergebnis *Kvinnofrid* war. Es gab also eine Vermengung von Feminismus und linker Politik zu dieser Zeit. Also ich spreche jetzt nicht von dem liberalen linken Mist, den wir da heute manchmal sehen können, wo „Sexarbeit" unterstützt wird. Ich meine ein echtes Verständnis, entweder aus radikalfeministischer Sicht oder aus einer linken Betrachtung des Kapitalismus und dem Verständnis darüber, dass in einem kapitalistischen Land jede/r auf die ein oder andere Weise zum Verkauf steht.

Der *Kvinnofrid*-Vorschlag der Regierung wurde dann 1998 ins Parlament getragen und verabschiedet. Aus politischen Gründen wurde das Gesetz zur Freierkriminalisierung dann aber abgetrennt. Es war ursprünglich im Vorschlag mit drin, wurde dann aber separat zur Abstimmung vorgelegt, was interessant ist. Einer der Gründe dafür war, dass die Justizministerin leider nicht daran glaubte und deshalb ihre Unterschrift verweigerte. Das übernahm dann die Sozialministerin Margareta Winberg. Ich denke, ein zentraler Durchbruch war der Parteitag der Sozialdemokratischen Partei, denn die hatten eine sehr starke Frauenorganisation, die sich dazu entschlossen hatte, dieses Gesetz durchzubringen, und wenn es das Letzte wäre, was sie taten. Ich hab das jetzt kurz zusammengefasst, aber es war ein langer, steiniger Weg dorthin. Wichtig ist aber herauszustellen, dass das ein sehr feministischer Prozess und ein sehr feministisches Ergebnis waren. Das sollte man sich in Erinnerung behalten. Denn zu sagen, dass man das Nordische Modell unterstützt, bedeutet, einen feministischen Ansatz zu unterstützen. Ich denke, das ist extrem wichtig.

Das Gesetz war für einige Jahre ein eigenes Gesetz aus Gründen, die hier jetzt nicht wichtig sind. Aber etwa um 2005 herum wurde es dann in das Strafgesetzbuch integriert. Und hierbei ist interessant, dass es im Kapitel 6 eingeordnet wurde, den Sexualstraftaten, genau wie Vergewaltigung, sexuelle Belästigung, usw. Und das war sehr wichtig. Man hätte es auch in Kapitel 4, den Verbrechen gegen die Gesellschaft einordnen können, wo zum Beispiel auch Menschenhandel wegen der organisierten Kriminalität drin steckt. Wir sind also sehr glücklich, dass es dort steht, wo es steht und das war zu meiner Zeit in der Regierung.

Unsere Bewegung wird ja oft als „moralistisch" und „konservativ" bezeichnet. Wenn wir uns die Fakten anschauen, ist das ziemlich weit von der Realität entfernt. Du hast ja bereits die Rolle der feministischen Bewegung bei der Implementierung von *Kvinnofrid* und dem schwedischen Ansatz dargestellt. Was entgegnest du auf den genannten Vorwurf?

Ich sag`s mal so: Bei allem, was Feministinnen tun, unterwerfen wir unsere Forderungen einer ethischen Analyse. Und in Bezug auf Prostitution haben wir eine sehr sorgfältige ethische Analyse vorgenommen. Genau deswegen sind wir bis auf die Wurzeln der Prostitution vorgedrungen. Wir sagen, dass wir als Frauen in einer demokratischen Gesellschaft mindestens genau die gleichen Rechte wie Männer möchten. Als Radikalfeministin möchte ich ein bisschen mehr als nur gleiche Rechte, aber das ist mal die Basis. Und wir können nicht sagen, dass manche Frauen kein Teil dessen sein sollen. Wir können Frauen nicht isolieren und sagen: „Aufgrund eurer Herkunft und der Unterdrückung, der ihr bereits ausgeliefert wart, müsst ihr in dieser Situation verbleiben: kontrolliert, sexuell benutzt und ökonomisch ausgebeutet", – und wie diese Sexarbeitsleute so tun als sei das eine gute Sache. Hier geht es um einen ethischen Standpunkt. Für uns sorgt die Ethik dafür, dass Frauen und Mädchen nicht unterdrückt werden, weder strukturell, noch individuell. Also ist das eine sehr ethische Frage.

Moralismus hingegen ist eine völlig andere Sache, und es ist ein Mythos, den die Pro-Prostitutions-Leute geschaffen haben, weil sie es nicht mögen, dass wir sowohl Radikalfeministinnen, als auch gegen Prostitution sein können. Sie mögen es nicht, weil es für sie nicht funktioniert. Weil sie Frauen genau da haben wollen. Sie möchten, dass Frauen gehirngewaschen sind und glauben, dass das die beste Situation für sie ist. Während wir möchten, dass Frauen mit Hilfe von anderen aus der Unterdrückung, in der sie ihr ganzes Leben bereits drinstecken, aufwachen und sagen „Diesen Scheiß wollen wir nicht! Wir sind auf diese Erde gekommen, um andere Leben zu leben, in denen wir nicht misshandelt werden." Das ist die starke Seele, der Grundpfeiler unseres Ansatzes. Wir multiplizieren Unterdrückung nicht, und wir nehmen eine ethische Haltung dazu ein, eine feministisch-ethische Haltung.

Und ich würde sagen, dass es nicht zwei Optionen gibt. Du bist entweder für den schwedischen Ansatz oder du bist für Sexarbeit. Das lässt sich nicht vergleichen, denn auf der einen Seite gibt es die feministische Analyse der Unterdrückung der Frau durch Gewalt gegen Frauen, bei der Prostitution eine mehrlagige Erfahrung aller möglicher Formen von Gewalt ist, und auf der anderen Seite gibt es eine neoliberale Sexarbeits-Position, bei der all das ok ist. Letzteres ist eine Menschenrechtsverletzung, und unser Ansatz ist ein Versuch, die Gewalt gegen Frauen zu beenden. Das lässt sich also nicht vergleichen. Deren Position ist in der Hand der Patriarchen, es ist die einfachste Denkweise. Du musst deine Meinung nicht ändern, weißt du, die meisten Leute haben doch noch nie über Prostitution nachgedacht, vor allem nicht in Deutschland. Es gibt in allen Städten Frauen in der Prostitution. Ihr habt all diese verschiedenen Prostitutionsstätten, all das ist leider so dermaßen inkorporiert in die deutsche Seele, dass es wirklich Mühe braucht, um anders zu denken. Man braucht all diese Argumente und muss es sowohl im Herzen als auch mit dem Intellekt verstehen, was da ethisch Verwerfliches den Frauen in diesem Kontext angetan wird. Deshalb glaube ich, dass es gut ist, dass du dieses Buch machst, denn ich habe schon immer gesagt, wir müssen die Fakten liefern, und wir können darüber nicht lügen. Wir müssen absolut wahrhaftig sein. Ich muss sagen, dass mir die Gegenseite in 30 Jahren noch nie irgendeine falsche Aussage nachweisen konnte.

Sind wir also moralistisch? Nein. Wir suchen unsere Freiheit. Wenn das moralistisch ist, ok, dann soll es von mir aus so sein. Aber Freiheit ist nicht Moralismus, es ist Befreiung. Es geht um die Vision, dass Mädchen und Frauen bessere Leben haben können und bessere Leben haben sollten. Manchmal wird es sehr eindimensional, wenn Leute vom Nordischen Modell reden. Deshalb war ich immer gegen dieses Konzept, das von der *Coalition Against Trafficking in Women* erstmalig in den USA ausgerufen wurde. Ich war sogar sehr dagegen, denn ich glaube nicht an Modelle. Ich denke eher, dass wir Ansätze teilen können. Ich glaube daran, dass wir voneinander lernen können, aber dass es an die jeweiligen Länder in denen wir leben, angepasst werden muss. Die Politik jedoch, die Ethik und die Grundprinzipien, die können vervielfältigt werden und auch manche der Aktivitäten. Aber die Maßnahmen müssen dennoch euren Verhältnissen entsprechend maßgeschneidert werden.

Wie kam es dazu, dass du als offen radikalfeministische Aktivistin eine Beraterin der schwedischen Regierung wurdest?

Ich wurde beauftragt, weil ich Rechtsanwältin und Feministin war. Es war ein Vorteil, und das lag daran, dass Margareta Winberg weitsichtig ist. Sie hatte keine Angst und wollte feministische Politik machen. Interessant ist übrigens, wie schwedische Politiker – die alten, nicht so sehr die jungen – Politik machen: Sie machen Dinge, einfach weil sie getan werden müssen. Wir haben ein Problem, also lösen wir es. Und wir verplempern jetzt nicht zahlreiche Jahre, um herauszufinden, wie viele Frauen wir eigentlich in der Prostitution haben. Das ist völlig uninteressant.

Von Interesse ist vielmehr, dass es da Frauen gibt, die Gewalt erfahren, und dass wir das stoppen müssen. Ich halte das für einen sehr feministischen Ansatz. Wir haben ein Problem: Frauen werden vergewaltigt, was können wir tun, damit das aufhört? Wir müssen nicht wissen, ob es 20 oder 200 sind. Fakt ist, dass es passiert. Als wir angefangen haben, hatten wir, wenn wir das im Kontext betrachten, nur sehr wenige Frauen in der Prostitution. Das Problem war gar nicht so groß wie bei anderen Formen von Gewalt gegen Frauen, bei Weitem nicht. Wir hatten bereits extrem niedrige Zahlen, die man wirklich als echte Prostitutionsaktivitäten bezeichnen kann.

Welche politischen Parteien haben das Gesetz unterstützt? Und was denkst du: Warum genau hat Schweden einen komplett anderen Weg, was die Prostitution betrifft, genommen als der Rest der Welt?

Es waren die Sozialdemokraten, die Liberalen und die linke Partei. Als die sozialdemokratische Frauenorganisation sich der Sache angenommen hat, haben sie sich dazu entschlossen, dass sie einmal in der Woche ein Treffen aller Frauen der verschiedenen Parteien abhalten. Das ist überhaupt nicht gern gesehen, es wird erwartet, dass man seinen politischen Ansichten treu bleibt, nicht wahr? Aber das Thema Gewalt gegen Frauen ist wirklich parteiübergreifend. Und deshalb hat man parteiübergreifend entschieden, dass das hier wichtig war. Die Einzigen, die nicht besonders scharf darauf waren, waren natürlich die Konservativen, die Moderate Party hat dagegen gestimmt. Und ein paar andere kleinere. Aber es wurde, und ich denke, das ist eminent wichtig, eine parteiübergreifende Angelegenheit, bei der jede/r sagte „Das ist etwas, das ich unterstütze!"

Es war übrigens das Gleiche in Nordirland, wo ich mich für eine lange Zeit als Beraterin engagiert habe. Das war sehr interessant, denn wie man weiß ist das ein sehr problembelastetes Land, mit so vielen Spannungen und sehr klaren politischen Differenzen. Aber auch dort sind sie am Ende zusammengekommen und sowohl die Democratic Union Party (DUP) und die Republikaner haben sich dafür eingesetzt. Und sie haben das Gesetz gemeinsam unterstützt, obwohl sie sich sonst in wirklich allem anderen uneinig sind. Ich habe das als einen totalen Triumph empfunden, dass wir diesen Punkt erreicht haben. Die Partei, die das Gesetz nicht unterstützt hat, war die Alliance Party, aber das sind die Neoliberalen, der internationale Arm von *Amnesty International* in Nordirland sozusagen.

Eine Menge Leute betonen, dass sie natürlich gegen Menschenhandel sind, aber dass ja Prostitution (oder „Sexarbeit") als etwas völlig anderes angesehen werden sollte. Als Feministin und Menschenrechtsanwältin: Was denkst du: Warum sollten wir diese Differenzierung vermeiden?

Das ist noch so eine Sache, mit der die Pro-Prostitutions-Lobby versucht, uns unsere Gehirne zu verknoten. Die Absicht der Menschenhändler und Zuhälter ist es, Frauen in der Prostitution auszubeuten. Ansonsten wäre Menschenhandel ja nur die Rekrutierung und der Transport. Aber die Absicht des Handels ist es, diese Frauen in den lokalen Prostitutionsmärkten auszubeuten. Es geschieht entweder über Ländergrenzen hinweg, meistens jedoch innerhalb eines Landes. Das ist auch beunruhigend. Ich nahm an den Verhandlungen zum *Palermo-Protokoll* teil, und es gab eine ganz klare Intention, Menschenhandel und Prostitution zu trennen, aber Artikel 3 der Konvention sagt ganz klar, dass die Absicht des Menschenhändlers von Interesse ist und eben nicht, was die Frau will oder nicht will. Auch sagt die Konvention ganz klar, dass es gar keine Ausbeutung geben muss. Es braucht nur eine Absicht der Ausbeutung, und damit kann man ganz schnell aufzeigen, dass die Ausbeutung das Problem ist. Frauen werden von einer Stadt in die andere verschoben, und das passiert aus dem ganz einfachen Grund, dass Männer nicht immer die gleiche Frau haben wollen. Das ist die zentrale Idee der Prostitutions-Aktivitäten. Wenn du da Profit machen willst, dann stellst du sicher, dass die Kunden zufrieden sind. Und die sind nur glücklich, wenn sie die ganze Zeit neue Frauen bekommen. Die Frauen, die nach Schweden gehandelt werden, werden nicht einfach nur nach Stockholm gehandelt. Und wenn sie nach Stockholm gehandelt werden, dann auch nicht immer am gleichen Ort. Es geht darum, Profite zu maximieren.

Es ist also eine politische Unterscheidung, damit der deutsche Staat sich nicht um die Tatsache kümmern muss, dass da Tausende von Frauen in von der Gesellschaft akzeptierten Bordellen sind. Denn wenn man anfangen würde, die Zusammenhänge zu sehen und sehen würde, dass die meisten dieser Frauen tatsächlich von Menschenhandel betroffen sind, dann müsste man etwas dagegen tun. Ich meine, es gibt so viele Erklärungen, aber das ist die einfachste. Wie kann man solche Dinge voneinander trennen? Wenn ich eine Autohändlerin wäre und Autos ins Land bringen müsste, würde ich die ja auch nicht einfach nur über die Grenze fahren. Ich würde sie hierher bringen, um sie zu verkaufen, richtig?

Das ist interessant und geht auf das zurück, was ich darüber gesagt habe, dass Menschen ihre Meinungen nicht ändern wollen. Das Bewusstwerden ist das Schwerste für Individuen. Manche Leute wollen die Welt verstehen und mehr als das. Sie wollen Fakten, sie wollen das sehen, sie wollen über das hinausschauen, was ihnen beigebracht wurde. Aber eine ganze Reihe anderer Leute bevorzugen es, dass ihre Leben nicht durcheinandergebracht werden, und dann ist es viel einfacher zu denken, dass diese Frauen in der Prostitution nicht umher geschoben werden und dass sie keine Opfer sind. Es ist viel einfacher, denn andernfalls…

Wenn ich zum Beispiel in die Niederlande fahre…. Ich hasse die Niederlande, mag sie aber auch, ich hab auch dort gelebt. Du gehst dorthin und siehst die Frauen in den Fenstern. Du kannst sie sehen, ich sehe sie, weil ich es nicht gewohnt bin, sie zu sehen. Aber die Leute, die da wohnen, die sehen die gar nicht mehr. Darum geht es. Du musst erst dieses unsichtbare „Ich will mich damit nicht beschäftigen, weil es mich nichts angeht" wegbekommen. Und auch die Lügen darüber, wer eigentlich Prostitution nutzt. Ja, es ist jemand, den ihr kennt. In Deutschland ist es definitiv jemand, den ihr kennt. Also lasst uns über die reden. Wer in eurer Familie war schon mal im Bordell?

Als ich zum Beispiel in Belgien geforscht habe, habe ich zu den Frauen in der Regierung gesagt „So, jetzt geht nach Hause und fragt euren Ehemann, euren Partner, eure Söhne und die Freunde eurer Söhne und schaut mal, ob ihr herausfinden könnt, wer schon im Bordell war." Manche von denen haben das gemacht und sie sind heimgegangen und haben herausgefunden, dass es Männer sind, die sie kennen. Für dich und mich ist das so offensichtlich, aber es sind diese ganzen Gewöhnungseffekte, dass viele solche Übertretungen nicht sehen, die Gewalt nicht sehen. Bei der häuslichen Gewalt war es ja genauso, als wir anfingen dazu zu arbeiten. Niemand wollte die sehen, aber jeder wusste es. Niemand wollte darüber reden. Wir sind jetzt in der gleichen Situation. Nicht jeder will was davon wissen. Und unser Job ist es, dafür zu sorgen, dass sie es sehen.

Warum ist der schwedische Ansatz eine Erfolgsgeschichte? Welchen Einfluss hatte er auf die Gesellschaft?

Ich denke, es ist deshalb ein Erfolg geworden, weil es uns gelungen ist, nach der Verabschiedung zum einen dafür zu sorgen, dass die Polizei es umsetzt und zum anderen all die normativen Effekte zu setzen. Weil wir sowohl Zeit als auch Geld dafür zur Verfügung hatten. Und das sage ich zu allen, die dieses Gesetz einführen müssen: Man braucht eine Koordination, die sicherstellt und genug Macht der Polizei gegenüber hat, um das der Polizei zu verdeutlichen – und das konnte ich –, dass das nicht etwas Optionales ist. Es ist keine Option, sondern wird von der Regierung extrem hoch priorisiert, also verdammt nochmal, macht was. Ich hatte Glück, dass es Polizistinnen gab, die genau das Gleiche dachten. Am Anfang brauchte es viele Fortbildungen, nicht so sehr zu den operativen Aspekten, sondern vielmehr zu dem Warum. Warum haben wir diese Gesetzgebung? Warum verhaften wir die Männer? Warum verhaften wir nicht die Frauen? Das war der eine Teil.

Der andere Teil ist sehr konkret und bedeutet eine ganze Stange Geld für die Polizei, denn diese Ermittlungen sind ressourcenintensiv. Also gab es zwei Jahre richtig viel Geld, 30 Millionen SEK und dann 40 Millionen SEK, um Ermittlungsteams aufzusetzen und ExpertInnen auszubilden, damit die im Land rumreisen können und alle fortbilden. Das ist die praktische Seite, die man sicherstellen muss. Und das ist ein großes Problem in vielen anderen Ländern, denn die Polizei sagt dort den Polizeibehörden, dass sie andere Dinge priorisieren müssen, denn oft sind Waffengeschäfte und Drogenhandel höher priorisiert.

Also mussten wir sagen, dass sich das ändern muss – und das hat auch die Regierungserklärung in diesem Jahr getan – und so wurde es in Instruktionen der Regierung an die Polizeibehörde und Oberstaatsanwaltschaft vermittelt. Ich hab keine Ahnung, wie das in Deutschland läuft, aber in Schweden schickt die Regierung jedes Jahr einen Brief an alle Behörden und benennt die Prioritäten für das Jahr und schreibt, wie viel Geld sie dafür zur Verfügung stellt. Prostitution und Menschenhandel sind in der Tat seit nunmehr 20 Jahren eine Priorität.

Das Thema war aber auch schon immer interessant für die Medien, schon lange, bevor ich ins Spiel kam. Seit jeher gibt es jede Woche Artikel über Prostitution in den Zeitungen. Aktuell zum Beispiel über einen Richter in Mittelschweden, eine schreckliche Geschichte, der ein 18 Jahre altes Mädchen als Opfer eines Verbrechens an seinem Gericht hatte. Eine Woche später traf er sie zufällig in einer Bar und hat sie gekauft und sexuell benutzt. Und der Präsident des Obersten Gerichtshofes hat ein halbes Jahr nicht gehandelt. Das ist natürlich ein Skandal. Es gibt also jede Woche Geschichten über die Männer, die verhaftet wurden und über Männer in hohen Positionen wie Paolo Roberto oder wen auch immer. Es ist gelungen, dass die Presse von Anfang an sehr an diesem Thema interessiert war, und ich denke, die Fortbildungen mit den Journalistinnen und Journalisten haben sie gelehrt, wie man über Prostitution schreibt und welche Fotos man benutzt. Nämlich keine von den Frauen, sondern von den Freiern. Ich denke, das war sehr effektiv.

Heute ist die Pornographie sehr präsent in Schweden. Das staatliche Gesundheitsministerium macht alle fünf Jahre eine Studie mit dem Titel „Sex in Schweden". Das ist eine große Bevölkerungsstudie, die sich mit allen möglichen Aspekten der Sexualität befasst, auch mit sexueller Gewalt. Die letzte war etwa vor einem Jahr und kam zu dem Schluss, dass 77 % der schwedischen Männer täglich Pornographie konsumieren. Bei den Frauen sind es nur 4 %. Also müssen wir noch weiter an den normativen Effekten arbeiten.

Es gibt wirklich viele Menschen, die sehr stolz darauf sind, dass wir dieses Gesetz haben und dass wir das erste Land waren, das die Gesetzgebung eingeführt hat. Es ist aber wichtig zu betonen, dass der *Kvinnofrid*-Vorschlag den normierenden Effekt betont hat und nicht die Verhaftung der Freier. Für die feministische Bewegung waren die Verhaftungen wichtig, denn das ist eine rote Linie: „Wenn du das machst, dann wirst du bestraft."

Wir haben also eine Menge Aufklärungsarbeit geleistet, und das war ein ziemlich wichtiges Thema in den ersten Jahren, als ich damit gearbeitet habe. Wir haben sehr viel Geld darein investiert. Es gab einen Punkt, da haben wir 5.000 E-Mails aus der Sekundarstufe bekommen, weil alle ihre Referate über Prostitution und Menschenhandel halten wollten. Wir haben viel mit Kindern, vor allem mit den jungen Männern gemacht. Du musst dir die jungen Männer vorknöpfen und sie schon hart an die Kandare nehmen. Du kannst nicht einfach nur sagen „Wir erziehen sie, blablabla." Nein! Du musst ihnen sagen: „Stop! Das ist nicht akzeptabel, wir verhaften dich. Das werden wir. Komm also gar nicht erst auf die Idee, dass dafür zu bezahlen eine Möglichkeit ist, das zu bekommen, was du dir in den Pornos ansiehst." Wir haben natürlich ein Problem mit dem, was sie mit gleichaltrigen Mädchen machen, aber das ist ein anderes Thema. Also der Mix aus normativen und rechtlichen Maßnahmen ist das Wichtigste.

Gibt es Dinge, die deiner Meinung nach verbessert werden müssten?

Ich halte die Strafen ganz offensichtlich für zu gering. Aber das war einer der Kompromisse, den wir machen mussten. Das Gesetz wäre niemals durchgegangen, wenn die Strafen die gleichen gewesen wären wie für Vergewaltigung. Ich denke auch, dass die Polizei das Gesetz dann nicht umgesetzt hätte. Und es ist schrecklich, das zu sagen, aber die Polizei ist eine patriarchale Organisation mit vielen Männern. Vor allem damals war sie es, heute gibt es dort mehr Frauen. Sie hätten gesagt: „Armer Kerl. Vier Jahre für das Kaufen einer Frau in der Prostitution? Ach nein, lasst ihn laufen." Du kannst aber mit einer niedrigen Bestrafung anfangen, und jetzt haben wir den Punkt erreicht, dass die Regierung eine Kommission eingesetzt hat, damit die Bußgelder abgeschafft und durch verpflichtende Haftstrafen ersetzt werden.

Ich denke, es ist jetzt auch wirklich Zeit, und es kann jetzt 20 Jahre später endlich gemacht werden.

Wir brauchen auch mehr Unterstützung für die Frauen in der Prostitution. Wir haben wundervolle Prostitutionsgruppen bei den Sozialbehörden in Stockholm, Göteborg und Malmö. Die Frauenhausbewegung macht nicht so viel, wie ich es gerne hätte. Wenn ich mir zum Beispiel Norwegen anschaue und das ROSA-Projekt von Agnete (http://rosa-help.no/), dann wünsche ich mir, wir hätten sowas in Schweden. Aber Unterstützungsangebote sind nie genug. Sie sind auch für Frauen, die Opfer von Vergewaltigung geworden sind, in keinem Land genug. Der Bedarf ist immer größer.

Und dann würde ich noch die Pornographie kriminalisieren. Und zwar jegliche Pornographie.

Pornokonsum und seine gesellschaftlichen Folgen

Das Wort Pornographie, abgeleitet vom altgriechischen porne und graphos bedeutet „über Huren schreiben". Porne bedeutet „Hure", und zwar spezifisch und ausschließlich die unterste Klasse der Huren, was im antiken Griechenland die Bordellschlampe war, die allen männlichen Bürgern zur Verfügung stand. Die porne war die billigste (im wörtlichen Sinn), am wenigsten respektierte, am wenigsten beschützte aller Frauen, einschließlich der Sklavinnen. Sie war einfach, ganz eindeutig, ganz absolut eine sexuelle Sklavin ... Das Wort Pornographie bedeutet nicht „über Sexualität schreiben" oder „Darstellung des Erotischen" oder „Darstellung sexueller Handlungen" oder „Darstellung nackter Körper" oder „Wiedergabe sexueller Dinge" oder irgendeinen anderen Euphemismus dieser Art. Es bedeutet die schriftliche und bildliche Darstellung von Frauen als wertlose Huren. Im antiken Griechenland galten nicht alle Prostituierten als wertlos: nur die porneia. Die zeitgenössische Pornographie hält sich streng an die ursprüngliche Bedeutung des Wortes: die schriftliche und bildliche Darstellung von Huren, oder, in unserer Sprache von Schlampen, ... Votzen. Das Wort hat seine Bedeutung nicht verändert, das Genre trägt keinen falschen Namen.
Andrea Dworkin[1]

Wohl eines der wichtigsten Bücher zum Thema Pornographie wurde 1979 von der radikalfeministischen Vordenkerin und Soziologin Andrea Dworkin geschrieben und erschien 1987 auch unter dem Titel „Pornographie. Männer beherrschen Frauen" erstmals in deutscher Sprache. Vier Jahrzehnte später müssen wir feststellen, dass unsere Gesellschaft heute eine andere sein könnte, hätte man ihr seinerzeit zugehört und die notwendigen Konsequenzen aus den bereits damals erkannten Fehlentwicklungen gezogen. Nicht nur enttarnt sie den Zynismus der politischen Linken, wenn es um die Sexindustrie geht, sie stellt auch dar, wie große Teile der Popkultur bereits damals von Pornographie durchdrungen waren. Hinlänglich analysiert sie beispielsweise die Werke des Marquis de Sade, der von linken Intellektuellen zelebriert wurde (und nach wie vor wird), obwohl er „Schläger, Vergewaltiger, Entführer" und pädokriminell war. Allgemein wird es jedoch so dargestellt, als stünden die Grausamkeiten seiner Dichtung im krassen Widerspruch zu seinem Leben.

Pornographie kann nicht getrennt betrachtet werden von der Prostitution, worauf ja bereits die griechische Sprachwurzel hinweist. Dworkin beschreibt, wie die Pornographie sie lehrte, die Welt durch die Brille der Pornographen und ihrer Konsumenten zu sehen, und wie sie lernte, Alltagsgegenstände (Türöffnungen, Elektrokabel, Telefone, …) als sexualisierte Gegenstände wahrzunehmen, mit denen Frauen gequält werden können – und werden. Sie zeigte auf, wie die Werte der Pornographie Geltung in der Gesellschaft haben, wo es in erster Linie darum geht, männliche Macht zu verkünden.

Außerdem wies sie darauf hin, dass Pornographie auch ihre Wirkung auf die Betrachterin entfaltet, denn die Tatsache, dass solche Bilder veröffentlicht und von Millionen Männern ohne Widerspruch konsumiert werden, zeige allen Frauen, dass dieses sichtbare Grauen von diesen nicht als Grauen aufgefasst wird.

Anknüpfend an Shulamith Firestone betont sie den Sozialisationseffekt auf den Jungen in seine Rolle als Mann: Er hat die Wahl, der Mutter gegenüber loyal zu bleiben, *„oder aber ein Mann zu werden, einer, der über die Macht und das Recht verfügt, zu verletzen, Gewalt anzuwenden, seinen Willen und seine körperliche Stärke über und gegen Frauen und Kinder einzusetzen."* Er hat die Wahl zwischen ficken und gefickt werden. Es handelt sich um ein sich Wegdistanzieren von der Machtlosigkeit, die Frauen als soziale Klasse zugeschrieben wird.

Die Idee von der öffentlichen Frau

Dworkin entlarvte die Forderung linker Männer nach „freier Liebe" und „freien Frauen" als Euphemismus für die Idee des Marquis des Sade, Staatsbordelle einzuführen, in denen alle Frauen gezwungen seien, ihre Dienste anzubieten. Șade enthülle die Richtigkeit der Gleichung: Die Macht des Pornographen ist die Macht des Vergewaltigers / Schlägers. Dabei beruhe die Durchsetzung männlicher Macht im Wesentlichen auf der Illusion, dass Frauen frei handeln, denn *„was Frauen in ihrer Privatheit tun wollen, stimmt zufällig mit dem überein, was Männer von ihnen verlangen"*. Sie sieht in dem Narrativ, dass Frauen „es so wollen", die Ermöglichung der systematischen Gewalt gegen Frauen:

Das Wesen von Vergewaltigung liegt ... in der felsenfesten Überzeugung, dass keine Frau Opfer ist, egal wie sehr sie durch das, was sie tut, entwürdigt wird. Wenn Dirnenhaftigkeit das Wesen der Frau ist, dann kann das, was dieses Wesen enthüllt, sie weder verletzen noch zum Opfer machen. Das Wesen von Vergewaltigung liegt in der Überzeugung, dass [Pornographie] eine weibliche Sexualität wiedergibt, die unabhängig ist von männlicher Macht.

Dworkin, selbst jüdischer Herkunft, verwies auf die besondere Rolle, die die Sexualisierung der Jüdinnen in der Geschichte der Pornographie einnimmt, und bezeichnete weder dies, noch die Tatsache, dass den US-Herausgebern des *Playboys* die deutschen Ausgaben des Magazins am besten gefielen, als Zufall, denn

die Sexualisierung der Jüdin ... bildet das Paradigma für die Sexualisierung aller rassisch oder ethnisch degradierten Frauen ... [Hitler] schuf das Bild der jüdischen Frau als Dirne, wild, promiskuös, die sinnliche Antithese zur arischen Frau, die blond und rein war.[2]

Sie wies darauf hin, dass Prostitution und Pornographie außerhalb des Patriarchats undenkbar wären, denn außerhalb des Rahmens männlicher Herrschaft sei der Begriff Hure absurd und die Benutzung von Frauen als Huren undenkbar:

Männer haben die Gruppe, den Typus, das Konzept, die Bezeichnung, die Beschimpfung, die Industrie, den Handel, die Ware, die Realität der Frau als Hure geschaffen.

Wenn nun also der wirkliche Spaß bei der Sexualität in der Herabsetzung von Frauen liege, so zeige dies nur, dass Frauen allgemein als minderwertig und „verhurt" betrachtet würden. Ob rechte oder linke Männer, sie alle könnten der Pornographie etwas abgewinnen. Während das „schmutzige Geheimnis" rechter Männer beim geheimen Sex und beim Kaufen und Verkaufen liege, so sei das schmutzige Geheimnis linker Männer das Geld. Sie bezeichnete die Porno-Industrie der 1970er Jahre gar als linke Industrie:

Die Hure aus dem bürgerlichen [sic] Heim auf die Straße geholt, zum demokratischen Konsum für ihre Männer. Ihre Freiheit, ihre freie Sexualität besteht darin, eine Hure zu sein – und sie mag es. ... Es ist Befreiung.

Die deutschen Porno-Tycoons

In Nachkriegsdeutschland setzte vor allem der *Heinrich-Bauer-Verlag* auf Pornographie.[3] Von diesem Verlagshaus, unter anderem verantwortlich für die bekannten „Schmuddelhefte" *Praline, Das Neue Blatt, Neue Post* oder

Wochenend, wurde auch die deutsche Lizenz für den *Playboy* eingekauft. Ein Zitat aus einer Ausgabe der *Praline* aus dem Jahr 1971 zeigt, dass Gewalt bereits damals ein zentraler Bestandteil der Pornographie war:

Brutal zwang er ihre Beine auseinander. Sie schrie, als er in sie eindrang. Doch bald wurde sie mitgerissen von seiner Zügellosigkeit. Sie genoss seine Vulgarität .... Ricki lächelte triumphierend auf sie herunter: „Die Nummer hat dir gefallen, eh?"

In den Blättern des Bauer-Konzerns wurde jedoch anders als in den USA nicht linksliberale Politik promotet, sondern ungeniert Wahlkampf für die CDU betrieben. So wurden CDU-Kandidaten hofiert und gefakte Umfragen lanciert, die eine gesellschaftliche Unterstützung von Strauß und Kohl suggerierten.

Als einer der größten Porno-Tycoons der Welt galt bis vor kurzem der Düsseldorfer Fabian Thylmann. Thylmann begann mit der Webseite *PrivateAmateure* und kaufte später *Mydirtyhobby*, *Xtube*, *Brazzers* und andere, bevor er 2011 die Holding *Manwin* gründete. Nach Ermittlungen wegen Steuerhinterziehung verkaufte er seine Anteile an Gesellschafter der Holding, und diese wurde, fusioniert mit *Redtube*, in *Mindgee*k umbenannt.

Mindgeek besitzt 10 der 15 bekanntesten und lukrativsten Pornoseiten der Welt und sammelt mehr Nutzerdaten als beispielsweise *Netflix*. Diese detaillierten Daten der Nutzer werden u. a. dafür genutzt, personalisierte Anzeigen zu generieren. 2020 geriet das *Mindgeek*-Tochterunternehmen *Pornhub* weltweit in die Schlagzeilen, als bekannt wurde, dass die Plattform Vergewaltigungsvideos von Minderjährigen, gehandelten Frauen und sexuell missbrauchten Kindern hostet und selbst auf Bitten der Opfer, diese zu entfernen, nicht reagiert.[4] Im Dezember 2020 brachen *VISA* und

MASTERCARD infolge einer Kampagne von Feministinnen schließlich die Geschäftskontakte zu *Pornhub* ab.

Der Mythos alternativer Pornographie

Am Beispiel von *Mindgeek* lässt sich auch gut aufzeigen, dass es sich bei so genannter „Amateur-Pornographie" genauso um kommerziell produzierte Pornographie handelt, wie jene Pornographie, bei der dies offen kommuniziert wird. Es handelt sich lediglich um ein Subgenre, das entsprechend vermarktet wird, bei dem aber gleichermaßen große Player im Geschäft die Gewinne abschöpfen.

Auch die Tatsache, dass eine Frau Regie bei einem Porno führt, hat einer Studie zufolge keinerlei Einfluss auf die Anzahl der entwürdigenden und aggressiven Handlungen gegen die benutzten Frauen.[5] Den Mangel an Nachfrage nach Pornographie, die Sexualität auf Augenhöhe zeigt, verdeutlicht det Versuch einer Gruppe kanadischer Psychologen, die daran scheiterten, Ausschnitte aus Filmen zu einem Porno ohne herabwürdigende oder gewaltvolle Szenen in regulärer Länge zusammenzuschneiden.[6]

Dass auch als feministisch verkaufte Pornographie keine Ausnahme ist, zeigt eine Szene aus der *Netflix*-Serie *Hot Girls Wanted 2*. Die Schwedin Erika Lust gilt als Ikone der „sexpositiven Pornographie" und wurde bereits mehrfach mit dem *Feminist Porn Award* ausgezeichnet. In der Serie zu sehen ist jedoch ohne Zweifel das Drängen einer Frau zu ungewolltem Sex. Gezeigt wird eine junge Frau, die zum ersten Mal einen Porno dreht. Es dauert nicht lange und sie zittert wie Espenlaub, weint in die Kamera und sagt, es tue ihr weh. Die entlarvende Reaktion der Regisseurin: Sie erklärt ihrer Darstellerin, dass sie ja nur so tun müsse, als würde es ihr gefallen, und den Orgasmus könne sie ja vorspielen – und sie drängt sie zum Weitermachen.

Pornographie als Marketingtool für Prostitution

Pornographie stellt Frauen in einer bestimmten, häufig rassistisch-sexualisierten und stereotypisierten Weise dar und übt damit einen Druck auf Frauen zur Konformität aus. Außerdem löst sie eine Nachfrage nach Prostitution aus und hat damit einen normierenden Einfluss auf die Gesellschaft. Ihr kommt damit die Funktion eines Marketing-Tools zu und eines Rahmens, in dem sozial akzeptables und zu erwartendes Sexualverhalten definiert wird.[7] Vor diesem Hintergrund bezeichnet Parker die Pornoproduzenten als Medienzuhälter, die mit dem Versprechen auf Glück, Macht und sexuellen Erfolg Fantasien verkaufen.[8]

Und in der Tat: In dem Vergleich von Freiern und Nicht-Freiern ist auffällig, dass 52 % der Freier, aber nur 20 % der Nicht-Freier Pornographie mit ihren Sexualpartnerinnen imitieren. Einige Freier gaben an, Pornographie in ihrer Prostitutionsnutzung mit einzubauen. Darüber hinaus konsumieren Freier eine größere Bandbreite von Pornographie als Nicht-Freier und masturbieren häufiger zu einer größeren Bandbreite an Pornographie.[9]

Hier zeigt sich ein Zusammenhang mit dem Ergebnis einer anderen Studie, nach der fast die Hälfte der interviewten Freier angab, Prostitution für sexuelle Praktiken zu nutzen, die sie von ihren Partnerinnen nicht erfragen wollten oder die diese ablehnten. Als Beispiele wurden Gruppensex, die Benutzung von Sexspielzeug oder BDSM-Praktiken genannt.[10] So erklärte ein Freier, dass er dafür bezahlt, etwas Erniedrigendes mit einer Person zu machen, die nicht seine Partnerin ist. Ein anderer stellte fest, dass alles, was man nicht von der

Freundin oder Ehefrau bekommen könne, bei einer prostituierten Frau abrufbar sei.[11]

Zentrale Forschungsergebnisse zur Pornographie

Alarmierend sind die Erkenntnisse zu den Auswirkungen der extremen Sexualisierung unserer gesamten Kultur auf junge Mädchen. Wie der APA-Bericht zeigt, lehrt die „Porn Culture" Mädchen die Selbstobjektifizerung. Als Konsequenzen hieraus konnte zum einen ein negativer Einfluss auf das Selbstwertgefühl und das eigene Körpergefühl festgestellt werden, verbunden mit Scham und Angst. Wie Sporttrainerinnen und –trainer, aber auch Lehrerinnen und Lehrer berichten, duschen junge Mädchen heutzutage nach dem Sport zunehmend im Badeanzug und/oder verbarrikadieren sich in den Waschräumen. Die häufigsten psychologischen Konsequenzen sind Depressionen, Essstörungen, Selbstverletzungen und Suizidgedanken. Zum anderen verwehrt die Kultur Mädchen, eine gesunde und vor allem eigene Sexualität entwickeln zu können.[12]

Auf der anderen Seite hat Pornographie gravierende Auswirkungen auf die Konsumenten. In vielfacher Hinsicht konnte nachgewiesen werden, wie Pornographie Gewalt gegen Frauen befördert. So gibt es einen signifikanten Zusammenhang zwischen der Nutzung von Pornographie und positiven Einstellungen in Bezug auf Gewalt gegen Frauen.[13] Dies beruht vor allem auf einer psychischen Desensibilisierung, die zu einer heruntergesetzten Empathie mit Opfern führt, sowie dem Glauben, dass Opfer eine Vergewaltigung genießen.[14] Dies hängt unter anderem damit zusammen, dass der Konsum die Vergewaltigungsmythenakzeptanz („Wenn eine Frau einen kurzen Rock trägt, dann trägt sie eine Mitverantwortung", …) steigert.[15] Darüber hinaus urteilten Männer in einer Studie, nachdem sie sich einen sexuell objektifizierenden

Film (kein Porno!) angesehen hatten, signifikant häufiger, dass ein unter KO-Tropfen gesetztes Vergewaltigungsopfer „bekam, was sie wollte" und eine eigene Befriedigung aus der Tat zog.[16]

In zahlreichen Studien wurde belegt, dass Pornokonsum das Aggressionspotential des Konsumenten erhöht[17], dies im Übrigen unabhängig davon, ob in dem Porno Gewalt gezeigt wird oder nicht.[18] Auch die Wahrscheinlichkeit, sexuelle Straftaten zu begehen, ist entsprechend heraufgesetzt.[19] Frauen, die an einem Programm für Opfer häuslicher Gewalt teilnahmen, waren deutlich häufiger auch zusätzlich sexueller Gewalt ausgesetzt, wenn der Partner Pornokonsument war.[20] Nicht überraschend ergibt sich hieraus, dass Pornokonsumenten niedrigere Strafen für Vergewaltiger als angemessen erachten, als Nicht-Konsumenten. So befürworteten Konsumenten in einer Studie für die Vergewaltigung einer Tramperin ein Strafmaß von fünf Jahren, während Nichtkonsumenten ein Strafmaß von zehn Jahren für angemessen hielten.[21] Wie Cynthia Enloe aufzeigt, macht sich das Militär diese Effekte zunutze, indem der Konsum von Pornographie und der gemeinsame Bordellbesuch bewusst eingesetzt werden, um die Empathie der Soldaten herabzusetzen und sie auf das Töten vorzubereiten.[22]

Umso deutlicher erkennbar sind diese gewaltbefördernden Effekte auch in Gesellschaften, die nicht langsam an die Pornographie gewöhnt wurden, sondern in denen Pornographie abrupt eingeführt wurde. So hatte die Pornographie einen erschütternden Einfluss auf Aboriginie-Gesellschaften in Australien, wo es in der Folge zu einer „Epidemie von Kindesmissbrauch und Gewalt gegen Frauen kam". Hier konnte auch ein entscheidender „Grooming"-Effekt auf Jungs nachgewiesen werden, der zur Folge hatte, dass bereits kleine Kinder sexuell aggressiv miteinander umgingen und „Mädchen nicht verstanden, dass sie eine Wahl hatten und Sex verweigern könnten. Sie akzeptierten, dass sie für Sex zur Verfügung standen, wenn sie nachts unterwegs waren". In Papua-Neuginea führte die Pornographie zu einer exorbitant hohen Anzahl an Gruppenvergewaltigungen, wobei einer Studie zufolge 61 % der Männer mindestens einmal an einer solchen beteiligt und 65 % der Frauen vergewaltigt worden waren.[23]

Fazit

Die Ausführungen zeigen, dass Andrea Dworkin und Catharine MacKinnon richtig lagen, als sie Mitte der 1980er Jahre einen Vorstoß für die Verabschiedung eines Gesetzes gegen Pornographie in den USA unternahmen. Dieses Gesetz sollte den in der und durch die Pornographie geschädigten Frauen, die Eröffnung einer Zivilklage gegen die Produzenten ermöglichen.

Unterstützt wurden sie u. a. von Linda Boreman, die als Linda Lovelace im Film „Deep Throat" bekannt wurde, dem Film, der der Pornographie in den Mainstream und aus der Schmuddelecke verhalf und den Startschuss zur Expansion der Industrie gab. Boreman war jedoch nur so lange für die Medien interessant, wie sie die Mär von der sexuellen Befreiung der Frau durch die Pornographie erzählte. Sowie sie anfing, die Wahrheit über die Sexindustrie zu erzählen, stellten die Journalistinnen und Journalisten die Aufnahme ein und weigerten sich, darüber zu schreiben. Entsprechend war auch der Gesetzesvorstoß zum Scheitern verurteilt.

Wenn geschlechtsspezifische Gewalt gegen Frauen heute wirklich effektiv bekämpft werden soll, kommt die Gesellschaft nicht umhin, das Thema Pornographie wieder zentral auf die Agenda zu setzen. Nach Andrea Dworkin rechnen „die Jungs fest damit", das wir weiter ignorant sind und uns weigern,

„das ganze Grauen ihres Sexualsystems einzugestehen". Wenn ihr Versprechen „Die Jungs haben sich verrechnet"[24] noch eingelöst werden soll, dann ist spätestens jetzt allerhöchste Eisenbahn dafür. Denn:

Wir wissen alle, dass wir frei sein werden, wenn es keine Pornographie mehr gibt. Solange sie aber existiert, müssen wir begreifen, dass wir selbst die dargestellten Frauen sind: von derselben Macht benützt, derselben Bewertung ausgeliefert, wertlose Huren, die um mehr winseln.

Notes:

(1) Andrea Dworkin: Pornographie. Männer beherrschen Frauen, Fischer Verlag, 1990.

(2) ebd.

(3) Hans Dieter Baroth und andere: Mit Politik und Porno. Pressefreiheit als Geschäft belegt am Heinrich- Bauer Verlag. Bund Verlag Köln, 3. Auflage 1979.

(4) Laila Mickelwait (Exodus Cry): Shut down pornhub and hold its executives accountable for aiding trafficking: www.traffickinghub.com.

(5) Chyng Sun et al., "A Comparison of Male and Female Directors in Popular Pornography: What Happens When Women are at the Helm?," *Psychol. Women Q.* 32, no. 3 (2008): 317–21.

(6) James V.P. Check & Ted H. Guloien, "Reported Proclivity for Coercive Sex Following Repeated Exposure to Sexually Violent Pornography, Nonviolent Dehumanizing Pornography, and Erotica," in *Pornography: Research Advances and Policy Considerations,* ed. Dolf Zillmann & Jennings Bryant (Hillsdale, NJ: Lawrence Erlbaum, 1989).

(7) David Guinn und Julie Di Caro: Pornography: Driving the Demand of International Sex

Trafficking, Xlibris, Bloomington, 2007.

(8) Joe Parker: How Prostitution Works, 1998,
www.prostitutionresearch.com/How%20prostitution%20works.pdf.

(9) Melissa Farley und andere: Comparing Sex Buyers with Men who Don`t Buy Sex: „You can have a good time with servitude" vs. „You`re supporting a system of degration". Paper presented at Psychologists For Social Responsibility Annual Meeting, Boston, 2011.

(10) Rahel Durschlag und Samir Goswani: Deconstructing The Demand For Prostitution: Preliminary Insights From Interviews With Chicago Men Who Purchase Sex, Chicago Alliance Against Sexual Exploitation, Chicago, 2008.

(11) Melissa Farley: Renting an Organ for 10 Minutes. What Tricks Tell Us About Prostitution, Pornography and Traffickin, in: David Guinn (Hg.): Pornography. Driving the Demand of International Sex Trafficking, Captive Daughters Media, Los Angeles, 2007.

(12) American Psychological Association,Task Force on the Sexualization of Girls: Report of the APA Task Force on the Sexualization of Girls, 2007.

(13) Hald et al: Pornography and attitudes supporting violence against women.

(14) C. Itzin et al: The evidence of harm to adults relating to exposure to extreme pornographic material: a rapid evidence assessment (REA), report, Ministry of Justice, 2007.

(15) M. Allen et al: Exposure to pornography and acceptance of rape myths, Journal of Communication, 45(1) 1995, S. 5-26.

(16) M.A. Milbirn et al: The effects of viewing R-rated move scenes that objectify women on perceptions of rape, Sex Roles, 43 (9/10) 2000, S. 645-664.

(17) M. Allen et al: A meta-analysis summarizing the effects of pornography II, Human Communication Research, 22(2), 1995, S. 258-283.

(18) Mike Allen, Keri Brezgel, & Dave D'Alessio, "A Meta-Analysis Summarizing the Effects of Pornography II: Aggression After Exposure," *Hum. Comm. Res.* 22, no. 2 (1995): 265.

(19) E. Oddone-Paolucci et al: A meta analysis of the published research on the effects of pornography, in: C. Violato et al: The changingfamily and Child Development, Ashgate, 2000

(20) J. Hinson Shope: When words are not enough: The search fort he effect of pornography on abused women, Violence Against Women, 10 (1), 2004, S. 56-72.

(21) D. Zillman und J. Bryant: Pornography, sexual callousness and the trivilization of rape, Journal of Communication, 32 (4), 1982, S. 10-21.

(22) Cynthia Enloe: Does Khaki become you. London, Pluto Press, 1983

(23) Sheila Jeffreys: Die industrialisierte Vagina, Martha Press, Hamburg, 2014.

(24) Andrea Dworkin (ebd.)

5 Fragen an … Anna Sander und Josephine Appelqvist

Anna Sander und Josephine Appelqvist sind schwedische Traumapyschologinnen und bieten mit ihrer NGO Talita langfristige und nachhaltige Ausstiegsprogramme für Frauen in der Prostitution.

Wer oder was ist *Talita* und was genau bietet ihr an?

Talita wurde 2004 von uns, Anna und Josephine, gegründet, und ist eine schwedische Nicht-Regierungsorganisation, die den Frauen, die im kommerziellen Sexhandel – also in der Prostitution, im Menschenhandel zum Zweck der sexuellen Ausbeutung und der Pornographie – ausgebeutet werden, Ausstiegsmöglichkeiten anbietet. Unsere Unterstützung besteht sowohl aus Akut-Unterstützung, wenn es gerade brennt, als auch aus einer Langzeit-Begleitung.

Bei unserer aufsuchenden Arbeit mit prostituierten Frauen stellten wir damals fest, dass hier eine Versorgungslücke bestand. Seinerzeit erhielten Frauen, die an Alkohol- oder Drogensucht litten, zwar Unterstützung in Entzugskliniken, aber diejenigen in der Prostitution, die nicht von Sucht betroffen waren und aus der Prostitution aussteigen wollten, konnten sich nirgendwo hinwenden.

Als Reaktion hierauf ließen wir uns zu zertifizierten Traumatherapeutinnen ausbilden, die auf sexuelle Gewalt spezialisiert sind, und entwickelten ein langfristiges Ausstiegsprogramm, das den fundamentalen Bedürfnissen unserer Klientinnen gerecht wird. Die von uns entwickelte Rehabilitation besteht aus fünf Eckpunkten: 1. Sicheres Wohnen, 2. Traumatherapie, 3. Psychoedukation, 4. Zukunftsplanung, 5. Übergang zum selbstständigen Leben.

Unser Programm wurde evaluiert und als erfolgreich in Bezug auf den Ausstieg aus der Prostitution bewertet. Für *Talita* bedeutet ein erfolgreicher Ausstieg nicht nur, dass eine Frau nicht länger ihren Körper verkauft. Für uns ist ein Ausstieg nur dann erfolgreich, wenn die Frau ihr Leben verändern konnte. Was meinen wir damit? Für uns ist es zentral, dass unsere Klientin ihr Trauma bearbeiten und ihrem Leben eine positive Wendung für die Zukunft geben konnte; wenn sie verstanden hat, dass sie es wert ist, geliebt und mit Würde behandelt zu werden; und dass ihre fundamentalen Bedürfnisse – die physischen, mentalen, psychologischen, sozialen, intellektuellen und spirituellen – erfüllt werden.

Da jede Frau, die wir treffen, mit ihrer eigenen Geschichte zu uns kommt, mit individuellen Bedürfnissen und Zukunftshoffnungen, handelt es sich jeweils um einen einzigartigen Prozess – es bedarf eines allumfassenden Ansatzes, der der jeweiligen Situation angepasst werden muss.

In den 15 Jahren unserer Arbeit konnten wir eine Reihe von Schlüsselfaktoren für eine hohe Erfolgsrate für unsere Klientinnen, die das Langzeitprogramm durchlaufen, ausmachen. Diese Leitprinzipien sind: 1. Die Frau muss als ein vollständiger Mensch gesehen werden, 2. sie muss auf dem gesamten Weg unterstützt werden, 3. unabhängig davon, ob jemand für ihre Teilnahme bezahlt und 4. unabhängig davon, wo in der Welt sie ausgebeutet wurde.

Wir sind mit *Talita* Mitglied in der *Coalition for the Abolition of Prostitution* (CAP) (Koalition für die Abschaffung der Prostitution), die aus 23 Mitgliedsorganisationen besteht, die Opfern von Prostitution und sexueller Ausbeutung rund um die Erde direkte Unterstützung zuteilwerden lassen.

Welche anderen Optionen im Bereich der Sozialarbeit stehen den Frauen in Schweden offen, wenn sie Unterstützung brauchen? Seht ihr Möglichkeiten das Nordische Modell noch zu verbessern? Würdet ihr etwas daran kritisieren?

In Schweden gibt es die so genannte Schwedische Plattform *Zivilgesellschaft gegen Menschenhandel (inklusive Prostitution)*. Sie besteht aus Mitgliedsorganisationen, die auf verschiedene Weise mit der Zielgruppe arbeiten.

Es gibt im unkommerziellen Bereich verschiedene Arten von Unterstützung, die abgerufen werden können. Die sozialen Dienste haben eine ganzheitliche Verantwortung für die Schutzbedürftigen der Gesellschaft – auch für die Frauen, die in der Prostitution ausgebeutet werden. Wenn sie aus der Prostitution aussteigen wollen, können sie sich an die Behörden wenden.

Allerdings ist das Wissen darüber, was der effektivste Weg bei der Unterstützung der Frauen aus der Prostitution heraus ist, dort nicht immer sehr groß. Wir stellen fest, dass es nach wie vor notwendig ist, die Identifikation mit der Zielgruppe zu verbessern und angemessene, bedürfnisorientierte Unterstützung anzubieten.

Es fehlt vor allem an Wissen in den sozialen Diensten und im psychiatrischen Bereich. Deshalb ist (Fort-) Bildung sehr wichtig – wir brauchen mehr davon. Wir müssen auch sicherstellen, dass sich die Gesellschaft an den Rehabilitationskosten der Frauen, die aus der Prostitution aussteigen wollen, beteiligt. Derzeit zahlt insbesondere der gemeinnützige Sektor dafür.

Die Menschen denken ja beim Nordischen Modell vor allem an die Kriminalisierung der Freier. Welche Bedeutung hat das Nordische Modell eurer Meinung und Erfahrung nach in Bezug auf die Sozialarbeit und die Unterstützung der prostituierten Frauen?

Das Nordische Modell ist sehr viel mehr als „nur" ein Gesetz gegen den Kauf sexueller Handlungen. Es ist wichtig, das Nordische Modell generell als mehr als nur ein Gesetz zu betrachten; Es handelt sich um ein umfassendes Paket, welches große Anstrengungen in Bezug auf Strafverfolgung, Prävention und Schutz erfordert. Das bedeutet, dass Schulung der Polizeikräfte, Prävention durch öffentliche Aufklärungskampagnen und zugängliche und effektive Ausstiegshilfen für Opfer alle gleich wichtige Pfeiler des Modells sind.

Vor allen Dingen jedoch verändert es die Sichtweise der Menschen auf das Phänomen der Prostitution und die Frauen, die in ihr ausgebeutet werden. Dem Gesetz gingen 30 Jahre Forschung in Bezug auf die Frauen in der Prostitution voraus; diese Forschung kam zu dem Ergebnis, dass Prostitution Teil männlicher Gewalt gegen Frauen ist und dass die verletzliche Partei die Frau (in manchen Fällen der Mann) ist, die sich verkauft, während der Käufer sich in der Machtposition befindet.

Das Nordische Modell hat deshalb die Empathie und das Verständnis für die Frauen, die in der Prostitution ausgebeutet werden, vergrößert, und es verlangt, ihnen die gesellschaftliche Verantwortung ab, ihnen Hilfe und Unterstützung zukommen zu lassen, da sie als Opfer eines Verbrechens betrachtet werden. Die meisten Frauen, die wir mit *Talita* kennen lernen, kennen das Gesetz und wissen, dass die Gesellschaft „auf ihrer Seite" ist. Sie können sich jederzeit an die sozialen Dienste oder die Polizei wenden, um Unterstützung zu erhalten.

Talita ist auch in der Mongolei und in Rumänien aktiv, wo die Situation für schutzbedürftige Frauen komplett anders ist. Wir stellen fest, dass der Blick der Gesellschaft auf Frauen in der Prostitution sehr eng verknüpft ist mit der Gesetzgebung eines Landes. In der Mongolei zum Beispiel ist es unglaublich schwierig, Gehör dafür zu finden, was die prostituierten Frauen brauchen, denn sie werden als Kriminelle betrachtet. Die Behörden fühlen sich nicht einmal für schutzbedürftige Kinder verantwortlich, sie rufen bei *Talita Asien* an und fragen unsere Kolleginnen, ob sie sich kümmern können.

Ähnlich ist der Verkauf von sexuellen Handlungen in Rumänien eine Ordnungswidrigkeit, was dazu führt, dass prostituierte Frauen sich scheuen, Hilfe bei den Behörden anzufragen, weil sie Angst haben mit Bußgeldern bestraft zu werden. Die Bußgelder für den Verkauf von sexuellen Handlungen liegen zwischen 500 und 1500 Leu (das sind etwa 110-320 Euro) – ein exorbitanter Preis für Frauen, die verzweifelt sind. Viele prostituierte Frauen erhalten nicht nur eine, sondern mehrere Bußgelder am Tag. Diese Bußgelder summieren sich auf und werden zu einer Hürde bei der Suche nach Jobs im formalen Arbeitsmarkt, denn die Bußgelder werden ihnen von jeglichem Einkommen abgezogen.

Aufgrund der gesellschaftlichen Auffassungen zur Prostitution gibt es keine finanziellen Mittel in Rumänien um Frauen, die in der Prostitution ausgebeutet wurden zu helfen, mit Ausnahme einer Handvoll Sponsoren. Organisationen wie unsere rumänische Partnerorganisation *FREE*, die sich u. a. auch um prostituierte Frauen kümmern, müssen mit einem rechtlichen Rahmen zurechtkommen, der ihre Zielgruppe letztlich kriminalisiert.

Oft wird ja behauptet, dass durch das Nordische Modell die Prostitution in den „Untergrund" wandern würde, mit der Konsequenz einer erhöhten

Unsicherheit für die Frauen in der Prostitution. Was denkt ihr über diese Behauptung, und wie einfach oder schwierig ist es für euch, mit den Frauen in der Prostitution in Kontakt zu kommen? Wir hören auch immer wieder die Behauptung, dass Frauen in Schweden aufgrund ihrer Prostitution das Sorgerecht für ihre Kinder verlieren. Was sagt ihr dazu?

Ende der 1990er Jahre, als die Einführung einer Freierbestrafung diskutiert wurde, machten wir bereits aufsuchende Arbeit mit prostituierten Frauen. JournalistInnen und PolitikerInnen haben uns zu unserer Meinung in Bezug auf das neue Gesetz befragt, und unsere ursprüngliche Reaktion war, dass auch wir befürchteten, dass die Prostitution in den Untergrund wandern würde und es somit schwerer für uns werden würde, mit den Frauen in Kontakt zu kommen.

Unsere Befürchtungen haben sich jedoch nicht bewahrheitet. Tatsächlich ist es heute einfacher für uns, mit den Frauen in Kontakt zu treten, als vor dem Gesetz. Da die Polizei aktiv darauf hinarbeitet, Freier festzunehmen (sowohl auf der Straße als auch über die Auswertung der Anzeigen im Internet), kommen sie auch sehr regelmäßig mit den Frauen in Kontakt, die sie an uns vermitteln können.

Vorher konnten wir ausschließlich durch aufsuchende Arbeit auf der Straße mit den Frauen Kontakt aufnehmen. Die Tatsache, dass die Polizei auch mit den Frauen in Kontakt kommt, die online inseriert werden, bedeutet, dass wir heute auch Frauen erreichen, die wir durch aufsuchende Sozialarbeit niemals hätten erreichen können. Die Polizei hat den Auftrag das Freiertum zu verfolgen und herauszufinden, wo die Frauen sind. Es ist deshalb ebenso leicht für sie mit den Frauen in Kontakt zu kommen, wie für die Freier.

Wir haben noch nie von einem Fall gehört, dass eine Mutter aufgrund ihrer Prostitutionstätigkeit das Sorgerecht verloren hat. Der Entzug des Sorgerechts ist eine sehr außergewöhnliche Maßnahme, die von den Sozialbehörden nicht leichtfertig oder willkürlich getroffen wird. Dazu gibt es feste Regeln. Wenn ein Kind unterernährt oder in Gefahr ist, kann es ratsam sein, die elterliche Sorge zu entziehen. Aber das passiert nicht einfach deshalb, weil die Mutter in der Prostitution ist. Auf der anderen Seite kann ein Leben mit Prostitution einschließen, dass die Mutter Gefahren oder einem zerstörerischen Umfeld ausgesetzt ist und es inakzeptabel wäre, dass das Kind in diesem Umfeld verbleibt.

Ihr habt jetzt auch angefangen, über Pornographie aufzuklären. Inwiefern kommt ihr, abgesehen davon, dass Pornographie gefilmte Prostitution ist, bei eurer Arbeit mit Pornographie in Berührung?

Einige Frauen, mit denen wir gearbeitet haben, wurden über die Pornoindustrie in die Prostitution gebracht. Viele wurden in der Prostitution gefilmt. Diese Frauen berichten, dass die Pornographie genauso, wenn nicht noch traumatisierender ist als Prostitution alleine, denn ihre Ausbeutung wird dokumentiert und kann von jedermann „zum Vergnügen" konsumiert werden.

Die Forschung zeigt auch einen Zusammenhang zwischen Pornokonsum und der Nachfrage nach Prostitution. Je mehr Männer Pornographie konsumieren, umso wahrscheinlicher ist es, dass sie Prostitution nutzen, und die Mehrheit der Freier möchte, dass die Frauen in der Prostitution mit ihnen imitieren, was sie vorher in der Pornographie gesehen haben.

Kriminalinspektor Simon Häggström, der frühere Leiter der Prostitutionseinheit der Stockholmer Polizei, hat festgestellt, dass die Freier immer jünger werden – schon 15- bis 16-Jährige nutzen Prostitution, oftmals in Gruppen und mit gleichgültiger Einstellung. Der Polizei zufolge ist die einzige vernünftige Erklärung hierfür der weit verbreitete Pornokonsum dieser jungen Männer. Simon sagt deshalb:

Junge Männer wachen nicht eines Tages mit dem Gedanken auf, dass sie Prostitution nutzen wollen. Diejenigen von uns, die in diesem Feld arbeiten, sehen, dass diese Jungs regelmäßige Konsumenten von Pornographie sind.

Letztlich ist Pornographie für uns nichts anderes als dokumentierte Prostitution, bei der die Menschen eine Entschädigung erhalten für den Sex, der gefilmt wird. Prostitutionsüberlebende nennen Pornographie „Prostitution mit einer Kamera im Raum". Pornographie, Live Web Cams, Straßen- und Innenprostitution, Strip Clubs – das sind alles verschiedene Gesichter derselben Industrie, die gekennzeichnet ist durch Verletzbarkeit, Trauma, Gewalt und Profite, weshalb wir Aufklärung über Pornographie für entscheidend halten, was die Nachfrageprävention für Pornographie und Prostitution betrifft.

Welche gesellschaftlichen Veränderungen verbindet ihr mit der Einführung des Nordischen Modells, und was war euer schönster Moment bei *Talita*?

Das Maßnahmenpaket hat erwiesenermaßen die Nachfrage nach Prostitution reduziert und damit auch das Vorkommen von Menschenhandel, da Individuen aus Angst, erwischt zu werden, aufhören, Sex gegen Geld nachzufragen.

Es ist auch ein normatives Gesetz, das die Botschaft verbreitet, dass es nicht ok ist, einen anderen Menschen zu kaufen und dass die Gesellschaft niemals

Gleichberechtigung, Gleichheit für Frauen und den Genuss von Menschenrechten erlangen wird, wenn Menschen im Allgemeinen und Frauen und Mädchen im Speziellen gekauft, verkauft und gehandelt werden können. Das Gesetz hat die Einstellungen und Mentalitäten so weit geändert, dass heute die Mehrheit der Männer und Frauen in Schweden dieses Gesetz unterstützen und der Kauf von Sex eines der schambehaftetsten Verbrechen in Schweden geworden ist.

Den Käufer zu kriminalisieren und nicht die Verkäuferin, sendet eine klare Botschaft aus, auf wessen Seite die Polizei und die Behörden stehen. In der Tat ist die Aufklärung von Polizeibeamten und -beamtinnen ein Schlüsselelement des Nordischen Modells – die Anstrengungen haben zu sehr positiven Ergebnissen geführt.

Durch den Einstellungswandel, infolge von Gesetz und Aufklärungsmaßnahmen, werden die Frauen, die in der Sexindustrie ausgebeutet werden, als Opfer betrachtet, die von der Gesellschaft jedwede Unterstützung erhalten müssen und es verdienen, mit Würde und Respekt behandelt zu werden. Für Frauen, die aus Gesellschaften kommen, in denen Polizeikorruption und - brutalität die Norm sind, ist die respektvolle und besonnene Haltung der Polizei zwingend erforderlich, damit ein Opfer überhaupt in Betracht ziehen kann, Hilfe anzunehmen.

Schöne Momente gibt es in unserer Arbeit sehr viele. Eine Sache, die mir immer in Erinnerung bleiben wird, war, als wir einer Frau die Langzeitfolgen und Schäden durch die Prostitution erläuterten und sie sich dann entschloss, an unserem Langzeitprogramm teilzunehmen. Bei einer anderen Gelegenheit händigten wir einer Klientin, die das Programm absolviert hatte, ihr Diplom aus. Sie weinte und sagte, dass ihr Leben völlig umgekrempelt sei und dass sie während ihrer Zeit bei *Talita* aufhören konnte, Antidepressiva zu nehmen. Alle unsere Mitarbeiterinnen waren zu Tränen gerührt.

Das Dritte, an das ich mich erinnere war, als eine Klientin uns Fotos ihrer neugeborenen Tochter schickte. Sie wurde viele Jahre in der Prostitution benutzt und wir zweifelten oft, ob es überhaupt Hoffnung für eine Rehabilitation geben würde. Aber sie wuchs über sich hinaus, eröffnete ihre eigene Reinigungsfirma und lernte einen netten Mann kennen. Nachdem sie viele Jahre vergeblich versucht hatte, Kinder zu bekommen und eins bei der Geburt verloren hatte, bekam sie endlich ihre kleine Tochter. Die Freude kannte keine Grenzen.

Wir werden auch die ganzen Hochzeiten nicht vergessen, auf denen wir von früheren Klientinnen waren. Jedes Mal haben wir mit den Klientinnen geweint und gelacht. Das sind unbeschreibliche Momente.

Notes:
(1) Dieses Interview erschien in einer leicht veränderten und längeren Fassung bereits am 21. April 2018 auf www.abolition2014.de.

Prostitution als Spielfeld zur Reproduktion männlicher Herrschaft[1]

Die Verinnerlichung der Werte des Kolonisators und die aktive Beteiligung an
der Kolonisierung der eigenen Person und des eigenen Geschlechts kann
genauso gut als männliche Identifikation bezeichnet werden. Männliche
Identifikation ist der Akt, bei dem Frauen Männer über Frauen, einschließlich
sich selbst, stellen. ... Männliche Identifikation ... ist ein Lebensstil, der das
Dasein ebenso durchdringt, wie die Luft, die wir einatmen. Sie beinhaltet die
Übernahme der Werte männerorientierter Ideologie, für Frauen im
Patriarchat sicherlich der Weg des geringsten Widerstandes. ... Die
Unfähigkeit von Frauen, sich in die Lage einer zum Opfer gewordenen Frau
zu versetzen, ist letztlich die Verleugnung des unter Kolonisationsbedingungen
lebenden Selbst. ... Die Geschlechtskolonisation verlangt männliche
Identifikation mit ihren subtilsten und selbstverleugnendsten Formen.
Sheila Jeffreys[2]

Die Debatten um Prostitution sind geprägt von einer individuellen Perspektive auf die Prostitution: Die Gesellschaft – oder der Staat – habe sich in eine freie Transaktion zwischen zwei Individuen nicht einzumischen. Bei der Entscheidung für oder gegen Prostitution handele es sich schließlich auf beiden Seiten um eine freiwillige. Diese Sichtweise ist problematisch, missachtet sie doch, dass Individuen ihre Entscheidungen nicht in einem Machtvakuum treffen. Auch sind Menschen immer auch ein Produkt ihrer Sozialisation.

Bei der Betrachtung von Prostitution haben wir das gesellschaftliche Machtverhältnis zwischen den Geschlechtern sofort sehr plastisch vor Augen: Wir denken an die Frau, die von einem Mann prostituiert wird. Er bezahlt für die Erfüllung seiner sexuellen Wünsche. Die Tatsache, dass fast ausschließlich

Männer überwiegend Frauen kaufen, lässt sich nicht bestreiten. Eine individualistische Analyse negiert auch, dass die Existenz von Prostitution die gesamte Gesellschaft beeinflusst. Sie betrifft konkret alle und muss uns deshalb auch alle angehen. Wer jedoch bei der breiten Aufstellung individueller und kollektiver Akteure und Akteurinnen die Transaktion im Prostitutionsfeld auf prostituierte Person und Freier reduziert, verschiebt die Prostitution diskursiv in die Privatsphäre der Individuen. Er oder sie individualisiert ein vielschichtiges Phänomen. Die größte Errungenschaft der so genannten zweiten Frauenbewegung bestand jedoch genau darin, durchzusetzen, dass männliche Gewalt gegen Frauen als strukturelle Gewalt anerkannt wird. Diese Sichtweise findet heute zum Beispiel Widerhall in der *„Istanbul"-Konvention* des Europarates.

Der französische Soziologe Pierre Bourdieu (1930 - 2002) befasste sich in seinem Spätwerk „Die männliche Herrschaft" (La Domination Masculine, 1998) mit den patriarchalen Gesellschaftsstrukturen und der Bedeutung der Geschlechterhierarchie für die *„Entstehung und Reproduktion gesellschaftlicher Ordnung".*[3] Ihm zufolge ist die *„männliche Herrschaft und die Art und Weise wie sie aufgezwungen und erduldet wird"* das Musterbeispiel für sein Konzept der symbolischen Gewalt.

Bourdieu erweiterte den ökonomischen Kapitalbegriff um kulturelles, soziales und symbolisches Kapital. Für die Reproduktion von Klassenstrukturen ist ihm zufolge insbesondere die Konsum- und Freizeitsphäre bedeutend, wo vor allem die symbolische Gewalt zum Tragen kommt. Im Feld der Prostitution wird ökonomisches Kapital (Geld) in symbolisches Kapital (Frauen) umgesetzt. Bourdieu beschreibt es als das fundamentalste Gesetz der Struktur der symbolischen Güter, *„dass die Frauen auf ihm als Objekte behandelt werden, die von unten nach oben zirkulieren",* ähnlich einem Zahlungsmittel als Tauschobjekte, das den Männern den Status des Männlichen erst verleiht. Mit dem Kommunikationszeichen Frau vergrößert Mann sein symbolisches Kapital.

Aufbauend auf Bourdieus Theorie lässt sich erklären, weshalb Prostitution als individuelle und kollektive Praxis gelten kann, in der sich Männer gegenseitig in männerexklusiven Räumen ihrer gesellschaftlichen Überlegenheit gegenüber Frauen versichern. Diese Analyse ist bedeutend, wenn man nicht in die Falle tappen möchte, Prostitution auf ihre ökonomische Komponente zu reduzieren.

Subjekt-Objekt-Differenz und Machtausübung durch die Sexualität

Sexualität ist Bourdieu zufolge dem gesellschaftlichen Antagonismus von männlich und weiblich entsprechend sozial konstruiert. Der Geschlechtsakt kann *„als Form von Herrschaft, von Aneignung, von Besitz"* definiert werden, wobei er auf die Penetration und den männlichen Orgasmus ausgerichtet ist und als *„Eroberungsakt"* verstanden werden kann. In der Prostitution werden die Homologien Akteur/Instrument und herrschen/beherrscht werden besonders deutlich, weshalb Bourdieu von Prostitution als einem Gewaltakt unter Abwesenheit gegenseitiger Anerkennung spricht. Er sieht darin *„das Streben nach Lustgewinn mit der nackten Ausübung der Macht über die auf den Objektstatus reduzierten Körper."*

Der Sozialwissenschaftler Stephen Grubman-Black bestätige in seiner Forschung das Besitz- und Anspruchsdenken der Freier:

Ein Freier ist ein Mann, der glaubt, aufgrund seines Geschlechtes und seines Geldes Anspruch auf Sex und Nachfrage zu haben. Egal ob er schüchtern ist oder nicht, egal ob er sie seine Freundin oder eine Hure nennt oder ob er Grenzen und Regeln einhält oder nicht, glaubt er, dass er einen weiblichen Körper zur sexuellen Benutzung kaufen kann.[4]

In dem vorgespielten Orgasmus manifestiert sich die Macht des Mannes, denn der weibliche Orgasmus dient als Bestätigung seiner Männlichkeit, der Macht *„Genuss zu bereiten"*. Die ehemalige Prostituierte Huschke Mau berichtet so auch davon, wie Freier sie zum Orgasmus zwangen: *„Wenn ich will, dass du einen Orgasmus kriegst, dann kriegst du einen, der Kunde ist König."*[5] Studien zufolge gibt der „Du-tust-was-ich-sage-Sex" Freiern das Gefühl, der „Boss" zu sein und die totale Kontrolle zu haben.[6]

Auch Bourdieus These vom *„weiblichen Körper [als] bewertbarem und austauschbaren Gegenstand"* wird mit der Reduktion des Wertes der Frau auf ihre Funktion, ihren Körper[7] (bzw. Körperteile wie Vagina, Brust, Anus) und die von ihr ausgeführten sexuellen Handlungen deutlich: Die individuelle Persönlichkeit ist irrelevant, sie wird vom Freier entmenschlicht und zu seiner entpersonalisierten Masturbationsfantasie, einem Objekt, in dem dieser sich entleeren kann.[8]

Prostitution als Konsumhandlung

Es lässt sich nicht verleugnen, dass der Kapitalismus in der Prostitution eine deutliche Rolle spielt. Allein für Deutschland rechnet das Statistische Bundesamt mit 14,6 Milliarden Euro jährlich.[9] Die Regel des ökonomischen Feldes lautet nach Bourdieu *„Geschäft ist Geschäft"* (business is business), *„aus dem die verklärten Verwandtschafts-, Freundschafts- und Liebesbeziehungen grundsätzlich ausgeschlossen sind"*[10] Dies wird auch daran deutlich, dass es schon von jeher oft Familienangehörige sind und waren, die ihre Töchter, Schwestern oder Ehefrauen auf dem Prostitutionsmarkt verhöker(te)n. Das Feld folgt der Profitlogik, und wie in jedem konsumorientierten Markt wird dieser durch die Nachfrage dominiert. Der Zweck jeglicher Produktion ist nach Keynes[11] die Befriedigung der Wünsche des Käufers.

Konsum und der Wunsch nach bestimmten Konsumgütern oder –handlungen ist nicht angeboren, sondern sozial konstruiert. Eingebettet in die Gesellschaft, in der wir leben, entwickeln wir Vorstellungen darüber, welche davon erstrebenswert sind. Darüber hinaus erlernen wir soziale Identitätsmarker. Ein männlicher Identitätsmarker ist Bourdieu zufolge die *„Libido Dominandi"*: Der ansozialisierte Wunsch von Männern, mit anderen rivalisieren zu wollen und den Wunsch, die Bewunderung anderer für die Beherrschung auf sich zu ziehen.

Eine besondere Bedeutung kommt hierbei der Pornographie zu, die als Marketing-Tool für die selbst ausgelebte Prostitutionsnutzung gelten kann. Sie definiert sozial akzeptables und zu erwartendes Sexualverhalten.[12] [13] Der Konsumcharakter der Prostitution wird nicht zuletzt deutlich in den zahlreichen Freierforen, die wie Produktbewertungsportale fungieren, und den ausgesprochenen Händlergarantien der Menschenhändler gegenüber den Bordellbetreibern, für den Fall, dass das „Produkt" nicht den Ansprüchen der Konsumenten genügt.

Prostitution als Einsetzungsritus

Nach Bourdieu sind kollektive Muster für die Konstitution von Männlichkeit von enormer Bedeutung, denn *„die Zugehörigkeit zur Gruppe der „wahren" Männer [muss] durch andere Männer"* beglaubigt werden. Männer müssen deshalb in die sozialen Spiele *„die den Mann wirklich zum Mann"* machen investieren, um *„als Mann würdig zu bleiben"*. Nach Bourdieu ist der Habitus ein Produkt der sozialisatorischen Prägungs- und Konditionierungsprozesse und die Verinnerlichung der objektiven Kräfteverhältnisse.[14] Der männliche Habitus als verinnerlichte klassen- und geschlechtsspezifische Existenz- und Lebensbedingung wird zu einer Orientierung in der sozialen Welt, auf dessen Grundlage individuelle Handlungsstrategien entwickelt werden. So genannten Einsetzungsriten kommt die Bedeutung zu, den Übergang vom Jungen zum Mann zu markieren und die Trennung zwischen Mann und Frau zu bekräftigen. Häufig führt der eigene Vater sie *„in die Welt der Männer"* und damit in die *„symbolischen Kämpfe"* ein.

Die Gruppe der Freier konstituiert sich aus Männern unterschiedlicher Nationalitäten, Ethnien oder Lebensphasen. Die Altersspanne liegt zwischen 15 und 90 Jahren; Sie sind Akademiker, kommen aus der Mittelschicht oder der Arbeiterklasse; Sie sind ledig, verheiratet oder in einer festen Partnerschaft. Es handelt es sich um „gewöhnliche" Männer. Die Nutzung der Prostitution ist eine kollektive kulturelle Praxis.

Der gesellschaftliche Druck, *„ein Mann zu sein"*, und die Einführung in die Prostitution durch die Väter oder andere Männer werden von zahlreichen Freiern in den Studien beschrieben.[15] In einer norwegischen Studie zu Seeleuten, die Prostitution genutzt hatten, berichteten alle, dass sie bereits als Minderjährige zu Freiern wurden und das Verhalten der älteren Männer kopierten. Teilweise wurde Prostitution explizit von den älteren für die jüngeren Männer organisiert. Eine Minderheit gab an, dass sie sich dem entziehen wollten, jedoch von den Älteren gezwungen wurden.[16]

Validierung der Männlichkeit durch die homosoziale Männergemeinschaft

Homosozialität ist die wechselseitige Orientierung der Personen desselben Geschlechts. Diese Beziehungsform wird von Männern stärker als von Frauen genutzt.[17] Kennzeichnend für die Homosozialität ist die *„räumliche Separierung exklusiver männlicher Sphären, zu denen Frauen der Zutritt verwehrt wird"*. In diesen Männerwelten sind die sonstigen Anstandsregeln gegenüber Frauen außer Kraft gesetzt, was es ihnen ermöglicht, sich wechselseitig des Unterschieds zu Frauen zu vergewissern und untereinander Solidarität zu stiften.[18]

Die Sexindustrie ist ein Musterbeispiel für solche Männerräume. Obwohl rechtlich unzulässig, da öffentlicher Boden, weist zum Beispiel ein Hinweisschild an der Hamburger Herbertstraße darauf hin, dass Frauen – gemeint sind nicht prostituierte Frauen - dort keinen Zutritt haben. Solche Hinweisschilder finden sich auch in vielen Eingangsbereichen von Bordellen. Renate Ruhne schreibt dazu:

Frauen haben hier lediglich Zutritt, wenn sie bereit sind, die Stigmatisierung und Ausgrenzung als Prostituierte auf sich zu nehmen, [und…] ihren Status als „anständige", „solide" Frauen aufzugeben oder doch wenigstens in Frage stellen zu lassen.[19]

Dieser Ausschluss ergibt, dass Frauen wenig eigene Einblicke in die Prostitution erhalten und kaum als Subjekte in das Handeln eingreifen können – ein wesentlicher Faktor für die Reproduktion des Geschlechterverhältnisses. Sheila Jeffreys beschreibt dies so:

Der Boom der Stripclubs kann als Gegenangriff gesehen werden, in dem sich Männer ihr Recht, sich für und durch männliche Dominanz zu vernetzen, erneut bekräftigen und dies ohne die irritierende Gegenwart von Frauen – es sei denn diese sind nackt und dienen ihrem Vergnügen.[20]

Besucht man Rotlichtbezirke, sieht man zahlreiche Männer, wie sie zu zweit oder in Gruppen Bordelle betreten oder verlassen. Wenngleich Anonymität (gegenüber der Partnerin oder Ehefrau) eine große Rolle spielt, erfüllt der gemeinsame Konsum von Frauen in der Prostitution unter den Augen von anderen den Zweck der Männerbündelei (Male Bonding). Auch der Austausch in Freierforen dient diesem Zweck.[21] Eine gängige Praxis, über die sich in Freierforen regelmäßig ausgetauscht wird, ist auch die der „Vorbesamung": Prostitution wird ohne Kondom praktiziert und die Freier lösen sich ab und nehmen sexuelle Handlungen an einer Frau vor, die noch das Sperma des Vorgängers in sich trägt.

Aufrechterhaltung der Geschlechterungleichheit durch Prostitution

Für Bourdieu ist die Kategorie Geschlecht von großer Bedeutung für die Machtverhältnisse. Er misst ihr die zentrale Rolle für die soziale Ordnung zu. Für ihn ist die *„männliche Herrschaft, und die Art und Weise, wie sie aufgezwungen und erduldet"* wird, das Musterbeispiel für das Konzept der symbolischen Gewalt, die nicht im Gegensatz zur physischen Gewalt steht, sondern eine weitere Spielart darstellt.

An der Konstruktion des männlichen Prinzips als *„Maß aller Dinge"* sieht er ein Produkt einer *„unablässigen (also geschichtlichen) Reproduktionsarbeit, an der zahlreiche individuelle und kollektive Akteure beteiligt sind"*, mit dem

Ergebnis einer *„sozialen Welt, die in Gänze um die männliche Herrschaft zentriert ist. "* An der *„patriarchalen Dividende "* partizipieren alle Männer.

Nach dem essentialistischen Bild von Weiblichkeit gilt die Emanzipation der Frauen in der „westlichen Welt" als unnatürlich, eine Frau, die die männlichen Wünsche erfüllt, hingegen als natürlich. Rassistische und ethnische Stereotypisierungen spielen deshalb eine große Rolle bei der Bewerbung der Prostitution: Asiatische Frauen gelten als „exotisch", „liebend" und „unterwürfig", afrikanische Frauen als „wild" und lateinamerikanische Frauen als „frei" und „einfach", Frauen aus Osteuropa als „weniger emanzipiert" und „billig und willig".[22] [23]

Prostitution dient als *„ Reminiszenz an die guten alten Zeiten "*[24]: Der gefühlte Verlust der traditionellen männlichen Überlegenheit führt zur Rückkehr zur „alten Ordnung", in der der (weiße) Mann die Herrschaftsposition innehatte. Frauen aus „Entwicklungsländern" werden in dieser Sichtweise als repräsentativ für die alte Ordnung angesehen.

Die Spaltung der Frauen in „Heilige und Huren" befreit den Freier von seiner Schuld und macht ihn zu ihrem Gegenstück: zu einer sozial respektablen und moralisch unschuldigen Person. Der „Schlampe", „Nutte", „Hure" steht der Freier moralisch neutral als „Kunde" bezeichnet gegenüber. Unterschieden wird also nicht nur zwischen Mann und Frau, sondern auch zwischen Frau und prostituierter Frau. Eine „echte" Frau verkauft ihren Körper nicht, also muss eine prostituierte Frau sich ganz grundsätzlich von ihr unterscheiden.[25] Die Stigmatisierung der prostituierten Frau ist kein Zufallsprodukt der Prostitution, das aufgehoben werden könnte, wie vielfach politisch als Ziel definiert, sondern sie liegt ihr maßgeblich zugrunde.

Die Bedeutung der weiblichen Kolonisation

Unter Habitus wird, wie bereits erwähnt, die Verinnerlichung der klassen- und geschlechtsspezifischen Existenz- und Lebensbedingungen verstanden:

Als Produkt der Geschichte ... gewährleistet [der Habitus] die aktive Präsenz früherer Erfahrungen, die sich in jedem Organismus in Gestalt von Wahrnehmungs-, Denk- und Handlungsschemata niederschlagen und die Übereinstimmung und Konstantheit der [individuellen und kollektiven] Praktiken im Zeitablauf viel sicherer als alle formellen Regeln und expliziten Normen zu gewährleisten suchen. "[26]

Der erworbene Habitus dient als Orientierung in der sozialen Welt und gibt den Rahmen vor, in dem Individuen unter Beachtung der herrschenden Kräfteverhältnisse handeln können: Ähnlich sozialisierte Individuen generieren mit hoher Wahrscheinlichkeit ähnliche Lösungsansätze. Bourdieu zufolge bedarf es *„Dispositionen der Unterwerfung"* und *„der subjektiven Bereitschaft, sich [...] kognitiv und emotional – auf die Logik und die Strukturen des Feldes einzulassen"*. Mit der Teilnahme am „Spiel" (Illusio) werden die „Spieleinsätze" von den Teilnehmenden stillschweigend akzeptiert. Die Existenz der Prostitution ist deshalb davon abhängig, dass Frauen aktiv an ihr partizipieren und sie akzeptieren. Es gilt sich deshalb näher damit zu befassen, welche individuellen und gesellschaftlichen Mechanismen auf der Angebotsseite greifen. Es ist dabei von zentraler Bedeutung, begünstigende Faktoren und Ursachen nicht zu verwechseln.

Nun sind die prostituierten Personen in hohem Maße von einem oder mehreren Ungleichheitsmechanismen betroffen: Sie sind überwiegend weiblich, sie sind überwiegend ethnisch marginalisiert und sie sind überwiegend arm. Die

Intersektion dreier Unterdrückungsmechanismen (sex, class, race) ist offensichtlich. Dennoch sind nicht alle hiervon betroffenen Frauen gleichermaßen vulnerabel für die Benutzung in der Prostitution. Auf den ersten Blick sind Armut, existentielle Not und Ausgrenzung entscheidende Gründe für den Einstieg in die Prostitution.

Viel entscheidender scheint Studien zufolge aber die Tatsache zu sein, dass prostituierte Frauen in hohem Maße von sexueller oder anderer Gewalt in der Kindheit betroffen waren und in dysfunktionalen Familienverhältnissen aufwuchsen. Dies gilt für deutsche Frauen in der Prostitution ebenso wie für ausländische. So wies eine internationale Studie mit Frauen aus 14 verschiedenen Staaten (darunter Rumänien und Bulgarien) eine entsprechende nachgewiesene Disposition durch sexuelle Traumatisierung bei mindestens 60 % der Befragten nach.[27] Die tatsächliche Prävalenz dürfte angesichts der Tatsache, dass traumatische Erlebnisse häufig verdrängt werden und oft erst nach Jahrzehnten in Form von Flashbacks ins Bewusstsein treten, noch um einiges höher sein. Viele Betroffene können erst im Nachhinein ihre Prostitutionserfahrung entsprechend einordnen.[28]

Nach Michaela Huber ist Prostitution in hohem Maße die *„Reinszenierung erlebter Traumata".*[29] Die ehemalige Prostituierte Jaqueline Lynne bestätigt dies, wenn sie sagt:

Andrea Dworkin hat mal gesagt, dass sexueller Missbrauch in der Kindheit das Boot-Camp für die Prostitution ist. Tief in meinem Inneren weiß ich, dass das stimmt. ... Meinen ersten Freier zu machen unterschied sich nicht großartig von der Vergewaltigung durch [meinen Stiefvater].[30]

Auch Charlotte benennt den Zusammenhang deutlich:

Als ein früheres Opfer sexuellen Missbrauchs, wäre ich niemals auf den Gedanken gekommen, dass ich irgendetwas Besseres verdient hätte. Die Worte derjenigen, die mich in der Vergangenheit missbraucht haben, klingen noch in meinem Kopf – „Das ist alles, wofür du zu gebrauchen bist". Das sind die Worte, die ich aus tiefster Seele geglaubt habe.[31]

Wenn man Bourdieus Annahme vom Habitus als *„verleiblichter Geschichte"* folgt, nach dem sich Erfahrungen in den Körper einprägen und man zu dem wird, was man erlebt hat, dann findet sich in der Gewalt-Vorerfahrung der Schlüssel zum Verständnis für die Entstehung der der Prostitutionstätigkeit zugrundeliegenden Dispositionen. Um Strukturen sozialer Ungleichheit oder des Geschlechterverhältnisses zu reproduzieren, bedarf es keiner physischen Zwänge und Gewalt: Sie sind in den Körper eingeschrieben, er fungiert als *„Gedächtnisstütze für die soziale Ordnung".[32]* Genauso wie der Mann durch Initiationsriten in die Welt der Männer eingeführt wird, wird die Frau aufgrund der gesellschaftlichen Abwertung ALS FRAU zum einen und der erfahrenen (emotionalen, physischen, sexuellen) Gewalt zum anderen auf ihre Rolle in der Prostitution vorbereitet. Auch jene Frauen, die zwar nicht selbst prostituiert sind, Prostitution jedoch vehement als „Arbeit" und „freie Wahl" verteidigen ohne die dahinterliegenden Implikationen zu erkennen, handeln so aufgrund ihrer männlichen Identifikation, die ihnen wegen ständiger Herabsetzungen im Sozialisationsprozess immer und immer wieder eingeprägt werden.

Fazit

Zweifelsohne ist der Prostitutionsmarkt ein kapitalistischer Markt, der einer Profitlogik folgt und in dem zahlreiche Akteurinnen und Akteure auf vielfältige Weise eingebunden sind. Jedoch greift die Reduktion der Prostitution hierauf viel zu kurz, da sie die tieferliegenden gesellschaftlichen Mechanismen verkennt. Im Feld der Prostitution wird vielmehr ökonomisches Kapital in symbolisches Kapital in Form von Anerkennung, Prestige und Status umgewandelt. Prostitution kann als ein individuelles und kollektives Muster gesehen werden, das nicht mit der männlichen Herrschaft bricht und gleichzeitig von dieser abhängig ist, um die männliche Herrschaft weiter zu festigen – und zwar mit Auswirkungen auf alle Frauen und nicht nur jene, die in der Prostitution tätig sind.

Prostitution erfüllt damit die Funktion, die niedrige gesellschaftliche Position der Frau in der Geschlechterhierarchie aufrechtzuerhalten: Freier wie Nicht-Freier, also alle Männer, profitieren von der Prostitution, da diese eine Sicherungsfunktion in Bezug auf ihren übergeordneten Status darstellt. Die Prostitution ermöglicht dem männlichen Kollektiv einen unbeschränkten Zugriff auf den weiblichen (oder verweiblichten) Körper. Die ehemalige Prostituierte Huschke Mau stellt hierzu fest:

Prostitution steht nicht außerhalb der Gesellschaft, sie wird von ihr hervorgebracht und auch benötigt, um das traditionelle Rollenbild immer und immer wieder zu zementieren.[33]

Notes:
(1) Siehe auch: Manuela Schon: Prostitution als Spielfeld zur Reproduktion männlicher Herrschaft, in: Angelina et al (Hrsg.): Prostitution heute. Befunde und Perspektiven aus

Gesellschaftswissenschaften und Sozialer Arbeit, Tectum Wissenschaftsverlag, Baden-Baden 2018 und Manuela Schon: Prostitution als Teil männlicher Herrschaft, in: Feministisches Bündnis Heidelberg (Hrsg.): Was kostet eine Frau? Eine Kritik der Prostitution, Alibri Verlag, Aschaffenburg: 2020.

(2) Sheila Jeffreys: Die industrialisierte Vagina. Die politische Ökonomie des globalen Sexhandels, Marta Press, Hamburg, 2014.

(3) Pierre Bourdieu: Die männliche Herrschaft, Suhrkamp, Frankfurt am Main, 2016 [1998].

(4) Zitiert nach Donna M. Hughes: Best Practices to Adress the Demand Side of Sex Trafficking, 2004.

(5) Huschke Mau: Der Freier. Warum Männer zu Prostituierten gehen und was sie über diese denken, in: Wochenzeitung Kritische Perspektive, 2016.

(6) Melissa Farley et al: Comparing Sex Buyers with Men who Don`t Buy Sex: „You can have a good time with servitude" vs. „You`re supporting a system of degration", Paper presented at Psychologists for Social Responsibility Annual Meeting, Boston, 2011.

(7) Melissa Farley: Renting an Organ for 10 Minutes. What Tricks Tell Us About Prostitution, Pornography and Trafficking, in: David Guinn (Hrsg.): Pornography: Driving the Demand for International Sex Trafficking, Los Angeles, Captive Daughters Media, 2007.

(8) Farley et al 2011. ebd.

(9) Wirtschaftswoche: Das Geschäft mit dem Sex: Viel Markt, wenig Ordnung, 2016.

(10) Pierre Bourdieu / Loic J.D. Wacquant: Reflexive Anthropologie, Suhrkamp Verlag, Frankfurt am Main, 1996.

(11) John Maynard Keynes: The General Theory of Employment, Interest and Money, Macmillan Cambridge University Press, New York 1936.

(12) David Guinn / Julie DiCaro: Pornography, Driving the Demand of International Sex Trafficking, Xlibis, Bloomington, 2007.

(13) Für die Bedeutung von Pornographie für Freier siehe auch die Kapitel zu Pornographie und Freiertum.

(14) Pierre Bourdieu: Sozialer Sinn. Kritik der theoretischen Vernunft, Suhrkamp, Frankfurt am Main, 1993.

(15) Rachel Durchslag / Samir Goswarni: Deconstructing the Demand for Prostitution: Preliminary Insights From Interviews with Chicago Men Who Purchase Sex, Chicago Alliance Against Sexual Exploitation, Chicago, 2008.

(16) Donna M. Hughes: Best Practices to Adress the Demand Side of Sex Trafficking, 2004. https://www.researchgate.net/publication/237564679_Best_Practices_to_Address_the_Demand_Side_of_Sex_Trafficking.

(17) Jean Lipman-Blumen: Towards a Homosexual Theory of Sex Roles, in: Signes 1, S. 15 -31, 1976.

(18) Michael Meuser: Männerwelten. Zur kollektiven Konstruktion hegemonialer Männlichkeit, Schriften des Essener Kollegs zur Geschlechterforschung 1. Jahrgang 2011, Heft II.

(19) Renate Ruhne: Körper unter Kontrolle. Prostitution als „soziales Problem" in der Geschlechterordnung, in Karl-Siegbert Rehbert (Hrsg.): Die Natur der Gesellschaft, Campus, Frankfurt am Main 2006.

(20) Sheila Jeffreys: Die industrialisierte Vagina. Die politische Ökonomie des globalen Sexhandels, Marta Press, Hamburg, 2014.

(21) Sven-Axel Månsson: Men`s Practices in Prostitution and Their Implications for Social Work, 2004.

(22) Alexandra Geisler: Hintergründe des Menschenhandels in die Prostitution mit Frauen aus Osteuropa, in: Aus Politik und Zeitgeschichte B52/53, S. 27-32, 2004.

(23) Sarina Theurer: „Frauenhandel" aus Bulgarien und Rumänien in Deutschland, Working Paper 07, Philips Universität Marburg, 2014.

(24) Hanni Ben-Israel / Nomi Levenkron: The Missing Factor. Clients of Trafficked Women in Israel`s Sex Industry, Hotline for Migrant Workers, Israel, 2005.

(25) Michael Meuser (ebd.)

(26) Pierre Bourdieu: Sozialer Sinn. Kritik der theoretischen Vernunft, Suhrkamp, Frankfurt am Main, 1993.

(27) Cathy Zimmermann et al: Stolen Smiles. The physical and psychological health consequences of women and adolescents trafficked in Europe. The London School of Hygiene & Tropical Medicine, London 2006.

(28) Siehe auch das Kapitel zu Überlebensmechanismen und Trauma-Bonding

(29) Michaela Huber: Trauma und Prostitution aus traumatherapeutischer Sicht, 2014, https://www.trauma-and-prostitution.eu/2015/07/20/trauma-und-prostitution-aus-traumatherapeutischer-sicht/.

(30) Norma, Caroline / Tankard Reist, Melinda (Herausgeberinnen): Prostitution Narratives. Stories of Survival in the Sex Trade, Spinifex Press 2016.

(31) ebd.

(32) Pierre Bourdieu: Entwurf einer Theorie der Praxis, Suhrkamp, Frankfurt am Mai, 1979.

(33) Huschke Mau: Der Freier. Warum Männer zu Prostituierten gehen und was sie über diese denken, in: Wochenzeitung Kritische Perspektive, 2016.

5 Fragen an ... Matthias Gathof und Kristine Tauch

Kristine Tauch ist Diplom-Pädagogin und Drehbuchautorin. Sie hat sich nach jahrelanger (leitender) Angestelltentätigkeit als StoryMentor selbständig gemacht, um fortan ausschließlich ihrer Bestimmung zu folgen: Menschen in der Auseinandersetzung mit ihren Geschichten begleiten und Teamprozesse anstoßen.

Matthias Gathof ist Master-Absolvent für Zeitbasierte Medien und Filmemacher. Vor dem Studium war er hin- und hergerissen, ob er sich im sozialen oder im gestalterischen Bereich ausbilden möchte und hat im Studium mit Dokumentarfilmemachen einen Weg gefunden, bei dem er beide Welten vereinen kann.

Was hat euer persönliches Interesse für das Thema Prostitution geweckt?

<u>Kristine:</u> Als Matthias mich Anfang 2020 fragte, ob ich Interesse an dem Thema Prostitution habe, zuckte ich mit den Schultern. „Ne, eigentlich nicht." Da ich aber Matthias und seine Filmarbeit kannte, war ich trotzdem neugierig. Das Erste, was er mir zusandte, war der Artikel „Ich habe die Schnauze voll von euch!" von Huschke Mau. Die Aussteigerin aus dem Milieu wendet sich in einem offenen Brief an Prostitutionsbefürworterinnen. Und es trifft mich mitten ins Herz. Ich habe das Gefühl, dass ich einerseits keine Ahnung davon habe, was in der Welt der Prostitution tatsächlich vor sich geht, und dass ich andererseits kein Recht habe, über Solidarität mit anderen Frauen zu sprechen, wenn ich das hier nicht irgendwie kapiere.

<u>Matthias:</u> Durch meine allererste Freundin, die sexuelle Gewalt in der Familie erlebt hatte und infolge dessen unter einem Pseudonym bei einer Pflegefamilie

lebte, als ich sie kennenlernte, wurde das Thema Sexuelle Gewalt Teil meines Lebens. In unserer gemeinsamen Zeit machte irgendwann die Nachricht die Runde, dass der Täter aus der Haftstrafe entlassen wurde und auf der Suche nach ihr sei. Die damit einhergehende alltägliche Angst und Ohnmacht und auch ihr Suchen und Verstehenwollen, was ihr da eigentlich widerfahren war, hat mich stark geprägt.

Im Zuge meiner ersten Dokumentarfilmarbeit während des Studiums, ein Portrait über die Arbeit eines Sozialarbeiters in einer psychosozialen Betreuung, stieß ich auf eine erschütternde Geschichte einer seiner Klientinnen. Sie hatte in ihrer Kindheit massive sexuelle Gewalt erlebt und wurde von ihren Eltern an Männer verkauft. Diese Geschichte führte zu meiner Bachelor-Abschlussarbeit, einem szenischen Dokumentarfilm über sexuelle Gewalt in Familien.

Seitdem bin ich für das Thema Sexuelle Gewalt sensibilisiert und versuche, auch andere dafür zu sensibilisieren. Den Zusammenhang zur Prostitution fand ich schon seit längerem interessant. Eines Tages, bei einer Probe meiner damaligen Band, erzählte unser Sänger von deinen Recherchen und deiner Präsentation in der Stadtverordnetenversammlung zur Prostitution in Wiesbaden. In der Folge las ich deinen Artikel "Ein ganz gewöhnlicher Freitag? – Prostitution im Wiesbadener ‚Untergrund'", der mir wirklich die Augen geöffnet hat. Seitdem verfolgte ich aufmerksam *Die Störenfriedas*, Huschke Maus Beiträge und das *Netzwerk ELLA*. Auch Simon Häggströms Buch „Shadow`s Law" war ein wichtiges Puzzlestück für meine Wahrnehmung der Thematik. Die Absicht, einen Film dazu zu machen, hatte ich schon länger, und ich bin froh, dass ich jetzt gemeinsam mit Kristine das Projekt anpacken kann.

Erzählt uns bitte mehr über euren beruflichen Hintergrund und inwiefern ihr diesen für das Thema in Einsatz bringt.

Kristine: Als Pädagogin habe ich über 20 Jahre Erfahrung mit unterschiedlichsten Altersgruppen. Jugendliche machen einen Schwerpunkt meiner Arbeit aus, nicht nur zeitlich. Ich liebe die Arbeit mit Jugendlichen, weil diese in einer Phase des Hinterfragens und des Entdeckens (von sich selbst und der Welt) sind.

Wenn du wirklich etwas zu sagen hast, sind es als erstes Jugendliche, die zuhören und versuchen werden etwas von dem Gehörten umzusetzen und in ihr Leben zu integrieren. Sie sind aufmüpfig, wissbegierig, (heraus-) fordernd, konfrontierend, teilweise verunsichert, sensibel, verletzlich ... Sie sind die Hoffnung der Alten und der Kleinkinder. Ich möchte mit dem Thema Prostitution Zugang zu Jugendlichen und jungen Erwachsenen finden.

Ich möchte Jugendlichen Filme anbieten, die authentisch vermitteln, was es bedeutet, seinen Körper zu verkaufen und welche Auswirkungen das auf die individuelle Psyche und die Gesellschaft hat. Ich möchte Jugendlichen Material anbieten, das sie berührt und zum Nachdenken anregt und sie als selbstbestimmte und eigenständig handelnde Personen ernst nimmt, ohne einen moralischen Zeigefinger oder pseudo-liberales Pro-Sexarbeit-Geschwafel zu verwenden.

In meiner Drehbuch-Ausbildung habe ich Dank meines wunderbaren Mentors gelernt, dass es möglich ist, die Kunst des geistigen Erzählens und das Handwerk des Drehbuchschreibens anzuwenden, ohne das Publikum zu manipulieren. Authentisch Geschichten erzählen heißt, die Zuschauerinnen und Zuschauer derart wertzuschätzen, dass ihnen eine Wahrheit vermittelt wird, ohne sie zu drängen sich dieser Wahrheit anzuschließen. Stattdessen wird jedem und jeder einzelnen Gelegenheit gegeben, das Thema nicht nur zu verstehen, sondern geistig zu durchdringen, zu begreifen und zu fühlen.

Wenn die junge Generation dafür nicht bereit ist, dann wird unsere Filmreihe ein Flop. Wenn sie aber bereit ist, dann können wir hoffen, dass binnen weniger Jahre große Veränderungen eintreffen und unsere Gesellschaft von viel Leid befreit wird.

Matthias: Intuitiv habe ich schon bei meinen ersten Schritten als Filmemacher versucht, die Perspektive und das Wesen meiner Protagonistinnen und Protagonisten so wirksam und authentisch wie möglich zum Publikum zu transportieren. Gerade bei diesem Thema, welches viel Gewalt, Schmerz, Ohnmacht und Unrecht beinhaltet, finde ich es wichtig, dass die Zuschauerinnen und Zuschauer und die Öffentlichkeit ein Stück weit erschüttert und empathisch mitgerissen werden. Damit Erkenntnisse gewonnen und Haltungen eingenommen werden und Bewegung in die Sache kommt.

Mittlerweile habe ich gelernt, dass, auch aus soziologischer und psychologischer Sicht, persönliche Geschichten, vor allem die Perspektiven von marginalisierten Menschen und Minderheiten, ein notwendiges Mittel für gesellschaftlichen Wandel sind.

Beim Filmemachen kann man die Disziplinen der wissenschaftlichen Aufarbeitung und des möglichst wirksamen Erzählens von Geschichten synergetisch vereinen. Das möchte ich gemeinsam mit Kristine zum Einsatz bringen.

Könnt ihr noch etwas mehr zu eurem aktuellen filmischen Dokumentations-Projekt erzählen?

Im Prinzip möchten wir unsere Zuschauerinnen und Zuschauer auf dieselbe Reise mitnehmen, die wir selbst durchgemacht haben: der erste Kontakt mit Insider-Berichten aus der Prostitution, dann Recherche, Fakten und Datensammlung zum Thema und immer mehr Gespräche mit Aktivistinnen und ExpertInnen. Diesen Fundus an Erfahrungen und Wissen möchten wir in überschaubaren Einheiten erlebbar machen.

Das Format soll daher eine Filmreihe mit mehreren Folgen von jeweils ca. 25 Minuten sein. Unser Ziel ist (zu Beginn), mindestens 500.000 ZuschauerInnen in Deutschland zu erreichen. Es liegt uns besonders am Herzen, die Anliegen von Selbsthilfe-Netzwerken zu verbreiten und das Nordische Modell bekannt zu machen. Das Beste wäre, wenn wir in Zukunft mit den Filmen und ggf. Protagonistinnen in Schulen Veranstaltungen halten können.

Ich bin ja sehr beeindruckt, wie intensiv ihr euch in die Materie eingearbeitet habt. Was genau habt ihr unternommen / unternehmt ihr, um euch das Thema inhaltlich anzueignen?

Kristine: Tja, zuerst habe ich ein Gespräch mit dir geführt (lacht). Daraufhin einige der in diesem Gespräch empfohlenen Literatur gelesen (Viktor Malarek: „The Johns", Rachel Moran: „Paid for" ...), und dann kamen immer mehr Gespräche mit anderen Aktivistinnen dazu: Therapeutinnen, Pädagoginnen, Journalisten, Aussteigerinnen, Freier, ... Das Besondere dabei ist, dass die meisten Menschen, die in diesem Feld aktiv sind, trotz ihres ausgefüllten Alltags, absolut auskunftsbereit sind und sich größtenteils ohne Zögern anbieten, um unser Filmprojekt zu unterstützen. Das ist eine tolle Erfahrung, und es stimmt mich hoffnungsvoll.

Matthias: Ich habe zuerst Fachbücher gelesen, um ein tieferes Verständnis für die Zusammenhänge zu bekommen. Als ich im Zuge der Teilnahme am *Global Summit 2020* der *Coalition to End Sexual Exploitation* entdeckt habe, dass du auch teilnimmst, habe ich dich angeschrieben. Aus dem ersten Treffen resultierten viele Impulse und weitere Buchbestellungen. Parallel konnte ich mich auch mit Huschke Mau über unser Projekt austauschen. Das war ein großer Schritt für das Filmprojekt, denn sie gab inhaltlich sehr wegweisende Anregungen.

Neben der Lektüre von themenspezifischen Büchern suche ich aber auch gerne nach Parallelen zu anderen Themenbereichen, die mich interessieren. Mittlerweile stapeln sich die Bücher, und ich bin optimistisch, dass dies meinen Blick noch weiter schärfen wird und sich auf die Wirksamkeit des Projektes auswirkt.

Es ist ja häufig so, dass Erkenntnisprozesse oft auch stark in den persönlichen Bereich hineinwirken. Welche Auswirkungen hat die Auseinandersetzung mit dem Thema auf euer Privatleben?

Kristine: Zunächst mal muss ich sagen, dass ich mich ein wenig dafür schäme, mich nie ernsthaft mit Feminismus beschäftigt zu haben. Erst, seit ich mich mit diesen Themen beschäftige, also mit Prostitution, Patriarchat etc., angeregt von Matthias, dir und Huschke, also erst, seit ich 44 Jahre alt bin (!) mache ich mir konkrete Gedanken dazu, die natürlich Auswirkungen auf mein Handeln haben.

Ich bin zum Beispiel männlichen Experten gegenüber kritischer geworden. Insbesondere, wenn es um Themen geht, die Frauen betreffen, oder um Frauenbilder. Ich schaue Filme anders und wundere mich, warum ich mich zuvor so bereitwillig auf den „male gaze" eingelassen hatte: Wenn mir auch bei Weitem nicht alle von männlichen Regisseuren gedrehten Filme gefallen, so habe ich doch vieles viel zu wenig in Frage gestellt.

Und wenn ich nun sehe, was feministische Aktivistinnen, wie auch Alice Schwarzer, die ich in meinem bisherigen Leben weitgehend ignoriert hatte, für uns Frauen, für uns alle (auch für Männer) getan und vorgekämpft haben, dann bekomme ich fast ein schlechtes Gewissen.

Allerdings bemerke ich auch, dass mir diese „Jungfräulichkeit im Feminismus" einen Vorteil bereitet: Ich kann ziemlich gut auf die Argumente der Männer und Frauen eingehen, beziehungsweise diese schon antizipieren, bevor sie ausgesprochen werden, die Prostitution für eine ganz normale, kaum erwähnenswerte Angelegenheit halten, so wie ich selbst bis vor Kurzem. So habe ich nicht nur die Zahnmedizinische Fachangestellte meiner Zahnärztin für das Thema interessieren können, sondern auch sämtliche Freunde, Freundinnen und Bekannte in meinem Umfeld zumindest ins Grübeln gebracht. Mehr oder weniger schnell verbreiten sich auf diese Art Anti-Mythen zum Thema Prostitution in Deutschland.

Matthias: Ein großer Teil meiner Motivation für das Projekt speist sich aus der Rolle als Vater von zwei Töchtern. Mich hat vor allem die Frage umgetrieben, wie ich meine Töchter zum Einstehen für Gleichberechtigung ermutigen kann, wenn solch gravierende, unausgeglichene und menschenunwürdige gesellschaftliche Normen herrschen. Es spiegelt sich auch im Alltag auf den Spielplätzen wieder, „boys will be boys" und so weiter.

Ich versuche auf dieser Ebene möglichst einfühlsam entgegenzuwirken und habe viel Hoffnung, vor allem in Bezug auf die Aufklärung von jungen Menschen mit dem Projekt beitragen zu können.

Eine weitere Auswirkung lässt sich am Beispiel meiner aktuellen Band *Zerbirst* verdeutlichen. Nach einem Besetzungswechsel vor zwei Jahren wurde klar, dass wir einen neuen Songtextschreiber brauchen. Ich versuchte mich einfach mal daran und merkte, dass es vor allem zu den Themen, die mir auf dem Herzen brennen, direkt floss und sehr schnell neue Texte entstanden. In diesem Zuge verschärften wir auch das Bandprofil und beschlossen, unsere Plattform als Band zu nutzen, um für wichtige Themen zu sensibilisieren und vor allem passende Organisationen mit unseren Einnahmen zu unterstützen.

Die Band besteht aus vier Männern im Alter zwischen 30 und 40, und ich vermute auch die genretypische Zielgruppe von Hardcore, Grindcore und Deathmetal ist vorwiegend männlich dominiert. Ich würde sagen, wir waren grundsätzlich schon ordentlich sensibilisiert für die Themen Sexismus, Rassismus und Misogynie. Wir haben beispielsweise über eine Anfrage zu einem gemeinsamen Auftritt mit Porngrind und Slammetal Bands eine klare gemeinsame Haltung gefunden.

Doch das Thema Prostitution stach nochmal etwas tiefer. Da in mindestens zwei unserer neuen Songtexte Prostitution konkret behandelt wird, trat ich in Kontakt mit *Sisters e.V.,* um eine Spendendose zu organisieren, die wir bei Shows neben unseren Merch platzierten. Im Verlauf dieser Geschichte wurde deutlich, dass nicht alle in der Band den gleichen Kenntnisstand zu der durchaus komplexen Thematik hatten. Denn plötzlich wurde das Unterstützen des Vereins *Sisters*, der für die Freierkriminalisierung eintritt, zum heftigen Streitpunkt.

Für mich war ein Verbot des Kaufs sexueller Handlungen damals schon eine logische Konsequenz, doch wurde deutlich, dass es sich aus einer gewöhnlichen männlich/privilegiert sozialisierten Perspektive nicht ohne weiteres erschließt. Es wurde im Kern bemängelt, dass Freier damit kriminalisiert und stigmatisiert würden und eine Freierkriminalisierung eher eine Resignation vor dem Problem als eine Lösung wäre.

Also bereitete ich eine Präsentation vor, in der ich alle Aspekte und Informationen, die ich zur Prostitution zusammengetragen hatte, aufbereitete. Die Präsentation wuchs auf über 50 Seiten, und wir haben sie in abendlichen Zoom Sitzungen, über mehrere Wochen gestreckt in insgesamt acht Stunden, durchgearbeitet. Dazwischen gab es immer wieder mal Zwischenfazite und Debatten, bei denen ich mir mehrmals Rat bei dir hinsichtlich argumentativer Hilfe einholen konnte.

Am Ende haben wir es geschafft, auf eine gemeinsame Position zu kommen und werden die abolitionistische Idee weiter mit unserem künstlerischen Wirken unterstützen und hoffentlich konstruktive Impulse in unserem Wirkungskreis setzen können.

Empirische Erkenntnisse zum Freiertum[1]

Es gibt Freier, die meinen Ekel genau gesehen haben, denen das aber nichts ausgemacht hat („hör auf dich wegzudrehen, wenn ich dich küssen will", „ich hab das Gefühl du kannst schon keine Schwänze mehr sehen"), dann gab es die, die das angemacht hat und dann gab es die, denen mein Ekel das Bild zerstört hat, für das sie zahlten und die nicht mehr wiederkamen. Es geht um Kontrolle, es geht um Kontrolle über Frauen. Die einen werden sauer, wenn nicht gut vorgespielt wird, die anderen freuen sich, wenn die Maske der Selbstbeherrschung auf Seiten der Prostituierten rutscht und hauen extra drauf.

Huschke Mau[2]

Wissenschaftliche Studien zu Freiern machen nur etwa 1 % der Studien zu Prostitution insgesamt aus. Die amerikanische Psychologin und Wissenschaftlerin Melissa Farley und andere sind der Frage, was Freier von Nicht-Freiern unterscheidet, in einer aufwendigen Vergleichsstudie[3] nachgegangen – diese Studie ist die erste, die Männer, die Prostitution nutzen, mit solchen vergleicht, die keine Prostitution nutzen. Die wichtigsten Ergebnisse sollen im Folgenden wiedergegeben werden.

In der Vergleichsstudie wurden 101 Freier[4] und 100 Nicht-Freier[5] befragt und verglichen – die beiden Vergleichsgruppen wurden nach Ethnie, Alter und Bildungsgrad aufeinander abgestimmt. Die Interviews wurden Face-to-Face durchgeführt und dauerten durchschnittlich zwei Stunden. Die Interviewerinnen fühlten sich wegen sexueller Belästigungen teilweise bei beiden Gruppen deutlich unwohl, bei den Freiern waren die Belästigungen jedoch expliziter und häufiger („Wirst du von den Fragen angeturnt?", „Willst du mit mir ausgehen?", Beschreibung von Penissen, usw.). In 10 % der Interviews fühlten sich die Interviewerinnen sogar gefährdet.

Zentrale signifikante Ergebnisse der beiden Gruppen im Vergleich

Beide Vergleichsgruppen sind der Meinung, dass die Existenz von Prostitution die Häufigkeit von Vergewaltigungen reduziere (Freier: 31 %, Nicht-Freier: 20 %). Freier gestehen jedoch mehr sexuell gewaltsame Handlungen gegen Frauen im Allgemeinen ein als Nicht-Freier, das heißt also innerhalb und außerhalb der Prostitution.

Wie sich zeigt, ist Macht ein der Prostitution inhärenter Faktor, denn Freier suchen sich häufig bewusst Sex mit wenig emotionaler Verbindung: Weder mögen sie Frauen, die offensichtlich so tun, als würden sie den Sex mögen, noch solche, die offensichtlich lustlos oder widerwillig sind. Im Vergleich mit Nicht-Freiern zeigen sie auch signifikant weniger Empathie für prostituierte Frauen.

Stripclubs werden von 94 % der Freier, aber nur von 4 % der Nicht-Freier aufgesucht: Während erstere zwischen Prostitution und Strip explizit unterscheiden, bezeichnen letztere Strip als schwache Form der Prostitution. Beide Vergleichsgruppen bewerten das Gruppenverhalten von Männern in Stripclubs sehr negativ.

Sowohl Freier als auch Nicht-Freier zeigen umfangreiches Wissen über die physischen und psychischen Schäden, die Prostitution auslöst, wenngleich Nicht-Freier Prostitution häufiger als schädlich für die prostituierten Frauen und die Gesellschaft im Allgemeinen bewerten als Freier. Auch ökonomische Zwänge und fehlende Alternativen sind beiden Gruppen bewusst. Das Bewusstsein über das Vorliegen von Zwang bringt Freier konkret nicht von der geplanten Prostitutionsnutzung ab.

Erkenntnisse über das konkrete Kaufverhalten der Freier

Jeder fünfte Freier hatte seine erste sexuelle Erfahrung in der Prostitution. Es handelt sich mitnichten um „einsame Männer", die „sonst keine abbekommen", denn Freier haben der Studie zufolge mehr Sexualpartnerinnen als Nicht-Freier. Dabei spielen Pornographie und verschiedene Sexpraktiken bei Freiern eine bedeutsame Rolle.

Freier nutzen verschiedene Arten der Prostitution: 88 % Hausprostitution (Bars, Stripclubs, Hotels, Privatpartys, Escort, Bordelle, Massagesalons, Wohnungen), 63 % Straßenprostitution, 39 % Internet. Hierbei ist auch ein Einfluss des Bildungsstatus feststellbar: Männer mit niedriger Bildung nutzen Straßenprostitution häufiger (17 %) als Männer mit hohem Bildungsabschluss (2 %).

Mehr als jeder vierte Freier fährt in ein anderes Land, um Prostitution zu nutzen (77 % mit Freunden, 35 % alleine (z.B. Geschäftsreisen)). Vier von fünf der Freier suchen die Frauen nach dem Alter aus, jeder zweite aufgrund ethnischer Vorlieben (meistens jemanden einer anderen Ethnizität). Zusätzlich zu Geld tauschten 40 % der Freier Drogen gegen Prostitution, 25 % Unterkunft gegen Prostitution, 18 % Essen gegen Prostitution und 15 % Kleidung gegen Prostitution.

30 % der Freier beschreiben eine Veränderung bei der Art des Sex, den sie kaufen: immer härter, mehr anal, immer neue Sexualpraktiken. Es muss immer eine Steigerung geben. Es wird auch eingeräumt, dass es auch darum gehe Frauen zu kaufen, um sie schlecht behandeln zu können, da die Freundinnen bei den gewünschten Praktiken nicht mitmachen wollen. So genannter „Girlfriendsex", bei dem die prostituierte Frau eine emotionale Nähe zum

Täter vorspielt, ist ein bedeutsames Thema und wird angestrebt, aber es ist den Freiern letztendlich auch egal, wenn es zu keiner emotionalen Verbindung kommt (von der nur 4 % berichten). Die Studie bestätigt auch, dass die Freier am allerliebsten „Du-tust-was-ich-sage"-Sex wollen und die prostituierten Frauen sie unterwürfig befriedigen sollen. Dabei soll möglichst das Gefühl vermittelt werden, dass sie dies gerne tun.

Interessant ist, dass Freier auch nach eigenen Aussagen sich am ehesten von einer Freierregistrierung, durch Strafen (Geld oder Haft) abschrecken lassen. Bildungs- und Aufklärungsprogramme werden hingegen als nicht abhaltend betrachtet. Dieses Ergebnis entspricht allen anderen Studien zu diesem Thema. Bei einer Geldstrafe ab 4.500 Dollar und einer Haftstrafe ab einem Monat geben **alle** hier befragten Freier an, dass sie Prostitution dann nicht mehr nutzen würden. Bei einer Geldstrafe von nur bis zu 50 Dollar würde man bereits 17 % der Freier von der Prostitutionsnutzung abhalten, bei einer Strafe zwischen 100 und 300 Dollar schon 44 %. Ein paar Stunden Haft würden bereits 12 % der Freier abschrecken, bei nur 1-3 Tagen Haft würde jeder zweite Freier auf die Prostitutionsnutzung verzichten. 22 % der Freier sagen sogar, „jegliche Haftstrafe" würde sie von der Prostitutionsnutzung abschrecken.

Der Vergleich von Freiern mit Nicht-Freiern im Detail

Sowohl Freier als auch Nicht-Freier sind sich bewusst, dass äußere Faktoren Frauen in die Prostitution treiben. Immerhin 65 % der Nicht-Freier, aber nur knapp 40 % der Freier bewerten Prostitution als sexuelle Ausbeutung. Mehr als jeder dritte Freier ist der Meinung, dass die Bezahlung bedeutet, dass die prostituierte Frau machen muss, was er will (Nicht-Freier: „nur" 21 %). Mehr als 9 von 10 Freiern glauben, dass Prostitution auf freier Entscheidung beruht, jedoch „nur" 2 von 3 Nicht-Freiern. Etwa zwei Drittel der Freier betrachten Prostitution als konsensuellen Sex, jedoch nur ein Drittel der Nicht-Freier.

Während Freier der Meinung sind fast jeder zweite Mann nutze Prostitution, gehen Nicht-Freier von etwa jedem vierten Mann aus. Doppelt so viele Freier (80 %) wie Nicht-Freier sind der Meinung, dass Prostitution legal sein sollte. Einer Freierbestrafung stehen Freier erwartungsgemäß ablehnender gegenüber als Nicht-Freier: 72 % sind der Meinung, dass dies mehr Probleme auslösen würde, als sie zu lösen (Nicht-Freier: 41 %).

Beide Vergleichsgruppen bewerten Freiertum als akzeptabler als das sich Prostituieren (durch die Tochter). 56 % der Freier fänden es ok, wenn der Sohn ins Bordell ginge, jedoch nur zwei von zehn Nicht-Freiern. Weniger als ein Viertel der Freier fände es ok, wenn die eigene Tochter im Stripclub arbeiten würde, von den Nicht-Freiern wären sogar 89 % dagegen.

Nicht-Freier bewerten die Auswirkungen auf die prostituierten Frauen und die Gesellschaft im Allgemeinen deutlich drastischer. 70 % der Nicht-Freier sind der Meinung, dass Prostitution sehr bis extrem negative Auswirkungen auf die Prostituierten hat (Freier: 31 %). Bezüglich der Gesellschaft allgemein sind es immerhin noch 60 % der Nicht-Freier (Freier: 40 %).

Beide Vergleichsgruppen zeigen hier großes Wissen über die durch Prostitution ausgelösten psychischen und physischen Schäden bei den prostituierten Frauen. Immerhin 41 % der Freier geben an, im Wissen darüber zu sein, dass sie bereits Sex mit einer von einem Zuhälter / einer Zuhälterin kontrollierten Frau hatten. 68 % beider Vergleichsgruppen glauben, dass die meisten Frauen in der Prostitution zwangsprostituiert werden. 96 % der Freier und 97 % der Nicht-Freier gehen davon aus, dass Minderjährige immer in der

Prostitution zur Verfügung stehen.

Es ist offensichtlich, dass die meisten Freier nicht über die Konsequenzen ihrer Taten nachdenken und ihre eigenen Wünsche über die der prostituierten Frauen stellen. In einer anderen Studie wurden prostituierte Frauen, Freier, ZuhälterInnen und PolizistInnen befragt, die unisono der Meinung waren, dass der einfache Zugang zu Prostitution der Hauptfaktor für den Anstieg männlicher Nachfrage nach Prostitution sei.[6]

Signifikant mehr Freier als Nicht-Freier waren der Meinung, prostituierte Frauen seien fundamental anders als nichtprostituierte Frauen. Beide Vergleichsgruppen waren gleichermaßen der Meinung, dass prostituierte Frauen unter ethischen und moralischen Defiziten leiden und mehr Verlangen nach Sex hätten als andere Frauen. Auf der anderen Seite erwähnten Nicht-Freier häufiger ökonomischen Druck als Auslöser für Prostitution als Freier.

Immerhin 35 % der Freier waren der Meinung, die prostituierten Frauen würden „fast immer" durch den Akt befriedigt. 58 % waren der Ansicht, ihre Prostitutionserfahrung mache sie zu besseren Liebhabern.

Völlig unterschiedlich waren die Attribute, die die beiden Vergleichsgruppen der Gruppe der Freier zuschrieben: Während die Freier sich selbst eher mit positiven Attributen versahen (100 % (!), bezeichneten Freier als Checker, machtvoll), werden sie von den Nicht-Freiern eher mit negativen Attributen belegt (83 %: verzweifelt, 66 %: unethisch, 51 %: Loser).

Befragt nach ihren Gefühlen bezüglich der Prostitutionsnutzung variierten die Aussagen deutlich bei der Beschreibung des Gefühlszustands vor und nach der

Nutzung: Die Gefühlslage davor wurde zu 13 % positiv beschrieben (aufgeregt, vorfreudig, …), 36 % der verwendeten Attribute spiegelten eine negative Gefühlslage wieder (schmutzig, ängstlich, verzweifelt, …). Bezogen auf die Beschreibung der Gefühlslage nach der Prostitutionsnutzung machten die positiven Attribute nur noch 6 % aus (erleichtert, befriedigt, …), während 54 % der verwendeten Attribute negativ waren (froh, dass es vorbei ist, merkwürdig, schuldig, schmutzig, bedauernd, …).

Sehr interessant sind die Ergebnisse bezüglich der Messung der Empathie gegenüber den prostituierten Frauen. Gefragt wurden die befragten Gruppen, wie sich die prostituierten Frauen in der Prostitution ihrer Meinung nach fühlen. Als Vergleich wurden hier die Gefühlsbeschreibungen der prostituierten Frauen aus einer Studie von Kramer[7] herangezogen: Die Nicht-Freier lagen sehr viel näher an den tatsächlichen Gefühlszuständen der prostituierten Frauen als die Freier. Dies führen Farley und ihre KollegInnen auf die Objektifizierung der Frauen seitens der Freier zurück und auf das mangelnde Interesse an den Gefühlen ihrer „Objekte": Während 77 % der prostituierten Frauen negative Gefühle in Bezug auf ihre Prostitutionstätigkeit äußern, gehen nur 44 % der Freier, jedoch immerhin 72 % der Nicht-Freier von diesen negativen Gefühlen aus. Während nur 9 % der prostituierten Frauen positive Gefühle bezüglich der Prostitutionstätigkeit beschreiben, glauben 40 % der Freier an positive Gefühle bei den prostituierten Frauen (Nicht-Freier: 18 %).

Während zwei Drittel der Freier Interesse an wechselnden Sexualpartnerinnen äußern, ist es nur jeder vierte Nicht-Freier. 62 % der Freier haben im Gegensatz zu nur 24 % der Nicht-Freier Interesse an One-Night-Stands (Sex ohne feste Partnerin).

Ein bedeutsamer Aspekt ist offensichtlich auch der Konsum von Pornographie. Mehr als jeder zweite Freier möchte Sexualpraktiken aus konsumierter Pornographie imitieren. Bei den Nicht-Freiern ist es nicht einmal jeder Dritte. Der Konsum an sich und die Spannweite der unterschiedlichen konsumierten Sexualpraktiken in der Pornographie ist bei den Freiern signifikant höher als bei den Nicht-Freiern. So spielt Analverkehr für 57 % der Freier, aber nur 29 % der Nicht-Freier eine Rolle. Gruppensex ist für mehr als zwei Drittel der Freier, aber weniger als die Hälfte der Nicht-Freier von Interesse. Etwa dreimal so viele Freier (34 %) als Nicht-Freier (13 %) interessieren sich für Bukkake[8], und deutlich mehr als die Hälfte der Freier konsumiert Gang Bang in der Pornographie[9], gegenüber 32 % der Nicht-Freier. Insgesamt geben 74 % der Freier an, mittels Pornographie über Sexualität gelernt zu haben (Nicht-Freier: 54 %). Sich besonderes Wissen über Sex durch Pornographie angeeignet zu haben, gibt jeder zweite Freier, aber nur jeder dritte Nicht-Freier an.

Nicht unwesentlich sind auch die Aussagen über den Sexualkundeunterricht. Da 18 % der Freier, aber nur 3 % der Nicht-Freier angeben, den Themenkomplex im Sexualkundeunterricht besprochen zu haben, gehen Farley und ihre Kolleginnen davon aus, dass dieser zur Normalisierung von Prostitution beigetragen haben könnte. 70 % der Nicht-Freier, aber nur 46 % der Freier gaben an, das Thema „Respekt" sei in einem solchen Unterricht behandelt worden. Da beide Vergleichsgruppen gleichermaßen Vergewaltigungsmythen verinnerlicht haben, ist es notwendig, die gesamte Gesellschaft als Zielgruppe gegen solche Mythen anzusprechen.

In Bezug auf die Delinquenz der befragten Personen gilt, dass 15 % der Freier, aber nur 2 % der Nicht-Freier die Frage „Würdest du eine Frau vergewaltigen, wenn niemand davon erfahren würde und du straffrei davonkommen würdest" mit „Ja" beantworteten. Freier wurden auch signifikant häufiger verhaftet und verurteilt. Es ist sogar so, dass sämtliche der geschilderten Taten in Bezug auf Gewalt gegen Frauen von Freiern berichtet wurden, während es sich bei den berichteten Straftaten der Nicht-Freier um andere Deliktbereiche handelte.

Verschiedene Studien haben bereits in der Vergangenheit[10] einen Zusammenhang zwischen Freiertum und Vergewaltigung nachweisen können. Es ist deshalb wahrscheinlich, dass sich Täter unaufgeklärter Vergewaltigungen sehr wahrscheinlich unter Freiern finden lassen. Dies entspricht auch den Aussagen des schwedischen Kommissars Simon Häggström in seinem Vortrag bei der *European Women's League* (EWL).[11] Die DNA-Proben von verhafteten Freiern konnten ungelösten Vergewaltigungsfällen zugeordnet werden. Beide Vergleichsgruppen schätzen Geld- und Haftstrafen gegenüber Freiern als effektives Mittel gegen Prostitutionsnutzung ein.

Schlussfolgerungen aus der Studie

Die Wissenschaftlerinnen schließen aus dieser Studie als Empfehlungen für den Kampf gegen Prostitution, dass die Freierkriminalisierung ein effektives Mittel darstellt und die Politik und Strafverfolgungsbehörden sich nicht nur auf Zwangsprostitution und Menschenhandel konzentrieren sollten. DNA-Tests von Freiern können einen wirksamen Beitrag zur Aufklärung von Sexualdelikten insgesamt darstellen. Aufklärungs- und Bildungsprogramme sind nur als Ergänzung dazu als nützlich zu bewerten, werden jedoch keinen grundlegenden Wandel auslösen.

Die Aussage „Jeder Mann könnte Prostitution nutzen" ist jedenfalls ein Mythos: Freier teilen bestimmte Einstellungen, Lebenserfahrungen und

Verhaltensweisen, die sie von Nicht-Freiern unterscheiden. „Die meisten Männer nutzen Prostitution" ist ebenso ein Mythos.

Es ist auf dieser Grundlage eigentlich nicht nachvollziehbar, warum ein männliches Privileg, welches nur von einer Minderheit der Männer genutzt wird, mit Zähnen und Klauen verteidigt werden soll.

Notes:

(1) Dieser Text erschien in einer stark veränderten Weise bereits am 16. April 2014 auf dem Blog von Abolition 2014- Für eine Welt ohne Prostitution.

(2) Huschke Mau: Die Freier. Warum Freier zu Prostituierten gehen und was sie über diese denken, 9. September 2016, www.huschkemau.de.

(3) Melissa Farley, Emily Schuckman, Jacqueline M. Golding, Kristen Houser, Laura Jarrett, Peter Qualliotine, Michele Decker: Comparing Sex Buyers With Men Who Don't Buy Sex. July 15, 2011 USA, Download: www.catwinternational.org.

(4) Freiertum definiert als: Nutzung von klassischer Prostitution, Massage, Stripclubs, Tausch (z.B. Unterkunft, Essen, Drogen, …) gegen sexuelle Handlungen.

(5) definiert als: nichts von alle dem, nicht mehr ein Striplokalbesuch im letzten Monat, nicht mehr als einmal Pornokonsum in der letzten Woche.

(6) Dragomirescu et al: Romania: Emerging market for trafficking? Clients and trafficked women in Romania, in: Di Nicola et al: Prostitution and human trafficking: Focus on clients. New York: Springer, 2009.

(7) Kramer: Emotional experiences of performing prostitution. Journal of Trauma Practice, 2, 187-198, 2003.

(8) Der Frau das Sperma ins Gesicht spritzen.

(9) Eine Frau, die von mehreren Männern gleichzeitig benutzt wird.

(10) Lussier et al: Development pathways of deviance in sexual aggressors. Criminal Justice & Behaviour, 34, 1441-1462, 2007 ; Monto und McRee: A comparison of the male customer of female street prostitutes with national samples of men. International Journal of Offender Therapy & Comparative Criminology, 49, 505-529, 2005.

(11) Video auf Youtube: http://www.youtube.com/watch?v=8cMmEH3mIaM.

5 Fragen an ... Dr. Melissa Farley

Melissa Farley ist klinische Psychologin und feministische Aktivistin gegen Prostitution und Pornographie. 1995 gründete sie die Non-Profit-Organisation "Prostitution Research & Education" (PRE), die zum Thema Prostitution forscht und politische Aufklärung betreibt. Melissa hat mehrere Dutzend wissenschaftlicher Artikel und zwei Bücher zum Thema Prostitution veröffentlicht.

Liebe Melissa, du bist eine international anerkannte Expertin in deinem Feld. Erzähle uns bitte etwas über deine persönliche – fachspezifische und feministisch-aktivistische – Arbeit in Bezug auf Prostitution, Pornographie und die von dir gegründete NGO *Prostitution Research & Education* (PRE).

Ich habe zunächst Psychologie studiert. Feministin wurde ich erst danach. Eine ganze Zeitlang waren das zwei separate Dinge in meinem Leben. Kurz nach meinem Doktortitel habe ich ein psychotherapeutisches Kollektiv im mittleren Westen der USA gegründet. Dann wurde ich feministische Aktivistin und wandte mich öffentlich gegen die Pro-Vergewaltigungs-Message der Pornographie. In meiner Praxis als Psychologin wurde mir zunehmend bewusst, dass ein großer Teil der psychischen Leiden von Frauen ein Resultat aus Sexismus und Gewalt gegen Frauen sind. Damals waren mir die Parallelen von rassistischer Gewalt und psychischer Gesundheit auf der einen, und sexistischer Gewalt und psychischer Gesundheit auf der anderen Seite noch nicht bewusst.

Nachdem ich mehr über Prostitution gelernt hatte, begann ich zu verstehen, wie untrennbar Rassismus und Sexismus mit der Sexindustrie verbunden sind. 1994 begann ich mit meiner Forschung zu Prostitution, nachdem San

Francisco eine Task Force zu Prostitution gebildet hatte. Zu dieser Zeit war ich in der Gesellschaft bekannt als Psychologin, die sich auf die Behandlung der aus sexueller Gewalt resultierenden Symptome spezialisiert hatte. Eine Prostitutionsüberlebende wurde aus der Task Force geschmissen, und eine Freundin rief mich an und bat mich, einen Protestbrief zu schreiben. Das tat ich, aber ich war verwirrt: Warum sollte eine Task Force zu Prostitution nichts von einer hören wollen, die in der Sexindustrie gewesen war und der der Ausstieg gelungen war?

Dann stellte ich fest, dass das Ziel der *San Francisco Task Force* die Promotion der Prostitution war. Die legalen Hürden für ihre Expansion sollten abgebaut werden. Die Mitglieder der Task Force wollten keine Zeugnisse darüber hören, wie Prostitution Frauen schadet. Die Task Force war sehr sorgfältig aus jenen zusammengestellt worden, die sich für Prostitution aussprachen, oder die als Zuhälterinnen für andere Frauen fungierten. Darunter auch eine kleine, aber lautstarke Minderheit, die sagte, dass Prostitution ein sexy Job ist, der Spaß macht.

Als ich anbot, der Arbeitsgruppe Paper von *WHISPER* und dem *Council for Prostitution Alternatives* zur Verfügung zu stellen, zwei Organisationen die sowohl Frauen beim Ausstieg aus der Prostitution halfen und Prostitution als Gewalt gegen Frauen analysierten, wurde mir sehr höflich mitgeteilt, dass es für diese Art von Material keinen Platz in der Bibliothek der Task Force gäbe.

Zwei Jahre später veröffentlichte die Task Force einen Bericht, der sich für die Entkriminalisierung der Prostitution aussprach. Der Bericht war so unausgewogen, dass die *Commission on the Status of Women* in San Francisco einen eigenen Bericht erstellen ließ, der fast alle Behauptungen des Berichtes der Task Force abschwächte. So war es kaum verwunderlich, dass fast alle Politikerinnen und Politiker die Empfehlungen der Task Force ignorierten.

Die Frau, die damals aus der *San Francisco Task Force* gekickt wurde, war Norma Hotaling, die dann *Sage* gründete, eine Organisation, die Frauen beim Ausstieg aus der Prostitution half. Ich habe dann *Prostitution Research & Education* gegründet, mit dem Ziel, die Öffentlichkeit über Prostitution aufzuklären und um für die Abolition der Institution der Prostitution zu werben sowie für die Forderung nach Bereitstellung von Alternativen zur Sexindustrie.

Ohne die Freundschaft zu und Unterstützung von Andrea Dworkin, die mir geholfen hat, meine Stimme zu finden, hätte ich nicht angefangen, über Prostitution zu schreiben.

Nur etwa 1 % der Forschung zu Prostitution befasst sich mit der Nachfrageseite. Warum, denkst du, ist das so?

Ich denke, die beste Antwort zu dieser Frage kommt von einer, die eine starke Unterstützerin der legalen Prostitution ist. Die niederländische Forscherin Ine VanWesenbeeck schrieb 1994: *„Die Forscherinnen und Forscher scheinen sich mehr mit den Freiern als mit den prostituierten Frauen zu identifizieren.“* Ich denke, da hat sie wahre Worte gesprochen!

Manche Akademikerinnen und Akademiker scheinen Schwierigkeiten mit neuen Ideen oder dem Blick über den Tellerrand zu haben. Alte und manchmal konservative Ideen machen wieder und wieder die Runde in diesen Kreisen. Prostitution wird aus der Brille des Freiers verstanden, auch heute noch. Und die Stimmen von Prostitutionsüberlebenden werden auch heute, 25 Jahre nach der Aussage von VanWesenbeeck, noch nicht genug gehört.

Zusammen mit deinen Kolleginnen und Kollegen hast du eine sehr interessante Studie zum Vergleich von Männern, die Prostitution nutzen, und solchen die das nicht tun, durchgeführt. Hast du diese deutlichen Unterschiede erwartet, und was lernen wir aus der Studie in Bezug auf notwendige politische Maßnahmen?

Als Forscherinnen sind wir immer froh, wenn sich die Vorannahmen, die auf feministischer Theorie basieren, als zutreffend erweisen. Ich hatte jedoch einen Vorteil: Ich hatte bereits 15 Jahre aufmerksam Prostitutionsüberlebenden zugehört, bevor PRE anfing, die Freier zu erforschen. Ich wusste, basierend auf den Zeugnissen der Überlebenden, wonach ich Ausschau halte. Und erstaunlicherweise haben die Antworten der Freier auch oft widergespiegelt, was die Überlebenden uns über Prostitution gelehrt haben.

Die Forschung zeigt, dass die Freier – wie andere sexuell aggressive Männer – dazu tendieren, unpersönlichen Sex zu bevorzugen. Sie tendieren dazu, die Zurückweisung von Frauen zu fürchten. Und sie tendieren dazu, eine feindselige männliche Selbst-Identifikation zu haben. Sie vergewaltigen wahrscheinlicher als Nicht-Freier, wenn sie damit straffrei davon kommen können. In der Forschung mit 1.000 Männern aus verschiedenen Ländern (Chile, Kroatien, Indien, Mexiko und Ruanda) zeigte sich dann auch, dass Freier wahrscheinlicher vergewaltigen als Nicht-Freier. In Schottland haben wir herausgefunden, dass je öfter ein Freier eine Frau in der Prostitution nutzt, dass er umso wahrscheinlicher sexuell gewalttätige Taten, inklusive Vergewaltigung, gegen nicht-prostituierte Frauen begangen hat.

Prostitutionsüberlebende haben uns gesagt, dass sie sich wie eine Toilette fühlen oder irgendein Ding, in dem er sich entleert. Als wir dann die Freier befragt haben, haben diese die Prostitution beschrieben als *„Miete eines Organs für 10 Minuten"*, oder *„wie ein Becher Kaffee – wenn du ihn ausgetrunken hast, schmeißt du ihn weg"*. Wie anderen sexuell aggressiven Männern mangelt es Freiern an Empathie für Frauen in der Prostitution. Sie erkennen nicht die Menschlichkeit der Frauen an, die sie für Sex benutzen. Wenn eine Person erst mal zu einem Objekt gemacht wurde, erscheinen Ausbeutung und sexuelle Benutzung fast schon naheliegend. In Schottland haben wir herausgefunden, dass, je häufiger Männer Prostitution genutzt haben, sie umso weniger Empathie haben für prostituierte Frauen. Ein Freier sagte: *„Ich will gar nichts von ihr wissen. Ich will nicht, dass sie rum heult oder irgendwas, das würde meine Vorstellung zerstören."*

Es ist sehr schockierend, davon zu lesen oder zu hören, dass ihr bei euren Befragungen sexuell belästigt worden seid. Kannst du uns mehr davon erzählen, und wie bewertest du diese Erfahrungen aus einer psychologischen Sicht?

Es wurden ganze Bücher geschrieben über den Stress von Forscherinnen, die zu sexueller Gewalt arbeiten. Obwohl der im Vergleich zu den Erfahrungen der Prostitutionsüberlebenden relativ klein ist. Eine Kollegin hat zu männlichen Vergewaltigungsfantasien geforscht und stellte beim Notizen machen fest, dass die befragten Männer sie bei der Schilderung ihrer Fantasien physisch beschrieben haben. Sie fand das sehr furchteinflößend.

Die Mehrheit der Frauen und Männer, die Freier interviewt haben, wurde sexuell belästigt. Ein Mann, der sowohl Freier als auch Zuhälter war, hat mir eine Tätigkeit in seinem amerikanischen Bordell angeboten, mit dem Hinweis, es gäbe immer eine Nachfrage nach *„älteren weißen Ladies"*. Ein anderer hat mir während des Forschungsinterviews die Hand auf den Oberschenkel gelegt. Ich würde dieses Verhalten als sexuell gewalttätig einstufen, und es ist sehr typisch für die Betrachtungsweise von Freiern gegenüber Frauen: Unabhängig von den Umständen sehen sie uns als Stück Fleisch und nichts sonst.

Ich bin ja weit davon entfernt, sexuell gewalttätige Männer als Opfer zu sehen, aber ich muss zugeben, dass ich überrascht davon war zu lesen, dass viele Männer, die Prostitution nutzen, von negativen Gefühlsregungen bezüglich ihrer Handlungen berichten. Kannst du uns mehr davon erzählen, auch in Bezug darauf, wie wir das einordnen sollen?

Ich glaube, ihre Ambivalenz und die negativen Gefühle sind positiv zu bewerten. Sie sehen einen Teil der Niederträchtigkeit ihres eigenen Verhaltens und ziehen es vielleicht zumindest ein klein wenig in Betracht, dass sie den Frauen Schaden zufügen, weil diese sich auf die sexuellen Handlungen aus Mangel an Alternativen einlassen. Diese Ambivalenz ist natürlich nicht ausreichend, aber es könnte ein Ansatz zu einer Veränderung sein, wenn sie daran anknüpfen und sich selbst weiterbilden. Sie müssen verstehen, was sie einem anderen Menschen antun.

Ein junger Mann, den ich in London interviewt habe, sagte, dass er nur ein Mal eine Frau in der Prostitution gekauft hätte. Ich fragte ihn, warum nur ein Mal. Er erwiderte, er habe in ihren Augen den gleichen Ausdruck erkannt, den er von sich selbst nach dem sexuellen Missbrauch durch einen Priester kannte. In diesem Moment wusste er, dass er so etwas nicht noch einmal machen würde. Empathie scheint Auswirkungen auf seine sexuelle Benutzung junger Frauen gehabt zu haben. Das ist eine gute Sache.

Überlebensmechanismen und Trauma-Bonding in der Prostitution[1]

[Prostitution] ist die Benutzung des weiblichen Körpers für Sex durch einen
Mann. Er bezahlt Geld, er tut, was er möchte. In dem Moment, wo du
abschweifst von dem, was da wirklich geschieht, schweifst du ab von der
Prostitution in die Gedankenwelt. Du wirst dich besser fühlen; es wird
angenehmer sein; es wird mehr Spaß machen; es wird eine Menge zu
diskutieren geben, aber du wirst Vorstellungen diskutieren, und nicht
Prostitution. Prostitution ist keine Vorstellung. ... Es ist der Mund, die Vagina,
der Po, die penetriert werden, in der Regel durch einen Penis, manchmal mit
Händen, manchmal mit Objekten, durch einen Mann, dann einen anderen,
dann einen anderen, dann einen anderen und einen anderen. Das ist, was es
ist.

Andrea Dworkin[2]

Ein wiederkehrendes Motiv im Narrativ der „Sexarbeit" ist es, dass man zwischen „Sexarbeit" und Zwangsprostitution unterscheiden müsse. Zwangsprostituierte verdienen danach unser Mitgefühl, da sie echte Opfer seien und der Prostitution entgegen ihrem entschiedenen Willen nachgehen müssten. Die meisten Frauen in der Prostitution seien jedoch freiwillig und gerne in der Prostitution und fänden hierin Selbstermächtigung, weshalb Zwangsprostitution und „Sexarbeit" zwei völlig verschiedene und voneinander strikt zu trennende Dinge seien. Und selbst jene aus diesem Lager, die zugeben, dass „Sexarbeit" für sie in der Tat nur eine „Arbeit" sei, die ihnen kein großes Vergnügen bereite, betonen dennoch, dass sie diese jeder anderen Tätigkeit vorziehen würden. Zentral wichtig scheint es zu betonen, man sei kein Opfer, sondern handele frei und selbstbestimmt. Ganz im Sinne einer neoliberalen „Selbsttechnologie"[3] werden gesellschaftliche Vorstellungen an das Individuum, nach der jede und jeder ihres/seines eigenen Glückes Schmied sei, als Anforderung an sich selbst übernommen. Aufgrund eines bestehenden Machtverhältnisses „Schwäche" zu zeigen, gilt als schambehaftet und Charakterschwäche.

Diese Logik verfängt zum Teil auch auf der Seite der ProstitutionsgegnerInnen. Auch hier gibt es nach deren Lesart solche Frauen in der Prostitution, die unser Mitgefühl verdienen, weil sie sich aus physischem Zwang oder ökonomischer Not heraus prostituieren müssen. Als Idealtyp muss hier die ethnisch diskriminierte, aus extremer Armut rekrutierte und nach Deutschland von Menschenhändlern gehandelte Osteuropäerin herhalten. Jene Frauen in der Prostitution aber, die sich „frei" zur Tätigkeit in der Prostitution entschieden haben, und das, obwohl sie doch - ganz offenkundig - Alternativen hätten, werden beschämt. Zum Beispiel, weil sie als Deutsche ja Hartz IV beziehen können, anders als die arme Romni, die hier von Sozialleistungen ausgeschlossen ist und im Heimatland im heruntergekommenen Armen-Ghetto lebt. Die Verachtung trifft auch Akademikerinnen, Frauen die studiert haben oder einen „anständigen" Beruf gelernt haben. In den Augen mancher ProstitutionsgegnerInnen haben diese Frauen in der Prostitution „selbst schuld" und verdienen kein Mitleid. Sie gelten als „Verräterinnen" und werden bezichtigt, am Schaden der anderen, „gezwungenen" prostituierten Frauen Mitschuld zu tragen.

Den „freiwillig" prostituierten Frauen wird zum Vorwurf gemacht, dass ihnen mehr Raum in der öffentlichen Debatte eingeräumt wird, als jenen Frauen in der Prostitution, die eine andere Sichtweise haben. Dabei liegt es doch völlig auf der Hand, dass eine Position, die den Status Quo stützt und nicht in Frage stellt, von Seiten der Herrschenden ausgenutzt wird. Wie bereits Andrea Dworkin anmerkte, darf vorzugsweise jene, die die „richtige Einstellung" zeigt, in der Öffentlichkeit sprechen.[4] Diese Frauen und nicht die Freier, die

die Nachfrage schaffen, jedoch dafür verantwortlich zu machen, dass Prostitution weiter existiert, ist eine Verantwortungsverlagerung, denn sie werden in der Debatte von jenen, die Prostitution kulturell promoten, nicht wirklich respektiert und ernst genommen, sondern letztlich nur benutzt.

Reinszenierung bekannter Muster

Übersehen wird in der Debatte auch, dass die vermeintliche Freiwilligkeit nicht nur in Bezug auf physische Gewalt oder ökonomischen Status zu prüfen ist, sondern welch zentrale Bedeutung psychologischen Aspekten bei einer Prostitutionsentscheidung zukommt. Es wird nicht nur übersehen, dass auch Frauen, die deutsch und „weiß" sind und studieren oder studiert haben, in Armut leben können, sondern auch, dass auch diese Frauen aus dysfunktionalen Familienverhältnissen stammen können und unter Umständen sexuelle, physische oder auch emotionale Gewalt erfahren haben und ihre Traumata in der Prostitution reinszenieren. Auf diesen Zusammenhang weisen sowohl empirische Studien als auch die Betroffenenberichte immer und immer wieder hin.[5]

Zahlreiche Betroffene berichten von einem extrem niedrigen Selbstwertgefühl und dem Zusammenhang mit der Prostitution. Christine Stark[6] spricht von dem „Wissen, das in deinen Körper gedrillt wird, dass du nur etwas wert bist, wenn du verletzt wirst". Huschke Mau weist darauf hin, dass in traumatischen Situationen Adrenalin ausgeschüttet wird, welches süchtig machen kann. Sie bezeichnet Prostitution als selbstverletzendes Verhalten, welches auf der Erfahrung beruht, dort zu Hause zu sein, „wo ich Angst habe, wo mir Schmerzen zugefügt werden, wo ich abgewertet werde". Und, dass auch nach dem Ausstieg aus der Prostitution gefährliche Situationen Vertrautheit signalisieren, während Menschen, die nett sind, *„nicht schreien, nicht schlagen, nicht missbrauchen"* ihr unheimlich sind.[7]

Der Körper ist nach dem Soziologen Pierre Bourdieu eine „Gedächtnisstütze" für die soziale Ordnung: *„Was der Leib gelernt hat, das besitzt man nicht wie ein wiederbetrachtetes Wissen, sondern das ist man"*. Hieraus folgt, dass Gewalt gegen Frauen eben nicht mit Gewalt oder physischem Zwang durchgesetzt werden muss, sondern Frauen insbesondere die individuellen - als Zeuginnen aber auch die kollektiven – Erfahrungen unbewusst verinnerlichen.

Es ist richtig, dass arme Frauen einen höheren Prozentsatz in der Prostitution stellen, und dieser begünstigende Faktor ist sicherlich nicht von der Hand zu weisen. Jedoch zeigen empirische Studien auch: Nicht jede arme Frau ist gleichermaßen von Prostitution betroffen. Auch bei den aus den Armenhäusern Europas gehandelten Frauen lässt sich der Zusammenhang zu dysfunktionalen Familienverhältnissen nämlich eindeutig belegen.

Und: Auch wenn heutzutage der Prostitutionsmarkt maßgeblich von armen Frauen aus dem Ausland bestückt ist, war dies nicht immer so. Noch in den 1990er Jahren wurden in Deutschland überwiegend deutsche Frauen prostituiert. Die Erpressbarkeit der Frauen, die zusätzlich noch ethnisch diskriminiert sind, setzt diese besonders den immer brutaler werdenden Wünschen der Freier aus. Wenn in der Prostitution also ein selbstverletzendes Verhalten gesehen wird und Frauen darin den erlebten Missbrauch reinszenieren, dann müssen wir uns die Frage stellen, ob deutschen Frauen heute nicht in anderen gesellschaftlichen Kontexten Gewalt angetan wird (z. B. unentgeltlich im BDSM-Bereich, ausgelebte Promiskuität über Single-Börsen, Aufmerksamkeitssuche in Reality-Show-Formaten, ….).

Der Mythos der Selbstermächtigung

Einer Person ohne Missbrauchserfahrung mag das auf den ersten Blick unverständlich erscheinen, jedoch ist es ein immer wiederkehrendes Motiv, dass Frauen, die eine Gewalthistorie haben, aus der Prostitution eine Art von Empowerment-Gefühl ziehen, nach dem Motto: Wenn Männer sich bei mir eh nehmen, was sie wollen, dann übe ich ein Stück Macht über sie aus, wenn ich sie wenigstens dafür bezahlen lasse. So berichtet die dänische Prostitutionsüberlebende Tanja Rahm, dass ihr das Geld lange Zeit das Gefühl verlieh *„wirklich etwas wert zu sein"*. Jacqueline Lynne spricht von einem Gefühl der Freiheit und Unbeschwertheit. Nicht in einer *„anhaltenden missbräuchlichen Beziehung gefangen"* zu sein, machte sie daran fest, Verliebtheit nicht vorspielen zu müssen. Im Nachhinein jedoch bezeichnet sie dieses Gefühl als *„pseudo-sexuelles Empowerment"*. Linda erinnert sich, dass sie *„süchtig nach Aufmerksamkeit"* war und es genoss, von den Freiern gegenüber den anderen prostituierten Frauen ausgewählt zu werden.

Dieses Gefühl von Selbstermächtigung und Macht ist eine Illusion. Auf lange Sicht wird das mangelnde Selbstwertgefühl weiter verstärkt. Das Selbstbild entspricht immer mehr und mehr dem auf die Person projizierten Fremdbild. So erkennt Jade heute, dass man sich schwerlich selbst schätzen kann, *„wenn du für den Preis einer Packung Zigaretten verkauft wirst"*. Tanja Rahm weist darauf hin, dass jede Frau in der Prostitution *„die gleichen abscheulichen Dinge immer und immer wieder"* hört, *„du wirst als Schlampe, Hure, dumm oder ekelhaft bezeichnet"*. Kat ist heute der Meinung, dass sie während ihrer Zeit in der Prostitution nicht den Schaden erkannte, *„den Männer mir zufügten, meiner Sexualität, meinem Vertrauen, meinem Selbstwert und letztlich meiner Seele"*.

Tanja Rahm zufolge ist die Verteidigung der Prostitutionsentscheidung als „freie Wahl" notwendig, denn *„die Wahrheit zu erkennen, ist so entleerend. Du dissoziierst dich von den Männern und ihren Taten, denn niemand kann psychisch anwesend sein bei den gewalttätigen Akten in der Prostitution".*

Die Illusion der Selbstermächtigung muss aufrecht erhalten werden, um den Alltag in der Prostitution zu überstehen. Die Neuseeländerin Rae Story vermutet, dass Aussteigerinnen deshalb anders über Prostitution sprechen als die meisten Frauen, die aktuell noch prostituiert sind, da nach dem Ausstieg keine Notwendigkeit mehr besteht *„die Industrie zu verteidigen. Als ich noch im Geschäft war, war da eine Menge kognitive Dissonanz in mir".*

Die prostituierte Identität

Der Freier macht die prostituierte Frau zur Nicht-Person: Ihre Persönlichkeit spielt keine Rolle, sie wird objektifiziert und zum Masturbationswerkzeug des Freiers gemacht, der sich in (oder auf) ihr entleeren kann. Dabei spielt es keine Rolle, ob er nur eine Packung Zigaretten oder 5.000 Euro für die Nacht zahlt. Es spielt keine Rolle, ob sie am Straßenstrich steht oder „High Class"-Escort ist. Das Prinzip ändert sich nicht. Ne`cole Daniels berichtet davon, dass sie alles erlebt hat und es sich alles gleich anfühlt. Laut Tanja Rahm ist der einzige Unterschied zwischen der Prostitution im schäbigen Bordell und der High-Class-Prostitution das saubere Laken. Gleichzeitig habe sie sich immer eingeredet, dass der Unterschied ein großer sei.

Prostituierte Frauen müssen zum Selbstschutz eine Rolle spielen. Der Freier erwartet, dass ihm Vergnügen vorgespielt wird. Der weibliche Orgasmus ist Teil der männlichen Macht, oder nach Bourdieu *„das männliche Vergnügen, Vergnügen zu bereiten".* Wie Studien zeigen, wissen Freier übrigens genau, dass das vermeintliche Vergnügen nur eine vorgespielte Illusion ist: Sie wissen recht genau, welche Schäden sie den Frauen zufügen.[8]

Wenn Menschen keinen Ausweg sehen, kann eine Strategie darin bestehen, sich die Situation schön zu reden. Wie bereits erwähnt, führt die Übernahme einer positiven Lesart auf Prostitution jedoch in der Regel nicht tatsächlich zu einer Selbstermächtigung, sondern zur weiteren Zerstörung der eigenen Identität. Eine wichtige Funktion beim Schlüpfen in die prostituierte Rolle kommt dem Alias-Namen zu, der nicht nur die Identität schützen soll, wie Jacqueline Gwynne, die als Rezeptionistin im Bordell arbeitete, betont. Nach Evelina Giobbe impliziert das Wort Prostituierte *„keine tiefere Identität"*, sondern *„die Abwesenheit einer Identität, der Diebstahl und die nachfolgende Aufgabe des Selbst"*.[9] Autumn Burris beschreibt, wie sie sich selbst belügen musste, *„damit mein Gehirn nicht in eine Million Einzelteile zerfällt"*. Laut Jade *„wird deine Identität beschädigt, du bekommt einen anderen Namen, du wirst zu einer anderen Person in der Prostitution. Du entwickelst dich von deinem realen zu deinem falschen Ich"*. Die irische Prostitutionsüberlebende Rachel Moran bezeichnet die Sexarbeits-Ideologie als *„Werkzeug-Set"*, mit dem prostituierte Frauen *„sich und anderen etwas vormachen können"*.

Frauen, die noch in der Prostitution sind, reagieren oft deshalb sehr heftig auf Prostitutionsüberlebende, da das Aussprechen der Wahrheit über die Prostitution eine Gefahr ist für die zurechtgebastelte Selbst-Identität. Deshalb ist es immer wichtig, sich daran zu erinnern: Prostituierte Frauen schulden uns keine Rechtfertigung. Sie können sich nennen wie sie möchten und ihre Lebenssituation für sich interpretieren wie sie möchten. Sie müssen sich nicht über ihre eigene Prostitution belehren lassen und verdienen auch dann Respekt, wenn sie Prostitution als „Sexarbeit" betrachten. Von außen jemanden von oben herab zu belehren, dass sie ihre Situation nicht erkennt und sich ihre Realität schön redet, hilft einer Frau in der konkreten Situation nicht, im Gegenteil: Es beschämt sie zusätzlich und trägt einen paternalistischen, bevormundenden Zug in sich.

Der steinige Weg aus der Prostitution

Da die meisten prostituierten Frauen neben den Erfahrungen in der Parallelwelt des Milieus eine ähnliche Kindheitsgeschichte teilen, fühlen sie sich in der Prostitution oft unter „ihresgleichen", während die gesellschaftliche Trennung in Heilige und Huren, also die Spaltung der sozialen Klasse der Frauen, ihren Teil dazu beiträgt. So merkwürdig es vielleicht auch klingt, ist für viele prostituierte Frauen der Freier mitunter der einzige Kontakt außerhalb des Milieus. So fühlte sich Christie mit der Sexindustrie verbunden, da sie sich dort willkommen in einer *„Schwesternschaft von Außenseiterinnen"* fühlte. Sie beschreibt, wie sie immer wieder aus Einsamkeit an einen Ort zurückkehrte, zu den Freiern und Frauen, die wie sie waren, aber deren echte Namen sie nicht einmal kannte. Die geteilten Lebenserfahrungen führen zu einer Art von Verbundenheit mit dem System der Prostitution, auch dann noch, wenn es (meistens) mit Hilfe einer Therapie irgendwann gelingt, die psychologischen Mechanismen zu durchschauen und die eigene Zeit in der Prostitution zu reflektieren.

Viele Betroffene berichten davon, dass die prostituierte Identität auch nach dem Ausstieg weiter wirkt. Kendra Chase berichtet davon, dass sie sich *„nach all den Jahren im Inneren immer noch wie ein Escort (fühlt), wie eine, die lange Zeit keinen Freier gemacht hat. ... Die wirkliche Welt fühlt sich unwirklich an. Es fühlt sich so an, als ob ich jeden Moment zerbröckeln könnte und wieder zurück im Bordell bin".* Huschke Mau beschreibt, dass ein Rundgang im Frankfurter Bahnhofsviertel bei ihr Gefühle auslöst als

„Zuschauerin hier fehl am Platze zu sein" und *„Hier zu sein ist wie zu einem Ex zurückzukehren, der einen schlägt: Es ist wie nach Hause kommen, alles ist vertraut, aber es fühlt sich gleichzeitig alles falsch an."*[10]

Das Durchschnittsalter für den Einstieg in die Prostitution liegt bei 14 Jahren. Wenn ein junges Mädchen in diese Welt kommt und quasi in dieser erwachsen wird, dann entsteht eine Orientierungslosigkeit in Bezug auf die Gesellschaft außerhalb des Milieus. Ähnliches gilt für Frauen, die einen Großteil ihres Erwachsenenlebens in der Prostitution verbracht haben. Das bedeutet für eine Frau, die nach vielen Jahren aussteigen möchte, nicht nur, dass sie das Problem hat, ihre Existenz anderweitig zu sichern, sondern dass sie auch im Alltag klarkommen muss. Dass ein neues soziales Netzwerk aufgebaut werden muss. Es reicht auch nicht, die rein materiellen Bedürfnisse wie Existenzsicherung, ein Dach über dem Kopf oder ggf. eine andere Beschäftigung sicherzustellen, sondern es handelt sich beim Ausstieg um einen komplizierten psychologischen Abnabelungsprozess.

Es ist also nicht verwunderlich, wenn der Ausstieg als steiniger Weg beschrieben wird. So sagt Rebecca Mott, dass sie nicht wusste *„wie man eine Erwachsene ist, da ich immer noch geschädigtes Kind und Teenager in mir trug. Ich war am Ertrinken, aber erhielt keine Hilfe, keine Unterstützung – jeden Millimeter zurück in ein ,reales' Leben musste ich mir erkämpfen."*[11] Wie tiefgehend die Schäden und Verletzungen infolge der ständigen Dissoziation sind, führt uns Huschke Mau vor Augen, wenn sie erklärt: *„Der Körper bleibt ohne Kontakt zur Seele, zur Psyche. Man fühlt sich einfach nicht mehr."* Sie beschreibt, wie sie Empfindungen wie Hunger, Müdigkeit oder Kälte erst nach vielen Jahren wieder als körperliche Bedürfnisse erkennen konnte.[12]

Diese Aussagen zeigen, dass das, was für andere Menschen selbstverständlich ist, mühsam wieder gelernt werden muss, wie ein kleines Kind, das Laufen lernt. Dies alles muss geleistet werden, neben dem täglichen Kampf ums Überleben aufgrund der schweren Traumatisierung. Der Ausstieg ist ein langer Prozess, und diesen zu schaffen eine riesige Leistung, die nicht selbstverständlich ist und unseren größten Respekt verdient. Wenn eine Organisation wie *Talita* in Schweden einjährige Rehabilitionsprogramme anbietet, dann wird mit diesen den großen Herausforderungen Rechnung getragen.

Der Ausstieg aus der Prostitution ist auch deshalb schwer, weil auch Frauen die ausgestiegen sind im Falle des öffentlich Werdens ihrer Tätigkeit für immer der Hurenstempel anhängt. Freier, die in unserer Gesellschaft nicht stigmatisiert sind, tratschen offen darüber, dass sie *„da auch schon mal drüber durften"*. Auch Filmaufnahmen aus der Zeit in der Prostitution tragen das Risiko mit sich, jederzeit Frauen für ihre Vergangenheit zu outen.

Der Wechsel auf die ZuhälterInnenseite

Vor diesem Hintergrund mag es nicht verwundern, dass es oft vieler Versuche bedarf, um den Weg aus der Prostitution zu schaffen, und viele Rückschläge den steinigen Weg pflastern. Die Mechanismen des Trauma-Bonding sind denen in der häuslichen Gewalt sehr ähnlich. Manche Frauen schaffen den Weg heraus nie. Dies müssen wir auch berücksichtigen, wenn wir auf jene Frauen blicken, die selbst auf die Seite der ZuhälterInnen wechseln. So können sich zum Beispiel Frauen, die aus dem Ausland gehandelt wurden und in der Schuldsklaverei (mit fingierten „Schulden") gehalten werden, freikaufen, indem sie Nachwuchs aus dem Heimatland rekrutieren (so genannte „Second

Waver"). Manchen werden daraufhin die „Schulden" tatsächlich erlassen, anderen nicht, und sie müssen sich weiter prostituieren.

Das Feld der Prostitution ist ein autonomes Feld mit eigenen Regeln und Gesetzen. Das Milieu ist eine Parallelwelt, in der nicht die üblichen Institutionen das Sagen haben. Diejenigen, die hier das große Geld machen, sind nicht die prostituierten Frauen, wie Studien eindeutig zeigen: Eine deutliche Mehrheit ist bereits während ihrer aktiven Zeit auf ergänzende Sozialleistungen angewiesen. Frauen, die (teilweise oder ganz) auf die Seite der ZuhälterInnen wechseln und anfangen, als Betreiberin eines Kleinbordells oder Studios anteilsmäßig an der Prostitution anderer zu verdienen, können damit mitunter zwar die eigene Prostitution einschränken oder aufgeben. In der Feldhierarchie gelingt ihnen damit jedoch nur ein kleiner Aufstieg auf die unterste Ebene der Hierarchie der Profiteure.

Der Vorteil, der sich hieraus gegenüber einem Komplettausstieg ergibt: Sie müssen ihre eigene Identität nicht gefährden, indem sie das Bild von Prostitution als „Arbeit wie jeder andere" vor sich entlarven, und sie verbleiben in dem Umfeld, das sie kennen, das ihnen vertraut ist, und sie müssen nicht lernen, sich in einer anderen Welt zurechtzufinden. Kendra Chase eröffnete ein eigenes Bordell mit dem Ziel, selbst der Prostitution zu entfliehen und anderen Frauen *„einen sicheren und glücklichen Ort für ihr Geschäft anzubieten"*. Ernüchternd stellt sie rückblickend fest, dass ihr Bordell nicht anders war. Für Jade war der Wechsel nur von kurzer Dauer. Rückblickend hasst sie sich selbst dafür, andere Frauen von der Prostitution überzeugt zu haben, *„es hat auch nicht lange gedauert, bis ich selbst wieder arbeitete"*.

Eine Frau, die zur Madam wird, ist wie jede Person, die von der Prostitution Dritter profitiert, selbstverständlich strafrechtlich zu belangen. Ihr eine Mitverantwortung abzusprechen, wäre unfair jenen gegenüber, die diesen Weg nicht gehen. Sie steht jedoch nicht auf einer Stufe mit Männern, die an der Prostitution verdienen, jedoch selbst nie prostituiert waren. Wenn Prostitution gesellschaftlich die Funktion erfüllt, die niedrigere Position in der Geschlechterhierarchie aufrechtzuerhalten, dann profitiert gesellschaftlich keine Frau von ihr, auch dann nicht, wenn sie ökonomisch an den Profiten partizipiert.

Lieber über die Freier reden

Mit der Konzentration der Debatte über tatsächliche oder vermutete Wahlmöglichkeiten wird übersehen, dass Prostitution aus der Sicht des Freiers immer das Gleiche ist, völlig unabhängig von dem Freiheitsgrad der prostituierten Person: das Kaufen sexueller Handlungen, die ohne materielle (oder sonstige) Entschädigung sonst zu 99,99 % nicht stattfinden würden. Deshalb ist Prostitution das Durchsetzen eigentlich ungewollter sexueller Handlungen, weshalb wir sie als sexuelle Gewalt betrachten. Ein Kaufen sexueller Handlungen im Übrigen, die ausschließlich auf die kaufende Person ausgerichtet sind und der sich die prostituierte Person unterzuordnen hat - im Übrigen auch dann, wenn sie eine Domina ist.

Die Gesellschaft sollte sich deshalb fragen, warum sie sich vor diesem Hintergrund auf eine Debatte über „Freiwilligkeit" und Zwang und ein Spiel mit Prozentzahlen eigentlich einlässt. Es wäre viel sinnvoller, sich vor Augen zu führen, dass für 100 % der Freier die Prostitutionsnutzung in der Tat eine freie Wahl ist. Wie Kat richtig bemerkt, sind es immer die Mädchen und Frauen in der Prostitution, von denen man erwartet, dass sie sich erklären und die beschämt und verurteilt werden dafür, dass sie in der Prostitution gelandet sind: *„Männer werden nicht gebeten, zu erklären, warum sie diesen Mädchen Schäden zufügen oder warum sie die Körper von Frauen und Mädchen in der Prostitution benutzen."* Es sind nicht die Frauen in der Prostitution, die sich selbst erniedrigen, sondern es sind jene Männer, die Frauen kaufen und diese nicht als einen vollwertigen Menschen mit einem Wert betrachten.

Es ist perfide, wenn prostituierte Frauen ihre Lebenssituation offen legen sollen, damit die Gesellschaft entscheiden kann, ob sie unser Mitgefühl verdienen oder nicht. Damit die Gesellschaft abwägen kann, ob sie nicht vielleicht auch andere Optionen gehabt hätte. Wem nützt es, die Frau zu beschämen, die von klein auf darauf konditioniert wurde, sexuelle Männerwünsche zu befriedigen, wenn man ihr sagt: „Also ich habe so viel Selbstachtung, dass ich mich niemals prostituieren würde!"? Welches Gefühl gibt man ihr, wenn man ihr zu verstehen gibt, man selbst würde lieber heroisch verhungern, als in existenzieller Not Männern Zugriff auf den eigenen Körper zu gewähren?

Ist es nicht verständlich, wenn Frauen, die dermaßen gesellschaftlich abgewertet werden, einen Trotz entwickeln und versuchen, sich ein Image einer „starken, selbstbestimmten Hure", die „nicht umsonst die Beine breit macht", sondern sich wenigstens dafür bezahlen lässt, aufzubauen, um ihr eigenes Selbstbild zu schützen? Statt uns an prostituierten Frauen abzuarbeiten, sollte der Fokus immer klar auf jenen liegen, die sich nicht deutlich gegen Freiertum positionieren, sind die Freier es doch, die – im Gegensatz zu jeder beliebigen Frau – Nutznießer sind der Existenz der Prostitution.

Notes:

(1) Dieser Text erschien am 27. Dezember 2017 in einer stark veränderten Form auf dem Blog Abolition 2014.

(2) Rebecca Mott: Andrea Dworkin on Prostitution, 18.04.2009, https://rmott62.wordpress.com/2009/04/18/andrea-dworkin-on-prostitution/.

(3) Zur gesellschaftlichen Funktion von Selbsttechnologien siehe Michel Foucault zum Thema Gouvernementalität.

(4) Andrea Dworkin: Geschlechtsverkehr, Free Press, 1987.

(5) Siehe auch die Kapitel zu den empirischen Erkennissen zur Lebenssituation prostituierter Frauen und zu Prostitution als Spielfeld zur Reproduktion männlicher Herrschaft.

(6) Alle direkten und indirekten Überlebendenzitate, sofern nicht anders gekennzeichnet aus: Caroline Norma, Melinda Tankard-Reist (Hrsg.): Prostitution Narratives: Stories of Survival in the Sex Trade, Spinifex Press: 2017.

(7) Huschke Mau: Warum ist der Ausstieg aus der Prostitution so schwer? 2017, www.huschkemau.de.

(8) Siehe auch das Kapitel zu den empirischen Erkenntnissen zum Freiertum.

(9) Melissa Farley: Prostitution, Liberalism, and Slavery: 2013, http://logosjournal.com/2013/farley/.

(10) Huschke Mau ebd.

(11) Rebecca Mott: Exiting into a void: 2016, https://rebeccamott.net/2016/04/13/exiting-into-a-void/.

(12) Huschke Mau ebd.

5 Fragen an …. Simon Häggström

Simon Häggström ist Kriminalinspektor bei der schwedischen Polizei und Experte für Prostitution und Menschenhandel. Er ist außerdem Autor zahlreicher Bücher und referiert auf internationalen Konferenzen über die Arbeit der schwedischen Polizei.

Simon, kannst du bitte deine Tätigkeit und deren Rahmenbedingungen beschreiben?

2007 habe ich die Polizeischule abgeschlossen. Zunächst habe ich zwei Jahre als Drogenfahnder im Zentrum von Stockholm gearbeitet. Dabei bin ich zum ersten Mal mit Straßenprostitution in Kontakt gekommen. 2009 haben mich meine Vorgesetzten gefragt, ob ich eine Einheit aufbauen und mich in Vollzeit mit dem Prostitutionsthema befassen möchte. Seitdem habe ich mich auf Prostitution und Menschenhandel zur sexuellen Ausbeutung spezialisiert.

Im Laufe der Jahre habe ich immer häufiger festgestellt, dass ich noch nie irgendeine Aktivität erlebt habe, die so sehr von Mythen und Gerüchten umgeben ist wie die Prostitution. Jeder neigt dazu, eine Meinung dazu zu haben, aber die meisten Menschen in der Zivilgesellschaft haben kein Verständnis von ihrer rauen Realität. Deshalb habe ich begonnen, Bücher über dieses Thema zu schreiben, um die Öffentlichkeit zu sensibilisieren. Bisher habe ich vier Bücher veröffentlicht, zwei Sachbücher und zwei fiktionale Bücher.

Derzeit schreibe ich an meinem fünften Buch und arbeite als Experte für Prostitution und Menschenhandel bei der nationalen Einheit der schwedischen Polizei. In dieser Funktion arbeite ich strategisch und operationell. Das bedeutet, dass ich wöchentlich an Razzien teilnehme, Freier verfolge, Zuhälter und Menschenhändler verhafte und mögliche Menschenhandelsopfer aufspüre. Ich arbeite auch bei Menschenhandelsermittlungen mit anderen Ländern zusammen.

In einem Interview hast du mal erwähnt, dass die Implementierung des Nordischen Modells eine Herausforderung für die schwedische Polizei war, insbesondere was die Einstellung zu den prostituierten Frauen betrifft. Kannst du beschreiben und ausführen, inwiefern das Nordische Modell ein Faktor für Veränderung und Fortschritt in deiner Institution war?

Tatsächlich hat sich die schwedische Polizei bei der Einführung der Freierkriminalisierung 1999 gegen das Gesetz ausgesprochen. In unserer Stellungnahme an das Justizministerium bei der Anhörung zum Gesetzgebungsverfahren hat die Polizei vorgeschlagen, auch den Verkauf von sexuellen Handlungen unter Strafe zu stellen, um die Effizienz des Gesetzes zu steigern. Als das Gesetz eingeführt wurde, dachten viele meiner Kollegen, es sei idiotisch. Wieso sollte eine Seite kriminalisiert werden und die andere nicht, dachten sie. Eine Partei zu kriminalisieren und die andere nicht, ergibt normalerweise für einen Polizeikommissar wenig Sinn, deshalb kann ich die Reaktion meiner Kollegen definitiv verstehen. Einer der größten Fehler damals in 1999 war es, dass die Polizei keinerlei Unterweisungen darüber erhalten hat, warum das Gesetz eingeführt wurde. Ich persönlich fand es auch ein wenig merkwürdig, als ich in die Gesetzgebung eingeführt wurde. Aber je länger ich in diesem Umfeld gearbeitet habe, desto mehr habe ich die Hintergründe und Gedanken diesbezüglich verstanden.

Dieses Gesetz resultiert aus dem Wissen über Prostitution aus mehr als 30 Jahren Forschung zu dem Thema. Es geht darum, die Beschämung dorthin zu verlagern, wo sie hingehört und eine echte Unterscheidung und Definition darüber zu geben, wer hier kriminell ist und wer ausgebeutet wird. Diese Frauen aus den ärmsten Ländern Europas, die auf den Straßen und in den Bordellen landen, sind keine Kriminellen. Es spielt keine Rolle, ob du mit ihnen in Schweden oder Deutschland sprichst, sie kommen aus den gleichen Ländern und teilen dieselben Hintergründe. Es handelt sich um Menschen, die versuchen, ihren Kindern Essen auf den Tisch zu stellen. Für sie geht es ums Überleben. Die schlechten Typen sind jene, die aus ihrer Misere Profit schlagen. Die Zuhälter und Menschenhändler, die das Geld dieser Frauen nehmen, und die Hunderte, Tausende oder Millionen Freier in Europa, die das Leben dieser Frauen in der Sexindustrie festschreiben.

Beim Nordischen Modell geht es um die richtige Perspektive und darum zu verstehen, dass in der Welt der Prostitution die Zuhälter und die Freier das echte Problem darstellen und nicht diejenigen, die sexuelle Handlungen verkaufen, um überleben zu können. Am Anfang fiel es den Menschen schwer, das zu verstehen, denn diese falschen Annahmen und die gesellschaftliche Tradition zu denken, dass die Frauen auf der Straße das Problem darstellen und nicht jene, die sich Zugang zu ihrem Körper erkaufen, reichen Ewigkeiten zurück. Die prostituierten Frauen wurden in der Geschichte immer als gesellschaftliches Problem betrachtet, und die Freier, die überhaupt erst der Grund sind, warum Prostitution existiert, wurden damit niemals konfrontiert oder infrage gestellt.

Es ist sehr faszinierend zu sehen, wie groß heute die Unterstützung für das Gesetz ist. Wir haben die Gesetzgebung nun mehr als 20 Jahre, und der normierende Effekt ist unglaublich. Heutzutage trifft man sehr selten auf einen Polizisten, der der Meinung ist, dass das Gesetz eine schlechte Sache ist. Ein guter Polizist versteht den Zusammenhang mit dem organisierten Verbrechen.

Dass all diese Zuhälter und Menschenhändler nicht hierher kämen, wenn nicht all die Männer ihr Geld in das organisierte Verbrechen investieren würden, indem sie Sex kaufen. Weil wir die Freier verhaften, schaffen wir einen schlechten Markt für die Menschenhandelsringe. Zusammen mit einer Gesetzgebung, die keine Zuhälterei duldet, ist es für die Zuhälter extrem schwer zu agieren, und wir haben sehr häufig festgestellt, dass sie andere Länder wählen, wo das Geschäft für sie einfacher ist.

Es erscheint mir im Kampf gegen den Menschenhandel zentral zu sein, dass die schwedische Gesetzgebung bei der Beweisführung vor Gericht auf objektiven Kriterien beruht – während beispielsweise in Deutschland zwingend eine subjektive Zeugenaussage des Opfers notwendig ist. Denkst du, dass überhaupt alle, die nach objektiven Kriterien Opfer von Menschenhandel sind, sich selbst als solche sehen? Wie hilft das Nordische Modell der Polizei bei der Arbeit, und was ist der größte Vorteil des nordischen Ansatzes im Vergleich mit der Arbeit eurer Kollegen in anderen Ländern, insbesondere Deutschland? Und ganz allgemein: Was ist dein Eindruck vom deutschen Prostitutionsmarkt im Vergleich zu dem, was du in Schweden vorfindest?

Es ist extrem wichtig zu verstehen, dass Zwangsprostitution und Menschenhandel immer als freiwillige Prostitution getarnt daherkommt. Diese Frauen bezeichnen sich in den allermeisten Fällen selbst nicht als Opfer, wenn du ihnen erstmals begegnest. Das hat viel mit Angst zu tun, aber auch mit psychologischen Mechanismen, denn sich selbst nicht als Opfer zu bezeichnen, ist ein Schutzmechanismus um in dieser düsteren Welt einfacher überleben zu können. Das wird sehr deutlich, wenn du mit Menschen sprichst, die gerade aktuell in der Prostitution sind, verglichen mit denen, die die Welt der Prostitution verlassen haben. Es ist sehr einfach, eine Frau im Bordell zu finden, die dir sagt: *„Ja, ich verkaufe sexuelle Handlungen, weil ich das so will und so für mich selbst entschieden habe."* Das kommt daher, weil sie Angst vor den Menschenhändlern hat, wenn sie die Wahrheit erzählt. Vermutlich wird sie auch Misstrauen gegenüber den Behörden haben und auch der Polizei zunächst nicht vertrauen. In den meisten Fällen darf sie auch einen kleinen Teil des Geldes, das sie verdient, behalten, was bedeutet, dass sie und die Familie in der Heimat abhängig sind von diesem Geld, das ihre Prostitution generiert.

Wenn du jedoch mit einer Frau sprichst, die aus der Prostitution raus ist und heute ein normales Leben lebt, dann wirst du kaum eine finden, die dir sagt, dass es eine gute Erfahrung war, die sie anderen ans Herz legen würde. Stattdessen haben wir Tausende von Aussagen aus der ganzen Welt, die uns alle das Gleiche sagen, nämlich dass das Leben in der Prostitution ein Leben voller Gewalt und extremen psychologischen Schäden ist. Fast alle Menschenhandelsopfer sagen beim ersten Aufeinandertreffen mit der Polizei, dass sie keine Opfer sind. Deshalb ist es enorm wichtig, Vertrauen aufzubauen und sehr eng mit den NGOs und Sozialbehörden zusammenzuarbeiten, damit die Frau an den Punkt kommen kann, ihre Geschichte mit uns zu teilen. Dies kombiniert mit der Überwachungs- und Ermittlungsarbeit gegen die Täter, macht eine erfolgreiche Ermittlung gegen die Zuhälter und Menschenhändler aus.

Ich glaube, einer der größten Vorteile des Nordischen Modells ist, dass es die Frauen stärkt. Wir sagen ihnen, dass das Leben, das sie leben, nicht normal ist und dass die Freier Vorteile aus ihrer Vulnerabilität ziehen. Und dass wir in Schweden nicht akzeptieren, dass Männer sich Zugang zum Körper einer armen Frau erkaufen und sie damit davonkommen. Diese Haltung ist völlig neu für die Frauen, auf die wir treffen, die oft schon in Ländern wie

Deutschland waren, wo Prostitution normalisiert ist. Wenn wir also auf sie treffen, sagen wir den Frauen, dass es sich nicht um ein normales Leben handelt, dass sie etwas Besseres verdienen, ein anders Leben auf sie wartet und die Schande bei den Freiern liegt.

Ich war sehr häufig in Deutschland und habe mir euer System angeschaut. Ich glaube, der größte Unterschied ist der normative Effekt. Ich habe mal mit einem Chef einer deutschen Polizeieinheit gesprochen und der hat mir gesagt, er sei sehr besorgt darüber, dass er ständig auf junge Männer trifft, die mit ihren Freunden im Bordell feiern gehen. An diesen Orten kaufen sie sexuelle Handlungen von Frauen aus den ärmsten Ländern Europas, als wäre das etwas völlig Normales, das Spaß macht. Weil der normative Effekt in Schweden so groß ist, wäre das bei uns extrem schambehaftet. Ich bin fest davon überzeugt, wenn eine Gesellschaft Freiertum erlaubt und akzeptiert, dass dadurch sexuelle Gewalt befördert wird und die ganze Gesellschaft am Ende einen Schaden davon trägt, denn es herrscht eine Mentalität, nach der Frauen als Objekte betrachtet werden, die gekauft und verkauft werden können.

In Bezug auf die Freierkriminalisierung gibt es eine Reihe von Fragen, die einem sofort in den Sinn kommen: Da das Gesetz ja geschlechtsneutral ist, was würdest du sagen: Wie hoch schätzt du die Zahl weiblicher Freier ein? Wie viele „hässliche", „behinderte" oder „einsame" Freier hast du in deiner Zeit in der Prostitutionseinheit getroffen? Und warum macht es deiner Meinung nach total Sinn, die Frauen zu entkriminalisieren, aber gleichzeitig die Freier zu bestrafen? Gibt es weitere Konsequenzen für die Freier, neben den Bußgeldern, die sie zahlen müssen?

Seit das Gesetz vor über 20 Jahren eingeführt wurde, hatten wir keinerlei Festnahmen oder Urteile gegen weibliche Freier. Das Gesetz ist geschlechtsneutral, und wir würden Freierinnen definitiv genauso festnehmen wie männliche Freier, aber offensichtlich sind Männer extrem überrepräsentiert, wenn es um die Prostitutionsnutzung geht.

Eine der größten Fehleinschätzungen über die Freier ist, dass diese arm und unglücklich sind und nur so eine Frau abbekommen können. Das ist falsch. Die meisten Männer, die wir treffen, sind „gewöhnliche" Männer, viele von ihnen sind in Beziehungen und haben gar kein Problem damit, Sex zu haben. Beziehungsweise es wäre kein Problem für sie, aber wir können ganz klar erkennen, dass die Nutzung von Prostitution für sie eine Art Abkürzung ist. Wenn sie dafür bezahlen, können sie sicher sein, Sex zu haben und den Sex zu haben, den sie möchten. Sie können sogar das spezifische Datum und die Uhrzeit planen. Sie müssen sich nicht den Kopf über die Zustimmung der anderen Person zerbrechen, denn weil sie bezahlt haben, sehen sie es als ihr Recht an, einen Zugriff zum Körper dieser Frauen zu haben und mit ihnen zu machen, was sie wollen, denn für 30 Minuten gehört sie ihnen.

Meiner Meinung nach gibt es überhaupt keine Alternative zur Senkung der Nachfrage, als die Freier zu kriminalisieren. Es ist völlig unerheblich, wie viele Zuhälter und Menschenhändler wir festnehmen – die werden so lange kommen, wie wir Hunderttausende von Männern haben, die regelmäßig Prostitution nutzen. Es gibt hier einfach viel zu viel Geld zu verdienen für das organisierte Verbrechen. Also können wir nur vorankommen, wenn wir dem Geld folgen und die Freier empfindlich treffen. Weniger Freier bedeutet weniger Prostitution und das bedeutet weniger Menschenhandel. Freier sind die zentralen Geldgeber des organisierten Verbrechens. Sie sind diejenigen, die den Menschenhändlern deren monatliche Löhne zahlen. Ein Freier hat auch keine Möglichkeit, zwischen einer so genannten freiwilligen „Sexarbeiterin" und einem Menschenhandelsopfer zu unterscheiden. Es ist schlicht unmöglich.

Die Freier erhalten in Schweden normalerweise ein Bußgeld, das sich nach ihrem Einkommen richtet. Allerdings ist nicht das Bußgeld, sondern der normative Effekt des Gesetzes entscheidend für dessen Effizienz. In der schwedischen Gesellschaft ist es sehr schambehaftet, Prostitution zu nutzen, und das kommt einfach daher, dass das Gesetz die Mentalität der durchschnittlichen schwedischen Person verändert hat. Vor 1999 war es in Schweden legal, Prostitution zu nutzen, und viele Männer haben es gemacht.

Aus gutem Grund – vor allem vor dem Hintergrund der deutschen Geschichte und des Nationalsozialismus – gibt es hier eine sehr große Angst in der Gesellschaft in Bezug auf repressive Maßnahmen gegen prostituierte Frauen (und andere) durch Staat und Polizei. Einige behaupten, Prostitution gehe „in den Untergrund", prostituierte Frauen würden ihre Wohnungen verlieren oder migrantische prostituierte Frauen würden abgeschoben. Was ist deine Antwort auf all diese Behauptungen und könntest du beschreiben, was passiert, wenn ihr als schwedische Polizei auf eine jener so genannten „freiwilligen und selbstbestimmten Sexarbeiterinnen" trefft und diese keine Unterstützung will oder braucht – und wie oft passiert das eigentlich überhaupt? Und zu guter Letzt: Gibt es deiner Meinung nach irgendetwas, das deiner Meinung nach verbessert werden sollte oder müsste?

Prostitution kann überhaupt nicht im Untergrund stattfinden. Nur weil sie nicht mehr in regulierten Bordellen stattfindet, heißt das nicht, dass sie einfach verschwindet. Das kann sie auch gar nicht, einfach weil Freier und prostituierte Frau sich einander finden können müssen. Und genauso wie die Freier diese Frauen mit ein paar Mausklicks finden können, kann die Polizei das auch, und wir tun das auch mit regelmäßigen Razzien in ganz Schweden, bei denen die Freier verhaftet werden.

Manchmal hören wir in den Medien von den so genannten „Sexarbeiterinnen", die sagen, dass sie diesen Job selbst gewählt haben. In der Realität treffen wir ganz selten auf diese Kategorie prostituierter Frauen. Fast alle, die wir treffen, wollen ein Leben ohne Prostitution führen, aber sie haben auch das Gefühl, dass sie schlicht keine anderen Optionen haben. Fast immer sehen wir dieselben Gründe, die die Frauen in die Prostitution geführt haben: Armut, psychische Erkrankungen, eine Geschichte sexuellen Missbrauchs und/oder Drogensucht. Der Mythos der „glücklichen Hure" ist wirklich nur ein Mythos. Und auch, wenn es da draußen vielleicht ein paar Menschen gibt, die „diesen Job lieben" und sagen, dass sie ihn selbst gewählt haben, dann muss eine Gesetzgebung sich trotzdem auf jene große Mehrheit fokussieren, die täglich leidet. Und sie muss die Gruppen der organisierten Kriminalität zurückdrängen, die Hunderttausende Euros aus Menschenhandel zur sexuellen Ausbeutung zieht.

Schweden hat in dieser Hinsicht die ersten Schritte in die richtige Richtung gemacht, aber es gibt noch viel zu tun. Wir haben gute Gesetze gegen die Menschenhändler, Zuhälter und Freier. Ich glaube, es ist wichtig, sich in der Zukunft noch mehr auf die „zweite Säule" des Nordischen Modells zu konzentrieren: Unterstützung und Ausstiegsprogramme, damit die Frauen wirklich aus der Prostitution rauskommen. Oft, wenn wir über das Nordische Modell sprechen, sprechen wir nur über die Kriminalisierung der Freier. Aber es ist ganz genauso wichtig, mit den Sozialdiensten und Nichtregierungsorganisationen zusammenzuarbeiten, um den Frauen dabei zu helfen, sich ein neues Leben ohne Prostitution aufzubauen. Ich habe das Gefühl, dass wir hier noch besser werden können, vor allem was die Frauen, die nicht aus Schweden kommen und deshalb nicht ins Sozialsystem integriert sind, angeht.

Sex Industry Kills: Ein Dokumentationsprojekt über Morde in der legalen deutschen Sexindustrie

Ich bin eine Überlebende. Und ich habe die Autorität zu sagen, NEIN, Sex sollte nicht käuflich sein. Während ich meinen Körper verkauft habe, wurde fünf Mal auf mich geschossen, ich wurde mehr als 13 Mal niedergestochen, wurde unzählige Male bewusstlos geschlagen, mein Arm und meine Nase wurden mir gebrochen, Zähne ausgeschlagen, ich habe ein Kind verloren, welches ich nie mehr sehen werde, ich wurde verbaler Gewalt ausgesetzt und habe unzählige Tage im Knast verbracht. Und trotzdem kann ich mich noch glücklich schätzen, denn ich kenne einige wunderschöne Mädchen, die da draußen auf der Straße ermordet wurden.

Brenda Myers-Powell[1]

Häufig wird behauptet, der Gewalt gegen Frauen in der Prostitution sei unter legalen Bedingungen am einfachsten präventiv zu begegnen. So veröffentlichte die Menschenrechtsorganisation *Amnesty International* 2016 ein Positionspapier, in dem konstatiert wurde:

Wir empfehlen eine Entkriminalisierung von konsensueller Sexarbeit, inklusive jener Gesetze die in Verbindung stehende Aktivitäten verbieten – zum Beispiel das Verbot von Sexkauf, Angebot von Prostitution sowie in Bezug auf die generelle Organisation von Sexarbeit. Dies basiert auf Belegen, dass diese Gesetze die Sicherheit der Sexarbeitenden negativ beeinflussen.

Nun gibt es jedoch keinerlei internationale Vergleichsstudien in Bezug auf Gewalt gegen Frauen in der Prostitution, weshalb unklar ist, auf welchen „Belegen" diese Aussage beruht.

Forschung zu Gewalt gegen Frauen in der Prostitution

Mit Ausnahme der 2004 vom Bundesfamilienministerium in Auftrag gegebenen Studie zur Gewaltprävalenz existieren sehr wenige empirische Daten zu Gewalterfahrungen in der deutschen Prostitutionsindustrie. Besagte Studie kam jedoch bei der Untersuchung der Teilpopulation der prostituierten Frauen zu dem Ergebnis, dass prostituierte Frauen im Vergleich zur durchschnittlichen weiblichen Bevölkerung ein vielfaches an Gewalt erfahren und diese Gewalt ihnen überwiegend im „Arbeits"kontext widerfährt.

Darüber hinaus zeigen die wenigen existierenden Studien eine hohe Gewaltprävalenz gegen Frauen in der Prostitution, völlig unabhängig von der herrschenden Prostitutionspolitik im untersuchten Land. So kam eine Studie, die Daten aus neun verschiedenen Ländern erhob, zu dem Ergebnis, dass 70 bis 95 % der Befragten in der Prostitution Opfer physischer Gewalt wurden und 60 bis 75 % in der Sexindustrie vergewaltigt worden sind.[2]

Nach C. Gabrielle Salfati wurden in Großbritannien zwischen 1990 und 2009 mindestens 137 Frauen in der Sexindustrie ermordet, wobei die Wahrscheinlichkeit, als Frau in der Straßenprostitution zum Mordopfer zu werden, zwölf Mal höher liegt als bei der durchschnittlichen weiblichen Bevölkerung in Großbritannien.[3]

Forschung zu Gewalt gegen indigene Frauen im kanadischen Prostitutionsmarkt kam zu dem Ergebnis, dass Folter keine Ausnahmeerscheinung ist, sondern Normalität für jene, die sexuell ausgebeutet werden.[4] Aus diesem Grund fordern die *Native Women's Association* (NWAC) und die *Indigenous Women against the Sex Industry* (IWASI) das „*Recht auf Sicherheit ein, nicht auf mehr Sicherheit*".[5]

Das Dokumentationsprojekt

Im Jahr 2013 stellte eine deutsche Aktivistin eine Liste von 22 Morden an prostituierten Frauen in Deutschland seit der Liberalisierung der Prostitutionsindustrie im Jahr 2002 zusammen. 2014 startete *Sex Industry Kills* mit einer eigenen Wiki-Plattform mit dem Ziel, die Hintergründe der einzelnen Taten zu recherchieren, den Opfern ein Gesicht zu geben und ihre Geschichten zu erzählen. Die Seite wird von einer kleinen Gruppe von Abolitionistinnen betrieben, darunter auch Prostitutionsüberlebende. Seit der Gründung wird die Seite sukzessive um weitere recherchierte Fälle ergänzt.

Dabei wird auf verschiedene Informationsquellen zurückgegriffen, z. B.:
- Internetrecherche in Zeitungsarchiven, sofern diese öffentlich zugänglich sind und die Artikel nicht hinter einer Bezahlschranke liegen
- Anfragen an Zeitungsredaktionen über dort bekannte Fälle
- Anfragen an die Landeskriminalämter
- Auswertung von relevanten TV-Dokumentationsformaten (z. B. *Aktenzeichen XY ungelöst*)
- Rückgriff auf die Recherchen anderer Aktivistinnen und Aktivisten

Auf diese Weise konnten bis zum Sommer 2020 insgesamt 480 Einzelfälle zusammengetragen werden.

Zu beachten ist: Diese Zahlen beinhalten nicht die Fälle der von den Nationalsozialisten als „asozial" ermordeten prostituierten Frauen.

Zeitraum	Mord	Mord-versuch	Vermisst	Drogen-tod	Suizid	Gesamt
1920 - 1949	10					10
1950 - 1969	104					104
1970 - 1979	49	3				52
1980 - 1989	54	4				58
1990 - 1999	80	6	5			91
2000 - 2009	52	19	3	1		75
2010 - 2019	43	41		1	1	86
seit 2020	4					4
Gesamt	392	73	9	2	1	480

Zentrale Auswertungsergebnisse

Mehr als 98 % (98,74 %) der dokumentierten Opfer sind Frauen. Bei zwei Opfern handelt es sich um transidente Männer (2004/Düsseldorf und 2007/Hamburg), bei vier Opfern um minderjährige Jungen bzw. einen erwachsenen Mann. Das jüngste weibliche dokumentierte Opfer ist 15 Jahre alt (1994, in einem Bordell in Frankfurt), das älteste dokumentierte Opfer 67 Jahre alt (1999/Mannheim).

Bis 1990 wurden unter den Opfern nur sehr sporadisch ausländische Frauen gezählt (eine Polin 1921, eine Marokkanerin 1975, eine Thailänderin 1982, eine Italienerin 1983, eine Peruanerin 1985, eine Jugoslawin 1986). Seit 1990 wächst der Anteil ausländischer Frauen unter den Opfern kontinuierlich an. Anzumerken ist, dass nicht von allen Opfern Angaben über die ethnische Herkunft vorliegen. Zwischen 1990 und 1999 waren mindestens 25,8 % der Opfer nicht-deutscher Herkunft. Zwischen 2000 und 2009 waren es mindestens 29,3 %. Seit 2010 betreffen mehr als die Hälfte (51,8 %) der dokumentierten Fälle Opfer nicht-deutscher Herkunft. Dies spiegelt auch den Wandel in der Zusammensetzung des Prostitutionsmarktes insgesamt wieder.

Manche Forscherinnen und Forscher sind der Meinung, dass Innenprostitution mit weniger Ausbeutung und Gewaltrisiken verbunden ist als die Straßenprostitution[6], während andere nachweisen konnten, dass die Raten in Bezug auf physische und psychische Gewalt sich zwischen Frauen in der Innen- und Straßenprostitution kaum unterscheiden.[7] Die Daten aus dem Projekt scheinen letztere These zu bestätigen, denn die Tatorte haben sich über die Jahrzehnte der Entwicklung des Prostitutionsmarktes angepasst: Prostitution in Deutschland findet heute überwiegend in der Innenprostitution statt. Allerdings muss einschränkend erwähnt werden, dass keine Prozentzahlen für den Anteil der Frauen in den verschiedenen Prostitutionsformen verfügbar sind.

Zwischen 1990 und 1999 wurden mehr als die Hälfte der dokumentierten Taten gegen Frauen in der klassischen Straßenprostitution und in den zur Straßenprostitution zu zählenden Wohnmobilen verübt (58,3 %). Bereits zwischen 2000 und 2009 wurden jedoch bereits mehr als drei Viertel der Taten (77,6 %) in der Innenprostitution verübt, gegenüber 22,4 % in der Außenprostitution. Eine ähnliche Verteilung findet sich auch zwischen 2010 und 2019. Tödliche Gewalt macht auch, trotz aller vielgepriesenen Alarmsysteme, vor den großen Megabordellen wie dem *Pascha* oder dem *Paradise* nicht Halt: 13 der dokumentierten Morde fanden in solchen Etablissements statt.

In einigen der dokumentierten Fälle wird deutlich, dass die Täter bereits vor den Morden wegen Gewalt gegen Frauen auffällig geworden sind. In der absoluten Mehrheit der Fälle, in denen die Täter-Opfer-Beziehung bekannt ist, handelte es sich beim Täter um einen Freier. Insgesamt repräsentieren die Täter den „durchschnittlichen" Freier und kommen aus allen Altersstufen, Familienständen und Lebensphasen. In einigen Fällen handelte es sich bei den

Tätern um Zuhälter oder Lebenspartner, die jedoch zumeist das Opfer als Freier in der Prostitution kennengelernt hatten.

Unter den Tatmotiven finden sich immer wieder die gleichen Muster: expliziter Frauenhass, Versuche andere Straftaten zu verdecken (Vergewaltigung, Raub, …), Eifersucht, Streitigkeiten über die Bezahlung oder über die Weigerung der prostituierten Frau gewünschten Sexualpraktiken zuzustimmen oder die sexuellen Handlungen nicht zur Zufriedenheit des Freiers ausgeführt zu haben.

Veränderungen scheint es auch bei den Mordmethoden zu geben, auf die die Täter mehrheitlich zurückgreifen. Bis zum Jahr 2000 gab es eine deutliche Tendenz zur Nutzung von Waffen wie Messern oder Schals mit denen die Opfer erstochen oder erdrosselt wurden. Seit 2000 gibt es offenbar eine Veränderung hin zu mehr „Hands-On"-Delikten, bei denen die Opfer mit bloßen Händen erwürgt oder zu Tode geprügelt wurden.

Die geographische Verbreitung steht in einem deutlichen Zusammenhang mit der regionalen Bevölkerungsdichte. Eine große Häufung von Fällen gibt es in den Metropolregionen wie Berlin, Hamburg, dem Ruhrgebiet oder dem Rhein-Main-Gebiet. Dennoch sind alle 16 Bundesländer betroffen, und es wurden auch Morde in ländlichen Regionen dokumentiert.

Fallstudien

Die nachfolgenden drei Beispiele sollen exemplarisch aufzeigen, wie Freier die Vulnerabilität der Frauen in der Prostitution ausnutzen und welche Einstellungen sie in sich tragen. Anspruchshaltung, egoistische Befriedigung sexueller Wünsche und das systematische Überschreiten von Grenzen zeigt sich in ihren Kommentaren und Aktionen. Die Fälle zeigen auch, wie legale und offizielle Bordelle mit all ihren Versuchen, Prostitution „sicher" zu machen darin fehlschlagen, die Frauen vor physischen und psychischen Schäden zu schützen.

Fall 1: Mord an einer 25 Jahre alten Rumänin vor dem „Paradise"

Am 17. Juli 2015 wurde die 25 Jahre alte rumänische Frau, die sich in der Prostitution „Linda" oder „Gerit" nannte und u. a. im *Paradise* in Leinfelden-Echterdingen der Prostitution nachging, auf dem Bordellparkplatz von einem Stammfreier erstochen. Der 53 Jahre alte Täter (verheiratet, vier Kinder) suizidierte sich anschließend. Das Opfer war die alleinige Ernährerin für ihre Familie in Rumänien.

Vor seiner Tat veröffentlichte der Täter in verschiedenen Freierforen zahlreiche Beiträge unter den Pseudonymen „Chiquita" und „Sofaficker". In diesen Beiträgen wird seine Sichtweise über die Prostitutionsnutzung und die Einstellung zum Opfer sehr deutlich. Er führte eine Art Tagebuch über seine Prostitutionsnutzung und erklärte, er habe im Laufe von etwa 2½ Jahren insgesamt 51.250 Euro für etwa 900 Stunden mit „Linda" ausgegeben. Die Ausgaben dokumentierte er in einer Excel-Tabelle.

Ausführlich ließ er sich in den Foren über die Geschlechtsorgane des Opfers aus, so zum Beispiel:

sie hat da tatsächlich für meine Begriffe ein einzigartiges Ding zwischen ihren Beinen. Ich habe in den letzten 4 Jahren etwa 185 Frauen gevögelt. 37 davon blank. So fleischig, weich und eng wie Lindas Ding war keines (27.06.2016, BW7 Forum)

Wiederholt beklagte er sich in den Foren über ihren „mangelnden Respekt" ihm gegenüber und schrieb:

Selbst, wenn sie keinen Bock darauf hat, mit mir zu ficken, kann ich als sehr gut zahlender KUNDE wohl erwarten, dass sie sich zusammenreisst und mir wenigstens eine handwerklich saubere Nummer bietet (05.07.2016, BW7 Forum)

In den Beiträgen wird deutlich, dass der Täter sich im Klaren darüber war, dass „Linda" von einem Zuhälter zur Prostitution gezwungen wurde. Er schilderte Verletzungen, die dieser ihr zugefügt hatte, und beschrieb auch, wie er selbst ihr gegenüber Grenzen überschritt.

Zum Bruch der „Geschäftsbeziehung" kam es, als er seinen Angaben zufolge 10.000 Euro für 4 Wochen „Dauermiete" gezahlt hatte. Er fuhr mit ihr nach Istanbul, wo er ihr eine kosmetische Nasen-Operation bezahlte. Aufgrund dieser litt sie offenbar unter großen Schmerzen. Er stellt fest, er habe sie anschließend zwei Tage gepflegt, ihr Eis zur Kühlung der Schwellung besorgt, „*während sie bewegungslos im Bett lag*".

In dieser Woche gab es an 2 Tagen zwei mal kurzen Sex, aber leider auch oft ein abweisendes Verhalten beim Versuch, etwas Zärtlichkeit zu bekommen und immer wieder agressive Ausraster ... Ich bot ihr in dieser Woche 2 Mal an, die Sache abzubrechen und mir das restliche Geld zurückzugeben ..., wenn sie nicht in der Lage ist, sich etwas um mich zu kümmern. ... Und auch in der Woche danach, bei mir zuhause ... gab es 2 Mal kurzen und schlechten Sex (27.06.2016, BW7 Forum)

Nach zwei Wochen lief „Linda" schließlich (zu Fuß) davon.

Die Medien berichteten über „Eifersucht" als Motiv und vermuteten, er habe es nicht ertragen, dass sie auch Sex mit anderen Männern hatte. Dies widerspricht den Foreneinträgen, in denen er Sex mit ihr bewusst anderen Männern anriet. „Linda"s Kolleginnen berichteten vielmehr, er habe sie in den Wochen vor der Tat gestalked und belästigt. Offenbar hatte sie ihn nach dem Vorfall nicht mehr als Kunden haben wollen.

Während der Bordellbetreiber in der Öffentlichkeit erklärte, die Tat habe mit dem Bordell nichts zu tun, diskutierten die Freier in den Foren über „Linda"s (Mit-)Verantwortung für die Tat. So schrieb beispielsweise User „Adonidas":

was die Tat als solches angeht...also...da verwundert mich mehr, dass derartiges nicht öfters passiert. In dieser Angelegenheit bin ich vielleicht auch aus Erfahrung etwas kaltherzig, aber wenn ein Freier eine Nutte absticht, dann hat sie es sich vermutlich verdient. Nutten die nicht nur Geld abzocken, sondern sich auch einen Spaß daraus machen mit den Gefühlen von „labilen" Männern zu spielen, spielen halt mit dem sprichwörtlichen Feuer. Auch wenn das Feuer beim gemeinen Deutschen nicht sonderlich lodert und dieser eher im allgemeinen viel zu viel klaglos „einsteckt". Es sind jedoch nicht alle Deutschen so. Manchmal gibts auch aufs Maul...oder ein Messer zwischen die Rippen... (18.07.2016, AO Huren.to)

Oder *Thrust SCC:*
Linda trägt in meinen Augen eine Mitschuld an dem ganzen Drama. Sie hätte entweder ihren Liebeskasper frühzeitig und rigoros abschießen sollen, oder bei Fortführung der Geschäftsbeziehung einen guten und professionellen Service abliefern müssen. Das Geld einstreichen, dafür möglichst wenig zu tun

und den guten Kunden noch mies zu behandeln, war definitiv nicht die richtige Vorgehensweise. (30.07.2016, AO Huren.to)

Die Einträge spiegeln die Anspruchshaltung und Erwartungen der Freier gegenüber prostituierten Frauen wieder: Die Zahlung macht die Frau für eine Zeitlang zum Besitz des Freiers, der mit ihr machen kann, was er möchte.

Fall 2: Mord an einer 28 Jahre alten Thailänderin im Megabordell „Pascha"

Immer wieder werden die Großbordelle als „sicherste" Prostitutionsstätten bezeichnet, da sie mit Kameras, „Panik"-Knöpfen und „Sicherheitsdiensten" ausgestattet sind.

Am 13. Juli 2003 wurde „Cat", eine 28 Jahre alte Thailänderin, im Kölner *Pascha* Bordell von dem 20 Jahre alten Studenten Cihan B. erstochen und ausgeraubt. Als Tatmotiv gab er an, er habe dringend Geld für eine Autoreparatur gebraucht. Er wurde zu sechs Jahren und neun Monaten Jugendstrafe verurteilt. Als mildernde Umstände brachte das Gericht seine „unglückliche Kindheit" und die Tatsache, dass er von seinen Eltern als Versager bezeichnet worden war, zur Geltung.

Als Konsequenz wurden die Sicherheitsmaßnahmen im *Pascha* verschärft. Nichtsdestotrotz kam es drei Jahre später erneut zu einer Messerattacke und einem Mordversuch durch einen 23 Jahre alten Freier. Offensichtlich ist es trotz der Sicherheitsmaßnahmen problemlos möglich, mit Waffen das Bordell zu betreten. Der Sicherheitsdienst, der in solchen Etablissements in der Regel von Gangs der organisierten Kriminalität wie den *Hells Angels*, den *Bandidos* oder den *United Tribun*s gestellt wird, kann wenig zur Sicherheit der Frauen beitragen.

Fall 3: Der Tod der 27 Jahre alten Sonja Mand

Sonja Mand wurde von ihrer Großmutter großgezogen und litt an einer Lernschwäche und einer psychischen Erkrankung. Sie heiratete jung und hatte zwei Kinder mit ihrem Ehemann. Die Ehe scheiterte, und der Ex erhielt das Sorgerecht. Sonja suchte Zuflucht in Alkohol und Drogen und begann sich auf dem Hannoveraner Straßenstrich zu prostituieren. Sie versuchte erfolglos, ihrer Lage zu entkommen. Zum Zeitpunkt ihres Verschwindens wog sie 45 kg und litt an Tuberkulose.

Fünf Wochen später wurde ihre Leiche in einem Pappkarton in einem öffentlichen Park gefunden. Die Theorie der Polizei: Ein Freier habe Sonja aufgelesen, ihr das Telefon abgenommen, sie womöglich irgendwo eingesperrt, missbraucht und bis zu ihrem unerwarteten Tuberkulose-Tod bei sich festgehalten. Ihr verheerender Zustand spreche nicht gegen solche Thesen. Für manche Männer seien erfahrungsgemäß körperliche Gebrechen ein besonderer Reiz: *„Die werden sogar scharf, wenn eine Frau mit HIV infiziert oder mit Wunden übersät ist."* In dem Pappkarton konnte eine DNA-Spur gesichert werden, die aber zu keinem Treffer führte. In einem Freierforum finden sich bis heute verächtliche Kommentare zu Sonja.

Der Fall zeigt, dass Freier nicht davor zurückschrecken, Frauen sexuell zu benutzen, die sich in einer prekären Lebenssituation befinden. Frauen werden selbst dann prostituiert, wenn sie sich in einer medizinischen Notsituation befinden. Die Einträge in den Online-Foren belegen, dass es sich um einen regelrechten Fetisch handelt, Frauen vor den Drückerstuben aufzulesen, zu benutzen und sie zum Sterben zurückzulassen.

Fazit

Die Dokumentation der deutschen Fälle zeigt deutlich, dass die Legalisierung und Regulierung Prostitution nicht sicher macht.

Es wäre dringend geboten, dass das Bundeskriminalamt statistische Daten zur Gewalt in der Prostitution erhebt, wie dies in der Vergangenheit bereits einmal der Fall war. Die Argumentation, dies würde die Frauen in der Prostitution stigmatisieren, ist nicht nachvollziehbar. Die Gewalt findet statt, und empirische Befunde sind dringend notwendig, um geeignete Präventionsmaßnahmen zu ergreifen. Die im Projekt mühevoll zusammengetragenen Fälle sind maximal die Spitze des Eisbergs.

In Bezug auf die öffentliche Bewusstseinsbildung ist der beobachtbare Trend, überhaupt nichts mehr über die Lebensumstände der Opfer zu berichten, schädlich. Es geht um Menschen mit einer Geschichte und mit Angehörigen und Freundinnen und Freunden, die sie vermissen.

Notes:

(1) Brenda Myers-Powell: My 25 years as a prostitute, 2015, zitiert auf: www.nordicmodelnow.org.

(2) Melissa Farley et al.: Prostitution and Trafficking in Nine Countries, Journal of Trauma Practice 2, No. 3-4, 2004, S. 33-74.

(3) C. Gabrielle Salfati: Prostitution Homicide: Am Overview of the Literature and Comparison to Sexual and Non-Sexual Female Victim Homicide, Seiten 51-68, in D. Canter. Ioannou Youngs (Hrsg.): Safer Sex in The City: The Experience and Management of Street Prostitution. The Psychology, Crime and Law Series, Aldershot, Ashgate.

(4) Native Women`s Association of Canada: Sexual Exploitation and Trafficking of Aboriginal Women and Girls. Literature Review and Key Informant Interviews. Final Report fort he Canadian Women`s Foundation Task Force on Trafficking of Women and Girls in Canada, October 2014.

(5) Indigenous Women Against the Sex Industry, 3. April 2014, www.womenlobby.org.

(6) Ronald Weitzer: Why Prostitution Initiative Misses, San Francisco Chronicle, 2004.

(7) Melissa Farley: Prostitution Harms Women Even If Indoors, Reply to Weitzer: in: Violence Against Women 2005.

In Erinnerung an …

Sandra A. (1998, Bremerhaven) * *Birgit von A.* (1998, Krefeld) * *Silke Ackermann* (1995, Karlsruhe) * *Enid Adyero Ayere* (2014, Aachen) * *Bettina Agyemang* (1992, Bremen) * *Sebat Alimanovska* (2018, Geesthacht) * *Martina Antonijevic* (1986, Düsseldorf) * *Helga Apitz* (1968, Hamburg) * *Blanca Ardella de Mielke* (1985, Hamburg) * *Albertine Ascher* (1920/1921, Berlin) * *Hildegard Aulmann* (1958, Frankfurt) * *Maria Eulalia Ayetebe Ndong Ngui* (2017, Hamburg) * *Andrea B.* (2012, Hannover) * *Cristina B.* (2012, Düsseldorf) * *Irene B.* (1990, Berlin) * *Elfriede Babicke* (1954, Berlin) * *Angelika Baron* (1993, Augsburg) * *Anja Barth* (1994, Dortmund) * *Elisabeth Barthel* (1921, Berlin) * *Nadja Baumgärtner* (1989, Stuttgart) * *Anke Becker* (1994, Dortmund) * *Sylvia Gertrud Beerenberg* (1987, Dortmund) * *Denise Behlmer* (2012, Kiel) * *Ursula Beier* (1968, Hamburg) * *Alexandra Belhaj* (2008, Düsseldorf) * *Petra Bellow* (1987, Nürnberg) * *Heiderose Berchner* (1970, Nürnberg) * *Anna Beuschel* (1974, Hamburg) * *Bianca Blersch* (1992, Köln) * *Marie Bletzacher* (1986, Kiel) * *Erna Elfriede Böhmer* (1962, Frankfurt) * *Dagmar Bohn-Knirim* (1993, München) * *Annelies Borath* (1973, Hamburg) * *Erna Borgner* (1966, München) * *Margot Borkowski* (1966, Berlin) * *Heidi Böttcher* (1967, Hamburg) * *Edeltraud van Boxel* (1971, Münsterland) * *Gertraud Bräuer* (1970, Hamburg) * *Brigitta Brunner* (1971, Augsburg) * *Eleonore Buchcienski* (1990, Bremen) * *Aneta Budz* (2005, Dillingen) * *Inna Chmakova* (1998, Hamburg) * *Klara Cizig* (1979, Rohrbronn) * *Frau Clages* (1949, Hannover) * *Theresia Clymann* (1955, Bremen) * *Maria Concalves* (1994, Trier) * *Ioana Condea* (2014, Köln) * *Natasha D.* (2018, Hamm) * *Regina D.* (1990, Berlin) * *Severine D.* (2001, Halle) * *Ramona Daehne* (2015, Dresden) * *Annette David* (1970, Hannover) * *Sabine Demuth* (1987, Hamburg) * *Simone Dewenter* (2002, bei Trier) * *Britta Simone Diallo* (2003, Frankfurt) * *Atanaska Dimitriova Vasileva* (2013, Heilbronn) * *Sylvia Diercks* (1994,

Flensburg) * *Brigitte Dietrich* (2007, Braunschweig) * *Heidemarie Dittmar* (1988, Bremen) * *Svenja Dittmer-el-Din* (1996, Essen) * *Ute Dust* (1987, Stuttgart) * *Phoosuk Düstersiek* (2020, Stralsund, vermisst) * *Bärbel E.* (2006, Berlin) * *Florence E.* (2017, Saarbrücken) * *Monika E.* (2018, Essen) * *Ogogo E.* (2003, Leipzig) * *Maria Eckert* (1976, Stuttgart) * *Herta Eichhorst* (1949, Berlin) * *Erik* (1982, Dreieich) * *Marina Erokina* (1994, Frankfurt) * *Ilse F.* (1965, Berlin) * *Monika F.* (1999, Bremen) * *Tatjana F.* (2004, Zwickau) * *Malika Fechenbach* (1986, Düsseldorf) * *Beate Fischer* (1994, Berlin) * *Karin Fischer* (1971, Frankfurt) * *Nicole Findeis* (2004, Kassel) * *Silvia Fleuter* (1993, Hamburg) * *Frau Forster* (1988, Nürnberg) * *Lucia Förster* (1979, Köln) * *Waltraud Frank* (1975, München) * *Dana Franzke* (1994, Berlin) * *Petra Freße* (1988, Essen) * *Simone G.* (2010, Jülich) * *Malgorzata Galaj* (1997, Wipperfürth) * *Irene Gerdes* (1971, Frankfurt) * *A. Giannakopoulou* (2002, Neubrandenburg) * *Sabrina Graf* (1994, Berlin) * *Christine Goldhagen* (2000, Essen, vermisst) * *Carmen Gritsch* (1972, Düsseldorf) * *Fatima Grossart* (1975, München) * *Alina Grosu* (2008, Stuttgart) * *Alexandra H.* (2008, München, Drogenüberdosis) * *Birgit H.* (2001, Lüneburg) * *Gertrud H.* (1970, Konstanz) * *Johanna H.* (1985, Hamburg) * *Gabriele de Haas* (1999, Frankfurt, vermisst) * *Iris Halmer* (1994, Gifhorn) * *Karin Harras* (1973, Augsburg) * *Anna Hauser* (1996, Osnabrück) * *Regina Herkt* (2002, Berlin) * *Gisela Herold* (1965, Berlin) * *Gisela Hierse* (1983, Nürnberg) * *Markus Hildebrandt* (1983, Darmstadt) * *Karin Hildebrandt-Rose* (2005, Hamburg) * *Doris Himpel* (1973, Stuttgart) * *Frieda Hinzmann* (1966, Hamburg) * *Frank Hof* (2004, Wittlich, vermisst) * *Bärbel Höche* (1970, Oldenburg) * *Diane Hohmann* (2002, Dortmund) * *Carmen Homscheidt* (1994, Essen) * *Barbara Hummel* (1962, Heppenheim) * *Ida* (2009, Bonn) * *Ecaterina I.* (2004, München) * *Silvia J.* (2004, Regensburg) * *Christiane Elfriede Jakubowski* (1987, Bremen) * *Janina* (1964, Frankfurt) * *Jasmin Jürgensen* (2008,

Bremerhaven) * **Bettina K.** (1983, Gießen) * **Christine K.** (1973, Augsburg) * **Doris K.** (2002, Stuttgart) * **Kanjana K.** (2004, Düsseldorf) * **Lilija K.** (2010, Würzburg), **Monta K.** (2010, Berlin) * **Erika Kah** (1958, Bremerhaven) * **Panagiota Kleine** (1990, Regensburg) * **Nadezhda Kletskova** (2002, Bremen) * **Lisa Klier** (1960, München) * **Karen Knappe** (2001, Frankfurt) * **Anneliese Knudsen** (1975, München) * **Elvira Koch** (1981, Nürnberg) * **Erika Köppe** (1959, Frankfurt) * **Andrea Korzen** (2020, nahe Balge) * **Agnieszka Kozicz** (1995, Berlin) * **Stanislava Kratinova** (1999, Rodewald) * **Ida Krause** (1948, Berlin) * **Erna Krug** (1969, Wilhelmshaven) * **Maria Kuenstler** (2001, Hamburg) * **Andrea Kunz** (2008, Mömbris-Hemsbach, vermisst) * **Helene Kunzmann** (1973, Frankfurt) * **Jana Kyselova** (1992, Köln) * **Elisabeth L.** (1966, Langendiebach) * **Jolanta L.** (2007, Wiesbaden) * **Manuela L.** (2016, Gelsenkirchen) * **Nicole Laatsch** (1997, Berlin) * **Karin Lewandowsky** (1981, München) * **Annedore Ligeika** (1980, Offenbach) * **Luminita Lica** (2017, Regensburg) * **Liliana** (2014, Osnabrück) * **Heidi Lindau** (1981, Fallingbostel) * **Samruay Lonklang** (2006, Hof) * **Anabel Lopez-Malvar** (1998, Hamburg) * **Metodia Lucero** (1970, Stuttgart) * **Olga Lucina** (1994, Frankfurt) * **Frau Ludescher** (1979, Nürnberg) * **Monika Luther** (1995, Berlin) * **Brigitte M.** (1997, München) * **Helga M.** (2012, Düsseldorf) * **Ina M.** (1997, Wildeshausen) * **Lina Maria M.** (1996, Bremen) * **Noémi M.** (2016, Chemnitz) * **Rosanna M.** (2003, Bielefeld) * **Susanne M.** (2018, Hannover) * **Susanne M.** (1991, Gießen) * **Niza Gardenia Vera Macias** (2002, Hamburg) * **Bozica Makvic** (1981, Stuttgart) * **Sonja Mand** (2012, Hannover) * **Martha** (1920/1921, Berlin * **Francisca Victoria Martinez Garcia** (1996, Stuttgart) * **Karolina Maskova** (1970, München) * **Helga Sofie Matura** (1966, Frankfurt) * **Heidi Mente** (1981, bei Verden) * **Theresia Mentgen** (1973, Hamburg) * **Christa Meyer** (1968, Hamburg) * **Bernd Michel** (1982, Darmstadt) * **Michelle** (1992, Siegen) * **Nathalie Minuth** (2019, Stadum) * **Anna Molnarova** (1996, Berlin) * **Yana Monakhova** (2012,

Rostock) * *Dominique Monrose* (1993, Frankfurt) * *Magdalena Müller* (1957, Berlin) * *Radeporn Müller* (1994, Bürstadt) * *Simone Müller* (2007, Wunstorf) * *Gabriela Nagorny* (1992, Nürnberg) * *Luise Nährlich* (1966, Berlin) * *Bunnam Namnuad* (2006, Hof) * *Anamaria Negoita* (2006, Hof) * *Petra Nell* (1989, Köln) * *Maria Theresia Nitsche* (1921, Berlin) * *Yvonne Nöller* (1986 Nürnberg) * *Olga O.* (2011, Halberstadt) * *Emma Oechsle* (1950, München) * *Eunice Okojie* (2010, Hagen) * *Vera Ostrau* (1960, Hamburg) * *Alexandra P.* (2016, Riedenburg, Selbstmord) * *Claudia P. de N.* (2007, Hamburg) * *Natalia P.* (2011, Stade) * *Olga Pavlenko* (2009, Spenge) * *Monika Pawlak* (2010, Hannover) * *Luise Peters* (1938, Berlin) * *Yvonne Polzin* (2001, Strietfeld) * *Mubera Proff* (1986, Kiel) * *Jadwiga Prokop* (1993, Berlin) * *Susanne Prußak* (1989, Bremen) * *Fuad Rahou* (1983, Frankfurt) * *Susanne Reich* (1994, Bremen) * *Rosalinde Reimann* (1996, Darmstadt) * *Anja R.* (1999, Bremen) * *Romery Altagracia Reyes Rodriguez* (2016, Wolfsburg) * *Frieda Roblick* (1974, Hamburg) * *Monika Rölker* (1967, Bremen) * *Edith Roman* (1995, Berlin, vermisst) * *Petra Rothenhäuser* (1989, Bremen) * *Melanie Rottmann* (2001, Hamburg) * *Manuela Rumpf* (1992, Frankfurt) * *Claudia S.* (1989, Detmold) * *Johanna S.* (1974, Gießen) * *Maren S.* (2009, Eberswalde) * *Sonja S.* (1989. Frankfurt) * *Domenico Sabella* (1974, München) * *Frau Sachse* (2003, Nürnberg) * *Margritt Safo* (1968, Bremen) * *Katharina Salat* (1971, Frankfurt) * *Hedwig Saschnew* (1966, Augsburg) * *Margaret Schäfer* (1974, Dillenburg) * *Daniel Schaub* (1983, Frankfurt) * *Eveline Scheib* (1970, Bremerhaven) * *Gisela Schertling* (1961, Nürnberg) * *Lydia Schlüter* (1996, Münster) * *Petra Schmidt* (1993, Essen) * *Sylvia Schmidt* (1985, Erlangen) * *Silvia Schnerb* (1976, Saarbrücken) * *Simone Schock* (1991, Harsefeld-Issendorf) * *Bruni Schramm* (1985, Leipzig) * *Zsanett Schreckenberg* (1996, Berlin) * *Julia Anne Schröder* (1998, Frankfurt, vermisst) * *Frieda Schubert* (1920/1921, Berlin) * *Ruth Schult* (1975,

Hamburg) * *Anneliese Schütz* (1968, Augsburg) * *Monika Schwiegershausen* (1968, Hamburg) * *Maria Magdalena Siemoneit* (2003, Köln) * *Gisela Singh* (1991, Frankfurt) * *Edith Sklareck* (1963, Frankfurt) * *Ilse Smolka* (1964, Hamburg) * *Frau So.* (1981, Nürnberg) * *Ilsa Soltani* (1980, Dietzenbach) * *Fatemeh Sonnenberg* (1981, Frankfurt) * *Veronika Sorokina* (1994, Frankfurt) * *Johanna Sosnowski* (1921, Berlin) * *Lieselotte Staak* (1972, Nürnberg) * *Jelena Starikowa* (1994, Frankfurt) * *Thea Stiebert* (1965, Frankfurt) * *Ilse Szapla* (1973, Neu- Ulm) * *Dorothea T.* (2010, Halberstadt) * *Mihaela T.* (2019, Moers) * *Corinna Tatarotti* (1984, München) * *Simona Tegher* (2000, Hamburg) * *Adriana Tortora* (1996, Karlsruhe) * *Doris Trippensee* (1972, München) * *Emel Ulas* (1991, Hamburg) * *Ilse Unger* (1960, Stuttgart) * *Nicole Uszkoreit* (2003, Dormagen) * *Lucia Uzzo-Rey* (1983, Kiel) * *Sandra V.* (2012, Soest) * *Leyhan Fein Veith* (2020, Rendsburg) * *Katja W.* (1998, Bremerhaven) * *Stephanie W.* (2013, Hannover) * *Sylvia W.* (2004, Köln) * *Gisela Wachau* (1965, Mühlheim/Main) * *Sandy Walter* (1999, Chemnitz) * *Waltraud* (1979, Düsseldorf) * *Vanessa Wardelmann* (1992, Bremerhaven) * *Brigitte Weben* (1985, Hamburg) * *Siglinde Weiland* (1989, Fürstenfeldbruck) * *Maria Weiss* (1964, Frankfurt) * *Ellen Wenk* (1975, Hamburg) * *Sonja Wendland* (1994, Hannover) * *Kathrin Werbusa* (1993, Hamburg) * *Gisela Helga Margot Wezorke* (1964, Stuttgart) * *Natalia Wied* (2002, Bremen) * *Hildegard Wiegiekalla* (1963, Hannover) * *Sandra aus der Wiesche* (1998, Essen) * *Waltraut Windischmann* (1987, Bremen) * *Hildegard Winklhofer* (1976, München) * *Anja Witt* (1993, Bremerhaven) * *Renate Wittenberg* (1973, Frankfurt) * *Janina Woszniczaniez* (1964, Frankfurt) * *Jozefa Wyka* (1996) * *Shannon Y.* (2020, Gelsenkirchen) * *Iza Z.* (2009, Wiesbaden) * *Mandy Z.* (1993, Hamburg) * *Suzi Z.* (1996, Dresden) * *Sylvia Z.* (1999, Berlin) * *Bianca Zang* (1992, Bremen) * *Sandra Zimmer* (1999, Nürnberg) * *Yana Zhukova* (2003, Berlin)

… und die unzähligen namentlich nicht bekannten Frauen und andere Personen, die in der deutschen Sexindustrie ermordet wurden oder auf andere Weise ihr Leben viel zu früh verloren haben. Ihr seid nicht vergessen!

Mehr Info: www.sexindustry-kills.de

5 Fragen an ... das Projekt Sex Industry Kills

Sex Industry Kills ist ein Dokumentationsprojekt, das tödliche Gewalt gegen Frauen (und andere) in der Prostitution dokumentiert. Die Webseite wird betrieben von einer Gruppe von Aktivistinnen, darunter auch Überlebende der Prostitution. Das Projekt ist auch auf Facebook und Instagram zu finden.

Wie ist das Projekt *Sex Industry Kills* entstanden?

Als wir als Aktivistinnen 2013 anfingen, uns mit dem Thema Prostitution auseinanderzusetzen und uns zunächst zaghaft für den schwedischen Ansatz öffentlich stark machten, wurde uns von Seiten der BefürworterInnen der legalisierten Prostitution immer wieder der Fall einer jungen schwedischen prostituierten Frau entgegengehalten, die vermeintlich infolge der schwedischen Prostitutionspolitik ihr Leben verloren hat. Damit sollte uns vermittelt werden, dass die dortige Politik eine tödliche Gefahr für die Frauen in der Prostitution bedeute. Bei genauerer Betrachtung handelte es sich bei dem Mord jedoch um einen klassischen Femizid, bei dem der Ex-Partner beim begleiteten Umgang mit den gemeinsamen Kindern seine Ex-Partnerin tötete und die anwesende Sozialarbeiterin schwer verletzte. Damit ist die Tat auf keinen Fall weniger schrecklich, nur hatte sie keinen direkten Prostitutionsbezug. Seit der Einführung der Freierkriminalisierung in Schweden im Jahr 1998 gibt es keinen einzigen solchen belegten Fall.

Eine Aktivistin stellte sodann eine Liste von 22 Morden mit direktem Prostitutionsbezug für Deutschland zusammen, die sich als Word-Dokument in einer unserer Facebook-Gruppen unter zahlreichen anderen Recherche-Ergebnissen befand. Generell war die erste Zeit unseres Aktivismus vor allem von der gemeinsamen Recherche und dem Zusammentragen von Informationen geprägt. In einem ersten Schritt wollten wir diese Morde also der Öffentlichkeit zugänglich machen und legten auf einer Internet-Plattform ein Wiki an, auf dem die Beiträge zunächst nur Ort, Datum, Alter und Name des Opfers enthielten. In einem zweiten Schritt begannen wir, die einzelnen Fälle näher zu recherchieren, mitsamt den Hintergründen der Taten, dem Täter-Opfer-Verhältnis, den Tatmotiven der Täter, biographischen Informationen zu den Opfern, den Verurteilungen, und was wir sonst noch finden konnten. Relativ schnell zogen wir die Seite dann auf einen selbst gehosteten Server mit einem selbst programmierten Wiki um, denn eine unserer Mitstreiterinnen ist IT-lerin und konnte entsprechend das Know How und die Infrastruktur hierfür einbringen.

Im Laufe der Jahre fanden wir immer mehr Fälle, weiteten zunächst den dokumentierten Zeitraum aus, auch auf die Zeit vor dem Prostitutionsgesetz von 2002, und dokumentierten gleich auch die unzähligen Fälle aus dem Ausland mit. Heute sind 81 Länder auf allen Kontinenten vertreten, und wir haben längst den Überblick darüber verloren, wie viele tausend Todesopfer der Prostitution hier nun individuell hinterlegt sind. Genauso wenig können wir sagen, wie viele Stunden an ehrenamtlicher Arbeit inzwischen in dem Projekt stecken. Über die letzten acht Jahre dürfte da einiges zusammen gekommen sein. Und noch lange hat nicht jede Betroffene ihren eigenen Eintrag, man könnte sicherlich für mindestens ein Jahr eine Vollzeitkraft mit dieser Arbeit beschäftigen.

Wie gestaltet sich die Recherche zu den einzelnen Fällen, und welche Erfahrungen habt ihr dabei gemacht?

Man muss stark unterscheiden zwischen jenen Fällen, die deshalb eine Öffentlichkeit haben, weil beispielsweise die Polizei Öffentlichkeitsfahndungen angestoßen hat oder sogar Aufarbeitungen durch

Fernseh-Formate wie *Aktenzeichen XY ... ungelöst* stattfanden. In diesen Fällen kommen wir relativ leicht an die für uns relevanten Informationen. Auch über sehr spektakuläre Taten wie im Falle von Serienmördern – von denen es in Deutschland übrigens einige gab und gibt – wird in den Medien oft sehr umfangreich berichtet. Allerdings stehen die Opfer und ihre fast immer sehr traurigen Lebensgeschichten da selten im Vordergrund. Um die geht es uns aber vor allem. Unser Projekt soll keinen Voyeurismus bedienen. Uns geht es vielmehr darum, dass die Betroffenen nicht vergessen werden und sie uns als Gesellschaft eine Mahnung sind, dass endlich etwas passieren muss, um das Leid abzustellen. Viel schwieriger gestaltet sich die Recherche über die fast schon alltäglichen Morde, die recht schnell aufgeklärt werden konnten und deshalb oft nur eine Randnotiz in irgendeiner Lokalzeitung sind.

Insgesamt erleben wir eine sehr große Hilfsbereitschaft von Zeitungsredaktionen und Polizeidienststellen, uns im Rahmen ihrer Möglichkeiten und Kompetenzen Informationen für unser Projekt zukommen zu lassen. Von manchen Zeitungen haben wir auch interne Archiv-Suchlisten zur Verfügung gestellt bekommen, so dass wir genau wussten, wonach wir suchen mussten. Auch viele größere Zeitungen digitalisieren inzwischen ihre Bestände und ermöglichen Volltextsuchen über das Internet, was unsere Recherchen natürlich stark erleichtert. Nichtsdestotrotz befinden sich auch viele Artikel aus naheliegenden Gründen hinter einer Bezahlschranke, und wir müssen dann immer nach Gefühl entscheiden, ob das Geld für den Artikel an dieser Stelle gut investiert ist und ob die Artikel aller Voraussicht nach einen neuen Erkenntnisgewinn bringen.

Dass wir bis jetzt nur die Spitze eines Eisberges dokumentiert haben, stellen wir sehr oft fest. Regelmäßig kommt es nämlich vor, dass nach einem Fall in einer bestimmten Stadt die jeweilige Lokalredaktion diesen zum Anlass nimmt, um über weitere, ältere Fälle vor Ort zu berichten. Da haben wir dann mit einem Schlag mitunter rund ein Dutzend neuer Einträge auf unserer Seite, über die wir vorher, trotz intensiver Recherche, nie gestoßen sind.

Welche zentralen Erkenntnisse habt ihr bei eurer Arbeit gewonnen? Könnt ihr im internationalen Vergleich Unterschiede feststellen?

Ein sehr großer Unterschied im internationalen Vergleich ist sicherlich, dass gerade im englischsprachigen Raum, der viel mehr vom Boulevard-Journalismus geprägt ist, ein sehr viel stärkerer Fokus auf den Opfern und ihren Biographien liegt. Das ist natürlich ein extrem zweischneidiges Schwert. Einerseits wird hier natürlich tendenziell der Voyeurismus der LeserInnenschaft bedient, und nicht jedem Medium gelingt es so zu berichten, dass das Mordopfer nicht auch noch in ein schlechtes Licht gerückt wird. Da wird sich dann auch völlig schamlos in den Social-Media-Profilen der Opfer bedient, nur um die spannendste Geschichte zu erzählen zu haben. Der Grat zwischen einer empathischen Berichterstattung und einer Post-Mortem-Anklage ist mitunter sehr schmal.

Im deutschsprachigen Raum hingegen finden die Mordopfer oft nur als namen-, gesichts- und biographielose Personen statt. Eine bloße Randbemerkung eben. Oft wird das mit dem Persönlichkeitsschutz begründet, der in Deutschland sehr hochgehangen wird. Das war vor ein paar Jahrzehnten in Deutschland durchaus anders, und wir waren sehr überrascht zu sehen, wie einfühlsam und wirklich wenig wertend gegenüber der Prostitutionstätigkeit der betroffenen Frauen die Berichte bereits damals oft waren. Das zeigt, dass eine Berichterstattung gar nicht darauf verzichten muss, auch den Opfern ein Gesicht zu geben und ihre Geschichten zu erzählen. Es ist wohl vor allem eine Frage des „wie".

Ganz schlimm ist die Medienberichterstattung in vielen afrikanischen Ländern. Da werden sehr häufig auch völlig schonungslos Tatort- und Leichenfotos ins Netz gestellt.

Gleichzeitig stellen wir fest, dass sich die individuellen Geschichten unabhängig von der Prostitutionspolitik in einem Land extrem ähneln. Wir glauben auch nicht, dass die Prostitution an sich in Ländern mit dem schwedischen Ansatz insgesamt bedeutend weniger gewalttätig ist. Die Unterschiede in den dokumentierten Zahlen ergeben sich vor allem daraus, dass der Prostitutionsmarkt dort generell sehr viel kleiner ist. Der Mord an der 28 Jahre alten Bulgarin Galina Sandeva durch einen Freier in Oslo / Norwegen im Jahr 2015 unterscheidet sich aber nicht substantiell von den Morden beispielsweise in Deutschland mit seiner legalisierten Prostitution oder in den USA unter Bedingungen eines Prostitutionsverbotes.

Einen bedeutenden Unterschied stellen wir fest in Bezug auf die Morde an transidenten prostituierten Personen. Während wir sehr viele solcher Fälle in lateinamerikanischen Ländern dokumentiert haben, sind es für Deutschland oder Europa insgesamt nur vereinzelte Fälle. Interessant ist in diesem Kontext auch, dass in der öffentlichen Debatte ein Zusammenhang der Mordopfer zu ihrer Tätigkeit in der Prostitution oft verschwiegen, fast schon unter den Teppich gekehrt wird. Als Mordmotiv gilt dann nicht etwa das Anspruchsdenken der Freier, sondern einzig eine (oft nur vermutete) Transfeindlichkeit. Tatsächlich haben wir nur einen einzigen Fall dokumentiert, wo der Freier als Tatmotiv angab, dass er beim Entkleiden aufgrund der ihm wohl vorher nicht bekannten Transsexualität sauer wurde und deshalb gemordet hat. Da wäre es sicher mal interessant, näher hinzuschauen und weiter zu forschen.

Interessant scheint es auch zu sein, dass die Gesellschaft sehr wenig Interesse an aktuellen Fällen zu haben scheint, während die Taten von insbesondere Serienmördern aus der Vergangenheit auch hierzulande bereits wieder dankbaren Stoff für Filme, Podcasts oder Musik hergeben. Bei dem, was im Hier und Jetzt geschieht, wird aber eher weggeschaut, vermutlich, damit man sich nicht in der Verantwortung sieht, etwas ändern zu müssen.

Wie erlebt ihr die gesellschaftliche Rezeption eurer Arbeit? Gibt es Reaktionen darauf?

Wir freuen uns sehr, dass unsere Recherche-Ergebnisse sehr häufig aufgegriffen werden von lokalen Aktivistinnen, die bei sich zu zentralen Aktionstagen Mahnwachen durchführen. Wir bekommen dann immer Fotos von den sehr liebevoll geplanten Aktionen zugeschickt und freuen uns sehr darüber, dass unsere Arbeit so kraftvoll auf die Straße getragen wird. Bei der *Frankfurter Bahnhofsviertelnacht*, einem Event, bei dem jedes Jahr Tausende von Menschen inmitten des Prostitutionselends feiern, sind wir auch immer mit einer Gedenkaktion und Flyern vertreten, was jedes Mal sehr gut ankommt und trotz Feierlaune die Menschen sehr zum Nachdenken anregt.

Anlässlich der *Filia*-Konferenz 2019 in Bradford /Großbritannien, fand unter Leitung der Prostitutionsüberlebenden Fiona Broadfoot eine sehr schöne Gedenkaktion statt: Über einen großen Bildschirm liefen die über 100 Namen der britischen Mordopfer, und jede Teilnehmerin der Konferenz verlas einen der Namen auf dem zentralen Marktplatz. Das war sehr bewegend, einige Tränen wurden vergossen, und viele Gespräche entwickelten sich daraus. Eine anwesende schwedische Prostitutionsüberlebende war sehr ergriffen, als ihr bei dieser Gelegenheit klar wurde, wie viel Glück sie selbst gehabt hat, nicht einer dieser Namen zu sein. Sie konnte sich an zahlreiche Gelegenheiten aus ihrer Zeit in der Prostitution erinnern, die entsprechend hätten enden können. Eine von uns wurde außerdem von einem Mann angesprochen, ob sie die Frau kennen würde, deren Namen sie vorgelesen hat. Es handelte sich um ein Mordopfer aus Bradford selbst, die Tat lag über zwanzig Jahre zurück. Als sie verneinte, sagte er *„Ich aber!"*, und erzählte uns, dass sie eine Klassenkameradin gewesen sei und er sie sehr gemocht habe. Das war ein besonders rührender Moment.

In den sozialen Medien erhalten wir sehr häufig Zuschriften von Menschen, die den Opfern nahestanden und die gerührt sind darüber, dass ihre Liebsten nicht vergessen sind. So erfahren wir manchmal auch sehr persönliche Erinnerungen, die mit uns geteilt werden.

Aus vielen Ländern erhalten wir regelmäßig neue Zusendungen von Fällen, die noch in der Dokumentation fehlen. So haben wir mal aus Australien ein Buch von einer Mit-Aktivistin zugeschickt bekommen, in dem zahlreiche Fälle von dort recht passabel aufgearbeitet waren. Insgesamt ist das Projekt weltweit inzwischen sehr bekannt geworden. Man muss dennoch sagen, dass sich das oft auf bestimmte, meist aktivistische, Kreise beschränkt.

Mehrfach wurden wir bereits auch schon von Tätern kontaktiert, die einen vermeintlichen Anspruch auf Löschung ihres Namens auf unserer Seite geltend machen wollten.[1] Da gruselt es einen manchmal schon, wenn z. B. ein mehrfacher Mörder, der seinem Kumpel bei der Beseitigung einer Frauenleiche über einen selbstgebauten Ofen geholfen hat, sein Recht auf „Wiedereingliederung in die Gesellschaft" einfordert, ohne in einem einseitigen Sermon ein einziges Wort des Mitgefühls über das Opfer zu verlieren. Mit solchen Mails im Postfach möchte man eigentlich nicht wirklich aufwachen …

Welche Pläne habt ihr für die zukünftige Arbeit an dem Projekt?

Als wir mit dem Projekt angefangen haben, haben wir niemals gedacht, dass wir irgendwann so viele Fälle gesammelt haben würden. Detaillierte Auswertungen sind bei der Masse inzwischen fast unmöglich geworden. Gerade die weitere Arbeit mit den erhobenen Daten wäre für einen noch größeren Erkenntnisgewinn jedoch sehr wichtig. Deshalb überlegen wir einen größeren Kraftakt und die Umstellung auf ein Datenbank-System.

Auch können wir nur dazu ermuntern, das vorhandene Datenmaterial für Uni-Abschlussarbeiten oder andere Forschungsarbeiten zu verwenden. Wir glauben, dass hier sehr viel Potential für die wissenschaftliche Arbeit liegt.

Wir würden uns außerdem wünschen, dass die Daten auch in die jeweiligen nationalen Femizid-Datenbanken einfließen. Denn die meisten der von uns dokumentierten Fälle fallen ganz eindeutig in diese Kategorie.

Notes:
(1) Die Störenfriedas: What the actual fuck!? Ein Rant über Täter, die um eine "zweite Chance" betteln, 9. Januar 2020, www.diestoerenfriedas.de

Norwegen und Island: wie aus dem „Schwedischen Modell" das „Nordische Modell" wurde

Ich erlaube mir, zu behaupten, dass es dem Feminismus und dem Mut von Feministinnen zu verdanken ist, nicht zuletzt auch ihren Überzeugungen, dass wir Unterstützungsmaßnahmen und gesetzlich garantierte Rechte haben. Gleichzeitig müssen wir anerkennen, dass manche der Themen, die wir auf die politische Agenda gesetzt haben, nicht einfach zu ertragen waren und wir deshalb sehr viel Widerstand erfahren haben. Gegenwind bekommen wir nicht nur aus ideologischen Gründen, sondern auch, weil die Realität, die wir beschreiben, so schrecklich ist, für eine demokratische und so genannte gleichberechtigte Gesellschaft. Trotz all der Kritik, die wir „radikale Feministinnen" einstecken mussten, sind wir stolz auf die Tatsache, dass unsere Analyse und unsere Argumente etwas bewirkt haben. Dies zeigt, dass die ganze Arbeit der feministischen Frauenbewegung nicht umsonst war. Und so haben wir mit großer Freude das Gesetz, welches den Kauf sexueller Handlungen in Norwegen verbietet, begrüßt. Mit diesem Gesetz sendet die Gesellschaft ein Signal aus, dass Prostitution sexuelle Gewalt ist, und sie hat sich dazu entschieden, die Verantwortung für diese Gewalt dem Täter aufzuerlegen.
Tove Smaadahl[1]

Wie Trine Rogg Korsvik und Ane Stø in ihrer Anthologie über das Nordische Modell[2] aufzeigen, war sich die nordische Frauenbewegung in den Ländern Schweden, Norwegen und Island trotz ihrer Diversität in der Frage der Prostitution von jeher und bis heute weitestgehend einig. Dass es in Schweden gelungen ist, die entsprechenden Forderungen bereits zehn Jahre früher durchzusetzen als in Norwegen und Island, hat seinen Hintergrund vor allem in der stärkeren Verwurzelung der schwedischen Feministinnen in der dortigen Parteienlandschaft.

Der Titel „Nordisches Modell" ist zugegebenermaßen insofern ein wenig irreführend, als die ehemals sehr starke dänische Frauenbewegung stark vom Sexualliberalismus vereinnahmt wurde und sich erst 2007 den Forderungen nach einer Freierkriminalisierung anschloss. Bis heute verfolgt Dänemark den Ansatz der Legalisierung und Regulierung. Auch die finnische Frauenbewegung konnte sich nicht zu entsprechenden Forderungen durchringen und unterstützte stattdessen die Einführung einer Bestrafung der Freier von Zwangsprostituierten. Ein Ansatz, der sich als ineffektiv erwiesen hat.

Der norwegische Feminismus ist bis heute in viel stärkerem Maße autonom und Graswurzelbewegung geblieben. Die Frauenbewegung in Island zeichnet aus, dass sie gekonnt Graswurzel-Aktivismus mit effektiven Wahlbündnissen verbinden konnte. So brachten dort die Akteurinnen einer parteiübergreifenden Wahlliste (*Kvennalistinn* - Frauenallianz) den gewünschten gesellschaftlichen Wandel. Die Frauenallianz wurde 1983 gegründet und zog gleich als erste feministische Partei in das nationale Parlament Althing ein. Bei Auflösung der Allianz wechselten die Feministinnen in die sozialdemokratische Partei und die Links-Grüne Bewegung.

Während das schwedische und das isländische Gesetz Prostitution eindeutig als Gewalt definieren, verfolgt das Framing des norwegischen Gesetzes eher die Haltung, dass Prostitution ein soziales und ordnungsrechtliches Problem sei. Hierin sehen die Autorinnen den Grund für die geringere Effektivität des norwegischen Ansatzes.

Der norwegische Weg zur Freierkriminalisierung

Auch in Norwegen wurde, wie in Schweden, in den 1970er Jahren Pionierinnenarbeit in Bezug auf empirische Forschung im Feld der Prostitution geleistet. Die Soziologinnen Cecilie Høigård und Liv Finstad führten im Rahmen des Oslo-Projektes umfangreiche Feldforschungen in Oslo durch, die neue Erkenntnisse zum Wesen der Prostitution erbrachten: Die anerkannten Prostitutionsforscherinnen standen vom 15. August 1979 bis zum 1. Oktober 1981 im Kontakt mit 86 prostituierten Frauen und führten u. a. 26 Tiefeninterviews. Außerdem sprachen sie ausführlich auch mit Zuhältern und Freiern. Im Juni 1984 nahmen sie 8.664 Observationen auf dem Osloer Straßenstrich vor und registrierten 2.834 Autos über einen Zeitraum von fünf Tagen. Høigård und Finstad kombinierten quantitative und qualitative Daten und publizierten ihre zentralen Erkenntnisse in verschiedenen Sprachen.[3]

Die Soziologinnen fanden heraus, dass das Durchschnittsalter der prostituierten Frauen beim Einstieg in die Prostitution bei 15,5 Jahren lag. Sie kamen überwiegend aus der Unterschicht, aus instabilen familiären Situationen und hatten Schwierigkeiten bei der Anpassung an Schule und Arbeitsleben. Viele von ihnen waren in Kinder- und Jugendheimen aufgewachsen. Beobachtet wurde auch eine doppelte Ökonomie der Frauen: Das Geld vom Sozialamt und aus legalen Einnahmequellen diente zur Begleichung von Miete und Rechnungen, während die Einnahmen aus der Prostitution für Drogen, Alkohol und Kleidung regelrecht verschleudert wurden. Diese Erkenntnis brachten auch viele spätere internationale Studien: Das in der Prostitution verdiente Geld ist nichts wert, brennt in der Tasche und muss weg. Dic Forscherinnen beobachteten auch, dass der Preis für eine Prostitutionshandlung weltweit genau dem Preis für einen Schuss Heroin entsprach. Høigård und Finstad waren auf Grundlage ihrer Forschung die

Ersten in Norwegen, die die Einführung einer Freierkriminalisierung einforderten.

Die feministische Bewegung in Norwegen griff die Forderung auf und lenkte die Aufmerksamkeit der Gesellschaft auf die Nachfrage. Der Protest war kreativ und laut, u. a. wurden die Autos am Osloer Straßenstrich mit dem Wort „horekunde" (norwegisch für Freier) mit Farbe besprüht, Freierfotos in Supermärkten angepinnt. Als Folge titelten die Zeitungen „Jagd auf Freier in Oslo", und Freier trauten sich nicht mehr zum Straßenstrich. 1982 wurde die Freierkriminalisierung erstmalig im Parlament diskutiert, fand jedoch keine Mehrheit bei den überwiegend männlichen Abgeordneten. Damit war das Thema auf der parlamentarischen Ebene vorerst für einige Jahre vom Tisch.

Den norwegischen Feminismus der 1980er Jahre prägten im Wesentlichen zwei Entwicklungen: 1983 wurde *Pro Sentret* als sozialarbeiterische Einrichtung zur Unterstützung der Frauen in der Prostitution in Oslo gegründet. Die Sozialarbeitenden nahmen eine sozialpolitische Sichtweise („den Frauen helfen") ein und forderten ein, „die individuelle Wahl" der Betroffenen zu respektieren. Während für die Forderung nach einer Freierkriminalisierung ein tieferes Verständnis von Prostitution notwendig ist, übernahm *Pro Sentret* schnell eine individuelle Sicht auf Prostitution und verlor die gesamtgesellschaftliche Analyse aus den Augen. Auch ein Teil der Linken sympathisierte mit dieser sozialpolitischen Betrachtungsweise. Als schließlich einige Feministinnen sexualliberale Ansichten übernahmen, entstand aus dieser Gemengelage Ende der 1980er Jahre ein fruchtbarer Boden für die Entstehung einer Lobby für „Sexarbeit". SozialarbeiterInnen gründeten 1990 mit einer Handvoll prostituierter Frauen PION (*Prostituertes Interesseorganisasjon i Norge*), deren erste Sprecherin eine Sozialarbeiterin war und in der bis heute prostituierte Frauen nur marginal vertreten sind.

PION, *Pro Sentret* und Teile der *Kirkens Bymisjon* (Kirchenmission) traten nunmehr für die Legalisierung der Prostitution ein. Hieraus resultierte ein innerfeministischer Streit, der schließlich zum Zerfall des breiten Bündnisses gegen Prostitution und zu einer Spaltung der feministischen Bewegung in *Kvinnefronten* (darunter Frauen, die PION mit gegründet hatten) und der neu gegründeten *Kvinnegruppa Ottar* resultierte.

Infolge des Zusammenbruchs der Sowjetunion und der daraus resultierenden Armut kam es zu einem extremen Anstieg transnationaler Prostitution. In Oslo und anderen norwegischen Städten wurden Bordelle eröffnet, überwiegend in Wohngebieten. Der Protest entflammte erneut. Feministinnen, Gewerkschafterinnen und AnwohnerInnen postierten sich protestierend vor den Bordellen und Stripclubs und forderten deren Schließung. Dabei wurden sie von Freiern und Akteuren der organisierten Kriminalität bedroht und belästigt. Mit der Einführung des *Hallikparagrafen*, der Prostitution in Wohnungen verbot, kam es 1995 zu einer Eindämmung der Prostitution in den Städten.

Eine große Bedeutung sollten nachfolgend die Entwicklungen in der nördlich gelegenen Finnmark erhalten: Busladungen russischer Mädchen und Frauen, insbesondere aus Murmansk, wurden ab Ende der 1990er Jahre im samischen Camp Skippagura in der Kommune Tana, einem Dorf mit 3.000 Einwohnerinnen und Einwohnern, angeliefert. Während normalerweise arme Frauen aus ländlichen Regionen in die Städte und Metropolen gehandelt werden, fand hier das Gegenteil statt. Schnell wurde Prostitution zum bestimmenden Charakteristikum einer ganzen ländlichen Gemeinde und zum selbstverständlichen Teil männlicher Kultur: Schüler hatten ihre erste sexuelle Erfahrung mit prostituierten Frauen, und russische Mädchen und Frauen wurden auf offener Straße sexuell belästigt, gemobbt und als Huren bezeichnet.

Die Landbevölkerung fühlte sich zunächst machtlos, organisierte sich jedoch bald in einer starken Protestbewegung. 1997 gründete sich das *Nettverk i Nord mot vold og prostitusjon* (Nordisches Netzwerk gegen Gewalt und Prostitution). Darin verbündeten sich Organisationen aus Norwegen, Finnland, Schweden und Russland: *Sáráhkaá* (eine samische feministische Organisation), die *Kvinnegruppa Ottar*, ROKS, die Krisenhotlines in Karasjok und Murmansk, russische Feministinnen sowie eine Männer- und Jugendgruppe für die Abolition. Die Profiteure versuchten die Aktivistinnen durch Bedrohungen einzuschüchtern, zum Beispiel indem sie mit dem Auto auf die Gruppe von Protestierenden draufhielten. Auch eine Journalistin der Zeitung *Nordlys* wurde vom Zuhälter Frank Sandberg physisch angegriffen.

Im Juni 1998 wurde eine große Konferenz in Tana organisiert, von der die Forderung nach einer Freierkriminalisierung ausging. Am 25. November 1998 fand anlässlich des *Internationalen Tages zur Beseitigung von Gewalt gegen Frauen* eine große Kerzen-Demonstration über die Saamen Silta statt, eine Brücke, die das finnische Utsjoki mit dem norwegischen Tana verbindet. An diesem Protest nahmen mehrere hundert Menschen teil. Beginnend mit einer weiteren großen Demonstration zum *Internationalen Frauentag* am 8. März 2000 wurde eine nächste Protestphase eingeleitet: Sechs Wochen lang wurde jeden Freitag vor den Bordellen protestiert. Unterstützt wurden die Aktivistinnen vom Vorsitzenden des Sami Parlamentes, Ole Henrik Magga, von Mitarbeiterinnen und Mitarbeitern des Gesundheitsamtes und aus der ÄrztInnenschaft. Die Einwohnerinnen von Tana übernahmen die Durchführung des traditionellen *Skippagura Festivals* in Eigenregie und organisierten u. a. ein „Rock gegen Prostitution". Trotz zunehmender

Bedrohungen und persönlicher Angriffe - zum Beispiel mit der Drohung in einem Supermarkt die Liste der Liebhaber von Aktivistinnen auszuhängen - ließ sich die Bewegung nicht aufhalten: Die Ärztin Sigrun Windterfeldt schloss 2000 schließlich das Bordell-Camp, nach Implementierung des *Smittevern*-Gesetzes (Infektionsschutzgesetz). Die Schlacht in der Finnmark war gewonnen.

Mit der Jahrtausendwende intensivierte sich auch in den Städten der Kampf gegen die Sexindustrie wieder. Als 1997 ein Vorschlag zur Liberalisierung der Pornographie eingereicht wurde, sammelte die *Spontanaksjonen mot grovporno* (Spontane Aktion gegen Hardcore-Pornographie) innerhalb kürzester Zeit 100.000 Unterschriften. Damit waren die Pläne 2000 wieder vom Tisch. Allerdings funkte hier im Jahr 2005 das norwegische Verfassungsgericht dazwischen und erlaubte per Gerichtsurteil die Hardcore-Pornographie. Resultat war eine krasse Zunahme des Menschenhandels aus Osteuropa, dem Balkan und Asien in die norwegische Straßenprostitution. Afrikanische Frauen in Norwegen erlebten schnell das Gleiche wie zuvor die russischen Frauen: Sie konnten sich bald nicht mehr ohne sexuelle Belästigungen in der Öffentlichkeit bewegen. Interessanterweise beschwerten sich auch Männer über die aggressive Anwerbung auf den Straßen. Liv Jessen, die Sprecherin von *Pro Sentret*, reagierte mit einer Forderung nach Polizeirepressionen gegen die nigerianischen Straßenprostituierten, die den norwegischen „Mädchen" die Freier wegnahmen.

Das *Komitee zum 8. März* in Oslo entschied sich 2000, die Forderung „Kriminalisiert die Freier" zu einer der Hauptparolen der großen alljährlichen Frauentagsdemonstration zu machen. Die Jugendorganisationen der linken Parteien und die sozialistische RV (Vorgängerin der heutigen *Rødt*) übernahmen die Forderung bald. 2002 gründete sich ein *Nordisches Netzwerk gegen Prostitution und Menschenhandel*. Hier organisierten sich das norwegische Zentrum für Gleichstellung, die *Kvinnegruppa Ottar*, *Kvinnefronten*, JURK (juristische Beratung für Frauen), das *FOKUS-Sekretariat*, der Verband der Frauenhäuser, der norwegische Frauenrat, die Kommune Tana, *Reden* in Kopenhagen, *Stigamót* in Island sowie Betroffene von Prostitution und Menschenhandel. Die norwegische feministische Bewegung war nun auch wieder vereint in der Forderung nach einer Freierkriminalisierung.

Eine bedeutende Rolle in diesem Kampf spielte u. a. auch Gerd Liv Valla, die 2001 zur ersten weiblichen Gewerkschaftsverband-Vorsitzenden Norwegens gewählt wurde. Valla setzte Frauenthemen prominent auf die Agenda der LO: Zusätzlich zu den feministischen Forderungen nach einem Sechs-Stunden-Arbeitstag, Frauenquoten und gleicher Bezahlung für gleichwertige Arbeit schloss sie sich auch der Forderung nach der Freierkriminalisierung an. 2005 gelang es ihr auf dem Jahreskongress der LO durchzusetzen, dass es Gewerkschaftsrepräsentanten verboten ist, Prostitution zu nutzen. Auf der Demo zum 8. März 2006 sprach sich Valla in ihrer Funktion als Gewerkschaftsvorsitzende in ihrer Rede für die Freierkriminalisierung aus. Durch den Gewerkschafts-Sitz in der sozialdemokratischen *Arbeiderpartiet*, nahm sie außerdem Einfluss auf deren Position. Auf einem Kongress der europäischen Gewerkschaftsbewegung verhinderten die dänischen, norwegischen und schwedischen Gewerkschaften eine Positionierung von Prostitution als „Sexarbeit".

Mit dem Rückenwind einer Meinungsumfrage, nach der 60 % der Norwegerinnen und Norweger eine Freierkriminalisierung unterstützten, übernahmen schließlich sowohl die *Arbeiderpartiet* wie auch die *Sosialistisk*

Venstrepartiet (sozialistische Linkspartei) auf ihren Parteitagen diese Position, nachdem bereits die norwegischen Christdemokraten, die sozialistische *Rødt* und die Zentrumspartei sich entsprechend positioniert hatten. Dies obwohl die norwegische Sexarbeitslobby versucht hatte, die Politik aggressiv zu beeinflussen. Am 20. November 2008 um 10:00 Uhr verabschiedete Norwegen als zweites Land nach Schweden ein Gesetz gegen den Kauf sexueller Handlungen.

Die liberalistische *Fremskrittspartiet* aus dem rechten Parteienspektrum war und ist bis heute die entschiedenste Gegnerin dieser Gesetzgebung. Mit dem Versprechen, das Gesetz wieder einzukassieren, trat sie 2013 in den Wahlkampf. Die bürgerlich-konservative Regierung beauftragte eine Evaluation, um zu belegen, dass das Gesetz seine Wirkung verfehlte. Diese brachte jedoch nicht die erwünschten Ergebnisse,[4] und da das Gesetz großen Rückhalt in der Bevölkerung genießt, verschwand das „Wahlversprechen" wieder in der Schublade.

Die große Problematik, die sich heute in Norwegen stellt, liegt darin, dass die Regierung nicht anerkennt, dass die Evaluation zwar die Wirkung des Gesetzes bestätigt hat, jedoch auch eindeutig festgestellt hat, dass die Maßnahmen für prostituierte Frauen nicht ausreichen. Auch der Polizei werden die dringend benötigten finanziellen Mittel für notwendige Maßnahmen nicht zur Verfügung gestellt. Die feministischen Forderungen für Norwegen lauten deshalb[5]:

- Verfügbarkeit von Unterstützungsangeboten für prostituierte Frauen in allen norwegischen Kommunen

- individuell zugeschnitte Ausstiegsprogramme und Arbeitsintegrationsprogramme mit sicherer Finanzierung und geschulten Mitarbeiterinnen

- Bleiberechte für Opfer von Menschenhandel

- tatsächliche Verfolgung der Freier und Etablierung von verpflichtenden Schulungsmaßnahmen zur Bewusstseinsbildung bei den Männern

- Öffentlichkeitskampagnen zur Aufklärung über Prostitution und Aufnahme des Themas in die Lehrpläne der Schulen

- bewusstseinsbildende Arbeit unter Berücksichtigung der Stärkung der Stimmen der Prostitutionsüberlebenden und der Stimmlosen in der Prostitution

- Prävention an Schulen zu Pornographie, Geschlechterrollenstereotypen und Machtstrukturen

- Zerstörung des rassistischen Mythos, dass Prostitution eine Form der Unterstützung ist

- Freierkriminalisierung als Teil der norwegischen Gleichstellungs- und Außenpolitik.

Verbannung der Stripclubs: Abolition auf Isländisch

Eine etwas andere Gemengelage fand sich historisch in Island. Die Prostitution stand hier unter Androhung von 24 Monaten Haft unter Strafe. Da die prohibitionistische Gesetzgebung jedoch kaum umgesetzt wurde und

Prostitution kaum existierte, scheiterte ein Vorstoß zur Entkriminalisierung der prostituierten Frauen (und anderer) im Winter 1991/1992 an einer Dreiviertelmehrheit im Althing, dem isländischen Nationalparlament.

Parallel zur globalen Ausbreitung der Sexindustrie eröffnete 1995 der erste Stripclub in Island. Fünf Jahre später hatte sich die Zahl auf zwölf erhöht, davon acht in der Hauptstadt Reykjavik, drei in Akureyri sowie einer in Keflavik, in denen etwa 1.000 osteuropäische Stripperinnen tätig waren. Tatsächlich fungierten die Stripclubs jedoch auch als inoffizielle Bordelle. Deshalb kam im Jahr 2000 der Vorschlag auf, dem schwedischen Beispiel zu folgen und die Stripclubs als Orte der Prostitution zu schließen. Dieser wurde abgelehnt, und die Medien forcierten in der Folge stark den Mythos der „glücklichen Hure".

Der 2003 veröffentlichte Film *Lilya 4-ever* änderte die öffentliche Meinung entscheidend. Das Stadtparlament von Reykjavik verbot als Konsequenz Privatvorführungen in den Séparées der Clubs, und die anderen Städte folgten dem Beispiel, nachdem Klagen gegen das Verbot gescheitert waren. Isländische Feministinnen luden im Herbst die schwedische Frauenministerin Margareta Winberg nach Island ein, um sich von ihr das *Kvinnofrid*-Gesetz vorstellen zu lassen. In der Folge wandte sich ein Bündnis von 14 Frauenorganisationen mit der Forderung nach einer Freierkriminalisierung an das Nationalparlament. Die Sprecherin der Graswurzelbewegung *Stígamót*, Gudrun Jónsdóttir, gilt als eine der zentralen Akteurinnen der Bewegung.

Das Anliegen wurde aufgegriffen von der Links-Grünen Bewegung (*Vinstri hreyfingin - grænt framboð*), der Sozialdemokratie (*Samfylkingin*), der Fortschrittspartei (*Framsóknarflokkurinn*) und der Liberalen Partei (*Frjálslyndi flokkurinn*). Auf Widerstand stieß die Forderung bei den Frauen von der Unabhängigkeitspartei (*Sjálfstæðisflokkurinn*), die als Mitglied der Regierungskoalition einen entsprechenden Gesetzesentwurf im Jahr 2004 blockierte. Es wurde jedoch eine Kommission eingesetzt, die sich in den Jahren 2004 bis 2006 mit der schwedischen Gesetzgebung beschäftigte. Ein dann folgender Gesetzesvorstoß des Justizministeriums, der zwar eine Entkriminalisierung der prostituierten Frauen vorsah, die Freier jedoch unangetastet ließ, wurde nach einem Protest der Frauenbewegung zurückgezogen.

Im Sommer 2006 spielte den Feministinnen eine in der Hauptstadt geplante Konferenz der Pornoindustrie in die Hände: Angekündigt hatten sich 200 Teilnehmende. Geplant waren auch pornographische Aufnahmen vor isländischer Kulisse. Dies rief die Feministinnen auf den Plan, die auf die Einhaltung der Gesetze pochten, die den Besitz und die Produktion von Pornographie verbieten. In den Internetdebatten war die Hölle los, so dass schließlich der Stadtrat intervenierte, die Konferenz für unerwünscht erklärte und das Radisson SAS Hotel als Veranstaltungsort schließlich die Konferenz absagte. Die öffentliche Debatte hatte die gesellschaftliche Meinung nun geändert: Mehr Menschen erkannten die Zusammenhänge zwischen Pornographie, Prostitution und Menschenhandel. Eine Meinungsumfrage ergab, dass 70 % der Bevölkerung – 82,5 % der Frauen und 57,1 % der Männer - die Einführung einer Freierkriminalisierung unterstützten.

Ausgelöst durch die Wirtschaftskrise und den Rücktritt der Regierungskoalition aus Sozialdemokratie und Unabhängigkeitspartei, bildete sich eine Minderheitsregierung aus Sozialdemokratie und Links-Grüner Bewegung, die von der Fortschrittspartei unterstützt wurde. Damit war eine parlamentarische Mehrheit für das Anliegen gegeben. Bevor ein entsprechender Gesetzesentwurf jedoch die dritte Lesung erreichen konnte, wurden Neuwahlen einberufen. Nur zehn Tage nach der Konstituierung des neuen Parlamentes setzten die Sozialdemokratische Allianz und die Links-Grüne Bewegung, die nun die Regierung stellten, den Gesetzesentwurf zum Verbot von Stripclubs, der Entkriminalisierung der prostituierten Frauen (und anderer) sowie der Freierkriminalisierung erneut auf die Agenda. Am 23. März 2010 wurde Island schließlich der dritte Staat mit dem „Nordischen Modell".

Notes:
(1) Tove Smaadahl: "Radical Feminists" and the Dispute About How To Understand Prostitution, in: Trine Rogg Korsvik und Ane Stø: The Nordic Model, Feminist Group Ottar 2013.
(2) Trine Rogg Korsvik und Ane Stø: The Nordic Model, Feminist Group Ottar 2013 – Die Ausführungen in diesem Kapitel beruhen im Wesentlichen auf dieser Veröffentlichung.
(3) Cecilie Høigård und Liv Finstad: Seitenstraßen. Geld, Macht und Liebe oder der Mythos von der Prostitution, Rowohl Taschenbuch Verlag: Reinbek bei Hamburg, 1987.
(4) Siehe Kapitel zu den wissenschaftlichen Studien zur Wirksamkeit des schwedischen Ansatzes.
(5) Trine Rogg Korsvik, Ane Stø und Anne Kalvig: Das Sexkaufgesetz ist 10 Jahre alt: Wie weiter?, September 2019, www.abolition2014.de.

5 Fragen an … Trine Rogg Korsvik and Ane Stø

Trine Rogg Korsvik ist eine norwegische Historikerin mit Schwerpunkt auf der Geschichte der Frauenbewegung. Ane Stø ist eine norwegische Soziologin und Vorsitzende der Kvinnegruppa Ottar. Gemeinsam haben die beiden im Jahr 2013 das Buch „The Nordic Model" veröffentlicht.

Liebe Trine, Liebe Ane, während die Schweden ihre neue Prostitutionspolitik 1999 eingeführt haben, hat es in Norwegen zehn Jahre länger gedauert, obwohl die extensiven Forschungsprojekte in beiden Ländern zur gleichen Zeit gestartet wurden. Warum hat es in Norwegen länger gedauert, und was waren die Unterschiede bei der Einführung und auch bei den Inhalten?

<u>Ane</u>: Die Antwort, die auf der Hand liegt, ist natürlich, dass die Pro-Prostitutions-Lobby in Norwegen stärker war. Und zwar vom ersten Moment an, als wir 1995 das Thema auf die Agenda gesetzt haben und nicht zuletzt unterstützt von bestimmten Akteurinnen und Akteuren im Wohlfahrtssektor. Die Pro-Prostitutions-Lobby in Norwegen bestand überwiegend aus Sozialarbeiterinnen und Sozialarbeitern und ein paar Forscherinnen und Forschern. Ihr Hauptargument war, dass die Kriminalisierung der Freier die Situation für die Frauen in der Prostitution verschlechtern würde. Mit diesem Argument waren sie erfolgreich darin Unterstützung für diese Position bei den linken Parteien zu finden.

In Schweden hingegen gab es nie wirklich eine Pro-Prostitutions-Lobby. Es gab ein paar Personen, die sich für die Legalisierung der Prostitution ausgesprochen haben, aber die haben nie wirklich Rückhalt finden können.

Trine: Und natürlich gibt es politische Differenzen zwischen Schweden und Norwegen. In Schweden ist der Feminismus sehr viel institutionalisierter als in Norwegen, und in den 1990er Jahren hatte die Frauenorganisation der schwedischen sozialdemokratischen Partei, die seinerzeit an der Regierung war, einen großen Einfluss auf deren Politik. Die sozialdemokratischen Frauen haben die Kriminalisierung der Freier und Maßnahmen zum Schutz von Frauen gegen männliche Gewalt stark befürwortet. Tatsächlich war die Freierkriminalisierung ja Teil eines Gesetzespakets namens "Frauenfrieden" (*Kvinnofrid*), das auch Vergewaltigung und Häusliche Gewalt ansprach. Die Architektinnen hinter diesem Gesetz waren feministische Forscherinnen wie (die Norwegerin) Eva Lundgren.

Ane: Das norwegische Gesetz wurde 2008 vom Parlament gegen die Führungsriege der linken Parteien, die zu der Zeit an der Regierung waren, beschlossen. Das Nordische Modell in Norwegen war das Ergebnis einer Graswurzel-Rebellion auf den nationalen Parteitagen der linken Parteien. Weil die Führung von den Mitgliedern überstimmt worden war, fühlten sie sich zu nicht viel mehr verpflichtet, als für die Parteitagsresolution zu stimmen. Deshalb hat die Regierung auch kaum Maßnahmen verabschiedet, um das Gesetz umzusetzen. In den ersten Jahren hat die Polizei ein paar Freier verhaftet, aber wir konnten keine öffentlichkeitswirksamen Kampagnen oder verbesserte Unterstützungsmaßnahmen für die Frauen in der Prostitution feststellen, wie das in Schweden der Fall gewesen war.

Trine: Andererseits verbietet das norwegische Gesetz den norwegischen Freiern auch, Prostitution im Ausland zu nutzen, was in Schweden nicht der Fall ist.

Ich bin immer wieder überrascht über die Intensität eures Kampfes, in dessen Verlauf ihr auch in nationalen Zeitungen als "weibliche Baader-Meinhof-Bande" bezeichnet wurdet. Könnt ihr ein bisschen von dieser Zeit erzählen? Was war eure politische Strategie und welche Aktionen habt ihr in eurem Kampf gegen Prostitution durchgeführt?

Trine: Es gab ein paar Liberale, die uns mit Terroristinnen verglichen haben, aber wir hatten auch jede Menge öffentliche Unterstützung.

Ane: Aber es stimmt, dass wir ein paar spektakuläre Aktionen durchgeführt haben, um Aufmerksamkeit für das Thema Prostitution und die Freierkriminalisierung zu erregen. Wir mussten Krach schlagen, um diese Stille in Bezug auf die Rolle der Freier im Prostitutionsmarkt zu durchbrechen, denn die patriarchale Kultur schützt immer die männliche Ehre und macht Frauen für die uns zugefügten Schäden selbst verantwortlich.

Wir haben in den frühen 1990er Jahren vor den Bordellen in den Wohnvierteln in Oslo demonstriert, und es gab einige weitere direkte Aktionen in Prostitutionsbezirken in anderen norwegischen Städten. In Stavanger haben wir über einen Zeitraum von mehreren Monaten die Straßen mit Ketten und Transparenten blockiert, damit die Freier nicht hinein konnten. In Bergen haben wir mit Transpis und Postern im Prostitutionsbezirk protestiert. Besonders wichtig war jedoch der jahrelange Kampf gegen Zuhälter und Freier in Nord-Norwegen, gemeinsam mit den Sami-Frauen in der Finnmark.

Trine: Wir haben extrem viel Aufmerksamkeit in den Medien bekommen als wir an zentralen Orten in den Städten Poster aufgehängt haben, die den Premierminister und andere männliche Politiker zeigten, um damit die

Aufmerksamkeit auf die männliche Verantwortung im Prostitutionsmarkt zu lenken.

Ane: Der Hauptgrund für dieses Label war jedoch, dass sehr viele Männer es als schädlich für Männer empfunden haben, dass wir die Freier in der Prostitution in den Blick genommen haben.

In diesen Jahren kam es auch zu ein paar Konflikten in der norwegischen Frauenbewegung, die sogar zu einer Spaltung führten. Was waren die Hauptgründe dafür, und wie ist die Situation heute?

Trine: Die Spaltung erfolgte vor allem wegen der Auseinandersetzung um die Strategien im Kampf gegen Pornographie und Prostitution. Manche von uns wollten direkte Aktionen auf der Straße, während andere Feministinnen diesbezüglich sehr skeptisch waren – und es heute noch sind. In Norwegen haben wir jedoch Glück, dass es heute keine organisierten Feministinnen mehr gibt, die Prostitution für selbst-ermächtigend halten, aber in den 1990er Jahren waren ein paar von ihnen sehr bemüht die "Arbeitsplätze der Frauen" zu erhalten, also die illegalen Bordelle, die seinerzeit auftauchten.

Ane: Es stimmt, dass es keine organisierten Feministinnen in Norwegen gibt, die die Prostitution verteidigen, aber einige Frauen in der heutigen Pro-Prostitutions-Lobby waren früher Mitglieder der Frauenfront (*Kvinnefronten*) und es war die Auseinandersetzung mit ihnen, die 1991 zu der Spaltung geführt hat.

Heute ist die norwegische Frauenbewegung sehr viel einiger in Bezug auf die Ansichten über Prostitution und Gewalt gegen Frauen, und wir sind uns einig über die Dinge, die Anfang der 1990er Grund für die Konflikte waren. Aber es gibt immer noch unterschiedliche Ansichten darüber, wie der Kampf gegen Prostitution organisiert werden sollte. Zugegebenermaßen führt auch unsere feministische Gruppe, *Ottar*, keine spektakulären Straßenaktionen mehr durch, denn die Mehrheit der Bevölkerung teilt unsere Ansicht.

Welche messbaren Erfolge hatte das Gesetz bei euch? Und weil ich weiß, dass ihr ja an vielen feministischen Konferenzen in Europa teilnehmt: Was denkt ihr, sind die größten Unterschiede, die ihr im Ausland wahrnehmen könnt, insbesondere in Ländern mit einem anderen Ansatz?

<u>Ane</u>: Leider gibt es nur sehr wenig Forschung dazu, ob das Gesetz die Anzahl der Freier reduziert hat oder nicht. Aber die Erhebungen zu den Einstellungen in der Gesellschaft zeigen, dass eine zunehmende Zahl junger Männer gegen Prostitution ist und dass die Unterstützung in der Bevölkerung groß ist. Leider stellt unsere Regierung kein Geld für Forschung zu Prostitution zur Verfügung.

<u>Trine</u>: Was wir aber wissen ist, dass Norwegen nicht die Zunahme an Prostitution hatte, die in anderen Ländern zu beobachten war, die kein solches Gesetz eingeführt haben. Das gilt insbesondere für die Zeit nach der Wirtschaftskrise im Jahr 2008.

<u>Ane</u>: Es ist oft sehr schockierend, als norwegische Feministin im Ausland unterwegs zu sein. Wir müssen nur bis nach Dänemark reisen, um sichtbare Prostitution zu sehen und sehr viel mehr Werbung für Pornographie. Außerhalb von Skandinavien ist es noch schockierender, insbesondere in Deutschland, wo Prostitution allgegenwärtig sichtbar ist! Gleichzeitig ist die feministische Mobilisierung gegen Prostitution sehr beeindruckend und inspirierend.

Trine: Ja, wir bewundern euch für euren Mut und sind uns sicher, dass ihr Erfolg haben werdet!

Ihr habt ja gerade den 10. Geburtstag eures Gesetzes zelebriert. Was, würdet ihr sagen, muss in Bezug auf die Umsetzung verbessert werden? Und welche anderen Herausforderungen hat die norwegische Frauenbewegung in Bezug auf die sexuelle Ausbeutung von Frauen und Mädchen?

Ane: Wir haben eine lange Liste notwendiger Verbesserungen!

Trine: Wir brauchen vor allem Unterstützungsmaßnahmen für die Frauen in der Prostitution und die Einführung von Ausstiegsprogrammen, die den komplexen Lebenssituationen der Individuen in der Prostitution gerecht werden.

Ane: Es ist ein Skandal, dass die Polizei dem Aufenthaltsgesetz Vorzug vor der Freierkriminalisierung gibt, wenn es um die Bekämpfung von Prostitution und Menschenhandel geht. Wir fordern ein, dass Opfer von Menschenhandel zur sexuellen Ausbeutung einen Aufenthaltstitel erhalten und nicht durch eine Abschiebung einem wiederholten Menschenhandel ausgesetzt werden.

Trine: Zweitens fordern wir, dass die Polizei das Gesetz umsetzt und die Verfolgung der Freier und auch der Zuhälter priorisiert. Das beinhaltet auch die Online-Zuhälterei.

Wir fordern außerdem, dass die Regierung Öffentlichkeitskampagnen durchführt, um über die Schäden aufzuklären, die Prostitution mit sich bringt. Dies muss auch in die Lehrpläne aufgenommen werden.

Wir sind auch der Meinung, dass die Regierung das Sexkaufgesetz auch im Ausland promoten sollte, als Teil der norwegischen Außenpolitik. Norwegen stellt sich gerne als Vorreiterin in Sachen Geschlechtergerechtigkeit dar, prahlt mit unserer Frauenquote in Führungspositionen in der freien Wirtschaft, "Väterquoten" für Männer und den LGBT-Rechten. Die Freierkriminalisierung sollte Teil dieser Gleichstellungsstrategie, mit der wir im Ausland angeben, werden, wie das in Schweden der Fall ist.

<u>Ane</u>: Wir haben immer noch ein Problem mit armen Frauen, die nach Norwegen gehandelt werden, und die Öffentlichkeit muss sich dieses Problems mehr bewusst werden. Das gilt ebenso für die Nutzung junger Männer von Internet-Pornographie. Es ist eine große Herausforderung, junge Menschen dafür zu gewinnen, sich öffentlich gegen Pornographie auszusprechen, aber seit einigen Jahren haben wir da eine sehr positive Entwicklung, und es ist heute sehr viel einfacher als noch vor ein paar Jahren.

<u>Trine</u>: Eine weitere Herausforderung ist: Sobald du über die sexuelle Ausbeutung von Frauen und Mädchen sprichst, wirst du dafür kritisiert, dass du nicht über die Probleme von Männern und Transpersonen sprichst. Wir haben damit aber einen guten Umgang gefunden.

<u>Ane</u>: Wir werden manchmal auch von der Pro-Prostitutions-Lobby attackiert und müssen öffentlich mit ihnen debattieren, um zu verhindern, dass deren Ansichten Verbreitung finden. Auch das gelingt uns bisher sehr gut.

Wissenschaftliche Studien zur Wirksamkeit abolitionistischer Prostitutionspolitik

Studien über sexuelle Macht und über die Sexualität als Tauschmittel helfen uns, unser eigenes, manchmal banales Leben zu begreifen und das, was sich ändern könnte, zu erkennen. Das Leben muss nicht so sein, wie es jetzt ist. Es ist nicht richtig, dass „das Leben nun mal so ist". Aus Wissen können Visionen entstehen, Visionen von anderen Möglichkeiten, in der Liebe, im Arbeitsleben und in der Freundschaft. Möglichkeiten, die heute verkümmert und eingeschlossen sind. Ein Studium der Prostitution kann neue Wege für das Leben und Zusammenleben aufzeigen. Wege, bei denen Frauen nicht länger darauf angewiesen sind, ihre Sexualität ökonomisch einzusetzen, und Männer auf dem Sexmarkt nicht mehr länger markieren müssen – Wege, bei denen wir in freundschaftlicher Nähe und Gemeinschaft mit anderen leben.

Alles muss sich ändern.

Alles wird sich ändern.

Cecilie Høigård und Liv Finstad[1]

Wie der schwedische Prostitutionsforscher Sven-Axel Månsson richtig feststellt[2], gibt es überraschenderweise nur sehr wenige wissenschaftliche Studien zu den Wirkungen des Nordischen Modells und insbesondere zur Freierkriminalisierung. Im politischen Streit um den richtigen Ansatz sind außerdem zwei Tendenzen auffällig: Um ein vermeintliches „Scheitern" der nordischen Gesetzgebung zu proklamieren, werden im Wesentlichen zwei Kniffe angewandt: Zum einen werden umfangreiche wissenschaftliche Arbeiten und riesige Evaluationsstudien, an denen zahlreiche Wissenschaftlerinnen und Wissenschaftler über lange Zeiträume gearbeitet haben, einzelnen Arbeiten gegenübergestellt, von denen suggeriert wird, sie seien wissenschaftlich gleich gut und relevant.

Dabei sollte selbst Laien einleuchten, dass beispielsweise einer Dissertation zum Schweizer Prostitutionsgesetz, die auf knapp drei Seiten auf wackliger Grundlage nicht belegte Behauptungen über die Situation in Schweden aufstellt, wenig Relevanz beizumessen ist.[3] Zum anderen fällt auf, dass immer wieder die gleichen eindeutig interessengeleiteten Studien gegen den schwedischen Ansatz in Stellung gebracht werden. Statt sich eingehend mit umfangreichen Primärquellen zu befassen, diese eingehend zu studieren und zu bewerten, werden tendenziöse Sekundärquellen herangezogen, die einer kritischen Betrachtung bedürfen. Es wäre außerdem von zentraler Bedeutung empirische Befunde aus einzelnen Ländern nicht isoliert und außerhalb jeglichen Kontextes zu betrachten, sondern im Vergleich mit den entsprechenden Auswirkungen anderer Prostitutionspolitiken.

Rückhalt der Gesetzgebung in der Bevölkerung, Prostitutionsnutzung und Einstellungen

Außer Zweifel steht, dass es in den nordischen Staaten eine große Zustimmung für die getroffenen Maßnahmen gibt. 1996 war noch eine Minderheit der schwedischen Bevölkerung für eine Freierkriminalisierung (45 % der Frauen und 20 % der Männer).[4] Entsprechende Meinungsumfragen nach deren Einführung wurden 1999, 2001, 2002, 2007, 2011 und 2014 durchgeführt. In jeder Umfrage nach 1999 unterstützten 70 % der Bevölkerung die Gesetzgebung – etwa 80 % der Frauen und 60 % der Männer.[5] Ähnliche Werte erbrachten entsprechende Umfragen in Island, Norwegen und Frankreich. Die Mehrheit der dänischen Männer hingegen hält einer Studie des dänischen Gleichstellungsministeriums zufolge Prostitutionsnutzung für legitim.[6]

Häufig wird in Meinungsartikeln behauptet, die schwedische Meinungsumfrage aus 1999 belege, dass die Einführung der Freierkriminalisierung auch die Stigmatisierung der prostituierten Frauen durch die Bevölkerung verstärkt habe. 78 % der befragten Schwedinnen stimmten darin nämlich der Kriminalisierung des „Verkaufes von Sex" zu.[7] Völlig unklar ist jedoch, was bei den Befragten unter dieser Formulierung verstanden wurde: Zuhälterei oder das sich Prostituieren? In der Umfrage des Jahres 1996 hatten sich im Vergleich hierzu nur 42 % der befragten Schwedinnen für eine Kriminalisierung der prostituierten Frauen ausgesprochen. Die Frage war dort eindeutiger gestellt und lautete: „Eine Frau nimmt Geld für sexuelle Handlungen. Sollte diese Frau als kriminell betrachtet werden?"[8]

Die Prostitutionsnutzung unter schwedischen Männern ist nachweislich im Rückgang. Während eine Studie im Jahr 1996 einen Wert von 13,6 % der schwedischen Männer mit Prostitutionsnutzung ergab, lag der Wert im Jahr 1999 bei 12 % und im Jahr 2013 schließlich bei 7,8 %.[9] Eine weitere Studie aus dem Jahr 2012 zeigte, dass es sich bei den meisten der schwedischen Freier um Gelegenheitsfreier und nicht um Gewohnheitsfreier handelt: Die meisten Männer gaben an, Prostitution, ein bis drei Mal genutzt zu haben, 10 % gaben an, Prostitution mehr als zehn Mal genutzt zu haben, 33 % davon auf Geschäftsreisen. Insgesamt nutzten acht von zehn der Freier Prostitution außerhalb von Schweden.[10] Die kriminalisierten Freier waren einer Auswertung der Gesundheitsbehörde zufolge[11] ausschließlich männlich und mehrheitlich zwischen 25 und 55 Jahre alt, kamen aus allen Einkommensklassen, Nationalitäten und ethnischen Hintergründen. Die meisten waren verheiratet oder verpartnert und hatten Kinder. Die Untersuchungen zeigen, dass die Freierkriminalisierung effektiv die Nachfrage nach Prostitution senkt.

Die norwegische Evaluationsstudie bezeichnet die Freierkriminalisierung als ein pädagogisches Werkzeug zur Veränderung von Verhalten, ähnlich dem Rauchverbot in Gaststätten. Insbesondere junge norwegische Männer hätten durch die Implementierung ihre Einstellung zum Freiertum grundlegend verändert.

Eine norwegische Studie[12], die die Prävalenz von Prostitutionsnutzung in den nordischen Staaten verglich, kam zu dem Ergebnis, dass die Freierkriminalisierung diese nachweisbar sinken lässt: Die Ökonomen Andreas Kotsadam und Niklas Jakobsson befragten Männer in Schweden, Norwegen und Dänemark nach ihrer Nutzung von Prostitution in den letzten sechs Monaten. Die niedrigsten Werte wies Schweden auf, wo die Freierkriminalisierung zum Befragungszeitpunkt bereits seit 15 Jahren sanktioniert wurde. Die höchsten Werte fanden sich in Dänemark, wo Freiertum bis heute legal ist. Dazwischen Norwegen mit einer zu diesem Zeitpunkt noch recht frischen Freierkriminalisierung. Dies unterstützt die häufig gemachte Beobachtung, dass eine legalisierte Prostitutionsindustrie eine „Prostitutionskultur" fördert, nach der auf der einen Seite Prostitutionsnutzung gesellschaftlich akzeptiert ist. Die Implikationen sind andererseits noch tiefgreifender, denn dies geht wie internationale Studien zeigen auch einher mit einer Normalisierung und Akzeptanz von sexueller Gewalt und Vergewaltigungsmythen.[13] Außerdem schwindet unter Legalisierungsbedingungen nachweislich die gesellschaftliche und politische Akzeptanz öffentlicher Unterstützung für Frauen in der Prostitution.[14]

All dies zeigt, dass Gesetze eine normierende Wirkung auf Einstellungen haben und damit das Verhalten und die Haltungen einer Bevölkerung in die eine oder andere Richtung gesteuert werden können.

Entwicklung der nordischen Prostitutionsmärkte

Sehr aussagekräftig ist die Betrachtung der Entwicklung der Prostitutionsmärkte im Vergleich der nordischen Staaten. Schweden hat eine Bevölkerungszahl von 9,5 Millionen Menschen. 1995 belief sich die Zahl der prostituierten Frauen in Schweden auf geschätzte 2.500 bis 3.000, davon 650 in der Straßenprostitution.[15] 2008 ergab die Marktbeobachtung eine Anzahl von nur noch etwa 300 prostituierten Frauen in der Straßenprostitution und - basierend auf der Auswertung von Internetinseraten - 300 Frauen und 50 Männern in der Innenprostitution.

Die Zahl der prostituierten Frauen in Dänemark, mit einer Bevölkerungszahl von nur 5,6 Millionen Menschen und einer legalisierten Sexindustrie, lag hingegen zwölf Mal so hoch: 2008 zählte man hier mindestens 5.567 prostituierte Frauen, davon 1.415 in der Straßenprostitution.[16] Auch in Norwegen mit einer Bevölkerungszahl von 4,9 Millionen Menschen und einer zu diesem Zeitpunkt noch erlaubten Prostitutionsnutzung, waren acht Mal so viele Frauen in der Prostitution als in Schweden: 2.645, davon 1.157 in der Straßenprostitution.[17]

Die schwedische Gesetzgebung hat also die Zahl der prostituierten Frauen nicht nur deutlich reduziert, sondern diese lag zum Untersuchungszeitpunkt um ein Vielfaches unter der Anzahl prostituierter Frauen in den angrenzenden Nachbarstaaten. Für die häufig vorgebrachte Behauptung, Prostitution habe sich in Schweden einfach nur in einen ominösen „Untergrund" verlagert, gibt es weder empirische Belege noch Anhaltspunkte bei den Beschäftigten in der Sozialarbeit oder der Polizei.

Eine norwegische Evaluation aus dem Jahr 2014[18] erbrachte auch für Norwegen, dass die Freierkriminalisierung nachweisbar die Nachfrage gesenkt und damit das Ausmaß der Prostitution in Norwegen reduziert hat. Der Markt wurde im Vergleich zu vor Einführung des Gesetzes um 20 bis 25 % reduziert. Da die Märkte in anderen europäischen Ländern parallel dazu stark gewachsen sind, gehen die Forschenden von einem Rückgang von sogar etwa 45 % aus. Die Evaluation erläutert auch, dass die von der individuellen prostituierten Frau zu erzielenden Einnahmen durch Prostitution in Norwegen nicht wie häufig behauptet wegen der Freierkriminalisierung gesunken sind, sondern es wird nachgewiesen, dass der Preisverfall bereits seit 2000 als Folge der gesamtökonomischen europäischen Entwicklung eingetreten ist.

Deutliche Anhaltspunkte gibt es auch für ein gesunkenes Interesse von Gruppen organisierter Kriminalität am schwedischen Prostitutionsmarkt. Während im Jahr 2008 größere Gruppen ausländischer Frauen in Norwegen, Dänemark und Finnland prostituiert wurden, galt dies nicht für Schweden.[19] Abgehörte Telefonate von Menschenhändlern lassen darauf schließen, dass diese Schweden nicht als lukrativen Markt betrachten.[20] Schwedischen Polizeiermittlern gelang es zwar, vereinzelt kleinere Prostitutionsringe mit drei bis vier prostituierten Frauen aufzudecken.[21] In anderen europäischen Ländern umfassen diese jedoch in aller Regel 20 bis 60 prostituierte Frauen.[22]

Auch für Norwegen ist in der Evaluation aus 2014 der Rückgang des Menschenhandels durch die Freierkriminalisierung nachgewiesen worden. Die Gesetze gegen Zuhälterei und Menschenhandel werden außerdem durch das Gesetz gegen das Freiertum in ihrer Wirkung verbessert: Denn durch Letzteres kommt die Polizei an Informationen, die ihr sonst nicht zugänglich gewesen wären. In Frankreich kam es infolge der Einführung der abolitionistischen

Gesetzgebung zu mehr als einer Verdoppelung (54 %) der Strafverfolgungen wegen Zuhälterei und Menschenhandel.[23]

Wirksamkeit von Schutz- und Unterstützung

Nach Angaben von *Pro Sentret* in Stockholm, einer Einrichtung, die Ausstiegsprogramme für Frauen in der Prostitution anbietet, hatte das Gesetz positive Wirkungen für die Betroffenen: Von den 130 Frauen, die zwischen 1999 und 2001 Unterstützung suchten, gelang 60 % nachhaltig der Ausstieg aus der Prostitution.[24] Gruppierungen von Frauen aus der Prostitution wie im *Nätverket PRIS* bestätigen, dass das Gesetz einen wichtigen Beitrag dazu leistete, dass viele von ihnen die Prostitution hinter sich lassen konnten.

Im Jahr 2012 wurde eine umfangreiche staatliche Berichterstattung zu den sozialen Unterstützungsangeboten für prostituierte Frauen und Freier veröffentlicht.[25] Es konnten keinerlei Anzeichen dafür gefunden werden, dass die Gesetzgebung die Betroffenen in irgendeiner Weise negativ beeinträchtigt hätte. Die Auswertung ergab im Gegenteil, dass prostituierte Frauen mehr Macht über ihr Leben haben, und größere Chancen haben aus der Prostitution auszusteigen. Jene, denen der Ausstieg gelungen ist, geben an, dass das Gesetz ihnen dabei sehr geholfen hat, insbesondere auch, weil es die Scham von ihnen genommen hat.

Auch die Untersuchungen von Kjellgren[26], Dahlborg/Hulusjö[27] und Grönvall/Holmström[28] zu der Inanspruchnahme von sozialen Angeboten seitens der prostituierten Frauen kommen zu einem positiven Ergebnis. Sie berichten davon, dass die betroffenen Frauen gewalttätiges Verhalten von Freiern leichter anzeigen können und von einfühlsamen Sozialarbeiterinnen Unterstützung in Bezug auf Beratung, Wohnen, Therapie erhalten haben. Auch die Erfahrungen mit der schwedischen Polizei bewerten die Betroffenen als überwiegend gut.

Ein häufig zitierter Bericht („Dangerous Liasons") aus Norwegen soll vielen Meinungsartikeln zufolge die Zunahme von Gewalt gegen prostituierte Frauen belegen, erreicht tatsächlich jedoch genau das Gegenteil: Die Zahlen der Vergewaltigungen in der Prostitution sind ihm zufolge von 29 % auf 15 % gesunken, bei Faustschlägen kam es zu einer Abnahme von 29 % auf 18 %, bei Schlägen mit flacher Hand von 27 % auf 19 %. Eine leichte Zunahme gab es lediglich bei den Gewalthandlungen „an den Haaren gezogen" und „angespuckt worden".[29]

Die Evaluation von *Vista Analyse* kommt ebenfalls zu dem Schluss, dass die Gewalt nicht zugenommen hat. Wenn es um die Gewalt gegen Frauen in der Prostitution geht, sollte man sich im Übrigen auch vor Augen führen, dass es in den letzten 20 Jahren in Schweden und den letzten zehn Jahren in Island keinen und in Norwegen einen einzigen Mord an einer prostituierten Frau in der Sexindustrie gegeben hat. Das internationale Dokumentationsprojekt *Sex Industry Kills*[30] hat im Vergleich dazu alleine mehr als 100 Morde und zahlreiche Mordversuche seit dem Jahr 2000 für Deutschland dokumentiert.

Die Umsetzung des französischen Gesetzes ist derzeit regional noch sehr unterschiedlich gut. Jedoch kommt die Evaluation der französischen Regierung zu dem Schluss, dass zum Zeitpunkt der Untersuchung bereits knapp 400 prostituierte Frauen an Ausstiegsprogrammen teilgenommen hatten. 2,35 Millionen Euro beschlagnahmte Einnahmen aus der organisierten Kriminalität konnten für prostituierte Frauen und Menschenhandelsopfer eingesetzt werden. Die Entschädigungen für Betroffene von Zuhälterei und Menschenhandel stiegen um das Siebenfache an. Die Evaluation kommt zu dem Schluss, dass das Gesetz überall dort funktioniert, wo es umgesetzt wird.[31] Die Schwächen in Frankreich sind aktuell – ähnlich wie in Norwegen – die jeweils unterschiedlichen lokalen Prioritätensetzungen und damit nicht überall flächendeckend verfügbare Unterstützungsmaßnahmen.

Europäische Vergleichsstudie

Um die Wirkungen verschiedener Ansätze zu vergleichen und Empfehlungen auszusprechen, bedarf es internationaler Vergleichsstudien. Der Frauenausschuss des Europaparlamentes hat sich dieser Aufgabe angenommen. Unter der sozialdemokratischen britischen Berichterstatterin Mary Honeyball wurde festgestellt:[32] [33]

- Prostitution ist ein Gleichstellungshindernis und schadet allen Mädchen und Frauen,

- Prostituierte Frauen haben um ein Vielfaches erhöhte Gewalterfahrungen verglichen mit nichtprostituierten Frauen,

- Eine Legalisierung der Prostitution führt zu einer Zunahme des Menschenhandels und erschwert dessen Bekämpfung,

- Die beste Lösung ist die Eindämmung der Nachfrage durch eine Kriminalisierung der Freier und eine Entkriminalisierung der prostituierten Frauen (und anderen),

- Das Nordische Modell ist der beste Ansatz und sollte von allen EU-Mitgliedsstaaten übernommen werden.

Interessengeleitete Veröffentlichungen

Von GegnerInnen immer wieder gerne zitiert wird der schwedische Kulturanthropologe Dan Kulick. Kulick kritisiert die „Pathologisierung" der Freier, mit der Schweden sein Ansehen als sexualliberales Land gefährde.[34] Er prangert die „fundamentale Neuorganisation der Sexualität" durch den „schwedischen Staatsfeminismus" und die Einschränkung sexueller Freiheiten an. Gemeint sind die Freiheiten der Männer, die Prostitution nutzen, nicht etwa die der Frauen, die in der Prostitution benutzt werden.

Eine besondere Rolle bei der Diskreditierung des schwedischen Ansatzes spielt die Sozialanthropologin Petra Östergren. Östergren veröffentlichte ihre Kommentare nur ein Jahr nach der Einführung der Freierkriminalisierung in Schweden. Es gibt jedoch nicht eine einzige peer-reviewte wissenschaftliche Veröffentlichung von ihr. Die wesentlichen Mythen zum Nordischen Modell stammen aus ihrer Feder. So behauptet sie, dass Prostitution sich infolge der Gesetzgebung „vermutlich" in den Untergrund verlagert habe und die prostituierten Frauen nunmehr mehr Gewalt in der Prostitution erfahren. Außerdem riskierten alle PartnerInnen prostituierter Frauen jetzt, wegen des Zusammenlebens in der gleichen Wohnung als ZuhälterInnen verurteilt zu werden – obwohl es keinen einzigen belegten Fall hierfür gibt. Es „scheine auch so zu sein", dass Hilfe suchende Betroffene von SozialarbeiterInnen „unangemessen behandelt würden".

Ihre allesamt widerlegten Behauptungen basieren auf „informellen Gesprächen" mit 20 von ihr bewusst ausgewählten prostituierten Frauen. Freimütig gibt sie zu, dass sie ihre Interviewpartnerinnen nicht nach dem Zufallsprinzip ausgewählt hat, sondern bewusst prostituierte Frauen ausgesucht hat, die eine ablehnende Haltung zur schwedischen

Prostitutionspolitik haben und die „das, was sie tun, gerne tun".[35] Ein Hinweis hierauf findet sich bei all jenen, die sie zitieren, jedoch nicht.

Die schwedische Historikerin Susanne Dodillet ist international die beliebteste Kronzeugin der GegnerInnen eines abolitionistischen Ansatzes. In ihrer Doktorarbeit mit dem Titel „Ist Sex Arbeit?"[36], vertritt sie die Auffassung, dass prostituierte Frauen keine Opfer seien, sondern einer von ihnen gewünschten Tätigkeit nachgehen. Sie behauptet tatsachenwidrig, dass prostituierte Frauen und ihre Erfahrungen bei der Entwicklung der schwedischen Prostitutionspolitik nicht eingebunden worden seien.[37] Sie würden manipuliert und mit paternalistischen Methoden dazu gedrängt, gegen ihren ausdrücklichen Willen aus der Prostitution auszusteigen.

Während Dodillet in internationalen Meinungsbeiträgen eine vielzitierte Autorin ist, hat sie in Schweden von renommierten Forscherinnen und Forschern sehr viel Kritik für ihren unwissenschaftlichen Umgang mit Quellen erhalten und eine aufgeheizte Debatte ausgelöst. Vorgeworfen werden ihr eine selektive Auswahl von Zitaten, die sie verfälscht und in ihrer Aussage verdreht wiedergegeben habe.[38] Zwischenzeitlich drohte ihr deshalb sogar die Aberkennung ihres Doktortitels.

Eine weitere häufig aufgeführte Veröffentlichung ist eine Studie zum Gesetz in Nordirland.[39] Statt mit den betroffenen Frauen in der Prostitution zu sprechen, wurden neben zahlreichen anderen methodischen Schwächen für die deutlich tendenziösen Behauptungen als Datenquelle Aussagen von Profiteuren der Prostitution herangezogen.[40]

Notes:

(1) Cecilie Høigård und Liv Finstad: Seitenstraßen. Geld, Macht und Liebe oder der Mythos von der Prostitution, Rowohlt Taschenbuch Verlag: Reinbek bei Hamburg, 1987.

(2) Sven-Axel Månsson: The History and Rationale of Swedish Prostitution Policies, in: Dignity: A Journal on Sexual Exploitation and Violence, Vol. 2, Issue 4, Article 1, 2017.

(3) Kathrin Heinzl: Prostitution im Schweizer Strafrecht. Die Strafbarkeit von Prostituierten, Zuhältern und Freiern, Schultheiss Verlag: Zürich, 2016.

(4) Sven-Axel Månsson: Commercial Sexuality, in: Sex in Sweden: On the Swedish Sexual Life 1996, National Institute of Public Health, Sweden, 2000.

(5) Länsstyrelsen: Prostitutionen i Sverige. En omfattningskartläggning, Länsstyrelsen i Stockholms län 2015:10, 2015.

(6) 8 marts-initiativet, 2017, http://8marts.dk.

(7) Jari Kuosmanen: Tio år med lagen: Om förhållningssätt till och erfarenheter av prostitution i Sverige, in: Charlotta Holmström und May-Len Skilbrei: Prostitution i Norden, Nordiska Ministerradet: Kopenhagen, 2008.

(8) Sven-Axel Månsson: Commercial Sexuality, in: Sex in Sweden: On the Swedish Sexual Life 1996, National Institute of Public Health, Sweden, 2000.

(9) SOU 2010:49: Förbud mot kjöp av sexuell tjänst. En utvardering 1999-2008.

(10) Carl-Göran Svedin et al: Delrapport 1: Sälja och köpa sex I Sverige 2011. Förekomst hälsa och attityder, Socialstyrelsen, Stockholm: 2012.

(11) Sven-Axel Månsson: Commercial Sexuality, in: Sex in Sweden: On the Swedish Sexual Life 1996, National Institute of Public Health, Sweden, 2000.

(12) Andreas Kotsadam und Niklas Jakobsson: Shame on you, John! Laws, stigmatization, and the demand for sex, European Journal of Law and Economics, 37, 2012, S. 393-404.

(13) Melissa Farley, Mary Stewart und Kyle Smith: Attitudes towards Prostitution and Sexually Coercive Behaviours of Young Men at the University of Nevada at Reno, in: Melissa Farley: Prostitution and Trafficking in Nevada: Making the Connections, Prostitution Research and Education: San Francisco, 2007.

(14) Mary Sullivan: Making Sex Work: A Failed Experiment with Legalized Prostitution, Melbourne: Spinifex Press, 2007.

(15) SOU 1995:15: Könshandeln: Betänkande av 1993 års Prostitutionsutredning.

(16) Charlotta Holmström: Prostitution och människohandel for sexuella ändamal i Sverige: Omfattning, förekomst och kunskapsproduktion, in: Charlotta Holmström und May-Len Skilbrei: Prostitution i Norden, Nordiska Ministerradet: Kopenhagen, 2008.

(17) Marianne Tveit und May-Len Skilbrei: Kunnskap om prostitusjon og menneskehandel i Norge, in: Charlotta Holmström und May-Len Skilbrei: Prostitution i Norden, Nordiska Ministerradet: Kopenhagen, 2008.

(18) Ingeborg Rasmussen et al: Evaluering av forbudet mot kjøp av seksuelle tjenester, Vista Analyse, Rapport 2014/30, Oslo 2014.

(19) Charlotta Holmström und May-Len Skilbrei: Prostitution i Norden, Nordiska Ministerradet: Kopenhagen, 2008.

(20) National Criminal Investigation Department Sweden: Trafficking in Women: Situation Report No. 5, Rikspolisstyrelsen, 2003.

(21) Rikspolisstyrelsen: Lägesrapport 10: Människohandel för sexuella och ändra åndemal 2007-2008, Stockholm, 2009.

(22) SOU 2010:49: Förbud mot kjöp av sexuell tjänst. En ütvärdering 1999-2008.

(23) Evaluation de la loi du 13 avril 2016 visant à reinforcer la lutte contre le système prostitutionnell et à accompagner les personnes prostituées.

(24) Gunilla S. Ekberg et al, Brief: Swedish Laws, Policies and Interventions on Prostitution and Trafficking in Human Beings: A Comprehensive Overview (Stockholm, Schweden, 24.

Februar 2018.

(25) Carl-Göran Svedin et al: Prostitution i Sverige. Huvudrapport. Kartläggning och utvärdering av prostitutionsgruppernas insatser samt enfarenheter och attityder i befolkningen, Socialstyrelsen, Stockholm: 2012.

(26) Kjellgren, C. et al. (2012) Utvärdering av samtalsbehandling med säljare av sexuella tjänster [Evaluation of counselling with sellers' of sexual services], Delrapport 5ur Prostitutionen i Sverige. Lunds och Linköpings universitet.

(27) Dahlborg, K. & Hulusjö, A. (2010) Uppsökande arbete av prostitutionsgruppen [Social ooutreach work by the Prostitution Unit], FoU-rapport, Göteborg: Göteborg stad, Väst/GR 2008-2009.

(28) Grönvall, Y. & Holmström, C. (2016) Stödinsatser till kvinnor i prostitution eller som utsatts för människohandel för sexuella ändamål – En brukarvärdering av ett behandlingsprogram vid ett skyddat boende Malmö University: Faculty of Health and Society.

(29) Ulla Bjørndal: Farlige forbindelser, en rapport om volden kvinner i prostitusjon i Oslo utesettes for, Pro Sentret, Oslo: 2012.

(30) http://www.sexindustry-kills.de.

(31) Evaluation de la loi du 13 avril 2016 visant à reinforcer la lutte contre le système prostitutionnell et à accompagner les personnes prostituées.

(32) IPOL-FEMM: Sexual Exploitation and Prostitution and its impact on Gender Equality, 2014.

(33) Europäisches Parlament: Sexuelle Ausbeutung und Prostitution und ihre Auswirkungen auf die Gleichstellung der Geschlechter, Brüssel: 2014.

(34) Don Kulick: 400.000 perversa svenskar, in: Don Kulick (Hrsg.): Queersverige, Natur och Kultur: Stockholm, 2005.

(35) Petra Östergren: Porr, horror och feminister, Pocketförlaget: Stockholm, 2006.

(36) Susanne Dodillet: Är sex arbete? Svensk och tysk prostitutionspolitik sedan 1970 – talet, Vertigo förlag, Stockholm: 2009.

(37) Siehe hierzu das Kapitel zur historischen Genese des schwedischen Ansatzes.

(38) Sven-Axel Månsson: Gedanken über wissenschaftliche Glaubwürdigkeit nach der Lektüre von Susanne Dodillets Buch „Ist Sex Arbeit?", dokumentiert auf: www.abolition2014.de.

(39) Graham Ellison et al: A review of the criminalizaion of paying for sexual services in Northern Ireland, 2019.

(40) Anna Fisher und Luba Fein: Response to the Queen`s University Belfast review of the operation of Northen Ireland`s sex buyer law, 21. November 2019, www.nordicmodelnow.org.

5 Fragen an ... Kirsti Bergstø

Kirsti Bergstø ist eine Politikerin der norwegischen Linkspartei (Sosialistisk Venstreparti). Die Kinderpädagogin war von 2006 bis 2008 Vorstandsmitglied, bzw. Vorsitzende der Jugendorganisation Sosialistisk Ungdom (SU). Von 2010 bis 2012 war Kirsti Staatssekretärin im Kinder- und Gleichstellungsministerium in der Regierung Jens Stoltenberg II, von 2013 bis 2017 war sie Abgeordnete des nationalen Parlamentes. Seit 2017 ist sie die stellvertretende Vorsitzende ihrer Partei.

Liebe Kirsti, bitte erzähle uns etwas über die Prostitutionsdebatte in deiner Partei.

Die norwegische sozialistische Linkspartei (*Sosialistisk Venstreparti*, SV) ist eine feministische und sozialistische Partei, die auf eine radikale Umverteilung von Macht und Besitz hinarbeitet. Die SV setzt sich ein für eine Stärkung der Solidarität und Demokratie, zu Lasten der Marktkräfte. Sie betrachtet Klassendifferenzen und die Unterdrückung von Frauen als strukturelle gesellschaftliche Probleme. Das ist die wesentliche Ausgangsgrundlage, wenn es um eine Positionierung zur Freierkriminalisierung geht.

In der SV gibt es niemanden, der oder die sich für die Anerkennung von Prostitution als Beruf oder ein Resultat freier Wahl aussprechen würde. Mitglieder, die der Meinung sind, dass die Freier nicht kriminalisiert werden sollten, finden trotzdem, dass Prostitution bekämpft werden muss. Wie das am besten gehen kann, wurde auf zwei Parteitagen sehr hitzig diskutiert. Einmal auf dem 2005 in Kristiansand, und dann erneut 2007 in Akershus. Wir, die wir uns für die Freierkriminalisierung aussprechen, unterlagen 2005 mit ein paar wenigen Stimmen. 2007 gab es jedoch eine beträchtliche Mehrheit für unsere

Position, sowohl in Bezug auf die absoluten Für-Stimmen, als auch an entsprechenden Meinungsbeiträgen in der Debatte.

Es ist sehr schwierig, die Reise der SV mit dieser Resolution so zu schildern, dass alle in der Partei dies als fair anerkennen würden. Eine führende Politikerin unserer Partei, Inga Marte Thorkildsen, gehört zu denen, die sehr große Anstrengungen in die Klärung der Streitfrage investiert haben. Sie hat sehr beharrlich gegen die Freierkriminalisierung gekämpft. Sie und andere haben betont, dass das Gesetz den prostituierten Frauen das Leben erschwere und der Fokus stattdessen auf Ausstiegsstrategien und Unterstützung liegen müsse, kombiniert mit Aufklärungsarbeit, die sich an die Männer richte. Wir, die wir für die Gesetzgebung gekämpft haben, haben herausgestellt, dass dieses Gesetz in erster Linie die Nachfrage reduzieren wird. Wenn weniger Männer Prostitution nachfragen, müssen weniger Frauen ihre Körper verkaufen. Darüber hinaus sind die Schäden durch die Prostitution so schwerwiegend, dass es illegal sein muss, zu solchen Umständen beizutragen.

In der SV wurde die Forderung nach einer Freierkriminalisierung in erster Linie von der Jugendorganisation *Sosialistisk Ungdom* (SU), die Parteigliederung in Hordaland und die Frauenorganisation vorangetrieben. Neben der SU und der *Hordaland SV*, waren es vor allem Individuen, die sich zu dem Thema engagiert haben.

Wie bist du persönlich mit dem Thema Prostitution in Berührung gekommen?

Ich komme aus dem nördlichsten norwegischen Bezirk, der Finnmark, und ich war an den Kampagnen gegen die Freier, die unsere Community überfallen haben, um die nach dem Zusammenbruch der Sowjetunion über die Grenze gehandelten russischen Frauen zu kaufen, beteiligt. Die Menschen in Russland waren in einer sehr prekären, von Armut geprägten Situation, die Frauen dazu brachte, ihre Heimat und ihre Kinder zu verlassen, um ihre Körper an norwegische Männer zu verkaufen. Viele der Frauen, die in die Finnmark kamen, waren sehr jung und wurden von einem lokalen Zuhälter in Skiippagurra in Tana rekrutiert.

Es gibt weniger als 3.000 Einwohnerinnen und Einwohner in Tana, und es hat nicht lange gedauert, bis die Busladungen mit prostituieren Frauen aus Russland die gesamte Gemeinde dominierten – und sich Protest gegen die Freier und Zuhälter entwickelte. Das Problem lag darin, dass nach der gültigen Gesetzgebung der Einzige, der sich hier illegal betätigte, der Zuhälter war. Die Situation wurde von den nationalen Medien aufgegriffen, und bald kamen Männer von weit her, um bei uns Frauen zu kaufen. Tana hatte vermutlich noch nie so viele „Angel-Touristen" ohne Angel-Ausrüstung, wie am Ende der 1990er Jahre.

Wirtschaftsbosse, Politiker und Väter waren in den lokalen Bars mit einem russischen Mädchen an jedem Arm zu beobachten, und dies schadete ihrer gesellschaftlichen Reputation in keinster Weise. Sie behandelten auch die einheimischen Mädchen wie auf einer Fleischauktion, und alle russischen Frauen wurden als „Huren" betitelt. Russische Frauen in binationalen Ehen wurden Opfer von sexueller Belästigung und Beschimpfungen. Die Auswirkungen der Prostitution in dieser kleinen lokalen Gemeinde haben sehr tiefe Narben verursacht, die bis heute nicht richtig verheilt sind.

Es ist deshalb kein Zufall, dass sehr viele der Aktivistinnen und Aktivisten in den diversen Parteien und Organisationen aus dem Norden kamen. Das gilt auch für die SV. Die Erfahrungen in unserer Nachbarschaft mit Prostitution hatten uns deutlich gemacht, dass die herrschende Prostitutionspolitik geändert werden muss. So lange es legal war, den Zugang zum Köper eines Menschen zu erkaufen, musste man sehr viel Zeit investieren, um verständlich zu machen, dass Prostitution Gewalt gegen Frauen ist. Und auch dahingehend, dass Männer sich gegen diese Gewalt aussprechen, statt sie selbst auszuüben.

Gab es Versuche der politischen Einflussnahme, z. B. durch die BefürworterInnen der Sexindustrie?

Es ist kein Geheimnis, dass diejenigen, die die öffentliche Debatte geprägt haben, auch versucht haben, Einfluss auf verschiedene RepräsentantInnen der SV zu diesem Thema zu nehmen. Die Vorkämpferin der Kampagne gegen die Freierkriminalisierung war das *Pro Sentret*, geführt von Liv Jessen. *Pro Sentret* beschreibt sich selbst als das Nationale Kompetenzzentrum zu Prostitution und richtet sich sowohl an prostituierte Frauen als auch an Freier. Auf deren Webseite wirst du sowohl gefragt, ob du sexuelle Handlungen kaufst oder verkaufst, und alle sind zu einem kuschligen Gespräch eingeladen, egal, was auf dich zutrifft. Eine Thematisierung der Machtverhältnisse sucht man auf der Seite vergeblich. Im Gegenteil heißt es dort: *„ Unsere Kultur sagt, dass Sex und Liebe nicht für Geld gekauft werden können. Viele andere Länder haben eine weitaus pragmatischere Haltung zu dieser Frage als Norwegen. "*

Pro Sentret möchte das Stigma von der Prostitution los werden, aber nicht die Prostitution an sich. Das ist ein sehr problematischer Standpunkt, vor allem vor dem Hintergrund der Rolle der Organisation in der Debatte. Lange Zeit behauptete sie von sich, alleinig über Expertise zum Thema zu verfügen. Dies hatte drei entscheidende politische Konsequenzen:

1. Die Selbstdarstellung als nationales Kompetenzzentrum führte dazu, dass

sich fast alle, die sich zum Thema schlau machen wollen, an *Pro Sentret* wenden.

2. Alle, die eine andere Haltung zu Prostitution einnehmen, werden bezichtigt, prostituierte Frauen anzugreifen.

3. Alle finanziellen Ressourcen, die dafür gedacht sind, prostituierte Frauen beim Ausstieg zu unterstützen, gehen an *Pro Sentret.*

Der letzte Aspekt ist vermutlich der tragischste: Eine große Mehrheit in Norwegen wünscht sich, dass prostituierte Frauen Unterstützung für ein Leben ohne Prostitution erhalten. Es ist kritikwürdig, dass finanzielle Ressourcen, die für diesen Zweck vorgesehen sind, an eine Organisation gehen, die dieses Ziel überhaupt nicht teilt. Die ersten beiden Punkte liefern meiner Meinung nach die Erklärung, warum es so schrecklich lange gedauert hat, bis sich die Freierkriminalisierung durchgesetzt hat, auch was die SV betrifft. Eine Partei, die gegen Unterdrückung kämpft, darf nicht den Stimmen der Unterdrückten zuwiderhandeln. Wenn man annimmt, dass *Pro Sentret* für die prostituierten Frauen spricht, erscheint es logisch, deren Empfehlungen zu folgen.

Die Behauptung der Organisation, dass eine Freierkriminalisierung zu mehr Gewalt gegen die prostituierten Frauen führe, hat bei vielen Parteimitgliedern verfangen. Unter denen, die sich über *Pro Sentret* zum Thema informiert haben, war Inga Marie Thorkildsen. Sie hat als Mitglied der Parlamentskommission zu Gesundheit zahlreiche Nächte im Rotlichtbezirk verbracht und sich von RepräsentantInnen von *Pro Sentret* informieren lassen. Natürlich haben diese Argumente dann ein entsprechendes Gewicht.

Auch die Organisation PION tauchte bei unseren Parteitagen 2005 und 2007 auf. Sie haben sehr viel Zeit in Gespräche mit Delegierten aus verschiedenen Teilen des Landes investiert. Auf unseren Parteitagen gibt es immer viele Gäste, von zivilgesellschaftlichen Graswurzelorganisationen oder von Schwesterparteien aus anderen Ländern. Die werden von unserem Generalsekretariat eingeladen, sie halten Grußworte und erinnern uns daran, dass wir viele MitstreiterInnen im politischen Kampf haben. PION jedoch hatte sich selbst eingeladen.

Plötzlich war es für viele wichtig, dass Organisationen, die in keinster Weise unsere feministischen Grundwerte teilen, an unseren Debatten teilnehmen. Ich sag ja gar nicht, dass man nicht auch mit Organisationen und Individuen reden soll, die eine andere Meinung vertreten, aber ein gemeinsames Verständnis ist zentral, wenn man sich an anderen orientiert. Ich würde zum Beispiel für eine Revision des Gesetzes zur Kindesfürsorge eher Kinder im Fürsorgesystem und MitarbeiterInnen der Jugendämter zum politischen Gespräch einladen, und nicht etwa misshandelnde Eltern.

Welche Rolle hat in der Parteidebatte die Jugendorganisation gespielt, deren Vorsitzende du damals warst?

Die Sozialistische Jugend (SU) hat sich für die Freierkriminalisierung eingesetzt. Ich war von 2002 bis 2008 im Vorstand der SU, die letzten beiden Jahre als Vorsitzende. Die SU hat diese Position bereits 2000 übernommen und hatte schon seit 1998 diskutiert, wo es eine Mehrheit von nur einer Stimme für die Freierkriminalisierung gegeben hatte. Deshalb wurde das Thema im Jahr 2000 noch einmal auf der großen Jahreskonferenz diskutiert und ist seitdem Teil der feministischen Grundlagenbildung und Programm der SU. Viele SU-Mitglieder haben sich an der öffentlichen Debatte zum Thema beteiligt. Es wurden Zeitungsartikel verfasst, Aktionen durchgeführt, bei Veranstaltungen mitdiskutiert, und viele brachten das Thema in ihren regionalen Verbänden voran. Politische Schulungen und bewusste Fokussierung ermöglichten der SU, das Thema auf den Parteitagen der SV 2005 und 2007 zu platzieren.

Aufgrund der knappen Mehrheit gegen unsere Position im Jahr 2005 haben wir das Thema 2007 erneut aufgebracht. Inzwischen hatte auch die Hauptstadt einen kleinen Eindruck von den Verhältnissen in Skiippagurra bekommen. Es wurde von vielen wahrgenommen, als die Prostitution migrantischer prostituierter Frauen auf Oslos Hauptstraße, der Karl Johans Gate, explodierte. Vorher hatte die Prostitution in Seitenstraßen stattgefunden und jetzt kam sie dort zum Vorschein, wo Touristinnen und Touristen einen ersten Eindruck von unserem Land bekommen. Da die meisten prostituierten Frauen aus Nigeria kamen, waren sie außerdem sehr sichtbar. Die Prostitution nahm auch spürbar in Trondheim, Bergen und Stavanger zu. Deshalb lohnte es, die Freierkriminalisierung vor dieser neuen Realität noch einmal zu diskutieren. Auch andere Organisationen positionierten sich jetzt, und nur kurz vor dem Parteitag sprach sich auch die Polizei für eine neue Gesetzgebung aus.

Wie kam es dann schließlich zu einer Positionierung für die Freierkriminalisierung?

Die Kampagne für die Freierkriminalisierung war eine besondere Herausforderung, denn anders als bei anderen politischen Fragen war es weniger offensichtlich, wer welche Haltung hatte. Klar war, dass die Leute die Frage nicht auf einer Rechts-Links-Achse definierten. Die SU hat systematisch auf ein Bündnis mit jenen hingearbeitet, die unsere Ideen geteilt haben und deren Meinungen in der Partei von Gewicht sind. Das Thema wurde vorab des Parteitags in den einzelnen Regionen diskutiert. Für den Parteitag animierten wir so viele wie möglich, sich dort für die Freierkriminalisierung auszusprechen. Die Argumente drehten sich vor allem um Prostitution als Gewalt gegen Frauen und die von ihr ausgelösten, gut dokumentierten physischen und psychischen Schäden. Deshalb muss man die Resolution im Zusammenhang mit der SV-Kampagne gegen Gewalt an Frauen sehen. Eine Gesellschaft kann nicht gleichberechtigt sein, solange Männer sich Zugang zu Frauenkörpern kaufen können.

Wir, die wir uns für die Freierkriminalisierung aussprachen, dominierten die Debatte auf dem Parteitag 2007. Ich glaubte den Kampf trotzdem verloren, als die Parteivorsitzende Kristin Halvorsen die Debatte u. a. dergestalt zusammenfasste, dass die Freierkriminalisierung sehr umstritten sei. Sie sprach von Gesprächen mit prostituierten Frauen und deren Angst vor der Polizei. Ich erinnere mich, dass sie etwas sagte wie *„Wir können keine politische Resolution unterstützen, die den prostituierten Frauen das Leben noch schwerer macht."* Kristin ist eine sehr gute Rednerin und erreicht oft die Herzen der Menschen. Auch brachte sie einen Punkt auf, der die Leute verunsicherte: die unterschiedlichen Meinungen zu der Effizienz der schwedischen Gesetzgebung.

Die Freude war unermesslich, als die Auszählung der Stimmen deine deutliche Mehrheit für die Freierkriminalisierung ergab. Das Statement war sehr deutlich, sowohl in Bezug auf die Machtverhältnisse, nach denen die Freier verantwortlich sind, als auch in Bezug auf die Maßnahmen, die prostituierten Frauen Perspektiven ermöglichen sollen. Von 2005 bis 2013 war die SV in einer Regierungskoalition mit den Sozialdemokraten und der Zentrums-Partei. Als die SV 2007 beschloss, die Freierkriminalisierung zu unterstützen, war das deshalb nicht nur eine Positionierung einer feministischen Partei. Es ging auch um die Frage der nationalen Politikgestaltung.

Feministisch, antirassistisch, antikapitalistisch: Wie eine globale Graswurzel an Einfluss gewinnt[1]

Das schwedische Gesetz von 1999 hat Aktivistinnen und Aktivisten in verschiedenen Ländern inspiriert. Nach 1999 wurde der wachsende Einfluss der Prostitutionslobby in Europa abgeschwächt, wenn nicht sogar gestoppt. Und der Effekt ging über Europa hinaus. Vor der Verabschiedung des Gesetzes dachten die meisten Menschen, dass Prostitution unvermeidbar und es nur eine Frage der Zeit sei, bevor es die deutschen und niederländischen Rahmenbedingungen überall geben würde. Die Prostitutionslobby schritt voran, und wir bewegten uns rückwärts – langsam, natürlich, aber wir waren dennoch auf dem Rückzug. Durch das schwedische Gesetz ging unsere Seite gestärkt hervor und schreitet voran. Mit dem Gesetz gegen das Freiertum hat Schweden demonstriert, dass die Entwicklung der Sexindustrie keinesfalls unvermeidbar ist, dass die Gesellschaft hier eingreifen und die Kontrolle übernehmen kann, und dass es bei Prostitution darum geht wie Frauen angesehen werden und wohin sich die Gesellschaft entwickelt. Um es auf den Punkt zu bringen, es geht um Geschlechtergleichheit.

Asta Håland und Ane Stø[2]

Paternalistinnen! Staatsfetischistinnen! Moralistinnen! Das sind die Keulen, die gegen jene geschwungen werden, denen es daran gelegen ist, den Fokus von den prostituierten Frauen (und anderen) auf die Freier zu lenken und endlich die Nachfrageseite in den Blick zu nehmen. Dabei handelt es sich um erbärmliche Versuche, eine erstarkende Bewegung zu diskreditieren. Die abolitionistische Bewegung ist eine wachsende internationale und (radikal)feministische Bewegung. Abolitionistinnen und Abolitionisten sind nicht der Meinung, dass Prostitution schön gemacht oder sie mit einem Öko-Gütesiegel versehen werden kann, sondern, dass es keine Alternative zur

Abschaffung des Systems Prostitution geben darf. Diese Überzeugung eint sie über alle Ländergrenzen hinweg. Die Kommunikationsmöglichkeiten des 21. Jahrhunderts ermöglichen heute den sekundenschnellen Austausch von Informationen und eine grenzenlose globale Vernetzung. Starke Netzwerke bilden sich zwischen Betroffenen und AktivistInnen aller Kontinente. Diese internationale Solidarität ist die stärkste Waffe im Kampf gegen die institutionalisierte sexuelle Ausbeutung von Frauen und Mädchen.

Trotz der langen abolitionistischen Tradition der feministischen Bewegung, die an die Anti-Sklaverei-Bewegung des 18. und 19. Jahrhunderts anknüpfte, mit der der sie die Überzeugung teilt, dass kein Mensch zur Ware werden sollte, ist diese Position keine exklusiv feministische. Die *Vereinten Nationen* verabschiedeten im Jahr 1949 die *Konvention zur Unterbindung des Menschenhandels und der Ausnutzung der Prostitution anderer* und stellten fest, dass *„Prostitution und das sie begleitende Übel des Menschenhandels zum Zwecke der Prostitution mit der Würde und dem Wert der menschlichen Person unvereinbar sind"*. Diese Konvention wurde von der Bundesrepublik Deutschland bis heute nicht ratifiziert. Im Jahr 1979 stellte eine UN-Frauenrechtskonvention fest, dass Prostitution Gewalt gegen Frauen bedeutet, eine Sichtweise, die noch einmal in der *Erklärung von Peking* im Jahr 1995, sowie im *Palermo-Protokoll* im Jahr 2000 bekräftigt wurde.

Im Folgenden wird die Entwicklung in verschiedenen Ländern genauer dargestellt.

Deutschland

Wie wir gesehen haben, hat der Abolitionismus in Deutschland eine lange Tradition. Nachdem 1875, aufbauend auf der Arbeit von Josephine Butler in

England, in Genf die *Fédération Abolitionniste Internationale* (FAI) gegründet worden war, setzten sich Feministinnen wie Anna Pappritz, Katharina Scheven, Anita Augspurg, Lida Gustava Heymann oder Minna Cauer auch in Deutschland für die Abschaffung der Prostitution ein.

Auch für die so genannte zweite Welle des Feminismus waren Prostitution und insbesondere Pornographie zentrale Kampffelder. Publizistisch war EMMA über viele Jahre das einzige Medium, das überhaupt Kritik am System der Prostitution übte. In der neueren Geschichte waren jedoch nur noch vereinzelte prostitutionskritische Stimmen in Deutschland zu vernehmen. So wurde im Jahr 2005 beispielsweise im hessischen Marburg eine BürgerInneninitiative gegen den Bau eines Großbordells gegründet, die bis heute aktiv ist. Die Ordensschwester Schwester Lea Ackermann, die 1985 in Kenia das Frauenprojekt SOLWODI (*Solidarity with women in distress - Solidarität mit Frauen in der Not*) gründete, stellte nach ihrer Rückkehr nach Deutschland fest, dass auch hier ein großer Beratungs- und Aufklärungsbedarf besteht. Neben 34 Beratungsstellen In Kenia unterhält die Organisation heute mehr als 18 Anlauf- und Beratungsstellen auch in Deutschland sowie Schutzwohnungen für Menschenhandelsopfer oder Opfer anderer Gewalt gegen Frauen. Aus einem AIDS-Präventionsprojekt ging 2004 der Plauener Verein KARO e.V. hervor, der sich insbesondere sehr stark am tschechischen Straßenstrich engagiert: Hier erkaufen sich sehr viele deutsche Männer im deutsch-tschechischen Grenzgebiet Zugang zu Frauen und Kindern.

Eine politische Bewegung entstand erst wieder vor wenigen Jahren: Im Jahr 2013 gründete sich *Abolition 2014*, ein Zusammenschluss von Aktivistinnen aus Prostitution, Feminismus, Sozialarbeit, Wissenschaft, Politik (vor allem aus dem rot-rot-grünen Spektrum) und Journalismus. 2014 wurde auf einem Netzwerktreffen in München das breite und stetig wachsende Bündnis *Stop*

Sexkauf aus der Taufe gehoben. Die größte Frauen-NGO in Deutschland *Terre des Femmes* schlug ebenfalls 2014 einen Kurswechsel in Sachen Prostitution ein und engagiert sich seitdem für das Nordische Modell. Ein Appell von TraumatherapeutInnen gegen Prostitution wurde veröffentlicht, den führende Traumatherapeutinnen und Traumatherapeuten in Deutschland unterzeichneten, darunter Michaela Huber, die Vorsitzende der *Deutschen Gesellschaft für Trauma und Dissoziation* (DGTD). Der Appell stieß weltweit auf große Beachtung. Lokale Gruppen wie die der Gießener Aktivistinnen *ALARM – Gegen Sexkauf und Menschenhandel* oder die sehr aktive Berliner Gruppe des Vereins *Sisters e.V.* sorgen mit zahlreichen Veranstaltungen, Aktionen und in den sozialen Medien für eine größere Aufmerksamkeit auf das Thema. Außerdem formieren sich unter dem Dach des Vereins *Gemeinsam gegen Menschenhandel* zahlreiche Initiativen und Organisationen aus dem meist (jedoch nicht ausschließlich) christlichen Spektrum. Im Januar 2018 schließlich gründete Huschke Mau mit dem *Netzwerk ELLA* eine Interessenvertretung für Frauen in der Prostitution.

Während noch 2013 kaum jemand etwas mit dem Begriff „Abolitionismus" anfangen konnte und das Nordische Modell in Deutschland noch so gut wie unbekannt war, dreht sich die Stimmung seither merklich zugunsten einer abolitionistischen Haltung in der Gesellschaft und auch in der Politik. Bereits 2016 wurde ein Parteinetzwerk mit den Namen *LINKE für eine Welt ohne Prostitution* in der Partei DIE LINKE gegründet, dessen Aufruf u. a. auch zwei Bundestagsabgeordnete, der Vorsitzende der Europäischen Linkspartei und zahlreiche kommunale MandatsträgerInnen unterzeichnet haben. Ein entsprechendes Pendant der SPD wurde 2020 aus der Taufe gehoben. Bereits 2019 hatten sich die *Bundesarbeitsgemeinschaft sozialdemokratischer Frauen* (AsF), sowie der Landesverband Baden-Württemberg unter seiner Landesvorsitzenden und MdB Leni Breymeier für den Abolitionismus positioniert. 2020 folgte die Frauenunion der CDU. Im Zuge der Corona-Pandemie wandten sich 16 Bundestagsabgeordnete, darunter die CDU-Abgeordnete Elisabeth Winkelmeyer-Becker und der SPD-Gesundheitsexperte Karl Lauterbach, in einem Brief an die MinisterpräsidentInnen und forderten, die Bordelle auch nach überstandener Krise nicht wieder zu eröffnen, die Freier zu bestrafen und die Frauen in der Prostitution zu unterstützen.

Der Stein rollt in Kanada ...

Innerhalb und außerhalb der EU schließen sich immer mehr Länder dem nordischen Erfolgsmodell an, Debatten sind in Gang gekommen. Kanada hat beispielsweise 2014 den nordischen Ansatz der Freierbestrafung unter dem konservativen Premierminister Stephen Harper in der *Bill 36* implementiert – gegen die Stimmen der Sozialdemokraten und Liberalen. Leider handelt es sich nur um eine Light-Version des Nordischen Modells, denn insbesondere der Unterstützung der Frauen in der Prostitution - dem wichtigsten Punkt - wurde nur sehr wenig Bedeutung beigemessen. Dennoch: Die Verabschiedung der *Bill 36* ist auch in Kanada zurückzuführen auf den Kampf der Graswurzelbewegung aus Frauenorganisationen, Frauenhäusern und Überlebendenorganisationen, die von politisch linken Gruppen unterstützt wurden. Eine bemerkenswerte Rolle spielte in Kanada auch die indigene Frauenbewegung, zum Beispiel die *Native Women's Association of Canada*.

... in Frankreich ...

Die abolitionistische Graswurzel-Bewegung hat auch in Frankreich eine lange Tradition und wurde vor allem von der politischen Linken getragen. Vor dem Zweiten Weltkrieg war die Situation jedoch auch in Frankreich von

Regulierung geprägt. Die Stimmung drehte sich aufgrund der deutschen Besatzung und der Einrichtung von Kriegsbordellen durch die Nationalsozialisten, sodass nach 1945 Bordelle verboten wurden. Prostitution und Freiertum blieben zwar legal, es wurden jedoch starke Gesetze gegen Zuhälterei und Menschenhandel erlassen.

Bereits der Bericht von Dinak Derrick (Sozialistische Partei) 2006 in der französischen Nationalversammlung sprach sich für die Implementierung des schwedischen Ansatzes in Frankreich aus. Bekräftigt wurde diese Empfehlung durch einen 373-seitigen Bericht der Sozialistin Danielle Bousquet und des Gaullisten Guy Geoffroy. Unter dem konservativen Premier Nikolas Sarkozy wurden erstmalig mit einem Gesetz wichtige Grundlagen dafür geschaffen, gegen die Freier vorgehen zu können. Der Wortlaut des Gesetzes, das der Bekämpfung der Prostitution dienen sollte, ließ jedoch offen, ob Freier oder prostituierte Frauen bestraft werden sollten. In der Praxis wurde es häufig gegen die prostituierten Frauen angewendet. Während die Pro-Prostitutions-Lobby die öffentliche Meinung lange bestimmte, konzentrierten sich die AbolitionistInnen, die sich unter dem Dach des Bündnisses *Abolition 2012* vereinten, auf Social-Media-Kampagnen und Lobbyarbeit in die Politik hinein.

Ein wichtiger Meinungswandel wurde erreicht, als Abgeordnete aller Fraktionen nach Schweden reisten und sich dort vor Ort ein Bild über die Situation und die Umsetzung des schwedischen Ansatzes machten. Ein Höhepunkt der abolitionistischen Kampagne in Frankreich war die *Marche de l'abolition de la prostitution* der Prostitutionsüberlebenden Rosen Hicher. Rosen, die 22 Jahre in der Prostitution gewesen war, startete am 3. September 2014 in Saintes (wo sie zuletzt prostituiert wurde) an der französischen Westküste einen 800 km langen Fußmarsch nach Paris. Dort wurde sie von der

Staatssekretärin für Frauenrechte Pascale Boistard und einem Dutzend Prostitutionsüberlebender sowie zahlreichen Aktivistinnen von *Abolition 2012* empfangen. Zu mehreren Hunderten marschierten sie das letzte Stück zur Rue du Coliseé, wo Rosens Prostitutionsgeschichte in einer Bar ihren Anfang genommen hatte. Auf ihrem Marsch hatte Rosen mit PassantInnen gesprochen, kommunale PolitikerInnen getroffen und unermüdlich für ihre Botschaft geworben.

Als am 4. Dezember 2013 in der Asemblée Nationale die Beschlussfassung über das Gesetz anstand, stimmten zehn Abgeordnete der französischen Linkspartei *Parti de Gauche* dafür, die übrigen beiden enthielten sich. Das Gesetz wurde ansonsten mit einem Großteil der Stimmen der *Parti Socialiste* und gegen den Großteil der Stimmen der *Les Republicains*, der Grünen, der Liberalen und des Linken Zentrums angenommen, jedoch erst in zweiter Lesung am 6. April 2016 endgültig beschlossen – nach mehreren Runden durch den Senat, der die Freierkriminalisierung wieder aus dem Gesetz hatte kegeln wollen. Die Endfassung des Gesetzes kann in Bezug auf die Sprache und die beschlossenen Maßnahmen als vorbildlich gelten.

... in Israel ...

In Israel gehören mehr als 50 % der Frauen in der Prostitution der russischsprachigen Minderheit an. Auch hier war wieder einmal vor allem die linke Partei in der Knesset die stärkste Befürworterin der Einführung des Nordischen Modells. Sehr erfolgreich war die Kampagne der Aktivistin Tali Koral, die mit *When he pays* („Wenn er bezahlt") die Freier wörtlich zitierte und deren frauenverachtende Statements somit in die Öffentlichkeit brachte. Vorbild hierfür war das *Invisible Men Project* in Kanada, von dem es auch eine französische und deutsche Variante (*Die Unsichtbaren Männer*) gibt. Tali

Koral entwickelte die Idee jedoch weiter und kombinierte sie mit einem Pendant mit dem Titel *When he pays me* („Wenn er mich bezahlt"), bei der die Sichtweise der prostituierten Frauen in ähnlicher Weise dokumentiert wurde.

2008 unternahm die Meretz-Abgeordnete Zehava Galon einen ersten, noch erfolglosen Vorstoß für die Implementierung eines entsprechenden Gesetzes. Da die politische Linke jedoch keine Mehrheit für das Anliegen hinter sich vereinen konnte, entschloss sich ein breites Bündnis im Jahr 2013 durch öffentliche Aufklärung und Ansprache von Politikerinnen und Politikern aller Parteien, die Strategie zu ändern. Bereits im Jahr 2015 unterstützten 54 % der israelischen Bevölkerung Maßnahmen gegen Freier, davon 42 % in Form einer konkreten Kriminalisierung. Das Nordische Modell trat schließlich am 10. Juli 2020 in Israel in Kraft – als Erfolg einer fast 30-jährigen Mobilisierung.

… und im Rest der Welt

Bereits 2015 trat ein vom Nordischen Modell inspirierter Ansatz (*Clause 6*) in Nordirland in Kraft. Ein breites Netzwerk mit dem Namen *Nordic Model Now!* hatte einen großen Anteil an diesem Erfolg. Ihm zufolge liegen die großen Schwächen in der Praxis derzeit noch darin, dass es nach wie vor an Schutz und Unterstützung mangelt und die Ermittlungsbehörden die Freierkriminalisierung nicht entschieden durchsetzen. Deshalb wandte man sich im November 2019 mit einem Brandbrief an die Medien[3], der die zuständigen staatlichen Ebenen aufforderte, geltendes Gesetz umzusetzen: In den ersten drei Jahren nach Einführung wurden gerade einmal 15 Verhaftungen vorgenommen und genau zwei Freier verurteilt.

Im Februar 2017 wurde die Republik Irland, wo prostituierte Frauen zuvor kriminalisiert worden waren, abolitionistisch. Dort hatte die beachtenswerte

Kampagne *Turn off the Red Light*, die von mehr als 200 NGOs unterstützt wurde, schon zwei Jahre lang kurz vor dem endgültigen Erfolg in der Dáil Éireann, der irischen Nationalversammlung, gestanden. Zweifelsohne hatte auch das beeindruckende Buch der irischen Prostitutionsüberlebenden Rachel Moran („Was vom Menschen übrig bleibt") einen nennenswerten Einfluss auf die gesellschaftliche und politische Haltung zur Prostitution in Irland.

Die Gewerkschaft SIPTU kommentierte die Beschlussfassung so:

SIPTU gehört seit langer Zeit zu den Unterstützenden der Kampagne. ... Es entspricht der SIPTU Position, dass es der beste Weg ist, bei der Nachfrage anzusetzen und den Kauf sexueller Handlungen unter Strafe zu stellen, um sexuelle Ausbeutung zu beenden und gleichzeitig jene zu unterstützen, die am gefährdetsten für diese Ausbeutung sind. Wir lehnen die Auffassung ab, dass Menschenhändler, Zuhälter oder andere Kriminelle in der Sexindustrie jemals ArbeitnehmerInnenrechte respektieren werden. ... Wir begrüßen die Verabschiedung dieses wichtigen Gesetzes und es erfüllt uns mit Stolz, dass Irland dem internationalen Trend folgt, jene zu verfolgen, die die Gewalt aufrechterhalten.

Die Graswurzel wächst weiter

Unzählige Regierungen auf allen Kontinenten diskutieren heute über die Einführung des abolitionistischen Prostitutionsmodells. Dem Druck der Bewegung ist kaum Stand zu halten. Vielleicht folgt als nächstes Schottland, wo im März 2017 die linksliberale *Scottish National Party* (SNP), die derzeit im schottischen Parlament die Regierung bildet, auf ihrer Frühjahrskonferenz einen Beschluss für den schwedischen Ansatz fasste. Wohin der Weg in Großbritannien insgesamt führt, ist derzeit noch ungewiss. Jedoch fand im

Sommer 2016 eine beeindruckende Konferenz im britischen Parlament statt, zu der zwölf Aktivistinnen von *SPACE International* aus acht verschiedenen Ländern eingeflogen wurden und ihre Stellungnahmen abgeben konnten.

An dieser Stelle können nicht all die zahlreichen weltweiten Initiativen aufgezählt werden, obwohl so viel zu sagen wäre über die tapferen Aktivistinnen und Aktivisten in Südkorea, Japan, Mexiko, Argentinien, in Kuba, Australien oder anderen Ländern. Jedoch soll mit drei weiteren Beispielen das Bild der globalen Anstrengungen erweitert werden.

Die südafrikanische Aktivistin Nozizwe Madlala-Routledge kämpft mit ihrer Frauenrechtsorganisation *Embrace Dignity* gegen die sexuelle Ausbeutung von Mädchen und Frauen und für Geschlechtergleichheit. Sie versprüht dabei einen ansteckenden Optimismus. Lebhaft erinnert sie sich noch, wie sie und ihre MitstreiterInnen im Kampf gegen das Apartheids-System den Slogan „end apartheid in our lifetime" (B"eenden wir die Apartheid im Laufe unserer Leben") verwendeten und dabei nicht glaubten, dass sie das Ende der Apartheid in Südafrika tatsächlich noch selbst miterleben würden. Und doch: Der Traum wurde wahr. Nozizwe ist deshalb fest davon überzeugt: Wenn es gelang, die Apartheid zu beenden, dann ist es mit vereinten Kräften auch möglich, dem System der Prostitution ein Ende zu setzen.

Ghada Yaman Jabhour ist Mitbegründerin der NGO KAFA (arabisch für „genug!") im Libanon. KAFA weist auf die immer größer werdende Ausbeutung von Frauen in der libanesischen Prostitution hin. Die prostituierten Frauen sind im Libanon noch kriminalisiert, aber Ghada stellt fest: *„Zum allerersten Mal werden prostituierte Frauen im Libanon nicht mehr als Straftäterinnen festgenommen, sondern als Opfer sexueller Ausbeutung anerkannt"*- ein erster Erfolg abolitionistischer Bestrebungen.

Seit mehr als 25 Jahren kämpft die indische Aktivistin Ruchira Gupta mit der von ihr gegründeten NGO *Apne Aap Women Worldwide* für die Abschaffung der sexuellen Ausbeutung. Als Journalistin und politische Aktivistin gewann sie zahlreiche internationale Preise und war an der Erstellung einer Vielzahl von Dokumentationen beteiligt. Sie ist überzeugt:

Natürlich brauchen wir bessere Gesetze, um jene zu bestrafen, die Frauen vergewaltigen, sie kaufen und verkaufen, aber wir brauchen auch ein neues Bewusstsein für junge Männer und junge Frauen. Die Botschaft an Mädchen ist, sexueller Gewalt entgegenzutreten. Und die Botschaft für Jungs ist es, nicht zu dominieren, sondern Sex zu haben, der die Kriterien der Gleichheit und Partizipation erfüllt. Wir wollen Gleichheit erotisieren und nicht Dominanz.

Fazit

Dieser Streifzug durch die geographische Landschaft zeigt deutlich: Gleich wo auf diesem Erdball, es sind die gleichen AkteurInnen – Prostitutionsüberlebende und Menschenhandelsopfer, Feministinnen, AntirassistInnen, Anti-Gewalt-AktivistInnen und (meistens) AktivistInnen der politischen Linken, die ausgehend von unterschiedlichen politischen Ausgangsbedingungen den gleichen Kampf gegen das sexistische, rassistische und klassistische System der Prostitution, gemeinsam, solidarisch und mit extrem viel persönlichem Engagement führen. Eine wichtige Stütze der Bewegung sind die Expertisen aus Sozialarbeit, Psychologie und Psychotherapie, der Sozialwissenschaft und den Menschenrechtsprofessionen. Sie alle leisten einen bedeutenden Beitrag zur Aufklärung über die Schäden der Prostitution für Individuum und Gesellschaft.

Während die deutsche Bundesregierung sich noch an das hiesige Liberalisierungsmodell klammert, ist es insbesondere für die politische Linke in Deutschland an der Zeit, sich zu fragen, auf welcher Seite sie stehen will – auf der Seite der Ausbeuter oder der Seite der Unterdrückten?

Teil der internationalen Bewegung gegen Prostitution zu sein und sich tagtäglich mit den erschütternden Auswüchsen einer globalen kapitalistischen und gefühllosen Milliarden-Euro-Industrie auseinanderzusetzen, ist nicht immer einfach. Und auch nicht immer ungefährlich. Eine Alternative gibt es jedoch nicht. Die kleinen und großen Erfolge, der unerschütterliche Zusammenhalt und das sichere Gefühl, auf der richtigen Seite der Geschichte zu stehen, lassen die AktivistInnen weiter kämpfen, bis das Ziel einer Welt ohne Prostitution erreicht ist.

Notes:
(1) Dieser Text ist eine Überarbeitung und Aktualisierung meines Beitrages aus dem Buch Katharina Sass (Hrsg.): Mythos Sexarbeit, PapyRossa Verlag, Köln 2017.
(2) Asta Håland und Ane Stø: A Grassroots Story, in: Trine Rogg Korsvik und Ane Stø: The Nordic Model, Feminist Group Ottar 2013.
(3) Nordic Model Now: Northern Ireland is failing to implement Clause 6 legislation, November 21 2019.

5 Fragen an ... Per-Anders Sunesson

Per-Anders Sunesson ist Jurist mit einer langjährigen Expertise für soziale und kriminologische Themen und war von 2016 – 2020 schwedischer Sonderbotschafter für die Bekämpfung des Menschenhandels. Das Interview wurde während seiner Amtszeit geführt.

Beschreibe bitte die Position, die du seit 2016 innehast und das damit verbundene Mandat. Was ist der Ansatz der schwedischen Außenpolitik in Bezug auf Prostitution und Menschenhandel?

Mein Name ist Pers-Anders Sunesson, und ich arbeite für das schwedische Außenministerium als Sonderbotschafter für die Bekämpfung des Menschenhandels. Mein Mandat umfasst alle Formen des Menschenhandels, aber ich konzentriere mich vor allem auf den Menschenhandel zur sexuellen Ausbeutung sowie dessen Verbindung zur Prostitution. Diese Funktion – Sonderbotschafter für die Bekämpfung des Menschenhandels – wurde im Mai 2016, als ich von der schwedischen Regierung berufen wurde, neu geschaffen.

Es gab verschiedene Gründe für die Entscheidung, eine thematisch so gelagerte Funktion zu schaffen. Ein wichtiger Grund war die wachsende Sorge der schwedischen Regierung über die globale Zunahme von Menschenhandel zur sexuellen Ausbeutung. Immer mehr Menschen werden Opfer von Menschenhandel, und diese Art von Verbrechen hat eine starke Geschlechterdimension – die meisten der Opfer sind Mädchen und Frauen, die in die sexuelle Ausbeutung gehandelt werden. Die jetzige schwedische Regierung und ihre Vorgängerin haben seit vielen Jahren einen starken Fokus auf den Menschenrechten und der Geschlechtergleichberechtigung. Die amtierende Regierung beschreibt sich selbst als die erste feministische Regierung der Welt und Geschlechtergleichberechtigung gehört zu ihren

Prioritäten – bezüglich Entscheidungsfindungen und die Verteilung der finanziellen Mittel. Das allumfassende Ziel für alle politischen Entscheidungen, sowohl national wie auch international, ist, dass Männer und Frauen zu gleichen Anteilen die Gesellschaft und ihr eigenes Leben gestalten können müssen.

Ein weiterer Grund für einen thematischen Sonderbotschafter gegen Menschenhandel ist die Auffassung, dass Schweden etwas Wichtiges international teilen kann, und zwar: der schwedische Erfolg bei der Prävention von Menschenhandel zur sexuellen Ausbeutung durch die sinkende Nachfrage nach Frauen und Mädchen, um sie sexuell auszubeuten. Es gab verschiedene Maßnahmen, die Schweden ergriffen hat, um die Nachfrage nach sexueller Ausbeutung zu senken. Die bekannteste ist die Einführung der Freierkriminalisierung im Januar 1999.

Der schwedische außenpolitische Ansatz in Bezug auf Prostitution und Menschenhandel ist, dass wir – als globale Gemeinschaft –, niemals erfolgreich den Menschenhandel bekämpfen können, solange es in manchen Ländern legal ist für sexuelle Handlungen zu bezahlen.

Am 8. März 2019 haben Schweden und Frankreich die Vereinbarung zu einer gemeinsamen Diplomatie in Bezug auf Menschenhandel und Prostitution geschlossen. Im Wortlaut:

Menschenhandel ist eine schwerwiegende Menschenrechtsverletzung, bei der die Mehrheit der entdeckten Opfer Frauen und Mädchen sind. Die meisten von ihnen werden in die sexuelle Ausbeutung gehandelt. Die Gesamtzahl der Opfer hat gleichzeitig mit dem beispiellosen Anstieg irregulärer Migration und Vertreibungen, insbesondere infolge bewaffneter Konflikte, Verfolgung oder

Menschenrechtsverletzungen, drastisch zugenommen. Krieg, mangelnde ökonomische Möglichkeiten, Diskriminierung und geschlechtsspezifische Gewalt setzen schutzbedürftige Personen weiter dem Missbrauch aus, insbesondere in Situationen, in denen die Erosion der Rechtsstaatlichkeit es Menschenhändlern ermöglicht, ungestraft zu handeln.

Frankreich und Schweden verpflichten sich, umfassende behördenübergreifende Strategien und Aktionspläne in ihren eigenen Ländern zu fördern, um die Herausforderung des Menschenhandels anzugehen und die internationale Zusammenarbeit in diesem Bereich auszubauen. Die beiden Regierungen bekräftigen ihre Absicht, die internationale Sensibilisierungsinitiative „Blue Heart" zur Bekämpfung des Menschenhandels und seiner Auswirkungen auf die Gesellschaft zu unterstützen und alle anderen Staaten zum Beitritt zu ermutigen.

Das Hauptaugenmerk unserer gemeinsamen Strategie wird auf der Notwendigkeit liegen, die Nachfrage nach Mädchen und Frauen in der Prostitution in Europa und weltweit zu verringern. Der Grund dafür ist der klare Zusammenhang zwischen Menschenhandel zur sexuellen Ausbeutung und Prostitution. Ein Zusammenhang, der in zahlreichen Studien gut belegt und vom Europäischen Parlament in seiner Entschließung (2013/2103 (INI)) zu sexueller Ausbeutung und Prostitution und ihren Auswirkungen auf die Gleichstellung der Geschlechter hervorgehoben wurde. Der Handel mit sexueller Ausbeutung wird fortdauern, solange eine Nachfrage nach Mädchen und Frauen in der Prostitution besteht. Daher wird der Fokus auf die Reduzierung der Nachfrage eine wichtige Maßnahme zur Bekämpfung des Menschenhandels zur sexuellen Ausbeutung, zur Bekämpfung von Gewalt gegen Frauen und Kinder und zur Verbesserung der Gleichstellung der Geschlechter sein.

Frankreich und Schweden haben eine klare Position gegen die Normalisierung der Prostitution als Arbeit eingenommen. Wir sind der Ansicht, dass Prostitution immer als Ausnutzung der Vulnerabilität eines Menschen wahrgenommen werden sollte - daher sollte Prostitution niemals als ein Job betrachtet werden. Prostitution als legale „Sexarbeit" anzusehen, die Sexindustrie im Allgemeinen zu entkriminalisieren und die Förderung der Prostitution zu legalisieren, ist keine Lösung, um Frauen und Kinder in gefährdeten Situationen vor Gewalt und Ausbeutung zu schützen, sondern hat den gegenteiligen Effekt und setzt sie einem höheren Grad von Gewalt aus, während gleichzeitig die Prostitutionsmärkte - und damit die Zahl der missbrauchten Frauen und Kinder – in ihrem Wachsen gefördert werden.

Frankreich und Schweden haben, wie mehrere andere Länder, Gesetze eingeführt, in denen der Kauf sexueller Handlungen eine Straftat darstellt und nicht die sexuellen Handlungen einer prostituierten Person. Stattdessen wird der Person in der Prostitution Unterstützung beim Ausstieg angeboten. Diese Art von Gesetzgebung, die sich auf den Freier konzentriert, hat sich sowohl für die Verringerung der Nachfrage als auch für die Verringerung der Prostitution als wirksam erwiesen. Die Ergebnisse in Schweden, wo die Gesetzgebung seit zwanzig Jahren in Kraft ist, sind sehr positiv. Die Nachfrage ist erheblich zurückgegangen, es gibt nur wenige Menschen in der Prostitution, und Schweden gilt als ein Markt von geringem Interesse für den Handel mit sexueller Ausbeutung. Im Jahr 2016 wurde in Frankreich eine Verordnung erlassen, die der schwedischen Gesetzgebung ähnelt und die Kriminalisierung des Kaufs von sexuellen Handlungen, die vollständige Entkriminalisierung von Personen in der Prostitution und die Schaffung einer landesweiten Politik für den Ausstieg, den Schutz und die Unterstützung von Opfern der Prostitution, Zuhälterei, Beschaffung und Menschenhandel vorsieht. Die französische

Regierung ist fest davon überzeugt, dass sich diese Gesetzgebung in Frankreich als ebenso wirksam erweisen wird wie in Schweden.

Alle Länder der Welt haben vereinbart, alles zu tun, um die Ziele der Agenda 2030 für eine nachhaltige Entwicklung zu erreichen. Mehrere Ziele zielen auf Menschenhandel, Gleichstellung der Geschlechter, sexuelle Ausbeutung und Gewalt gegen Frauen und Kinder. Unsere beiden Länder sind davon überzeugt, dass die Kriminalisierung des Kaufs von sexuellen Handlungen ein sehr wichtiger Schritt zur Erreichung dieser Ziele wäre. Wir werden diese Agenda daher in den Vordergrund unserer gemeinsamen Anstrengungen bei der Bekämpfung des Menschenhandels zur sexuellen Ausbeutung in Europa und weltweit stellen.

Margot Wallström – Außenministerin
Jean-Yves Le Drian – Minister für Europa und Außenpolitik

Was waren die ersten Erfahrungen, die du nach deiner Ernennung gemacht hast?

Meine ersten Erfahrungen als Sonderbotschafter zur Bekämpfung des Menschenhandels habe ich bei meinem ersten Auslandsaufenthalt in dieser Funktion gemacht. Ich wurde als Redner zu einem hochrangigen Treffen mit allen OSZE-Mitgliedstaaten zum Thema Menschenhandel nach Wien eingeladen. Ich hielt eine sehr leidenschaftliche Rede über den Zusammenhang zwischen Menschenhandel zur sexuellen Ausbeutung und Prostitution und der Notwendigkeit, die Nachfrage in den Blick zu nehmen.

Nach meiner Rede gab es eine Kaffeepause. Niemand kam, um mit mir zu reden - alle mieden mich. Es war offensichtlich, dass die Menschen irritiert waren, weil ich über Prostitution und die Tatsache sprach, dass legale Prostitution eine wachsende Nachfrage nach sexueller Ausbeutung von Frauen hervorruft - eine Nachfrage, von der Menschenhändler profitieren.

Auf einer Konferenz vor kurzem in Bonn hast du erwähnt, dass du in der Zwischenzeit einige interessante Entwicklungen auf internationaler Ebene beobachten konntest. Könntest du das ausführen? Und welches Land wird deiner Meinung nach als Nächstes den schwedischen Weg einschlagen?

Ich habe immer den Zusammenhang zwischen Menschenhandel zur sexuellen Ausbeutung und Prostitution hervorgehoben und während meiner ersten zweieinhalb Amtsjahre sehr selten ein echtes Interesse von anderen Regierungen erhalten, eine eingehende Diskussion zu diesem Thema zu führen. Es war offensichtlich, dass das Thema aufgrund unterschiedlicher Ansichten darüber, ob Prostitution als Arbeit anerkannt werden kann oder nicht, sehr heikel war.

Das hat sich jetzt wirklich geändert - heute ist es bei internationalen Treffen in Ordnung, ziemlich offen über den Zusammenhang zwischen Menschenhandel und Prostitution zu sprechen. Ich habe an mehreren Treffen teilgenommen, bei denen Regierungsvertreter von Ländern, in denen es legal ist, Prositution zu nutzen vor allen Teilnehmern der Konferenz offen gesagt haben, dass die Gesetzgebung zur Prostitution in ihrem Land gescheitert ist und dass es offensichtlich ist, dass die meisten Frauen, die in ihrem Land in der Prostitution sind, dazu gezwungen sind.

Ich vermute, dass Schottland das nächste Land sein wird, das das Nordische Modell übernimmt, und dann England. Ich hoffe aufrichtig, dass Deutschland und Spanien kurz darauf folgen werden.

Du sprachst auch über neue gesetzgeberische Maßnahmen, die in Schweden in Bezug auf die Kriminalisierung der Freier geplant sind. Was genau ist in dieser Hinsicht zu erwarten?

Die schwedische Regierung hat erklärt, dass sie das Strafgesetzbuch in Bezug auf die Strafe für den Kauf von sexuellen Handlungen so ändern wird, dass eine Inhaftierung obligatorisch ist. Dafür gibt es Unterstützung durch das schwedische Parlament.

Was sind deiner Meinung nach die größten globalen Herausforderungen bei der Beseitigung der sexuellen Ausbeutung von Frauen und Mädchen?

Ich denke, es gibt zwei große globale Herausforderungen. Erstens: Der Handel mit Frauen und Mädchen beruht auf dem Geschlecht und geschlechtsspezifischer Diskriminierung, geschlechtsspezifischer struktureller Ungleichheit und der Feminisierung der Armut. Bezeichnenderweise gehören Frauen und Mädchen, die am anfälligsten für Menschenhandel sind, marginalisierten Gruppen an, deren Lebenserfahrung von schwerwiegendem Rechtsentzug geprägt ist. Dazu gehören: Frauen und Mädchen, die in ländlichen und abgelegenen Gebieten leben, indigene und ethnische Minderheiten, Menschen mit Behinderungen, ohne unsicheren Migrationsstatus sowie Vertriebene, Staatenlose oder von Staatenlosigkeit Bedrohte, Geflüchtete, Asylsuchende (einschließlich derer, deren Anträge abgelehnt wurden), Menschen, die in Konflikt- oder Postkonfliktsituationen leben oder aus diesen stammen; und für Mädchen ohne Fürsorge oder in alternativer Fürsorge.

Diese Gruppen sind häufig sozialer, politischer und wirtschaftlicher Ausgrenzung ausgesetzt, da sie verarmt, ungebildet oder untergebildet, nicht registriert oder ohne Papiere, arbeitslos oder unterbeschäftigt sind, die Last der Haushalts- und Kinderbetreuungspflichten tragen und nur eingeschränkten Zugang zu staatlichen Leistungen, Schutz und Unterstützung haben, und solche, die intime Partnerschafts- und Häusliche Gewalt, Missbrauch und Vernachlässigung in ihrem familiären Umfeld, in Pflegeeinrichtungen oder unter Kinder- und Zwangsheirat oder Entbehrungen aufgrund von Witwenschaft erfahren haben. Diese Situationen können durch den Erwerb einer Beeinträchtigung oder einer schweren Krankheit infolge von Menschenhandel einschließlich sexueller Ausbeutung verschlimmert werden.

Zweitens: die Nachfrage als Grundursache. Die Nichtanerkennung der Nachfrage wird als eines der Hindernisse für Staaten bei der Bekämpfung des Menschenhandels anerkannt. Die Nachfrage im Zusammenhang mit Menschenhandel ist häufig von dem Wunsch nach finanziellem Gewinn, diskriminierenden Einstellungen einschließlich kultureller Einstellungen und Überzeugungen geprägt. Frauen werden für bestimmte Formen der Ausbeutung bevorzugt, weil sie als schwach wahrgenommen werden und es für sie weniger wahrscheinlich ist, sich behaupten oder die Rechte, auf die sie Anspruch haben, geltend machen zu können. Bestimmte ethnische Gruppen können aufgrund rassistischer oder kulturell diskriminierender Vorurteile, die sich beispielsweise auf ihre Sexualität, ihre Unterwürfigkeit oder ihre Arbeitsfähigkeit beziehen, gezielt ausgebeutet werden.

Die Notwendigkeit, die Nachfrage nach Menschenhandel zur sexuellen Ausbeutung in den Blick zu nehmen, ist besonders vordringlich. Die sexuelle Ausbeutung bleibt bestehen, da die Vertragsstaaten die Nachfrage, die die Ausbeutung fördert und zum Menschenhandel führt, nicht wirksam eindämmen. Anhaltende Vorstellungen und Stereotype in Bezug auf männliche Dominanz, patriarchale Geschlechterrollen, männliche sexuelle Ansprüche und Gesetze, die es legal machen, Zugang zu Frauenkörpern zu kaufen (legale Prostitution), treiben die Nachfrage nach sexueller Ausbeutung von Frauen und Mädchen. Die Notwendigkeit, die Nachfrage, die sexuelle Ausbeutung füttert, in den Blick zu nehmen, ist im Kontext der digitalen Technologie, die potenzielle Opfer einem erhöhten Risiko des Menschenhandels aussetzt, ebenso wichtig.

Auch im Zusammenhang mit Arbeitsausbeutung als Form des Menschenhandels bleibt die Nachfrage aufgrund eines unzureichenden regulatorischen Umfelds bestehen. Wo Arbeitnehmerinnen und Arbeitnehmer organisiert sind und wo Arbeitsnormen für Löhne, Arbeitszeiten und -bedingungen sowie Gesundheit und Sicherheit überwacht und durchgesetzt werden, wo wirtschaftliche und soziale Rechte angemessen umgesetzt werden, ist die Nachfrage nach Arbeitskräften oder Dienstleistungen von gehandelten Menschen deutlich geringer.

Umsetzbare Elemente des Nordischen Modells unter Legalisierungsbedingungen

Prostitution ist Gewalt gegen Frauen ... es ist die schlimmste Form von Gewalt gegen Frauen, denn du wirst von den Freiern misshandelt, von den Zuhältern, und von der Polizei. Die gesamte Gesellschaft kehrt dir den Rücken zu. Prostitution ist ein Verbrechen, dass Frauen von Männern angetan wird. ... Es ist nicht weniger als die Kommerzialisierung der sexuellen Gewalt und Ungleichheit, die Frauen in der traditionellen Familie erleiden, und sie kann auch nichts anderes sein. ... Die Gesetze werden von Männern gemacht und Männer wollen Frauen in der Prostitution halten, weil sie sie kontrollieren wollen, also ist das, was Prostitution ändern könnte, sie nicht zu legalisieren, sondern sie zu beenden und zu stoppen.

WHISPER[1]

Wie bereits festgestellt wurde, zählt die Bundesrepublik Deutschland (noch!) nicht zu jenen fortschrittlichen Staaten, die dem Beispiel der nordischen Länder und der Empfehlung von Europaparlament und Europarat folgen. Nichtsdestotrotz bietet die mit dem Prostituiertenschutzgesetz (ProstSchG) verbundene personelle und finanzielle Ausstattung der Kommunen lokale Ansatzmöglichkeiten zur Umsetzung von Elementen des Nordischen Modells auf der kommunalen Ebene.

Hierzu wurde in Zusammenarbeit mit dem *Netzwerk ELLA*, der Interessenvertretung von Frauen aus und in der Prostitution, ein entsprechendes Konzept entwickelt,[2] beruhend auf der Expertise jahrelanger wissenschaftlicher Forschung und zivilgesellschaftlichen Engagements gegen die infolge der durch die Prostitution ausgelösten Schäden an Individuum und Gesellschaft.

Denn: Ziel muss es auch unter den jetzigen gesetzlichen Bedingungen sein, den Schutz und die Hilfe für Frauen (sowie transindente Menschen und Männer) in der Prostitution sicherzustellen. Allen muss das Recht auf Schutz vor Gewalt und Traumatisierung, Gesundheit und Schutz der Menschenwürde zuteilwerden. Das Recht auf Schutz vor Gewalt folgt nicht zuletzt aus der UN-Frauenrechtskonvention CEDAW und der UN-Konvention zum Menschenhandel.

Wie an anderer Stelle ausgeführt, ist Prostitution nicht nur schädlich für jene in der Prostitution, sondern wirkt negativ auf die gesamte Gesellschaft und steht generell der Gleichberechtigung der Geschlechter entgegen. Demnach ist es wichtig, alle Anstrengungen zu unternnehmen, auf der einen Seite Frauen (und andere) in der Prostitution zu schützen und zu unterstützen, auf der anderen Seite jedoch auch den Prostitutionsmarkt so weit wie möglich einzuschränken, die Profitmöglichkeiten für Dritte zumindest zu reduzieren und aktiv auf die Vision einer Gesellschaft ohne Prostitution hinzuwirken.

In Zeiten leerer öffentlicher Kassen ist es mitunter schwierig, kostenintensive Maßnahmen politisch zu rechtfertigen. Deshalb ist eine Umsetzung der vorgeschlagenen Maßnahmen auch in einem Stufenmodell denkbar. Wichtig ist es jedoch, allen Säulen des Nordischen Modells einen gleichrangigen Stellenwert einzuräumen, da es einer Gesamtstrategie bedarf, um eine echte und nachhaltige Veränderung zu erreichen.

Nicht vergessen werden darf bei einer volkswirtschaftlichen Betrachtungsweise, dass Investitionen auf der einen Seite gerade in diesem Bereich dazu bcitragen können, Ausgaben, die aus einem Nichthandeln zwangsläufig resultieren, präventiv zu begegnen.

Säule 1: Unterstützung prostituierter Frauen (und anderer in der Prostitution tätigen Personen)

Der Schutz von Mädchen und Frauen vor Gewalt ist vor dem Hintergrund der Ratifizierung der sogenannten „Istanbul"-Konvention dringlicher denn je. Wie die empirischen Befunde, die an anderer Stelle in diesem Buch beleuchtet werden, zeigen, ist die Gewaltprävalenz bei Frauen in der Prostitution besonders hoch und dies sowohl vor dem Hintergrund ihrer Prostitutionsentscheidung, als auch als Konsequenz ihrer Tätigkeit in der Prostitution.

Deshalb ist es dringend erforderlich, die bestehenden Gesetze möglichst repressionsfrei für die Betroffenen umzusetzen, was beinhaltet, dass entsprechende Initiativen in Richtung der jeweiligen Länder unternommen werden, die darauf abzielen, auf die Erhebung von Gebühren bei den prostituierten Frauen zu verzichten, wie dies zum Beispiel in Nordrhein-Westfalen der Fall ist. Die entstehenden Verwaltungsgebühren können ohne Weiteres auf Seiten der Betreiber bei der Konzessionierung von Prostitutionsstätten erhoben werden (dazu unten mehr).

Bei der Besetzung von Stellen sollte darauf geachtet werden, dass alle, die mit Betroffenen in Kontakt kommen, über gute soziale Kompetenzen und Empathiefähigkeit verfügen. Alle Akteurinnen und Akteure der Verwaltung und der entsprechenden Behörden, die im Feld der Prostitution ebenfalls mit Betroffenen in Kontakt kommen (Polizei, Ordnungsbehörde, Finanzamt, Sprachmittlerinnen, NGOs, …), sollten tiefgängig geschult werden. Es empfiehlt sich, den genannten Personenkreis in einem lokalen oder regionalen „Runden Tisch" zu organisieren. Zentrale Haltung aller Beteiligten muss es sein, dass die prostituierten Frauen (und andere) nicht für ihre Tätigkeit verurteilt oder abgewertet werden, gleichzeitig jedoch auch die Prostitution nicht als „Beruf wie jeder andere" oder als „Sexarbeit" verklärt wird.

Das Verhängen von Bußgeldern gegenüber prostituierten Frauen, zum Beispiel im Sperrbezirk, stellt oft ein Ausstiegshindernis dar und sorgt dafür, dass Frauen gezwungen werden, sich weiter oder mehr zu prostituieren, denn wenn sie die Bußgelder nicht begleichen können, wird eine Ersatzfreiheitsstrafe verhängt. So musste beispielsweise eine 31 Jahre alte Frau wegen „verbotener Prostitution" 333 Tage in der JVA Traunstein einsitzen.[3]

Eine Aufhebung von Sperrbezirken und Ausweitung von Toleranzzonen an sich ist nicht ratsam, da überall dort, wo Prostitution stattfindet, alle Frauen einem nachweisbar höheren Risiko ausgesetzt sind, sexuell belästigt zu werden.[4] Mädchen und Frauen ist es deshalb generell nicht zumutbar, dass gewerblich betriebene Prostitutionsstätten in ihrem Wohnumfeld vorhanden sind.

Von zentraler Bedeutung ist eine lokale Infrastruktur, die ein Angebot an niedrigschwelliger und institutionalisierter Unterstützung für die Betroffenen bereit hält. Die Gebietskörperschaften können diese Angebote selbst bereitstellen, oder freie Träger zur Wahrnehmung dieser Aufgaben entsprechend finanziell unterstützen. Oft ist es möglich, den Personenkreis an existierende Angebote anzudocken.

Wichtig ist hierbei auch ein akzeptierender Ansatz gegenüber den prostituierten Frauen (und anderen), jedoch ein kritischer Ansatz gegenüber der Prostitution an sich. Denn wie zahlreiche Aussteigerinnen berichten, fühlen sich Betroffene oft nicht von den wenigen existierenden

Beratungsstellen verstanden oder haben das Gefühl, dass die Komplexität ihrer Lebenssituation nicht verstanden wird.

Nach dem Vorbild des Angebots der schwedischen NGO *Talita* sollte die Gebietskörperschaft ähnliche Programme fördern, ggf. auch in Zusammenarbeit mit anderen Kommunen in regionalen Kompetenzzentren. Wichtig ist es in jedem Fall, u. a. Schutzwohnungen für die von Menschenhandel betroffenen Frauen vorzuhalten, den Zugang zu traumatherapeutischen Angeboten sicherzustellen, Ausstiegsprogramme unter Entwicklung von individuellen Erwerbsalternativen anzubieten, Sprachmittlerinnen bei den Pflichtberatungen einzusetzen und Verhandlungen mit Krankenkassen zu führen in Bezug auf das Angebot bezahlbarer Krankenversicherungstarife, die keinen Aufschlag für die Tätigkeit in der Prostitution beinhalten.

Da geschätzt mehr als 90 % der Frauen in der Prostitution nicht krankenversichert sind, jedoch sehr häufig schwerwiegende gesundheitliche Probleme[5] haben, bedarf es eines Angebotes zur freiwilligen und kostenlosen medizinischen Versorgung für all jene, die dennoch über keinen ausreichenden Krankenversicherungsschutz verfügen. Dies beinhaltet der Tätigkeit entsprechend auch die Notwendigkeit einer gynäkologischen Behandlungsmöglichkeit.

Säule 2: Aktive Eindämmung der Nachfrage nach Prostitution

Bezüglich der Freier ergeben sich zahlreiche Interventionsmöglichkeiten, wenngleich das Ziel der Eindämmung der Nachfrage natürlich in einem krassen Widerspruch steht zu einer Politik, die Männern signalisiert, dass es ok ist, Frauen zu kaufen und sie zu benutzen.

Dennoch könnte ein Einstieg in die Freierkriminalisierung darin bestehen, bei Missachtung der Regelungen bezüglich der Sperrbezirksgebiete, statt den prostituierten Frauen (siehe oben), den Freiern das entsprechende Bußgeld aufzuerlegen, und zwar am besten eines, das finanziell weh tut. § 184 f Strafgesetzbuch regelt darüber hinaus nicht explizit, welche Person in der Transaktion sanktioniert werden soll. Notwendig sind hier also kommunale Regelungen wie zum Beispiel in der Stadt Aachen.[6] Indem entsprechende Bußgelder nicht vor Ort entrichtet werden können, sondern per Brief nach Hause zugestellt werden, kann der Druck auf die Freier erhöht werden, auf eine Prostitutionsnutzung zu verzichten.

Eine Verpflichtung von Freiern an so genannten „John Schools" (Freierschulen) teilzunehmen, in denen sie sich u. a. mit betroffenen Frauen auseinandersetzen müssen, ist in Deutschland aktuell nicht möglich. Der Schaffung entsprechender freiwilliger Angebote, z. B. in Kooperation mit freien Trägern, steht jedoch nichts entgegen. Diese gäben den Freiern die Möglichkeit, sich mit ihrer fehlgeleiteten Sexualität und den Konsequenzen ihrer Prostitutionsnutzung auseinanderzusetzen. Eine Information über solche Programme könnte z. B. gleichzeitig mit den oben genannten Bußgeldbescheiden erfolgen. Entsprechende Programme in Schweden (KAST) werden gut angenommen.[7]

Da der Werbung für Prostitution und Prostitutionsstätten eine erhebliche Bedeutung zukommt, sind Kommunen gut beraten, die Gewährung freiwilliger, kommunaler Mittel an einen Ethik-Kodex zu koppeln, der für die Leistungsempfangenden eine positive Bezugnahme auf Prostitution ausschließt. Eine Kooperation mit lokalen Gewerben sollte unterbleiben, wenn solche Unternehmen offen oder verdeckt mit der Sexindustrie kooperieren (z. B. keine Zimmer für Referentinnen oder Referenten (oder andere) in Hotels buchen, wo Flyer für Prostitutionsstätten ausliegen; Gäste nicht in Taxis transportieren, die Bordellwerbung tragen; …).

Säule 3: Einschränkung des Profits an Prostitution

Der Betrieb von Prostitutionsstätten ist ohne organisierte Kriminalität nicht zu haben. Auch jene „Geschäftsmänner", die sich seit vielen Jahren mit blütenweißer Weste in den Medien präsentieren, haben oder hatten oft entsprechende Anklagen gegen sich laufen und/oder wurden einschlägig verurteilt. Eine nicht alphabetisierte Frau aus einem rumänischen Armen-Ghetto wird ohne die Unterstützung Dritter weder auf die Idee kommen, in der deutschen Prostitution tätig zu werden, noch kann sie den Weg in die deutsche Prostitutionsstätte ohne die Unterstützung Dritter bewerkstelligen. Studien zeigen, dass die Prostitution vielmehr in der Regel durch Profiteurinnen und Profiteure der Prostitution aktiv an diese Frauen herangetragen wird.[8]

Viele Prostitutionsstätten sind in der Hand von wenigen. Es hat bereits vor der Neuregelung im Jahr 2017 eine Monopolisierung des Marktes gegeben, die sich vermutlich mit dem Wegfall vieler nicht-genehmigungsfähiger und zuvor illegal betriebener Prostitutionsstätten im Sperrbezirk verstärken wird. Kommunen müssen in Deutschland jedoch ab einer bestimmten EinwohnerInnen-Zahl so genannte Toleranzzonen für Prostitution freigeben und den Vorgaben des Prostitutiertenschutzgesetzes entsprechend Prostitutionsstätten genehmigen. Aufgabe der Kommunen muss es deshalb sein, es den Betreibern so schwer wie möglich zu machen, illegal existierende Prostitutionsstätten in den Sperrbezirken schnellstmöglich zu schließen und insgesamt so konsequent wie möglich Genehmigungen zu versagen. Zu verhindern gilt es, z. B. unter Nutzung von Baurecht, dass ganze Bordellviertel entstehen.

Darüber hinaus versuchen viele Betreiber mit kreativen Lösungen die Regelungen des ProstSchG zum Verbot von „Gang Bang" (Verlagerung in Swinger-Clubs unter Nutzung prostituierter Frauen) und „Flatrate" (Angebot gegen „Sex Coins") zu unterlaufen. Hiergegen sollte ebenfalls konsequent vorgegangen werden, unter Androhung des Entzugs ggf. bereits erteilter Genehmigungen. Die Aufstellung von Prostitutionsstätten in Form von Wohnmobilen sollte grundsätzlich untersagt werden, da diese eindeutig die Vorgaben des Gesetzes nach Schutz, Hygiene und Arbeitsstättenverordnung nicht erfüllen.

§ 184 f Strafgesetzbuch (Verbotene Prostitution) kann im Übrigen auch gegen jene eingesetzt werden, die wissentlich Wohn- oder Gewerbeflächen zur Nutzung von Prostitution vermieten. Die Ordnungsbehörden können hier Fristen zur Beendigung des Zustandes setzen, nach deren Ablauf Bußgelder verhängt oder Strafanzeigen gestellt werden können.

Das ProstSchG sieht ein umfassendes Werbeverbot für ungeschützten Geschlechtsverkehr, entgeltlichen Geschlechtsverkehr mit Schwangeren sowie Werbung, die die Entwicklung von Kindern und Jugendlichen beeinträchtigen kann, vor. Demnach können die Ordnungsbehörden einschreiten bei jeglicher (und nach wie vor verbreiteter) Werbung für „alles ohne", „tabulos", „katholisch", etc. in ihrer Gebietskörperschaft, auch dann, wenn im Internet dafür geworben wird.

Offensichtliche Bewerbung von Prostitution im öffentlichen Raum ist, da sie auch für Kinder und Jugendliche sichtbar ist, nicht genehmigungsfähig.

Demnach sollten Kommunen entsprechende Klauseln in ihren Werbeverträgen festhalten und Baugenehmigungen für die Werbung auf Privatgrundstücken immer nur unter dem Vorbehalt des Ausschlusses für Werbung für Prostitution erteilen.[9]

Säule 4: Aufklärung über Prostitution

Eine wichtige Säule des Nordischen Ansatzes ist es, in die gesamte Gesellschaft hineinzuwirken, gut über Prostitution und ihre Auswirkungen aufzuklären und eine breite Sensibilisierung für die Thematik zu erreichen. Hierbei kommt den kommunalen Frauen- und Gleichstellungsbeauftragten eine zentrale Funktion zu: Sie können Gespräche mit lokalen MedienvertreterInnen führen und so einer häufig verbreiteten euphemisierenden Sprache in Bezug auf Prostitution („Sexarbeit", „Liebesdienerin", „Liebesdame", „käufliche Liebe", „Freudenhaus", …) entgegenwirken.

Auch die Bebilderung von Artikeln ist häufig voyeuristisch und arbeitet entweder mit klischeehaften Darstellungen von prostituierten Frauen (nackt oder halbnackt) oder Herz-Symbolen. Medien können einen großen Beitrag beim Mentalitätswandel leisten, wenn sie diese sprachlichen und visuellen Bilder aus den Köpfen der Gesellschaft verdrängen. Auch kann es im Gespräch gelingen, Lokalmedien zu einer kritischen Berichterstattung zu gewinnen, mit der gängige Prostitutionsmythen dekonstruiert werden. Hierzu können geeignete GesprächspartnerInnen vermittelt werden.

Kommunen können darüber hinaus eigene lokale Informationskampagnen planen oder sich landes- oder bundesweiten Kampagnen anschließen, zum einen mit der Zielrichtung der Aufklärung über die Folgen für die gesamte

Gesellschaft, zum anderen gegen die Prostitutionsnutzung an sich. Darüber hinaus können lokale Unternehmen für eine Kampagne gegen sexuelle Ausbeutung gewonnen und mit einem Label ausgezeichnet werden. Hotels müssten dafür zum Beispiel auf die Auslage von Flyern für Prostitutionsstätten und in den Zimmern auf das Angebot von Pornokanälen verzichten. Den zertifizierten Unternehmen könnte einheitliches Informationsmaterial zum Auslegen und für ihre Webseiten zur Verfügung gestellt werden. Mit solchen Bekenntnissen könnten Unternehmen wichtige und gut wahrnehmbare Impulse in die Gesellschaft aussenden. Außerdem erhielten Unternehmen so die Möglichkeit, mit einer ethisch verantwortungsvollen Unternehmenspolitik um Kundinnen und Kunden zu werben.

Informationsveranstaltungen sind ein altbewährtes Mittel, um zur gesellschaftlichen Meinungsbildung beizutragen. Hierfür bieten sich bestimmte Daten im Jahr besonders an: der *Internationale Frauentag* (8. März), der *Internationale Tag „Nein zu Prostitution"* (5. Oktober), der *Internationale Tag zur Beseitigung von Gewalt an Frauen* (25. November). Selbstverständlich ist auch jeder andere Tag geeignet, um die gesellschaftliche Diskussion zu Prostitution zu führen. Gebietskörperschaften können solchen Veranstaltungen ein Gewicht geben, indem sie öffentliche Gebäude für Veranstaltungen, Ausstellungen, etc. zur Verfügung stellen.[10]

Säule 5: Prävention

Die Weichen sowohl für eine spätere Tätigkeit in der Prostitution als auch für eine spätere Prostitutionsnutzung werden bereits sehr früh gelegt. Mädchen müssen von klein auf lernen, dass Gewalt niemals ein Zeichen von Zuneigung und Liebe ist. In diesem Zusammenhang empfiehlt sich u. a. die finanzielle Förderung feministischer Mädchenarbeit. Es gilt mit dem Mythos, dass „Jungs eben so sind", zu brechen und sexistischem und übergriffigem Verhalten von Jungs von vornherein entschieden pädagogisch zu begegnen. Sexuelle Gewalt gegen Mädchen und Frauen beruht auf der Sozialisation und ist kein angeborenes männliches Verhalten.

Kooperationen mit Schulen können deshalb ein wichtiger Beitrag sein, um eine breite Masse von Kindern und Jugendlichen zu erreichen und präventiv Prostitution entgegenzuwirken. Im Unterricht kann sowohl über Pornographie, „Sexting" als auch die „Loverboy"-Methode aufgeklärt werden. Kommunen können bei Schulen anregen, dass diese Themen an den Schulen bearbeitet werden und entsprechende Organisationen und Initiativen mit einem pädagogischen Ansatz vermitteln. Das beliebte Abi-Motto „Nutten und Zuhälter" sollte nicht weiter zugelassen werden.

Da die Mehrheit der Mädchen und Frauen in der Prostitution aus dysfunktionalen Familienverhältnissen kommt, in denen emotionale, körperliche, und/oder sexuelle Gewalt an der Tagesordnung sind, benötigen betroffene Mädchen, Angehörige, ÄrztInnen, ErzieherInnen, LehrerInnen und andere eine Ansprechstelle, die bei Verdacht auf Gewalthintergrund, egal ob in der Familie oder durch den ersten Freund, Sexting (Erpressung über Nacktbilder im Internet) etc. Schritte einleiten kann. Dies können Stellen sein, die vor Ort bereits als Fachpersonen etabliert sind, wie zum Beispiel der Kinderschutzbund, eine Mädchenzuflucht, etc.

Der Kulturindustrie, insbesondere der Musik, kommt eine bedeutende Rolle bei der Sozialisation sexistischer Einstellungen zu. Dass Kultureinrichtungen ihr Programm möglichst frei und ohne Einmischung gestalten können, ist in einer demokratischen Gesellschaft von großer Bedeutung. Nichtsdestotrotz sollte die kommunale Finanzierung von Kultureinrichtungen und

Kulturveranstaltungen ausschließen, dass Sexismus und Prostitutionsverherrlichung eine Plattform geboten wird. Das betrifft sowohl Konzertveranstaltungen, Preisverleihungen oder kommunal (mit)finanzierte Filmfestivals und dergleichen.

Notes:

(1) WHISPER: Prostitution. A matter of violence against women. Video, Minneapolis, 1988.

(2) Manuela Schon: Konzept zur Implementierung von Elementen des „Nordischen Modells" auf kommunaler Ebene. Betroffene unterstützen – Prostitutionsnachfrage effektiv eindämmen, aufrufbar unter http://www.manuela-schon.de.

(3) Abendzeitung München: Drei Haftbefehle. Verbotene Prostitution: Frau muss fast ein Jahr ins Gefängnis, 20.03.2017.

(4) Nicole Kalms: Schadet doch keinem? „Amüsiermeilen für Erwachsene" machen Städte für Frauen bedrohlicher, 9.8.2017, in deutscher Übersetzung auf www.abolition2014.de.

(5) Ärztliche Stellungnahmen im Rahmen der Anhörung zum Prostituiertenschutzgesetz im Deutschen Bundestag, siehe: www.abolition2014.de.

(6) WDR: Aachen geht gegen illegale Prostitution vor, 11. Juli 2019.

(7) Sveriges Radio: Sex buyers seek help to stop, 2. Februar 2012.

(8) European Roma Rights Centre: Breaking the Silence. Trafficking in Romani Communities, 19. Mai 2011.

(9) Siehe auch: Sebastian Klingenberg: Privatgrundstücke: Ist Plakatwerbung am Zaun erlaubt?, Juraforum, 17. Mai 2017.

(10) https://en.wikipedia.org/wiki/International_Day_of_No_Prostitution.

5 Fragen an ... Saskia Veit-Prang

Saskia Veit-Prang ist als Kommunale Frauenbeauftragte Ansprechpartnerin für frauenrelevante Fragen und Geschlechter-Aspekte in der hessischen Landeshauptstadt Wiesbaden. Gemeinsam mit ihrem Team initiiert und entwickelt sie Maßnahmen, die zur Verbesserung der Lebensperspektiven von Frauen und Mädchen beitragen, so zum Beispiel eine ämter- und behördenübergreifende „AG Prostitution".

Liebe Saskia, welche Erfahrungen hast Du in deiner langen Zeit als Kommunale Frauenbeauftrage der Landeshauptstadt Wiesbaden mit dem Thema Prostitution sammeln können? Und kannst du beschreiben, wie sich die Situation der Prostitution in Wiesbaden vor der Einführung des Prostituiertenschutzgesetzes dargestellt hat?

Da ich meine Beamtenlaufbahn in der Wiesbadener Stadtverwaltung bereits 1985 begann und auch in früheren dienstlichen Aufgabengebieten mit Prostitution in Wiesbaden konfrontiert wurde, reicht meine Erfahrung weiter als die Zeit meiner aktuellen Tätigkeit zurück. Insbesondere in der Zeit der vielfältigen Ost-Erweiterungen der Europäischen Union nach dem Jahr 2000 war ich in der Ausländerbehörde tätig, sodass ich die hieraus resultierenden massiven Veränderungen hinsichtlich der Herkunft der prostituierten Frauen und die Veränderung des gesamten Marktes aus erster Hand mit verfolgen konnte. Waren es in Wiesbaden bis dahin neben deutschen Frauen auch regelmäßig Afrikanerinnen im laufenden oder abgelehnten Asylverfahren oder Asiatinnen, so veränderte sich die Situation hier entsprechend der Entwicklungen der europäischen Freizügigkeit rasant und nachhaltig.

Diese veränderten rechtlichen Voraussetzungen boten ein riesiges Feld an bislang ungeahnten Möglichkeiten. Rasant bildeten sich völlig ungehemmt zu den bislang existierenden zusätzliche neue Strukturen, die sich unaufhörlich weiterentwickelten und perfektionierten. In der Folge führte dies sehr schnell zu einem Verdrängungsprozess, einem massiven Preisverfall und einem konsequenten dauerhaften Rückzug deutscher ortsansässiger prostituierter Frauen, die in der Regel über andere sozialversicherungspflichtige Arbeitsverhältnisse oder Ehepartner auch hinsichtlich einer Krankenversicherung umfassend abgesichert waren, und über einen festen Wohnsitz und ein soziales Umfeld verfügt hatten.

Die neuen Möglichkeiten führten in erster Linie zu einer eklatanten Verschlechterung der Situation der Frauen in der Prostitution. Denn auch wenn sich die Herkunft der Frauen und die Zusammensetzung der Nationalitäten veränderten, an der Vulnerabilität änderte sich nichts. Wenn überhaupt, wurde direkt von Beginn dieser Entwicklung an deutlich, dass diese neuen Frauen von Armut, dysfunktionalen Familienverhältnissen, sexuellen und emotionalen Gewalterfahrungen und Missbrauch in ihrer Kindheit - wenn man das von außen so sagen kann - noch stärker betroffen und noch verletzlicher waren, da sie sich isoliert, allein und abgeschnitten von allen unterstützenden menschlichen Beziehungen fern in der Fremde befanden und außerhalb der Prostitutionstätigkeit nicht in eine geschütztere Welt eines parallelen Lebens fliehen konnten und so völlig auf sich allein gestellt waren.

Meine Erfahrungen mit den „neuen" prostituierten Frauen zeigte mir auch eine deutliche Verschlechterung des allgemeinen Bildungsniveaus und des Wissens um körperliche und gesundheitliche Zusammenhänge wie Schwangerschaftsverhütung, Schutz vor sexuell übertragbaren Krankheiten und AIDS. Viele waren Analphabetinnen in der eigenen Muttersprache und verfügten über keinerlei Sprachkenntnisse, die Kommunikation mit dem Freier erfolgte über eine Karte mit dem aufgelisteten „Dienstleistungsangebot".

Auch war deutlich, dass der Straßenstrich vollständig von der Bildfläche verschwand und das innerstädtische Rotlichtmilieu mehr und mehr zurückgedrängt und schließlich vollständig in äußere Bereiche umgesiedelt wurde. Die Prostitution in Wiesbaden wurde zunehmend unsichtbar.

Das Prostitutionsgesetz im Jahr 2002 veränderte auch die städtischen Angebote für prostituierte Frauen umfassend. Die bis dahin bestehende Untersuchungspflicht im Gesundheitsamt war ja auch gleichermaßen ein Serviceangebot für die Frauen in der Prostitution. Der damals zuständige Amtsarzt Dr. Trossen hatte nach meiner Erfahrung ein wirklich gutes Verhältnis zu den Frauen, er war ehrlich engagiert und interessierte sich für die Frauen als Menschen und nicht als Objekte, interessierte sich für ihre Gesundheit, aber auch für ihr Leben und die Gründe für die Prostitution, sodass ich glaube, dass er letztendlich in Teilen als Arzt eine Vertrauensperson für einige oder gar viele wurde. Tatsächlich schrieb er in den 1990er Jahren seine Dissertation „Prostitution und Gesundheitspolitik" über seine Erfahrungen in der Beratungsstelle, und die Befragungen waren nur mit der Einwilligung und Unterstützung der betroffenen Frauen möglich.

Darüber hinaus gab es zu dieser Zeit zwei sehr kompetente Sozialarbeiterinnen, die aufsuchende Sozialarbeit in den Bordellbetrieben leisteten. Auch sie waren den Frauen ehrlich zugetan und engagierten sich sehr. Dieses Team im Gesundheitsamt war dann auch grundsätzlich erste Anlaufstelle, wenn in anderen Bereichen der Stadtverwaltung Kontakt zu den Frauen in der Prostitution anstand oder es Probleme gab. Dieses Team arbeitete „für" die Frauen und nicht „gegen" sie und war somit oft in der Lage, zu guten Lösungen beizutragen oder zu vermitteln.

Die Gesetzesänderung mit der Abschaffung der verpflichtenden gynäkologischen Untersuchung – dem sogenannten „Bockschein" - führte in der Folge unmittelbar zur Einsparung sämtlicher städtischer Leistungen im Zusammenhang mit Prostitution. Auch die aufsuchende Sozialarbeit wurde gestrichen, sodass das Gesundheitsamt aus der Arbeit in diesem Segment vollständig ausstieg. Letztendlich verblieb eine minimale zeitliche Personalressource im Ordnungsamt, die nicht dafür ausreichte, sich proaktiv mit dem Thema zu befassen. Mit dem Verweis auf die in Deutschland geltende Krankenversicherungspflicht wurden ärztliches Personal, Behandlungsräume und –ausstattung abgeschafft, sodass auch keine freiwillige oder humanitäre Gesundheitsuntersuchung der Frauen in der Prostitution mehr möglich gewesen wäre, selbst wenn diese darum nachgesucht hätten. Denn sehr schnell wurde deutlich, dass die „neuen" prostituierten Frauen trotz Krankenversicherungspflicht meist keine Krankenversicherung hatten und bei Bedarf nur als selbstzahlende Privatpatientinnen Zugang zur Gesundheitsversorgung haben würden.

Ab dieser Zeit wurden auch keinerlei Statistiken mehr geführt, einfach, weil es mangels Kontakten gar nicht möglich gewesen wäre. Kannte man in der Vergangenheit die prostituierten Frauen noch namentlich und die genaue Zahl, verlor sich ihre Zahl und Identität ab dem Jahr 2002 im Nirgendwo, und keine staatliche Stelle war mehr in der Lage, zuverlässige Aussagen zur Anzahl von prostituierten Frauen und / oder Prostitutionsstätten in Wiesbaden zu machen.

Spätestens ab dieser Zeit, in der sich auch die unerlaubte Wohnungsprostitution nahezu ungehindert Stück für Stück über das Stadtgebiet in Wiesbaden ausbreitete und sämtliche Sichtbarkeit aufgrund des zunehmenden Zugangs zum Internet verschwand, waren die prostituierten Frauen nach meinem Gefühl auch dem (in der Vergangenheit oftmals definitiv zugeneigten und unterstützenden) Blick der Mitarbeitenden der Wiesbadener Stadtverwaltung nahezu vollständig entzogen. Auch hatte der Teil der Bevölkerung, der die „Dienstleistungen" der Frauen in der Prostitution nicht in Anspruch nahm, das Gefühl, in Wiesbaden gäbe es keine Prostitution – es gab also auch keinerlei öffentliche Debatte oder Korrektiv.

Spannend ist ja auch, dass sich dieser ganze Verdrängungsprozess in Deutschland, diese Legalisierung und dieses scheinbare Unsichtbarwerden, parallel zu völlig anderen Entwicklungen auf europäischer Ebene vollzog. In vielen Ländern – insbesondere im Osten von Europa, aus dem sich nun zunehmend nahezu die gesamte prostituierte Kohorte für Deutschland rekrutierte – ist Prostitution vollständig verboten.

Deutschland hingegen öffnete mit seiner so außergewöhnlich liberalen Gesetzeslage sozusagen die Arme weit und schaffte hervorragende Voraussetzungen für organisierte Strukturen bis hin zur organisierten Kriminalität, während zeitgleich andere Länder wie Schweden per Gesetz eine konsequente Freierkriminalisierung einführten und es zielstrebig und nachhaltig umsetzten.

Erst das Gesetzgebungsverfahren zum Prostituiertenschutzgesetz sollte mir persönlich im Jahr 2015 das Thema wieder zurück in den dienstlichen Fokus bringen. Mittlerweile als Kommunale Frauenbeauftragte für die weibliche Bevölkerung in Wiesbaden tätig und als eine der Sprecherinnen der Kommunalen Frauen- und Gleichstellungsbüros Deutschlands durfte ich als Fachfrau das Gesetzgebungsverfahren der Bundesregierung in Berlin mit begleiten.

Ihr seid die Umsetzung des neuen Gesetzes in Wiesbaden sehr proaktiv angegangen. Was genau wurde unternommen?

Ein neues Bundesgesetz ist letztendlich im Ergebnis grundsätzlich immer der kleinste gemeinsame Nenner, auf den sich die vielen unterschiedlichen damit befassten politischen Fraktionen und sämtliche sonstigen Protagonisten einigen konnten. Meine Erfahrung in diesem speziellen Gesetzgebungsverfahren zum Prostituiertenschutzgesetz brachte mir jedoch noch ein weiteres Mal und diesmal drastisch die Macht der Lobbyarbeit vor Augen. Immerhin hatte sich ja bereits 2014 das Europaparlament zu einer Politikwende in Richtung einer Gesellschaft ohne Prostitution entschlossen. Man durfte daher naiv zumindest hoffen, dass der Schutzgedanke in diesem neuen Gesetz zur Regelung der Prostitution in Deutschland das maßgebliche Handeln sämtlicher beteiligter Akteurinnen und Akteure tatsächlich vorrangig bestimmen sollte.

So viele gute Ansätze der engagierten Fachleute zum Schutz der Frauen in der Prostitution wurden jedoch schnell gestrichen, und das mit aus meiner Sicht zum Teil unglaublichen und lapidaren Erklärungen, Behauptungen und Ausflüchten. Man hatte das Gefühl, hier sind starke Mächte am Werk, um so viel wie möglich zu verhindern oder - wenn das nicht möglich wäre - es doch so abzumildern und zu dezimieren, dass letztendlich nichts Brauchbares mehr übrig blieb. Auch wurde schnell klar, die Verantwortung und die Kosten für die Umsetzung würden vollständig bei den Kommunen und Landkreisen hängen bleiben. Hätte man als Gesetzgeber eine konsequente Trendwende vollziehen wollen, so hätte eine Kostenübernahme erfolgen müssen. So viele Hoffnungen und gute Intentionen blieben daher real und gefühlt auf der Strecke.

Auch lernte ich in dieser Zeit erstmals massiv und lautstark sogenannte Vertretungen von „Sexarbeiterinnen" kennen, die in der Öffentlichkeit das Bild der gut gebildeten, gesundheitlich bestens versorgten, eigenverantwortlich tätigen und alles selbst entscheidenden Vorzeigeprostituierten malten. Vorgeblich hätten sie sich in realer Abwägung vieler beruflicher Alternativen aus eigenem Antrieb für die Arbeit als „Sexarbeiterin" entschieden und verbaten sich eloquent und eindringlich jegliche Bevormundung durch naseweise, vorlaute und übergriffige BesserwisserInnen. Diese so selbstbewussten und durchsetzungsfähigen Frauen wurden dann auch in Talkshows präsentiert und vermittelten dort in den Interviews einen sehr klaren, vernünftigen und zufriedenen Eindruck. Auch Zuhälter und Bordellbetreiber wurden in den Medien zu Wort gelassen, die selbst wenn sie in ihrer Vergangenheit bereits strafrechtlich in Erscheinung getreten waren, sich selbst nun als zugewandte Arbeitgeber darstellten, die für „ihre Mädchen" grundsätzlich nur das Beste im Sinn hätten. Die mediale Darstellung schien mir erschreckend einseitig und führte dazu, dass noch mehr Menschen den Eindruck erhielten, dass sich die Mehrheit der Frauen in der Prostitution aus freiem Antrieb für die Prostitution gezielt entscheiden würden und hier kein gesamtgesellschaftlicher Handlungsbedarf existieren würde.

Als das Prostituiertenschutzgesetz im Juli 2017 in Kraft trat, waren die Kernelemente die Einführung einer Erlaubnispflicht für alle Prostitutionsgewerbe und einer Anmeldebescheinigung für Prostituierte. Kurz zuvor war von Interessensverbänden eine Verfassungsbeschwerde eingereicht worden, da das Gesetz aus ihrer Sicht Prostituierte benachteilige und gefährde. Bereits in der Begründung des Gesetzentwurfs wurde erläutert, die Prostitution sei ein Wirtschaftszweig, in dem erhebliche Umsätze erzielt werden und der den Eigengesetzlichkeiten der Marktwirtschaft folge. Fehlende behördliche Aufsichtsinstrumente würden jedoch kriminelle Strukturen begünstigen. Spannend, denn gerade die behördlichen Aufsichtsinstrumente, die nun als bahnbrechende Verbesserung politisch gefeiert wurden, waren doch bei näherem Hinsehen recht überschaubar.

Als das neue Gesetz nun zur Umsetzung anstand, wäre es seitens unserer Wiesbadener Stadtverwaltung verständlich und naheliegend gewesen, nichts zu tun und zu warten, bis klare Vorgaben und Verwaltungsvorschriften seitens der hessischen Landesregierung erlassen und zusätzliches Personal bereitgestellt worden wären. Zu diesem Zeitpunkt hatte ich mich jedoch bereits intensiv mit dem Gesetz beschäftigt und eine Fortbildung im Berliner Ministerium zur Schulung der bundesdeutschen Frauen- und Gleichstellungsbeauftragten mitverantwortet und eine solche selbst für die hessischen Kolleginnen durchgeführt. Nichts lag daher näher, als diese nun auch in Wiesbaden für unsere hiesigen betroffenen interdisziplinären Stellen proaktiv anzubieten.

Parallel dazu hatten sich die frauenpolitischen Sprecherinnen der in der Stadtverordnetenversammlung vertretenen Fraktionen zu einer Arbeitsgruppe zusammengeschlossen und setzten das Thema immer wieder auf die Tagesordnung des zuständigen Ausschusses, stellten Anfragen an die Verwaltung und entwickelten eigene Ideen. Für alle Beteiligten war absolut offensichtlich, dass dieses Gesetz eine große neu zu schaffende Personalressource und ein koordiniertes gemeinsames Handeln aller Beteiligten erfordern würde. Um hierzu überhaupt sinnhafte Aussagen treffen zu können, war es für alle interdisziplinär Handelnden erforderlich, sich intensiv mit dem Gesetz, den Verpflichtungen, den Risiken und den Möglichkeiten auseinanderzusetzen, um eine valide Ressourcenanforderung erstellen zu können.

Insofern war allein schon das Angebot der vielfältigen Fortbildungen ein Gewinn für alle, um diese Aufgabe vernünftig erfüllen zu können. Es zeigte sich jedoch sehr schnell, dass eine sinnhafte Umsetzung nur im Team aller Betroffenen möglich wäre. Hier kamen uns allen die sehr guten Kontakte auf der Arbeitsebene insbesondere zwischen dem Wiesbadener Ordnungsamt und dem Polizeipräsidium Westhessen wie auch zum Wiesbadener Finanzamt mit seinen ganz eigenen Kontroll- und Interventionsrechten und –möglichkeiten zugute. Nachdem die grundsätzliche Bereitschaft vorhanden war, hat die neugegründete *AG Prostitution* sehr schnell ihre Arbeit aufgenommen, interdisziplinäre Handlungsabläufe festgelegt, Kontakte ausgetauscht und Kommunikations- und Kooperationswege definiert. Gute Argumente und sinnvolle Planung machten es in der Folge möglich, auch die erforderlichen Ressourcen zu erlangen und mit einer engagierten Arbeit in Wiesbaden zu beginnen.

Wie hat sich die Arbeit der Verwaltung durch das Prostitutiertenschutzgesetz verändert, und welche Probleme und Herausforderungen stellen sich dabei?

Erstmals seit zwanzig Jahren ist die Prostitution wieder sichtbar im Fokus der Verwaltung und vieler anderer involvierter Behörden und Institutionen. Das Unsichtbare wurde mehr und mehr wieder sichtbar, und erstmals seit Jahrzehnten finden in kurzen Intervallen regelmäßige Kontrollen statt, um sicherzustellen, dass Vereinbarungen auch eingehalten werden.

Selbstverständlich zeigt die Praxis auch – wie zu erwarten war - an verschiedenen Stellen deutliche Schwächen des Gesetzes auf und verdeutlicht, dass effektive Handlungs- und Sanktionsmöglichkeiten im Bedarfsfall letztendlich begrenzt sind. Ein kleines Beispiel hierfür ist das damals vehement postulierte K.O.-Argument gegen kostenlose freiwillige Gesundheitsangebote, das behauptete, alle Frauen in der Prostitution hätten in Deutschland eine Krankenversicherung, da diese ja verpflichtend sei, und humanitäre Angebote seien unnötig. Wie nicht anders zu erwarten, zeigt die Realität hier ein anderes Bild. Selbst wenn die betroffene Frau bei der verpflichtenden Gesundheitsberatung im Gesundheitsamt offen zugibt, über keine Krankenversicherung zu verfügen, führt dies zu keinerlei Konsequenzen. Die Behörde darf die Ausgabe der Bescheinigung über die Beratung nicht verweigern, da ihr die Krankenversicherung nicht nachgewiesen werden muss. Es wurde als ausreichend erachtet, dass die Behörde der betroffenen Frau mitteilt, dass sie eine haben müsste. Absolut unbefriedigend für alle Beteiligten, umso mehr, wenn die betroffene Frau aufgrund von Schmerzen und Beschwerden um eine kostenlose Behandlung bittet und es hierfür kein Angebot gibt.

Es bleibt den Kommunen und Landkreisen selbst überlassen, ob sie ein humanitäres Angebot für Menschen ohne Krankenversicherung bereitstellen oder nicht. Nach meiner Erfahrung ist dies eher die Ausnahme als die Regel. Auch die von mir als Kommunale Frauenbeauftragte angestoßene Diskussion zur Erfordernis solcher Angebote in Wiesbaden führte zum Beispiel in einer öffentlichen Sitzung der Stadtverordnetenversammlung dazu, dass ein Stadtverordneter einer speziellen Fraktion mir den Vorwurf machte, ich würde die Prostitution in Wiesbaden mit solchen Angeboten aktiv fördern. Unnötig zu sagen, dass er mit seiner Fraktion keinen humanitären Angeboten für Frauen in der Prostitution zustimmte. Trotzdem haben wir in Wiesbaden humanitäre Angebote, und ich kann aus meiner Praxis sagen, dass insbesondere die Zahl der Nachfrage nach Schwangerschaftsabbrüchen deutlich gestiegen ist und viele junge Frauen in der Prostitution auf diesem Wege ihre Verhütung betreiben.

Was hast du aus der Auseinandersetzung mit dem Thema Prostitution für deine Arbeit insgesamt gelernt?

Tatsächlich hat sich meine bis dahin liberale Einstellung zur Prostitution zu einer deutlich restriktiveren gewandelt. Die intensive Auseinandersetzung mit allen Facetten hat mir gezeigt, dass eine liberale Haltung zu fatalen Resultaten führt und dass es auf diese Weise absolut unmöglich ist, an der grundsätzlichen Situation etwas positiv zu verändern. Der Freier muss kriminalisiert werden, nicht die prostituierte Frau. Das wurde mir auch durch die Corona-Pandemie nochmals klar. Aus Gründen des Infektionsschutzes wurde Prostitution verboten. Eine Vielzahl von Frauen aus anderen Herkunftsländern „strandete" in Deutschland, auch in Wiesbaden, ohne die Möglichkeit, Geld für ihren täglichen Lebensunterhalt, eine Unterkunft oder die Rückreise ins Heimatland erlangen zu können. Niemand konnte im März 2020 absehen, wie lange dieser Ausnahmezustand anhalten würde, und die Verunsicherung und Hilflosigkeit wuchs bei vielen betroffenen Frauen täglich. Aktuell dauert dieser Zustand nun seit über einem Jahr an. Werden prostituierte Frauen derzeit trotz Verbots bei der Prostitution erwischt, sind vielerorts die Strafen für sie extrem hoch, für die Freier jedoch, wenn überhaupt, sehr gering. Wieder einmal werden die Frauen in der Prostitution kriminalisiert, und die Freier bleiben nahezu unbehelligt.

Und doch hat Corona hier für mich gezeigt, dass noch nie zuvor die Zeit so geeignet war, um in Deutschland eine dauerhafte Freierkriminalisierung durchzusetzen und eine politische wie auch gesellschaftliche Diskussion neu zu entfachen. Auch in Schweden war zum Zeitpunkt der Einführung der Freierkriminalisierung die Bevölkerung keineswegs vollständig überzeugt. Lediglich 20 % der Männer und mit 45 % nahezu die Hälfte der Frauen befürworteten diese Entscheidung. Und doch hatte die Freierkriminalisierung in Schweden eine fundamentale Einstellungsänderung aller Menschen in Schweden zur Folge. Bereits zehn Jahre später im Jahr 2010 waren 60 % der Männer und knapp 80 % der Frauen vom Gesetz überzeugt, 2014 bereits 85 % der Frauen, die Meinung der Männer blieb konstant. Mittlerweile stehen fast Dreiviertel der schwedischen Bevölkerung hinter dem Gesetz, und das Bewusstsein der Menschen hat sich vollständig verändert. 82 % halten Prostitution „für gefährlich und schädigend für Frauen". Weitere Länder wie Norwegen, Island, Kanada, Irland und Israel sind gefolgt. Schottland scheint kurz davor. Auch in Frankreich wurde 2016 das „Gesetz zum Kampf gegen das Prostitutions-System" eingeführt. 75 % der Männer und 80 % der Frauen befürworten heute die Freierbestrafung.

Die aktuell in Deutschland durchgeführte Allensbach-Umfrage zu Prostitution (www.alice-schwarzer-stiftung.de) zeigt, dass die deutsche Bevölkerung ganz ähnlich denkt: 75 % der Deutschen sind überzeugt, dass die *„Mehrheit der Prostituierten zur Prostitution gezwungen wird"*, dass *„Zuhälter oft gewalttätig werden"* und die Frauen *„seelisch unter ihrer Tätigkeit leiden"*. Die große Mehrheit glaubt nicht, dass *„die aktuellen Gesetze ausreichen, um Prostituierte vor Gewalt und Ausbeutung zu schützen"*. Und doch führt diese Einstellung keineswegs automatisch dazu, dass die Mehrheit der deutschen Bevölkerung eine Freierkriminalisierung gesamtgesellschaftlich einfordern würde. Tatsächlich ist es noch ein weiter Weg zu einer solchen in Deutschland, auch, weil die Pro-Prostitutionslobby gezielt Desinformationen und Propaganda betreibt. Ich möchte ja gar nicht abstreiten, dass es auch selbstbestimmte „Sexualbegleiterinnen", Dominas und Erotiktänzerinnen gibt, aber hierbei handelt es sich nicht um die große Mehrheit der Frauen in der Prostitution, und sie sprechen nicht für diese Frauen, sondern ausschließlich für sich selbst. Meines Erachtens ist eine sachlich geführte öffentliche Informationskampagne dringend erforderlich, um mit den vielen

Behauptungen, Unterstellungen und gezielten Falschinformationen aufzuräumen und einen Bewusstseinswandel zu ermöglichen.

Nicht zu vergessen: Während wir gemeinsam hoffentlich diese Debatte führen werden, die garantiert viele lange Jahre andauern wird, wäre es parallel möglich, den Frauen in der Prostitution tatsächlich den Schutzgedanken des Gesetzes zukommen zu lassen, den das aktuelle Gesetz für sich so vehement in Anspruch nimmt. Hierfür müsste die Bundesregierung jedoch diese Maßnahmen finanzieren und die Resolution des Europäischen Parlaments aus dem Jahr 2014 ernst nehmen, die besagt: *„Prostitution verletzt die Menschenwürde und ist mit einer Gleichstellung der Geschlechter nicht vereinbar."* Deshalb sollen *„die EU Staaten die Nachfrage nach Prostitution eindämmen, indem sie die Freier bestrafen und nicht die Prostituierten".* Unumgänglich aus meiner Sicht wären die Finanzierung von vielfältigen kostenlosen Beratungs- und Hilfsangeboten von unabhängigen Stellen wie zum Beispiel SOLWODI und FiM sowie finanzierte Ausstiegsprogramme mit Sprachkursen und Bildungsangeboten.

Von „Das Private ist Politisch" zur Re-Individualisierung von Frauenschicksalen

Die Sprache feministischer TheoretikerInnen, die sich mit Prostitution befassen, wurde durch die Normalisierung der Industrie in den letzten Jahrzehnten des 20. Jahrhunderts beeinflusst. Obwohl einige kritisch geblieben sind, haben viele begonnen, eine Sprache zu benutzen, die mehr den neoliberalen WirtschaftswissenschaftlerInnen wie Milton Friedman entsprach, die sich dafür einsetzte, dass Prostitution entkriminalisiert und wie jede andere Industrie auch behandelt werden sollte. Sie begannen „Handlungsfähigkeit", „ UnternehmerInnentum" und „bewusste Entscheidung" zu benutzen, um die Erfahrungen von prostituierten Frauen zu beschreiben. Diese Ansätze sind ein Sieg der Öffentlichkeitsarbeit der internationalen Sexindustrie.

Sheila Jeffreys[1]

Die große Errungenschaft der sogenannten zweiten Welle des Feminismus lag in seiner scharfsinnigen Analyse der gesellschaftlichen Verhältnisse, die Frauen als soziale Klasse ihre untergeordnete Position in der Gesellschaft zuweisen. Dem Prozess der Bewusstwerdung (Consciousness Raising) über das geteilte Schicksal ermöglichte Frauen die Solidarisierung und die öffentliche Thematisierung der Tatsache, dass die systematische geschlechtsspezifische Gewalt gegen Frauen charakteristisch für die patriarchale Gesellschaft ist – und der zentrale Machtmechanismus.

Dies resultierte nicht zuletzt in der Gründung der autonomen Frauenhäuser als Ort der Hilfe zur Selbsthilfe und als öffentliche Mahnmale für die systematische Gewalt. Der Frauenbewegung ist es zu verdanken, dass Gewalt gegen Frauen nicht mehr länger als Privatsache gilt, die niemanden etwas angeht und in die sich niemand einzumischen hat. Oder dass Vergewaltigung in der Ehe im Jahr 1996 endlich zum Straftatbestand erhoben wurde. Die unmissverständliche Botschaft lautete: *„Hey Vergewaltiger, wir akzeptieren deine Privatsphäre nicht länger!"*[2] Andrea Dworkin schlug vor, die Prävalenz der gegen Frauen ausgeübten Gewalt als Maßstab für die Befreiung der Frau zu sehen. Gemessen an den nach wie vor pandemischen Auswüchsen geschlechtsspezifischer Gewalt erscheint es geradezu zynisch das Wort „Freiheit" auch nur in den Mund zu nehmen.

Die radikalen Feministinnen[3] erkannten die Institution der Prostitution als *„Exempel für die soziale Situation der Frau, wie sie im Grunde besteht"* (Kate Millet)[4] und *„als Kommerzialisierung der sexuellen Gewalt und Ungleichheit, die Frauen in der traditionellen Familie erleiden"* (Catharine MacKinnon)[5]: Als Vergesellschaftung der „Ehehure" zur „öffentlichen Hure".

Es wurde der verbreitete Irrglaube identifiziert, die *„universell akzeptierte Lebensbedingung"* der Frau sei *„etwas kulturell oder gesellschaftlich, wenn nicht sogar biologisch Vorbestimmtes"* (Kathleen Barry). Dass Frauen an der *„Kolonialisierung der eigenen Person und des eigenen Geschlechts"* aktiv partizipieren, liege an ihrer *„männlichen Identifikation"* und der *„Verinnerlichung der Werte des Kolonisators".*[6]

Andrea Dworkin brachte den Feminismus der 1970er Jahre auf den Punkt, wenn sie sagte: *„[Primitiver Feminismus] ist sehr einfach: Er bedeutet, wenn etwas Frauen schadet, dann sind Feministinnen dagegen."*[7] Und die materiell basierten, strukturellen Analysen bewiesen eindeutig: Die Existenz der Institution Prostitution schadet allen Frauen.

Liberaler Feminismus, oder die Re-Privatisierung der Gewalt gegen Frauen

Im Jahr 2017 sorgte ein Vorschlag der Kulturwissenschaftlerin Mithu Sanyal, Opfer und Überlebende sexueller Gewalt doch besser neutral als „Erlebende" zu bezeichnen, für große Empörung.[8] Zahlreiche Betroffene und Organisationen, die sich gegen sexuelle Gewalt engagieren, wiesen diese Umdeutung und Verharmlosung der Gewalt die Frauen angetan wird, entschieden zurück.[9]

Wenngleich ein solcher Vorstoß seltsam und befremdlich anmutet, vermag er angesichts der Vereinnahmung des Feminismus durch den Liberalismus, die bereits in den frühen 1980er Jahren einsetzte, überhaupt nicht zu verwundern. So warnten zahlreiche feministische Autorinnen bereits frühzeitig vor der Tendenz, die Schlagworte wie *„Handlungsfähigkeit"* (agency), *„freie Wahl"* (choice) und *„Konsens"* (consent) mit sich brachten und bringen. So wurde bei der liberalfeministischen *Mädchenmannschaft* aus der Zwangsprostituierten Linda Boreman, die selbst über den mit ihr gedrehten Porno der zum Kassenschlager wurde, sagte: *„Wenn Sie sich Deep Throat anschauen, sehen Sie wie ich vergewaltigt werde"*[10] kurzerhand eine *„wichtige Akteurin des Blowjobs"*[11], denn *„auch als Betroffene verliert man den Status und die Kompetenz der Handelnden nicht"*[12]

Auch wenn im zeitgenössischen Feminismus die Flagge der Intersektionalität geradezu wie eine Monstranz vor sich hergetragen wird, gelingt es den ProtagonistInnen nicht, die häufig anzutreffende Mehrfachunterdrückung in der Prostitution nach Geschlecht – (ökonomischer) Klasse – Ethnizität überhaupt auch nur wahrzunehmen. Ganz im Gegenteil. So war 2013 von der Mitbegründerin und Herausgeberin des *Missy Magazines*, Stefanie Lohaus, zu vernehmen, dass es sich „*vielleicht aus der Perspektive einer Romafrau, die im Elend lebt und rassistisch verfolgt wird, tatsächlich selbstbestimmt an(fühlt), in Deutschland als Sexarbeiterin zu arbeiten.*"[13] Das kollektive Schicksal der ungarischen und rumänischen Romnija und der bulgarischen Türkinnen, die massenhaft in der deutschen und europäischen Prostitution in Schuldsklaverei gehalten und skrupellos ausgebeutet werden, wird hier geradezu idealtypisch individualisiert und noch dazu vom Standpunkt der ethnisch diskriminierten und wirtschaftlich entrechteten Frau geradezu idealisiert. Und auch die universellen Menschenrechte sind laut *Missy Magazine* offensichtlich individuell verhandelbar, denn dort heißt es, dass es „*vielleicht besser (wäre) ... jenen, die weniger privilegiert sind, als wir selbst zu überlassen, wo die Grenzen ihrer Menschenwürde verlaufen.*"[14]

Die analytische Re-Individualisierung sozialbasierter Verbrechen gegen Frauen, der neue Liberalismus mit seinem Wunsch, dass sich jede und jeder die eigene Realität selbst abstecken möge, ging laut Kathleen Barry einher mit einer Wertleerheit. Und eben jene Wertleere sei ihr zufolge der Nährboden für eine Haltung, die das Individuum aus seiner Verantwortung für andere entlasse.[15]

Prostitution als „Sexarbeit"

Wer sich die zeitgenössischen Debatten um Prostitution anschaut, kommt nicht umhin, die Sprache des Marktradikalismus deutlich zu erkennen. Sie macht auch vor dem politisch linken Lager nicht halt. Die egoistische Ausnutzung ökonomischer Zwangslagen, die Frauen zuhauf in die Prostitution führen, erfährt plötzlich eine moralische Legitimation und wird als „freie Wahl" verkauft, unter Missachtung der Tatsache, dass es für eine Wahl Alternativen geben muss, unter denen gewählt werden kann.

Wenngleich die Umdeutung von Prostitution zu „Sexarbeit" maßgeblich von der Sexindustrie vorangetrieben wurde (wie an anderer Stelle aufgezeigt wird), fiel diese Sichtweise besonders bei sozialistischen Feministinnen auf fruchtbaren Boden, die Prostitution lieber im Kontext von Arbeitsrechten diskutiert wissen wollten als im Kontext von geschlechtsbasierter Gewalt gegen Frauen, wie Kathleen Barry aufzeigt.[16] Die irische Prostitutionsüberlebende Rachel Moran weist ebenso darauf hin, dass in der wirtschaftlichen Entrechtung der Frau nicht die Ursache für die Prostitution zu finden sei, sondern diese lediglich ein begünstigender Faktor sei, wenngleich ein bedeutsamer. Laut Moran haben sozialistische Feministinnen nicht verstanden, dass kein Ausmaß an Armut Prostitution schaffen könne, gäbe es nicht die männliche Nachfrage danach.[17]

Der entscheidende Unterschied in der Betrachtungsweise scheint eben darin zu liegen, dass der radikale Feminismus in der Unterdrückung der Frau die primäre Ausbeutungs- und Unterdrückungsform in der patriarchalen Gesellschaft sieht. Nach Kate Millett handelt es sich bei dieser Unterdrückung um eine soziale und historische Konstante, *„die sich durch alle ... politischen, sozialen oder wirtschaftlichen Formen hindurch zieht".*[18] Der sozialistische Klassenbegriff hingegen ist zentriert um die Ökonomie und weitgehend geschlechtsblind. Die häufig anzutreffenden Äußerungen, der Kapitalismus müsse nur erst abgeschafft werden, dann würde die Prostitution gleich mit verschwinden, müssen deshalb als fataler Irrglaube identifiziert werden. Zur Erinnerung führte eben jener Streitpunkt maßgeblich zu einer Abspaltung der Feministinnen zu einer autonomen Frauenbewegung, da die Unterdrückung der Frau von den Genossen (und Genossinnen) ins Reich der Nebenwidersprüche verwiesen wurde.[19]

Vor diesem gedanklichen Hintergrund ist es zu verstehen, dass ein Verbot besonders frauenverachtender Praktiken im deutschen Prostitutionsmarkt wie „Flatrate-" und „Gangbang-Gruppensex"-Angeboten und deren Portraitierung als Sinnbild schlechter Arbeitsbedingungen, bei Personen, die sich wie Jenny Künkel als marxistische Feministinnen verstehen, auf totales Unverständnis stößt, da hiermit *„ausgerechnet jene Bereiche des Sexgewerbes in der Kritik (stünden), in denen üblicherweise Stundenlöhne gezahlt"* würden.[20] Was jedoch ein angemessener Stundenlohn für die massenhafte Benutzung des weiblichen Körpers sein könnte und wer dies festlegen soll, dazu findet sich bei ihr keine Aussage. Genauso wenig ist zu verstehen, warum es für politisch Linke nicht seltsam anmutet, bei den so genannten „Sexarbeitsgewerkschaften" nicht mit den „Arbeitnehmerinnen" zu kooperieren, sondern die „Arbeitgeberseite" zu stützen und zu unterstützen. Wie das Beispiel Norwegen zeigt, kann mit der Frage, ob die politische Linke (inklusive der Gewerkschaften) Prostitution als Arbeit oder Nicht-Arbeit betrachtet, ein entscheidender Meinungsumschwung einhergehen.

Auch eine Bewertung der Tatsache, dass die sexuelle Ausbeutung in vielen Volkswirtschaften einen zentralen Wirtschaftsfaktor und Motor zur kapitalistischen Entwicklung darstellt, ist im politisch linksliberalen Lager kaum zu finden. Im Gegenteil heben Autorinnen wie Laura Agustín den Wert der in die Schuldsklaverei gehandelten Frauen für die „Entwicklung" ihrer Herkunftsländer als besonders lobenswert hervor.[21]

Die Beobachtung jener merkwürdigen Dissonanz linker Positionen brachte Andrea Dworkin in bemerkenswert scharfzüngiger und treffender Weise auf den Punkt:

Kapitalismus ist nicht bösartig oder grausam, wenn die Ware eine Hure ist. Profit ist nicht bösartig oder grausam, wenn der entfremdete Arbeiter ein weibliches Stück Fleisch ist; blutsaugerische Konzerne sind nicht bösartig oder grausam, wenn es sich bei den Konzernen um organisierte Verbrechersyndikate handelt, die Votzen verkaufen. Rassismus ist nicht bösartig oder grausam, wenn die schwarze Votze oder die gelbe Votze oder die rote Votze oder die Latino-Votze oder die jüdische Votze ihre Beine für jedermanns Vergnügen spreizen muss; Armut ist nicht böse oder grausam, wenn es um die Armut von enteigneten Frauen geht, die nur sich selbst zu verkaufen haben; die Gewalt der Mächtigen gegen die Machtlosen ist nicht bösartig oder grausam, wenn sie Sex genannt wird; Sklaverei ist nicht bösartig oder grausam, wenn sie sexuelle Sklaverei ist; Folter ist nicht bösartig oder grausam, wenn die Gemarterten Frauen sind, Huren, Votzen. ... Die Linke kann nicht ihre Huren und ihre Politik gleichzeitig haben.[22]

Prostitution als „Care-Arbeit": sexuelle Verfügbarkeit - das ewige Los der Frau?

Noch mehr graue Haare produziert die Einordnung der Prostitution in den Bereich der Reproduktion und die Zuweisung eines Status der gesellschaftlichen Notwendigkeit. So gesehen zum Beispiel bei einem Statement des *Care Revolution Bündnis*.[23] Kathleen Barry bezeichnet die Anerkennung der „sexuellen Dienstleistung" als Reproduktionsarbeit als *„Unterminierung jahrzehntelanger feministischer Arbeit"*, wurde das Recht, keinen ungewollten und für die Frau unbefriedigenden Sex ertragen und ausführen zu müssen, doch lange und hart erkämpft.[24] Prostitution aus dem Bereich der „ehelichen Pflichten" in den öffentlichen Dienstleistungsbereich auszulagern, kann als Versuch betrachtet werden, die männliche Dominanz zu sichern, indem andere Frauen die vormalige Rolle der Ehefrau einnehmen.

Wie richtig Barry bereits in den 1980er Jahren mit dieser Analyse lag, bestätigt die zeitgenössische Debatte nur allzu deutlich. So bezeichnet die Gender-Professorin Kathrin Schrader *„sexuelle Dienstleistungen"* als *„Leibdienst (sic!) außerhalb der Ehe"*, der dadurch notwendig werde, dass ohne diese *„menschliche Zuwendung ... nicht nur individuelles Leid (entstünde), sondern die kapitalistische Akkumulation ... zusammenbrechen (würde)"*.[25]

Stephanie Klee, Aktivistin im *Care Revolution Bündnis* und Vorsitzende des *Bundesverband Sexuelle Dienstleistungen* (BSD), einem Berufsverband aus insbesondere Bordellbetreibenden, proklamiert ein Persönlichkeitsrecht *„auf Sexualität und darauf, diese so ausleben zu können, wie man es wünscht."*[26] Hierfür bemüht sie Grundgesetz und WHO, ohne zu verstehen, dass es einen nicht unbedeutenden Unterschied gibt zwischen einem Recht auf Sexualität und dem Recht, diese nach eigenen Wünschen einzufordern. Ins gleiche Horn blies 2014 die Menschenrechtsorganisation *Amnesty International* und handelte sich damit einen internationalen Shitstorm und den Ruf einer „Männerrechtsorganisation" ein, als sie ein Recht auf Sex am lebenden Objekt postulierte und jeglichen Eingriff in dieses Recht als unzulässigen *„Eingriff in die Autonomie und Gesundheit."*[27] In einem zuvor geleakten Entwurf, für den der britische Escort-Agentur-Chef Douglas Fox verantwortlich gezeichnet haben soll, fand sich die Formulierung des Rechts auf Prostitution für all jene, die nicht in der Lage oder willens (sic!) seien, Sexualität auf andere Weise auszuleben.[28]

Was die logische Konsequenz der Sichtweise eines Dienstleistungsvertrages zwischen Freier und Dienstleisterin oder Arbeitnehmerin ist, die eine gewisse Anspruchshaltung nicht nur akzeptiert, sondern sie auch legitimiert, zeigen aktuelle Vorkommnisse, wie das eines 14 Jahre alten Freiers, der verärgert über die erbrachten Leistungen die Polizei rief, um die 53 Jahre alte prostituierte Frau, die er in Braunschweig für 20 Euro benutzt hatte, anzuzeigen.[29] Oder der Fall eines Freiers in Winnenden, der erfolgreich (!) eine prostituierte Frau verklagte, weil diese ihm seinen Angaben zufolge den gewünschten Orgasmus schuldig geblieben war: Sie musste 500 Euro an einen Brustkrebshilfe-Verein spenden.[30] Nicht selten endet der Frust über „schlecht abgelieferte Leistungen" oder der Streit um ein paar Euro, die die Freier bei Unzufriedenheit vergeblich zurückfordern, auch in Mord und Totschlag. Dies zeigt eine Auswertung der Motive der Täter bei dem internationalen Dokumentationsprojekt *Sex Industry Kills*.[31]

Völlig ergraut dürften die meisten schließlich sein, wenn sie sich die eigentliche „Utopie" der VertreterInnen dieser Position für die Gesellschaft vorstellen. So sieht diese nach Schrader dergestalt aus, dass *„Carearbeit und Sexarbeit keine Lohnarbeit mehr"* sind, sondern (männliche?) Bedürfnisse mit einem *„hohen Maß an solidarischer Verantwortung ... thematisiert, verhandelt und befriedigt werden können."*[32] Und hier schließt sich der Kreis: Die wenig versteckte Aufforderung an Frauen, männliche sexuelle Wünsche nicht gegen Geld, sondern kostenlos zu erfüllen, vergesellschaftet die vormals private (eheliche) Sexsklavin vollends für die allgemeine Öffentlichkeit.

Kapitulation oder Vision von einer besseren Welt?

Eine solche „Utopie" klingt mehr nach einer Kapitulation denn nach einem Sieg im Kampf um Frauenbefreiung. Radikalfeministinnen wie Barry auf der anderen Seite formulierten die Vision einer Gesellschaft, *„in der die Benutzung von Frauen ... nicht länger toleriert, geschweige denn akzeptiert werden kann"* und wiesen darauf hin, dass eine wirklich revolutionäre Umwälzung der Gesellschaft in der Hinwendung vom unpersönlichem zu einem persönlichen gesellschaftlichen Rahmen bestünde. Das bedeutet in Bezug auf Sexualität, dass es eben **kein** Recht darauf gibt, sondern dass sich jemand dessen erst würdig erweisen muss, durch *„Vertrauen und Gegenseitigkeit"*.

Sie betont, dass es um die Schaffung NEUER Werte geht - ein Kampf der jedoch erst gewonnen ist, wenn diese Werte Menschen nicht aufgezwungen werden, sondern aus freien Stücken *„bejaht und beherzigt"* werden. Daraus resultiert, dass potentiell denkbare Gesetze nur einen Zweck haben können, nämlich die sexuelle Ausbeutung von Frauen zu unterbinden. Ein echter gesellschaftlicher Wandel kann jedoch nicht darin bestehen, auf der individuellen Ebene Frauen ihre Freiheiten abzusprechen. Die Aufgabe der Identifikation mit dem Unterdrücker kann nur dann erfolgreich sein, wenn sie aus freien Stücken geschieht.[33]

In Bezug auf die Prostitution heißt dies, dass prostituierte Frauen weder juristisch noch moralisch verurteilt werden sollten. Es heißt aber gleichzeitig auch, dass die Gesellschaft keine Bedingungen hinnehmen darf, aufgrund derer Frauen in der Prostitution sind, die ihre Situation ändern wollen, aber nicht können. Ein erster wichtiger Schritt besteht in der Befreiung unserer Sprache von all den Euphemismen, die die eigentliche Bedeutung von Prostitution verschleiern.

Es heißt auch, dass die Gesellschaft einen Wertewandel durchlaufen muss, der die männliche Nachfrage nicht als biologische Notwendigkeit (Ventiltheorie) betrachtet, sondern dass Jungs in dem Bewusstsein aufwachsen, dass Frauen kein Konsumgut für das eigene hedonistische Vergnügen sind und dass Sexualität immer auf Augenhöhe stattfinden sollte. Eine solche Gesellschaft wäre ein Gewinn für alle Frauen. Und im Übrigen ebenso für alle Männer.

Notes:

(1) Sheila Jeffreys: Die industrialisierte Vagina. Die politische Ökonomie des globalen Sexhandels, Hamburg, Marta Press, 2014.

(2) Andrea Dworkin: Rechter und Linker Frauenhass, Rede (1987), veröffentlicht in: Dorchen Leidholdt und Janice Raymond (Hrsg.): The Sexual Liberals and The Attack on Feminism, 1990.

(3) radix = von der Wurzel

(4) Kate Millet: Das verkaufte Geschlecht. Die Frau zwischen Gesellschaft und Prostitution, Basel, Kiepenhauer & Witsch, 1981.

(5) Catharine MacKinnon: Liberalismus und der Tod des Feminismus, Rede (1987), veröffentlicht in: Leidholdt / Raymond (Hrsg.): The Sexual Liberals and The Attack on Feminism, 1990.

(6) Kathleen Barry: Sexuelle Versklavung von Frauen, Augsburg, sub rosa Frauenverlag 1983.

(7) Andrea Dworkin: Rechter und Linker Frauenhass, Rede (1987), veröffentlicht in: Leidholdt / Raymond (Hrsg.): The Sexual Liberals and The Attack on Feminism, 1990.

(8) Mithu Sanyal: Du Opfer!, Taz vom 13.2.2017.

(9) Offener Brief gegen die sprachliche Verharmlosung der Gewalt, veröffentlicht auf Die Störenfriedas, 18.2.2017.

(10) Hanna Dahlberg: Linda Lovelace, 1. März 2016, auf „Die Störenfriedas".

(11) Mädchenmannschaft: Zerbrechliche, programmierende, nackte Frauen – kurz verlinkt, Oktober 2014.

(12) Initative für Gerechtigkeit bei sexueller Gewalt: Warum ein Vergewaltigungsopfer keine „Akteurin des Blowjobs" ist, 19. Januar 2015.

(13) Stefanie Lohaus: Opfer oder Femme Fatale?, Faz Blog vom 15. November 2013.

(14) Missy Magazine: Firefly, 19. November 2013.

(15) Kathleen Barry: Sexuelle Versklavung von Frauen, Augsburg, sub rosa Frauenverlag 1983.

(16) ebd.

(17) Rachel Moran: Ich habe die Kraft des Abolitionismus gesehen, Rede (2014), auf www.abolition2014.de

(18) Kate Millett: Sexus und Herrschaft. Die Tyrannei des Mannes in unserer Gesellschaft, DTV, 1982.

(19) Cinzia Arruzza: The Marriages and Divorces of Marxism and Feminism, Exeter 2013.

(20) Jenny Künkel: Prostitutionsdiskurse und Regulierungen, in Jenny Künkel und Kathrin Schrader: Sexarbeit. Feministische Perspektiven, Münster, Unrast 2019.

(21) Kathleen Barry ebd.

(22) Andrea Dworkin: Pornographie. Männer beherrschen Frauen, Fischer Taschenbuch Verlag, Frankfurt 1990.

(23) Resolution des Aktionsbündnis Care Revolution, 2014, https://care-revolution.org/.

(24) Kathleen Barry ebd.

(25) Kathrin Schrader: Feministische Perspektiven auf Sexarbeit. Ein Vorwort, in: Jenny Künkel und Kathrin Schrader: Sexarbeit. Feministische Perspektiven, Münster, Unrast 2019.

(26) Stefanie Klee: Care-Revolution & Prostitution. Ein anderer Blickwinkel machts, in: Jenny Künkel und Kathrin Schrader: Sexarbeit. Feministische Perspektiven, Münster, Unrast 2019.

(27) siehe Savy Boxer: Amnesty International und der Kampf für die Menschenrechte - für das Recht Sex zu verkaufen und zu kaufen, 10.08.2014, www.abolition2014.de.

(28) Amnesty International: Decriminalization of Sex Work: Policy Background Document, https://de.scribd.com/doc/202126121/Amnesty-Prostitution-Policy-document.

(29) Der Westen: Nach Bordellbesuch: Enttäuschter 14-Jähriger ruft Polizei, 6.11.2017.

(30) Huschke Mau: Der Staat als Zuhälter, in Kontext Wochenzeitung, Ausgabe 465, 26.02.2020.

(31) https://sexindustry-kills.de.

(32) Kathrin Schrader: Sexarbeit – das Tabu des konservativen Feminismus 2016, In: standpunkt : sozial. Hamburger Forum für Soziale Arbeit und Gesundheit, Heft 2/2016, 17-21.

(33) Kathleen Barry ebd.

5 Fragen an ... Dr. Katharina Sass

Katharina Sass ist Volkswirtin sozialwissenschaftlicher Richtung und lehrt an der Universität in Bergen / Norwegen. Sie ist Mitinitiatorin des Netzwerkes „LINKE für eine Welt ohne Prostitution", einer Initiative in der Partei DIE LINKE. Sie ist Herausgeberin des Sammelbandes „Mythos Sexarbeit. Argumente gegen Prostitution und Sexkauf", erschienen 2017 im PapyRossa Verlag.

Liebe Katharina, wie bist du zum Thema Prostitution gekommen?

Das Thema ist eher zu mir gekommen als ich zu ihm. Wer in Deutschland aufwächst und mit offenen Augen durchs Leben geht, kann die Prostitution nicht übersehen. Als junge Erwachsene, mit 18, 19 Jahren, habe ich deshalb angefangen, mich bewusst kritisch mit Prostitution auseinanderzusetzen. Das hing auch mit persönlichen Erfahrungen zusammen. Im Freundeskreis meines damaligen Freundes gab es einige junge Männer, die Prostitution nutzten. Einer wurde aggressiv, als ich seinen Entschluss kritisierte, im Kölner Bordell *Pascha* Geburtstag zu feiern. Von einem anderen wusste ich, dass er sein erstes Mal im Bordell hatte, während seine Freunde vor der Tür standen und klatschten, als er rauskam. So etwas zu erfahren, hat mich empört und beschäftigt. In gewisser Weise haben mich also die Freier in meinem Umfeld zum Thema gebracht.

Mit 19 bin ich für ein Jahr nach Frankreich gegangen, wo ich einen Europäischen Freiwilligendienst bei der Organisation *Unis Cité* absolviert habe. Dort hatten wir „Bürger-Seminare", die *journées citoyennes*, bei denen wir Freiwillige, alles junge Leute, über verschiedene Themen informiert wurden. Einmal waren wir bei der Organisation *Mouvement du Nid* eingeladen, die seit Jahrzehnten in Frankreich Soziale Arbeit im Bereich der

473

Prostitution leistet und versucht, ein Umdenken in der Bevölkerung zu erreichen. Bei diesem Seminar wurden uns wissenschaftliche Studien vorgestellt. Es ging darin um die Auffassungen von Prostitution in der französischen Bevölkerung allgemein, aber auch um die Freier und ihr Selbstverständnis im Besonderen. Das war unglaublich aufklärerisch und interessant für mich. Mir ging ein Licht auf. Meine persönlichen Erfahrungen ergaben Sinn.

Seitdem hat mich das Thema nicht mehr losgelassen. Ich denke, es hat auch damit zu tun, dass ich dazu erzogen worden bin, Ungerechtigkeit in Frage zu stellen und unbequem zu sein. Der sexuelle Missbrauch, die Gewalt und die Ausgrenzung und Ausbeutung von Menschen in der Prostitution – all das muss benannt werden. Prostitution ist aus meiner Sicht die schlimmste Menschenrechtsverletzung, die heute in Deutschland im großen Stil toleriert und staatlich sogar legitimiert wird.

Die Diskussionen darüber gehen oft unter die Haut, weil Sexualität uns alle persönlich betrifft. Aber ich fühle mich verpflichtet weiterzumachen, weil ich die kollektive Verdrängung dieses Unrechts nicht ertragen kann. Und weil ich denke, dass ich meine Möglichkeiten, etwas zu tun, nutzen muss. Ich betone dabei immer, dass ich mich nicht stellvertretend für andere engagiere, sondern auch für mich selbst spreche. Natürlich werden durch die Prostitution vor allem diejenigen Menschen entwürdigt und misshandelt, die prostituiert werden. Ich selbst komme aus einem Akademikerhaushalt, bin behütet und privilegiert aufgewachsen und zum Glück nie prostituiert oder vergewaltigt worden. Ich bin aber eine Frau und spüre die Prostitution deshalb dennoch am eigenen Leibe. Sie schleicht sich unterschwellig in die Beziehungen zwischen Männern und Frauen. Sie ist eine Form gesellschaftlicher Gewaltandrohung, eine Form des Kleinhaltens aller Frauen. Sie ist eine permanente Erinnerung daran, dass die Regeln in dieser Gesellschaft von Männern gemacht worden sind und dass die Würde und die Bedürfnisse der Frauen weniger gelten als die der Männer. Wir Frauen sollen den Männern zu Diensten sein, ihnen ihre Überlegenheit und Selbstbezogenheit bestätigen, uns unterordnen. Ich bin froh, dass immer mehr Menschen verstehen, dass dieses Geschlechterverhältnis niemandem guttut.

Du bist eine der Mitbegründerinnen des innerLINKEn Netzwerks *LINKE für eine Welt ohne Prostitution*. Worin lag die Motivation für die Gründung und wie hat sich die Initiative seitdem entwickelt?

Unsere Motivation war und ist, in unserer Partei, der LINKEN, eine Mehrheit vom Nordischen Modell zu überzeugen. Außerdem ging es von Anfang an darum, die Vereinzelung abolitionistischer AktivistInnen in der Partei zu durchbrechen, sich zu vernetzen und gegenseitig zu stärken.

Die meisten der Gründungsmitglieder hatten bereits innerhalb der Parteistrukturen Erfahrungen mit Diskussionen gesammelt. Wir wussten aber lange nichts voneinander. Ich selbst hatte zum Beispiel einmal auf einem Bundeskongress von *DieLinke.SDS*, der Studierendenorganisation, einen Antrag eingebracht gegen die Kommodifizierung der Sexualität und für das Nordische Modell. Für den hatte ich zwar formal die Unterstützung einer Mehrheit meiner Kölner Hochschulgruppe. Dennoch war es mein Baby und stand ich allein im Kreuzfeuer, als ich auf dem Bundesparteitag von einigen männlichen „Genossen" massiv attackiert wurde. Ich weiß noch, dass ein solcher „Genosse" in den Raum rief, ich solle mir ein Beispiel an irgendeinem Pornostar nehmen, der sich nicht so anstelle, die Beine breit zu machen. Unglaublich, aber so war es. Der Antrag wurde bei einer sehr großen Zahl von Enthaltungen abgelehnt. Die vielen Enthaltungen haben mir zu denken gegeben, weil darunter viele Frauen waren, die sich nicht entschließen konnten, Prostitution als Gewalt aufzufassen, die andererseits aber auch nicht gegen den Antrag stimmen wollten. Was steckte dahinter? Es fühlte sich an, wie gegen eine unsichtbare Wand anzurennen.

Mit der Gründung des Netzwerkes ist es viel besser geworden, weil wir nicht mehr allein diesen Situationen ausgeliefert sind. Eine unserer ersten Aktionen war es, einen Aufruf zu starten für eine unvoreingenommene Diskussion über das Nordische Modell. Dafür haben wir eine Webseite mit Informationen erstellt. Über die Jahre haben immer mehr Menschen in und außerhalb der Partei davon erfahren, haben den Aufruf online unterzeichnet und sich mit uns vernetzt. So wissen wir heute, dass es in vielen Kreisverbänden und Gliederungen der Partei abolitionistische AktivistInnen gibt. Wir sind eine Bewegung der Parteibasis.

Da wir fast alle ehrenamtlich arbeiten, schaffen wir mal mehr, mal weniger. Wir halten Kontakt miteinander und versuchen, uns in die Debatten ums Thema einzumischen, durch Positionspapiere, Pressemitteilungen, Veranstaltungen, Flyer und so weiter. Im Frühjahr 2020 haben wir den Aufruf aktualisiert. Wir fordern nun nicht mehr nur eine Diskussion, sondern klipp und klar das Nordische Modell mit all seinen Säulen inklusive der Freierbestrafung. Die Freierkriminalisierung gehört dazu, ist aber andererseits aus meiner Sicht nicht die wichtigste Säule. Entkriminalisierung und Ausstiegsangebote für Menschen in der Prostitution und ein konsequentes Verbot von Zuhälterei sind noch wichtiger. Wenn Profit an der Prostitution anderer in Deutschland endlich verboten würde, wäre dies das Ende der Bordellbetreiber. Wir finden, dass die Zeit reif ist, darüber nicht mehr nur zu diskutieren, sondern sich klar zu positionieren und etwas zu unternehmen.

Ich finde, dass wir schon viel erreicht haben. In NRW kam durch unsere Aktivitäten ein guter Maßnahmenkatalog ins LINKE Parteiprogramm – zwar noch nicht das komplette Nordische Modell, aber immerhin einige Forderungen, die darauf fußen. Generell ist unsere Position um einiges etablierter geworden und kann nicht mehr ignoriert werden. Die Zeit, in der Cornelia Möhring, die frauenpolitische Sprecherin der Bundestagsfraktion, quasi im Alleingang die LINKE als prostitutionsfreundliche Partei darstellen konnte, ist damit vorbei. Heute muss offen gesagt werden, dass das Thema in der Partei umstritten ist. Das ist ein Fortschritt.

Du hast ein Buch zum „Mythos Sexarbeit" herausgegeben. Wie hat dieses Buch deiner Meinung nach die Debatte beeinflussen können?

Das Buch war als Handreichung für diejenigen gedacht, die auf der Suche nach Argumenten gegen Prostitution und Freiertum sind – und zwar insbesondere für diejenigen, die sich auf der politischen Linken verorten. Es mag auch für Leute nützlich sein, die sich nicht als links verstehen, aber für Abolition streiten. Ich habe da keine Berührungsängste. Aber für mich ist klar, dass eine endgültige Überwindung der Prostitution nur mit der Überwindung sowohl von Patriarchat als auch Kapitalismus möglich sein wird. Hier vor Ort das Nordische Modell einzuführen, wäre ein großer Fortschritt und würde die Prostitution stark reduzieren, schafft aber einige Ursachen der Prostitution, wie Armut, globale Ungleichheit, Kriege und so weiter, nicht ab. Deswegen meine ich, dass der Abolitionismus vor allem auf der politischen Linken zuhause ist oder sein sollte.

Die Kapitel decken unterschiedliche Bereiche ab. Im ersten Kapitel arbeite ich unterschiedliche politische Verständnisse der Prostitution heraus und diskutiere, wie diese sich historisch in Deutschland und anderen Ländern entwickelt haben. Ich fasse auch die Ergebnisse der Evaluationen der nordischen Politiken zusammen. Im zweiten Kapitel widme ich mich der Frage, was wir über die Freier aus der Forschung wissen. Das halte ich für zentral, denn die Freier sind ein Dreh- und Angelpunkt der Debatte. Studien zeigen, dass sexuelle Handlungen zu kaufen, sexuelle und sonstige menschliche Bedürfnisse nicht erfolgreich befriedigt, sondern auch die Freier, also die Täter, meist unbefriedigt zurücklässt. Viele kommen nicht mal zum Orgasmus. Manche sind brutale Sadisten, anderen bleibt immer ein schales Gefühl. Mittels Freiertum sexualisierte Gewalt auszuüben, löst die Probleme dieser Männer nicht. Für mich ist das ein starkes Argument dafür, dass sexuelle Befreiung und Prostitution unvereinbar sind.

In den anderen Kapiteln zeigen Ingeborg Kraus, Manuela Schon und Marie Merklinger weitere Aspekte des Themas auf. Das Buch enthält auch eine Dokumentation wichtiger Papiere aus der Debatte, insbesondere einen offenen Brief von Huschke Mau an die Linksjugend. Ich finde, es ist insgesamt gut gelungen und erfüllt hoffentlich seinen Zweck. Es ist aber natürlich nur ein kleiner Beitrag zu einer zum Glück wachsenden und breiten Bewegung.

Du lebst seit einiger Zeit in Norwegen. Welche Unterschiede erlebst du in der Debatte zu Prostitution im Vergleich zu Deutschland, bezogen auf die Frauenbewegung und die politische Linke?

Zwischen Norwegen und Deutschland liegen Welten, was diese Debatte und allgemein das Zusammenleben der Geschlechter betrifft. Ich bin in Norwegen bei *Kvinnefronten* aktiv, der linken und radikalfeministischen Frauenfront. Die Organisation stammt aus den 1970er Jahren und hat das Nordische Modell mit erkämpft.

Die norwegische Frauenbewegung ist sehr vielfältig. Zum 8. März kommen alle zusammen. Da gibt es durchaus Streitereien, aber eines ist für alle klar: Prostitution ist frauen- und menschenverachtend. Und das Nordische Modell verteidigen wir mit Klauen und Zähnen. Widerspruch kommt nur von manchen Liberalen und vor allem von Rechtspopulisten und Konservativen. Die politische Linke, die Gewerkschaften und der größte Teil des politischen Zentrums stehen geschlossen dahinter, ebenso wie die große Mehrheit der Bevölkerung. Die Frauenbewegung ist von so beeindruckender Stärke, dass der Versuch, die Freierkriminalisierung oder das Verbot von Zuhälterei aufzuheben, zu einem gesellschaftlichen Kampf gigantischer Ausmaße würde. Das trauen sich auch die fiesesten Rechten nicht.

Die deutsche Gesetzeslage ist aus norwegischer Sicht ein Ausdruck tiefster Frauenverachtung. Bordelle sind in Norwegen schon seit Ende des 19. Jahrhunderts verboten. Prostituierte Frauen werden seitdem nicht mehr kriminalisiert oder Zwangsuntersuchungen und -meldungen unterworfen. Das hat die erste Frauenbewegung erkämpft. Über hundert Jahre ohne staatlich organisierte Prostitution – das macht etwas mit dem Geschlechterverhältnis. Einen Geburtstag im Bordell zu feiern, ist für Otto Normalo allein schon deshalb undenkbar, weil es keine legalen Bordelle gibt. Die meisten norwegischen Männer kämen ohnehin nicht auf die Idee und würden entsprechende Vorschläge empört von sich weisen. Natürlich gibt es hier dennoch weiter Prostitution und auch andere Formen sexualisierter Gewalt. Der Umfang ist jedoch eindeutig geringer als in Deutschland.

Wenn Frauen in Norwegen auf ein Date gehen, müssen sie nicht damit rechnen, einem Freier zu begegnen. Die Menschen hier können sich unbeschwerter aufeinander einlassen. Auf Feiern ist dies zu beobachten. Studien zeigen, dass Norwegerinnen und Norweger sexuell mehr experimentieren als Deutsche und durchschnittlich mehr SexualpartnerInnen haben. Die meisten norwegischen Kinder werden außerhalb der Ehe geboren. Die Sexualmoral ist freizügiger als in Deutschland. Norwegische Männer helfen auch mehr im Haushalt mit und kümmern sich mehr um die Kinder. Ich bin selbst mit einem Norweger zusammen und kann nur sagen: Ich kann das empfehlen! Das haben wir den vielen Kämpfen der Frauenbewegung zu verdanken – und auch denjenigen Männern, die diese Bewegung unterstützt haben.

Was sind deiner Erfahrung nach die größten Schwierigkeiten bei der Vermittlung einer abolitionistischen Position in der deutschen Linkspartei?

In der LINKEN haben wir ähnliche Schwierigkeiten wie in der allgemeinen öffentlichen Diskussion in Deutschland. Viele Menschen, auch Linke, sind verunsichert nach Jahrzehnten liberaler Schönfärberei der Prostitution. Zu schaffen machen uns vor allem zwei Argumente der Gegenseite: Zum einen wird behauptet, das Nordische Modell bedeute eine Kriminalisierung oder mindestens Stigmatisierung von Menschen in der Prostitution und eine Verschiebung von Prostitution in den „Untergrund". Die Sorge kann ich zumindest verstehen, auch wenn sie natürlich unbegründet ist. Hier in Norwegen gibt es nicht mehr „Untergrund" als in Deutschland – eher ist es umgekehrt so, dass in Deutschland der Menschenhandel blüht, weil fast alles erlaubt ist.

Zum anderen wird behauptet, viele Menschen seien freiwillig in der Prostitution und von ihnen Sex zu kaufen, sei daher keine Gewalt. Dazu ist zu sagen: Die überwältigende Mehrheit der Menschen in der Prostitution ist dort natürlich nicht „freiwillig" gelandet, sondern nimmt massiven psychischen und körperlichen Schaden, weil Zuhälter und Freier ihre Notlage ausnutzen dürfen. Gerade Linke müssten eigentlich begreifen, dass Prostitution, Kapitalismus und Patriarchat in einem engen Zusammenhang stehen.

Für den Sozialisten August Bebel, einen der Begründer der deutschen Sozialdemokratie, war im 19. Jahrhundert noch klar, dass Prostitution ein Unrecht ist, das aus Armut, Ungleichheit und Männerherrschaft geboren ist und überwunden werden muss. Für Marx und Engels war das auch klar. In der LINKEN zu sein und gleichzeitig Prostitution prinzipiell gutzuheißen, passt ideologisch eigentlich überhaupt nicht zusammen. Für manche ist das aber anscheinend kein Widerspruch. Das liegt wohl auch daran, dass liberale Ansichten, nach denen Prostitution angeblich das Resultat freier Entscheidungen von Einzelpersonen sei, auch unter jungen Leuten und unter Linken Fuß gefasst haben. Da fehlt es meiner Ansicht nach an politischer und soziologischer Grundbildung und einem klaren Kompass dafür, wie Machtbeziehungen sich auf das Zusammenleben von Menschen auswirken.

Es ist schon merkwürdig: In allen anderen Bereichen sind Linke für Regulierung des Marktes. Nur in der Prostitution sind manche für die totale Deregulierung. Und arbeiten sogar mit angeblichen „Arbeitgebern" in der Prostitution zusammen, also mit Lobbyorganisationen von Bordellbetreibern und Leuten, die von der Prostitution anderer profitieren. Damit muss Schluss sein. Das ist einer linken Partei nicht würdig.

Ich bin aber optimistisch, dass wir es schaffen werden, längerfristig die vielen Unentschlossen in der Partei zu überzeugen. Denn die meisten Genossinnen und Genossen sehen schon, dass Prostitution menschenverachtend ist. Es ist den meisten nicht wohl dabei, Prostitution grundsätzlich gutzuheißen. Die Frage ist nur, ob wir bereit sind, politisch die richtigen Schlüsse zu ziehen, so wie es Linke in anderen Ländern schon lange tun. Und ob wir uns trauen, den zahlenmäßig gar nicht so vielen, aber dafür lauten liberalen Befürwortern und Befürworterinnen der Prostitution entgegenzutreten. Dafür braucht es weitere Debatten, um unsere Argumente zu verbreiten und auch, um uns gegenseitig Mut zu machen.

Frauen in Deutschland lassen sich immer noch viel zu viel gefallen, ob nun in der LINKEN oder sonstwo. Wir müssen mutiger werden. Die Zeiten sind auf unserer Seite.

Die vierte Welle rollt: die Wiederbelebung des Radikalfeminismus

Die Ära des Postfeminismus neigt sich langsam dem Ende zu. Wir begegnen immer mehr Frauen, die, enttäuscht von den leeren Phrasen des liberalen Feminismus, zu den radikalen Wurzeln des Feminismus zurückkehren. Dworkin, MacKinnon, Firestone, Millett, Beauvoir, Schwarzer, all die bösen Hexen, sie werden aus den Bücherkisten gekramt, bei Amazon zu Ramschpreisen zurückgekauft, wir lesen, was damals in der Zweiten Welle schon erkannt und gesehen wurde, wir buddeln sie aus, die verschütteten Wurzeln und bauen etwas Neues darauf, entwickeln es weiter. Der Postfeminismus hat den Feminismus nicht getötet. Die vierte Welle des Feminismus hat Schwung aufgenommen und sie wird machtvoll sein. ... Jede Frau, die sich gegen sexistische Unterdrückung und sexuelle Gewalt wehrt, ist eine Störenfrieda. Wir stören gemeinsam den patriarchalen Frieden.
Bloggerinnenkollektiv Die Störenfriedas[1]

Die Auseinandersetzungen um das Thema Prostitution, insbesondere in Relation zu der politischen Linken in Deutschland, haben gezeigt, dass der heutige Mainstream-Feminismus nicht in der Lage ist, Prostitution als gesellschaftliches Phänomen einzuordnen und zu analysieren. Die Objektifizierung von Frauen, die alltägliche Gewalt, die Morde, … alles wird einfach wegindividualisiert. Statt Machtverhältnisse in den Blick zu nehmen und die Entscheidungen, die Frauen in diesen treffen, auf dieser Grundlage zu bewerten, gilt alles, was Frauen tun per se als feministisch und darf nicht hinterfragt werden.

Wie die Geschichte zeigt, bedarf es Frauen, die sich lautstark gegen die Konventionen wenden. Nur eine starke Frauenbewegung ist der Garant dafür, dass die Geschlechterhierarchie nicht als naturgegeben akzeptiert wird und unhinterfragt bleibt. Die Geschichte zeigt auch, dass der Mut einiger weniger zu kollektiven Erkenntnisprozessen führen und der Beginn einer Massenbewegung sein kann. Und sie zeigt, dass Frauen ihr Schicksal selbst in die Hand nehmen müssen, wenn sie ihre Lebensverhältnisse verändern wollen: Die Entstehung der zweiten Frauenbewegung aus der politischen Linken heraus war in Deutschland wie andernorts die Reaktion auf den Verrat durch die linken Männer. Andrea Dworkin analysierte Pornographie und Prostitution als den linken Sexismus, die Kehrseite zum rechten Sexismus mit dem Idealbild der bürgerlichen Ehe: Die öffentliche vs. die private Hure.

Eine Bewegung von uns und für uns

Der neue Radikalfeminismus brauchte die bittere Erkenntnis, dass die politische Linke Sexismus, Rassismus und Klassismus nur dann ernsthaft umtreibt, wenn davon Männer betroffen sind. Eine Frauenbefreiung kann nicht erreicht werden mit einer paritätischen Besetzung von Vorstandsposten oder der egalitären Beteiligung von Frauen im Erwerbsleben - die zusätzlich zur nach wie vor mehrheitlich von Frauen geleisteten Hausarbeit gestemmt werden muss.

Abolitionistische Aktivistinnen in Deutschland haben von den vermeintlich progressiven und linken Männern schnell gezeigt bekommen, wo der Hammer hängt, und zwar immer noch in deren Hose. Sicherlich, erfreuliche Ausnahmen gibt es immer, dennoch wurden zuvor gut in die Struktur integrierte Frauen mit Ämtern und Mandaten von der Mehrheit der „Genossen" sehr schnell weggemobbt, ausgebootet und ausgegrenzt. Womit die meisten vermutlich nicht gerechnet hätten ist, dass Frauen, die einmal Befreiung gerochen haben, sich nicht einfach mundtot machen lassen. Und wenn politische Strukturen oder Organisationen denken, Frauen seien auf sie angewiesen um Veränderung zu erwirken, so hat der Feminismus mehr als einmal das Gegenteil bewiesen.

Wir haben wichtigere Dinge zu tun, als euch dazu zu bewegen euch uns anzuschließen. Ihr werdet euch schon anschließen, wenn euch nichts anderes mehr übrig bleibt, denn ihr braucht uns mehr als wir euch brauchen ... Unsere Message lautet: Fickt euch, Linke. Ihr könnt von nun an alleine eure Bauchnabel bestaunen. Wir starten unsere eigene Bewegung.[2]

So schrieb es die amerikanische Feministin Shulamith Firestone 1968 im *Guardian* in einem „Brief an die Linke". Die Gründung des radikalfeministischen Bloggerinnenkollektivs *Die Störenfriedas* erfolgte 2014 auf der Basis eben jener Überzeugungen. Die Anfangszeit war hart. Neben den Minenfeldern Prostitution und Pornographie wurden in den Texten ähnlich hart diskutierte Themen aufgegriffen: BDSM, die sogenannte „Väterrechts"-Bewegung und die aktuelle heilige Kuh des Postfeminismus, die Genderideologie. Wohl wissend, dass abweichende Meinungen im Zweifel den Job und die Existenz kosten könnten, konnte dies nicht an der Tatsache rütteln, dass es Dinge gibt, die um unserer selbst Willen gesagt werden müssen.

Weib, schweig!

In Bezug auf die Prostitution versuchte man es zunächst mit dem Vorwurf der „Hurenfeindlichkeit" und des „Rassismus". Die alte antifeministischer Leier, die sonst nur von Männern zu hören ist, erklang nun auch von liberalen Feministinnen: Abolitionistinnen und Radikalfeministinnen seien doch nur „prüde", „lustfeindlich" und „verklemmt" und vermutlich auch neidisch auf die „sexuell befreiten Huren". Die Osteuropäerinnen sollten abgeschoben werden, statt ihnen das (angeblich) viele Geld, das sie hier in der „Sexarbeit" verdienen können zu gönnen. Diese Strategie ging nicht auf, vermutlich vor allem deshalb, weil irgendwann doch zur Kenntnis genommen werden musste, dass Prostitutionsüberlebende Teil der radikalfeministischen und abolitionistischen Bewegung sind.

Vermutlich wird deshalb versucht prostitutionskritische Stimmen nun vermehrt auf der Grundlage des Vorwurfs einer vermeintlichen „Transphobie" mundtot zu machen. Eine neue Strategie, die offensichtlich auch bei einigen verfängt, die sich von den vorherigen Vorwürfen unbeeindruckt gezeigt haben. Auffällig dabei ist: Statt beispielsweise Morde an transidenten Männern in der Prostitution mit deren Tätigkeit in eben jener in Verbindung bringen zu wollen, wird das Mordmotiv in der „Transfeindlichkeit" der Täter verortet. Fast jeder Mord an einer Transperson führt zu Protest-Demonstrationen mit hunderten von Teilnehmenden – dagegen ist grundsätzlich gar nichts einzuwenden. Morde an Frauen in der Prostitution hingegen werden mit einem Schulterzucken einfach hingenommen. Ihnen werden nicht die gleiche Aufmerksamkeit und das gleiche Mitgefühl zuteil.

Entstehung lokaler Gruppen und Aktivitäten

Sicherlich hat die radikalfeministische Bewegung in Deutschland noch lange nicht die Größe wie beispielsweise die der britischen erreicht. Massendemonstrationen wie in Chile oder anderen lateinamerikanischen Ländern sind hier in naher Zukunft auch nicht zu erwarten. Und dennoch tut sich eine Menge in den sozialen Medien und auch im öffentlichen Raum.

Radikalfeministische Kollektive sind entstanden, zum Beispiel in Berlin (*RadFem Kollektiv Berlin*), im Ruhrgebiet (*Radikalfeministisches Kollektiv*

Ruhr), in München (*Radfem Munich* und *Vulvafem*), in Norddeutschland (*Radfem Norden*) oder ganz aktuell (März 2021) in Niedersachsen (*Radfem Hannover*). Zu erwähnen ist auch die deutsche Sektion der *Women`s Human Rights Campaign* (WHRC), die sich für die geschlechtsbasierten Rechte der Frau stark macht. Frauen organisieren sich, treten öffentlich für urfeministische Positionen ein und bieten eine Gegenposition an. Kritik kann einsam machen, viele Feministinnen kennen das nur zu gut. Der harsche Gegenwind kann jedoch auch zusammenschweißen – und tut es auch.

Frauen ins Zentrum!

Die neue feministische Bewegung tut endlich wieder das, was eine Frauenbewegung tun sollte: Sie stellt Mädchen und Frauen ins Zentrum ihres Handelns und ihrer Aktivitäten. Sie macht nicht mit bei der eigenen Abwertung. Radikalfeministinnen begehen den größten Tabubruch im Patriarchat: Sie machen ihren eigenen Wert nicht von Männern abhängig, sondern fordern Respekt und Anerkennung um ihrer selbst Willen ein.

Die Überwindung des internalisierten Frauenhasses, der Frauen von klein auf ansozialisiert und eingetrichtert wird, ist ein Zustand, hinter den keine mehr zurück kann oder will. Für die Befreiung der Frau kämpfen und einstehen zu wollen und die globale Schwesternschaft zu leben, ist ein Zeichen eigener Wertschätzung und Selbstliebe. Die klare Botschaft lautet: Wir verdienen mehr als das, was ihr uns zugestehen wollt.

Die Verdrängung und aktive Verleugnung der eigenen Unterdrückung ist ein Überlebensmechanismus, der es Frauen ermöglicht, in einer patriarchalen Gesellschaft nicht zu ertrinken. Gegen den Strom zu schwimmen ist schwer und erfordert viel. Der Radikalfeminismus schafft kleine Inseln, auf denen

Frauen sich gegenseitig stützen und unterstützen können. Und auf denen gemeinsam die notwendige Kraft gesammelt werden kann, um die einengenden Fesseln des Patriarchats endgültig zu zerreißen. Denn wir sind erst frei, wenn alle es sind.

Notes:
(1) Mira Sigel, Manuela Schon, Ariane Panther, Caroline Werner und Huschke Mau: Störenfriedas. Feminismus radikal gedacht, BoD: 2018.
(2) Susan Faludi: Death of a Revolutionary. Shulamith Firestone helped to create a new society. But she could`nt live in it, in: The New Yorker, 8. April 2013.

5 Fragen an ... Mira Sigel

Mira Sigel ist radikalfeministische Bloggerin und Gründungsmitglied des Bloggerinnenkollektivs „Die Störenfriedas".

Liebe Mira, wie bist du persönlich zum Thema Pornographie und Prostitution gekommen, und welche zentralen Erkenntnisse für die Implikationen für die gesamte Gesellschaft hast du aus der Auseinandersetzung mit und zum Thema gewonnen?

Mein persönlicher Weckruf war 2013 das Erscheinen von Alice Schwarzers Buch „Prostitution. Ein deutscher Skandal". Als ich das Buch las, war für mich selbstverständlich, dass Prostitution ein menschen- und vor allem frauenverachtendes System ist, gegen das wir als Frauen und Linke protestieren müssen. Anfangs stieß ich dabei auch in meinem privaten Umfeld ständig auf Aussagen wie: „Das ist doch das älteste Gewerbe der Welt", oder: „Das kann man nicht verbieten." Ich war aber von Anfang der Meinung, dass man Freiertum ebenso wie Sklaverei verbieten MUSS, um die Frauen zu schützen.

Je mehr ich mich mit dem Thema beschäftigte, umso entsetzter war ich – und umso wütender. Seit der steuerlichen Legalisierung von Prostitution verdient der Staat an der Prostitution mit, aber für die Frauen hat sich gar nichts geändert. Sie sind weder kranken- noch arbeitslosenversichert. Sie sind Zuhältern und Freiern ausgeliefert und werden zu einer Ware degradiert. Prostitution ist keine Dienstleistung wie jede andere, weil ja an der Stelle immer der Vergleich mit der Kassiererin kommt. Sex gegen Geld ist Gewalt – immer! Prostitution ist nur möglich in einer Gesellschaft, die trotz aller

Lippenbekenntnisse frauenfeindlich ist und die angeblichen „Bedürfnisse" von Männern über alles stellt.

Welche Erfahrungen hast du in den Diskussionen innerhalb der politischen Linken zum Thema gemacht?

Die Erfahrungen mit der politischen Linken waren sehr ernüchternd. Ich schrieb damals für ein ziemlich großes linkes Blog. Für mich stand es außer Frage, dass der Kampf gegen die Käuflichkeit von Menschen ein linkes Anliegen ist. Da wurde ich aber bald eines Besseren belehrt. Man – „Mann"! – versuchte, mich mundtot zu machen und mir klarzumachen, dass ein Kampf für eine Freierkriminalisierung eben kein linkes Anliegen sei. Da wurde dann von sexueller Selbstbestimmung gefaselt, und etablierte Parteigenossen in der der LINKEN outeten sich ganz selbstverständlich als Freier. Es war erschreckend!

Auch mit der Warenförmigkeit von allem im Kapitalismus wurde dann argumentiert, was in meinen Augen nichts anderes ist als Feigheit. Ja, Kapitalismus ist scheiße für uns alle, aber nur, weil wir ihn nicht sofort abschaffen können, müssen wir nicht auf zynische Weise die Ausbeutung in der Prostitution unterstützen. Zumal diese eindeutig geschlechtlich strukturiert ist: Männer kaufen Frauen.

Prostitution ist historisch eindeutig aus der Sklaverei hervorgegangen! Wie können wir das als Linke tolerieren und mit irgendeinem neoliberalen Geschwafel unterstützen? Prostitutionsnutzung hat mit Freiheit nichts zu tun, wohl aber mit Gewalt und männlichen Privilegien.

Wie kam es zur Gründung des radikalfeministischen Bloggerinnenkollektivs *Die Störenfriedas*?

Die Erfahrungen mit Linken im Zusammenhang mit Prostitution zeigten mir und einer Gruppe mutiger Frauen, dass wir nicht länger die gleichen Organe nutzen durften wie die linken Männer. Die Linke, sowohl als Bewegung als auch als Partei, hat ihren eigenen Sexismus nie reflektiert, Frauenrechte sind da gerne ein Feigenblatt.

Im englischsprachigen Raum gab es schon sogenannte Radikalfeministinnen – Feministinnen, die den Ursprung ihrer eigenen Unterdrückung an der Wurzel packen – und das taten wir auch. Wir wussten, dass wir auf viel Gegenwind stoßen würden, aber wir waren einfach wütend. Anhand der Prostitution erschloss sich für uns das Ausmaß unserer eigenen Unterdrückung. Wir hatten genug davon, dass auf der einen Seite ein riesiges Theater über sexistische Werbung gemacht wird, auf der anderen Seite in jeder größeren Stadt Puffwerbungen mit halbnackten Frauen in erniedrigenden Posen hängen und uns das als sexuelle Freiheit verkauft wird. So entstanden die *Störenfriedas* – als Ort für Kritik und radikalfeministische Analyse.

Welche Entwicklungen konntest du durch die Schaffung von Gegen-Öffentlichkeit zu den Mainstream-Positionen zur Sexindustrie beobachten?

Anfangs waren wir mit unserer Haltung ziemlich allein. Es gab sogar ein „Prostitutions-Bullshit-Bingo" mit den klassischen Aussagen wie zum Beispiel, dass es ohne Prostitution viel mehr Vergewaltigungen gäbe oder dass sich das nicht verbieten ließe. Was uns half, war zu lesen, vor allem aus dem skandinavischen Raum, wo es ja das Nordische Modell bereits gab. Wir erkannten, dass Deutschland tatsächlich „das Bordell Europas" ist. Und genau das wollten wir ändern, und zwar nötigenfalls auch, indem wir es jedem Einzelnen klarmachten.

Inzwischen hat sich die Haltung im Mainstream sehr geändert. Für die meisten Menschen ist klar, dass Prostitution Ausbeutung bedeutet und nicht in Ordnung ist. Die Kritik ist wesentlich vielfältiger und lauter geworden, Pro-Prostitutions-Positionen haben es viel schwerer. Sie sind nicht länger Mainstream!

Viele sind ja der Meinung, dass Gleichstellung in Deutschland (bzw. der so genannten westlichen Welt) längst erreicht ist und es nur noch ein paar Schönheitskorrekturen bedarf. Wie schätzt du das ein, und welche großen feministischen „Baustellen" neben Pornographie und Prostitution siehst du im Jahr 2021?

Für mich gibt es da vor allem zwei: zum einen das Thema „sexuelle Gewalt" – in Deutschland nach wie vor ein nahezu straffreies Verbrechen. Opfer werden diskreditiert und diskriminiert, während Vergewaltigung nach wie vor als eine Art Kavaliersdelikt gilt. Immer wieder wird behauptet, dass die meisten Opfer sich ihre Tat nur ausdenken, obwohl das durch Studien mehrfach widerlegt wurde. Das macht mich wirklich wütend.

Der andere Bereich ist die Berufswelt. Gerade Corona hat gezeigt, dass im Zweifelsfalle einfach erwartet wird, dass die Mütter zu Hause bei den Kindern bleiben und das Homeschooling leisten. Aber das ist noch nicht alles. Die unselige Diskussion über die Quote, die schlechtere Bezahlung von Frauen, die schlechteren Chancen. Daran muss sich schleunigst etwas ändern.

Epilog

Mir scheint, als glichen wir ... Menschen, die irgendeine schöne Blume
verbreiten möchten. Sorgfältig legen sie zu diesem Zweck einen Garten an,
zäunen ihn ringsherum ein, graben ihn tüchtig um und säen dann in großer
Fülle den Samen jener schönen Blume. Wir haben uns große Mühe gegeben
mit unserem Garten! In Reihen streuten wir den Samen, ordentlich und
abgemessen, vielleicht allzu peinlich genau. ... Vielleicht wuselten wir
manchmal ein wenig, aber immer mit dem einen Wunsch im Herzen, eines
Tages eine große Ernte dieser wunderschönen Blume zu erblicken. ... Hie und
da seufzten wir, in Zeiten der Dürre oder des Mangels an Arbeitshänden. Aber
sieh! es erschien ein Tag, da die versammelten Gärtner, zusammengekommen,
um die Ergebnisse ihrer Arbeit zu überschauen, zufällig über den Zaun
hinausblickten und zu ihrem Erstaunen wahrnahmen, wie die ganze
Umgebung weit herum, Felder und Hügel, denen sie gar keine eigene Arbeit
gewidmet hatten, übersät waren mit dem Blau der herrlichen, im eigenen
Garten so sorgsam gepflegten Blumen. Sie hatten vergessen, dass Samen
Flügel haben, mit deren Hilfe sie in aller Stille über den Zaun hinaus und weit
wegfliegen können. So ist es uns mit unseren Leitsätzen gegangen.

Josephine Butler[1]

Ich erinnere mich noch sehr genau an die Situation im Jahr 2013, als eine
Positionierung gegen Prostitution in den sozialen Medien eine absolute
Randerscheinung war: Die immer selben zwei Handvoll Frauen „trafen" sich
in den Kommentarspalten der Mainstream-Medien und zogen sich den Hass
und die Verachtung der Prostitutionsverteidiger zu. Es erschien wie eine
Selbstverständlichkeit, sich zusammenzuschließen. Da kaum Informationen
zur Situation in den nordischen Staaten in deutscher Sprache verfügbar waren
und kein Zusammenschluss von Prostitutionsüberlebenden hierzulande
existierte, bestand unsere erste Strategie darin, Texte aus anderen Ländern zu

übersetzen und damit verfügbar zu machen. Sie bestand auch darin, eigene Texte zu schreiben, um darin Zusammenhänge zu erläutern und die Mythen der „Sexarbeit" zu dekonstruieren. Im Internet fanden wir also zusammen und lernten, uns zu organisieren.

Wenn ich die Worte von Josephine Butler aus dem Ende des 19. Jahrhunderts heute lese, dann erkenne ich „uns" nur allzu deutlich darin wieder. Die abolitionistische Bewegung in Deutschland heute ist nicht homogen. In ihr versammeln sich die unterschiedlichsten Menschen mit den unterschiedlichsten Lebenshintergründen und Ansichten. Die abolitionistische Bewegung ist auch nicht geeint. Die letzten acht Jahre waren geprägt von vielen Auseinandersetzungen, verbrannten Brücken und einem Ringen um die richtigen Werte und Positionen. So haben nicht alle, die gegen Prostitution sind, die Werte und Positionen des Abolitionismus („immer gegen das System der Prostitution, nie gegen die Frauen in der Prostitution") verinnerlicht.

Wie im Deutschland des 19./20. Jahrhunderts gab es in Bezug auf das Prostituiertenschutzgesetz einen Streit zwischen „ReformerInnen" (die wenigstens im System Verbesserung erreichen wollen) und „RevolutionärInnen" (die einen sofortigen Systemwechsel durchsetzen wollen) - um es so auszudrücken.

Es ist meines Erachtens von zentraler Bedeutung, dass es Aktivistinnen gibt, die die „reine Lehre" vertreten und Mitstreitende darauf aufmerksam machen, wenn diese sich in Widersprüchen verstricken oder an der einen oder anderen Stelle Teile der neoliberalen „Sexarbeit"s-Ideologie selbst verinnerlicht haben. Die intervenieren, wenn Frauen in der Prostitution beschämt werden, weil sie eine andere Position vertreten - oder aus Selbstschutz vertreten müssen. Es ist wichtig, dass es Aktivistinnen gibt, die Grundlagenarbeit betreiben, und ärgerlich, wenn diese gerne auch mal von anderen ohne jegliche Referenz und mitunter völlig verzerrt übernommen wird.

Wenn Butler also beschreibt, wie „peinlich genau" sie und ihre MistreiterInnen ihre Samen aussäten, dann erinnert mich dies sehr an unsere Arbeit und unseren konsequenten Versuch, die Bewegung „rein" zu halten. Ein Unterfangen, das zum Scheitern verurteilt ist, denn Dinge entwickeln oft ein Eigenleben. Und so stellten wir wie Butler um 2015/2016 herum erstaunt fest, wie plötzlich Menschen, die wir nicht kannten, in den Kommentarspalten auftauchten und „unsere" Arbeit übernahmen und unsere Texte verlinkten. Die große Freude darüber, wie unsere „Leitsätze Flügel bekamen" ist immerzu begleitet von der Besorgnis, dass die zentralen Botschaften verloren gehen.

Dies soll im Übrigen nicht überheblich klingen. Auch wir haben die Weisheit nicht mit Löffeln gefressen. Ich befasse mich seit nunmehr über acht Jahren fast täglich mit dem Thema Prostitution, lese Studien und Bücher, vernetze mich mit Aktivistinnen und Aktivisten aus der ganzen Welt, betrachte Prostitution aus verschiedenen Blickwinkeln. Und trotzdem lerne ich noch immer ständig Neues dazu – auch bei der Arbeit an diesem Buch. Wenn ich eins erkennen musste, dann, dass Prostitution ein extrem vielschichtiges und komplexes Phänomen mit zahlreichen Ebenen ist. Kein Wunder eigentlich, wo sie doch unsere gesellschaftlichen Verhältnisse in all ihren Facetten widerspiegelt.

Ich will auch gar nicht klagen: Es ist ein wunderschönes Erlebnis, die „Früchte" unserer harten Arbeit zu ernten. Zu erleben, wie der Samen unbemerkt über den Zaun flog und sich nun ungebremst verbreitet. Die dargestellten Konsequenzen sind Herausforderungen, die es zu meistern gilt.

Wenn das Nordische Modell Politik in Deutschland werden wird – und das wird es! –, dann ist unsere Arbeit noch lange nicht getan, sondern sie fängt erst an. Die Implementierung in anderen Ländern zeigt, dass ein Gesetz auf dem Papier nicht reicht, sondern von der gesamten Gesellschaft erst mit Leben gefüllt werden muss. Dafür brauchen wir viele Mitstreiterinnen und Mitstreiter. Ich hoffe, dieses Buch leistet einen Beitrag dazu, den Zug aufs richtige Gleis zu stellen. Damit auch Deutschland mit voller Fahrt voraus bald im 21. Jahrhundert ankommt - und endlich nordisch wird!

Notes:

(1) Georg W. und Lucya A. Johnson: Die Lebensgeschichte der Josephine Butler. Eine Frau kämpft für Gerechtigkeit, Chr. Kaiser Verlag, München 1979.

Anhang

Für die persönliche Bibliothek ans Herz gelegt

Geschichte

Kerstin Wolff: **Anna Pappritz. Die Rittersguttochter und die Prostitution** (Ulrike Helmer Verlag, 2017)

Bettina Kretzschmar: **„Gleiche Moral und gleiches Recht für Mann und Frau". Der deutsche Zweig der Internationalen abolitionistischen Bewegung (1899-1933)** (Ulrike Helmer Verlag, 2014)

Anne S. Respondek: **„Gerne will ich wieder ins Bordell gehen..." Maria K.`s „freiwillige" Meldung für ein Wehrmachtsbordell** (Marta Press, 2019)

George W. Johnson und Lucya A: **Die Lebensgeschichte der Josephine Butler. Eine Frau kämpft für Gerechtigkeit** (Verlag Chr. Kaiser, 1979)

Marianne Brentzel: **Anna O. - Bertha Pappenheim** (Wallstein Verlag, 2002)

Helga Heubach (Hrsg.,): **Bertha Pappenheim: Sisyphus. Gegen den Mädchenhandel.** (Kore, 1992)

Gerda Lerner: **Die Entstehung des Patriarchats** (Campus Verlag, 1995)

Feministische Klassiker

Andrea Dworkin: **Pornographie. Männer beherrschen Frauen** (Fischer Verlag, 1990)

Kathleen Barry: **Sexuelle Versklavung von Frauen** (sub rosa Frauenverlag 1983)

Kate Millett: **Das verkaufte Geschlecht: Die Frau zwischen Geschlecht und Prostitution** (Desch Verlag, 1973)

Cecilie Høigård und Liv Finstad: **Seitenstraßen. Geld, Macht und Liebe oder der Mythos von der Prostitution** (Rowohlt, 1987)

Andrea Dworkin: **Geschlechtsverkehr** (Klein Verlag, 1993)

Catharine A. MacKinnon: **Nur Worte** (Fischer Verlag, 1994)

Mary Daly: **Gyn/Ökologie: Die Meta-Ethik des radikalen Feminismus** (Frauenoffensive, 1991)

Dorchen E.H. Leidholdt und Janice G. Raymond (Hrsg.): **The Sexual Liberals and Their Attack on Feminism** (Pergamon Press, 1990)

Sheila Jeffreys: **The Idea of Prostitution** (Spinifex Press, 1998)

Sheila Jeffreys; **Anticlimax: A Feminist Perspective On the Sexual Revolution** (Women's Press, 1990)

Andrea Dworkin: **Woman Hating** (Plume, 1991)

Catharine A. MacKinnon: **Feminism Unmodified. Discourses on Life and Law** (Havard University Press, 1987)

Cynthia Enloe: **Bananas, Beaches & Bases: Making Feminist Sense of International Politics** (University of California Press, 1990)

Cynthia Enloe: **Does Khaki become you?** (Pluto Press, 1983)

Cynthia Enloe: **The Morning After. Sexual Politics and the End of the Cold War** (Berkeley, 1993)

Zeitgenössischer Feminismus

Mira Sigel, Manuela Schon, Ariane Panther, Caroline Werner und Huschke Mau: **Störenfriedas. Feminismus radikal gedacht** (BoD, 2018)

Sheila Jeffreys: **Die industrialisierte Vagina. Die politische Ökonomie des globalen Sexhandels** (Marta Press, 2014)

Kajsa Ekis Ekman: **Ware Frau. Prostitution, Leihmutterschaft, Menschenhandel** (Orlanda Frauenverlag, 2016)

Alice Schwarzer: **Prostitution - Ein deutscher Skandal: Wie konnten wir zum Paradies der Frauenhändler werden?** (Kiepenhauer & Witsch, 2013)

Anita Kienesberger: **Fucking Poor. Was hat „Sexarbeit" mit Arbeit zu tun? Eine Begriffsverschiebung und ihre Auswirkungen auf den Prostitutionsdiskurs** (Marta Press, 2014)

Katharina Sass (Hrsg.): **Mythos „Sexarbeit": Argumente gegen Prostitution und Sexkauf** (PapyRossa Verlag, 2017)

Lydia Cacho: **Sklaverei. Im Inneren des Milliardengeschäfts Menschenhandel** (Fischer Taschenbuch Verlag, 2012)

Gail Dines: **Pornland: Wie die Pornoindustrie uns unserer Sexualität beraubt hat** (Verlag André Thiele, 2014)

Verena Brunschweiger: **Fuck Porn! Wieder die Pornographisierung des Alltags** (Tectum Wissenschaftsverlag, 2013)

Carina Angelina et al (Hrsg.): **Prostitution heute. Befunde und Perspektiven aus Gesellschaftswissenschaften und Sozialer Arbeit** (Tectum Wissenschaftsverlag, 2018)

Feministisches Bündnis Heidelberg (Hrsg.): **Was kostet eine Frau? Eine Kritik der Prostitution** (Alibri Verlag, 2020)

Aline Wüst: **Piff, Paff, Puff. Prostitution in der Schweiz** (Echtzeit Verlag, 2020)

Caroline Norma und Melinda Tankard Reist (Hrsg.): **Prostitution Narratives. Stories of survival in the sex trade** (Spinifex Press, Melbourne 2013)

Trine Rogg Korsvik und Ane Stø: **The Nordic Model** (Feminist Group Ottar 2013)

Melissa Farley: **Prostitution, Trafficking and Traumatic Stress** (Routledge, 2004)

Janice G. Raymond: **Not a Choice, Not a Job: Exposing the Myths about Prostitution and the Global Sex Trade** (Spinifex Press / Potomac Books, 2013)

Mary Sullivan: **Making Sex Work: A Failed Experiment with Legalized Prostitution, Melbourne** (Spinifex Press, 2007)

Kat Banyard: **Pimp State: Sex. Money and the Future of Equality** (Faber & Faber, 2016)

Julie Bindel: **The Pimping of Prostitution: Abolishing the Sex Work Myth** (Palgrave MacMillan, 2017)

Melinda Tankard Reist und Abigail Bray (Hrsg.): **Big Porn Inc: Exposing the Harms of the Global Porn Industry** (Spinifex Press, 2011)

Prostitutionsüberlebende

Rachel Moran: **Was vom Menschen übrig bleibt: Die Wahrheit über Prostitution** (Tectum Wissenschaftsverlag, 2016)

Jana Koch-Krawczack: **Du verreckst schon nicht! Wie mich meine Mutter in die Prostitution und Kriminalität trieb** (MVG Verlag, 2013)

Mandy Kopp: **Die Zeit des Schweigens ist vorbei** (Ullstein Verlag, 2013)

Linda Lovelace: **Ich packe aus!** (Heyne Verlag 1980)

Weitere Bücher

Manfred Paulus: **Menschenhandel und Sexsklaverei. Organisierte Kriminalität im Rotlichtmilieu** (Promedia Verlag, 2020)

Pierre Bourdieu: **Die männliche Herrschaft** (Suhrkamp, 1998)

Simon Häggström: **Shadows Law. The True Story of a Swedish Detective Inspector Fighting Prostitution** (Bullet Point Publishing, 2016)

Victor Malarek: **The Johns. Sex for Sale and the Men Who Buy It** (Arcade Publishing, 2009)

Robert Jensen: **The End of Patriarchy. Radical Feminism For Men** (Spinifex Press, 2017) *(Deutsche Veröffentlichung in Planung)*

Jackson Katz: **The Macho Pardox: Why Some Men Hurt Women and How All Men Can Help** (Sourcebooks, 2006)

Politische Verträge, Abkommen, Dokumente und Urteile mit Relevanz für Prostitution und Menschenhandel

Paris, 18. Mai 1904:

Internationales Übereinkommen zur Unterdrückung des weißen Sklavenhandels[1] (von Deutschland 1904 ratifiziert)

Schutz von Frauen und Mädchen, die Opfer von Frauenhandel und Prostitution werden; Verfolgung und Bestrafung der Händler

Paris, 4. Mai 1910:

Internationale Konvention zur Unterdrückung des weißen Sklavenhandels[2] (von Deutschland 1910 ratifiziert)

Verpflichtungen der Staaten, geeignete Maßnahmen zu ergreifen gegen die Menschenhändler und zur Bestrafung der Profiteure

Genf, 30. September 1921, Internationale Konferenz über Frauen- und Kinderhandel des Völkerbundes:

Internationale Konvention zur Unterdrückung des Frauen- und Kinderhandels[3] (von Deutschland 1924 ratifiziert)

Fallenlassen des Begriffes der „weißen Sklaverei", Ausweitung auf den Schutz von Kindern jedweden Geschlechts, Anhebung des Schutzalters auf 21 Jahre

1927, Enquete-Kommission des Völkerbundes:

Bericht der Enquete über den Handel von Mädchen und Frauen[4]

Ökonomische Betrachtung von Angebot und Nachfrage: Der Handel findet vor allem von Osteuropa nach Südamerika (Argentinien) statt.

Feststellungen:

1) Die regulierten Bordelle leisten dem Frauenhandel Vorschub

2) Die Prostituenten verlangen nach immer „frischen Subjekten"

3) Die Nachfrage ist in jenen Ländern besonders hoch, in denen Prostitution staatlich reguliert wird

1932, Enquete-Kommission des Völkerbundes:

Bericht der Enquete über den Handel mit Frauen und Kindern in Ostasien[5]

Fokus der sozialwissenschaftlichen Datenerhebung: Südostasien

„Das effektivste Mittel gegen das Übel ist deshalb, nach Meinung der Kommission, die Abolition lizensierter oder anerkannter Bordelle in den betreffenden Staaten"

Empfohlene Maßnahmen

1) Abschaffung regulierter Prostitution

2) Sensibilisierung der Öffentlichkeit

3) soziale und gesundheitspolitische Maßnahmen zur Unterstützung der Betroffenen

Genf, 11. Oktober 1933, Völkerbund:

Internationale Konvention über die Bekämpfung des Handels mit volljährigen Frauen[6] (nicht von Deutschland ratifiziert)

Ahndung des Verbringens von nunmehr auch volljährigen Frauen in andere Länder zum Zweck der Prostitution, unabhängig von deren Einwilligung

1937, Völkerbund:

Entwurf für eine Konvention zur Unterdrückung der Ausbeutung der Prostitution anderer[7] (wegen des Krieges nicht unterzeichnet)

Plan: Kriminalisierung jeglicher Vermittlung zu Prostitutionszwecken

Bundesrepublik Deutschland, 24. Mai 1949:

Grundgesetz für die Bundesrepublik Deutschland

„Männer und Frauen sind gleichberechtigt. Der Staat fördert die tatsächliche Durchsetzung der Gleichberechtigung von Frauen und Männern und wirkt auf die Beseitigung bestehender Nachteile hin."[8]

2. Dezember 1949, Vereinte Nationen (UN):

Konvention zur Unterbindung des Menschenhandels und der Ausnutzung der Prostitution anderer[9] (von Deutschland nicht ratifiziert)

„Prostitution und das sie begleitende Übel des Menschenhandels zum Zwecke der Prostitution [sind] mit der Würde und dem Wert der menschlichen Person unvereinbar." (Präambel)

Prostitution verstößt gegen die Menschenwürde, ist immer Ausbeutung und muss bestraft werden

Deshalb gilt die Verpflichtung

1) zur Bestrafung der Profiteure und Profiteurinnen (Artikel 1)

2) Aufhebung aller Regelungen, nach denen prostituierte Frauen (Personen) sich registrieren müssen, im Besitz eines gesonderten Dokumentes sein müssen oder staatlich kontrolliert werden

3) Die Einwilligung der Betroffenen ist irrelevant. (Artikel 6)

4) Entkriminalisierung und gesellschaftliche Rehabilitierung prostituierter Frauen (Personen) und Unterstützung für deren Wiedereingliederung in die Gesellschaft (Artikel 16)

Genf, 7. September 1956, Vereinte Nationen (UN):

Zusatzübereinkommen über die Abschaffung der Sklaverei, des Sklavenhandels und sklavereiähnlicher Einrichtungen und Praktiken[10] (von Deutschland 1959 ratifiziert)

Verpflichtung Abhilfe gegen Schuldknechtschafts-Verhältnisse zu schaffen

New York / Kopenhagen, 18. Dezember 1979, Vereinte Nationen (UN):

Frauenrechtskonvention. Übereinkommen zur Beseitigung jeder Form der Diskriminierung der Frau (CEDAW)[11] (von Deutschland 1985 ratifiziert)

Verbot der Diskriminierung von Frauen in allen Lebensbereichen

"Die Vertragsstaaten treffen alle geeigneten Maßnahmen einschließlich gesetzgeberischer Maßnahmen zur Abschaffung jeder Form des Frauenhandels und der Ausbeutung der Prostitution von Frauen." (Artikel 6)

Peking, 1995: 4. Weltfrauenkonferenz, Vereinte Nationen (UN):

Pekinger Erklärung und Aktionsplattform[12] (von Deutschland unterschrieben)

„Beseitigung des Frauenhandels und Unterstützung von Frauen, die aufgrund von Prostitution und Menschenhandel Opfer von Gewalt geworden sind" (Strategisches Ziel D.3.)

Verpflichtung zur „Ergreifung geeigneter Maßnahmen zur Ermittlung der eigentlichen Ursachen, insbesondere auch externer Faktoren, die den Frauen- und Mädchenhandel zwecks Prostitution und anderer Formen des Sexgewerbes, Zwangsheirat und Zwangsarbeit begünstigen, mit dem Ziel, den Frauenhandel zu beseitigen."

Warschau, 16. Mai 2005: Europarat:

Konvention des Europarats zur Bekämpfung des Menschenhandels[13] (von Deutschland 2012 ratifiziert)

Umfassender Schutz und Stärkung der Opfer von Menschenhandel

6. Mai 2009, Bundessozialgericht:

BSG B 11 AL 11/08 R

Eine Vermittlung der Bundesagentur für Arbeit in die Prostitution verstößt gegen die Menschenwürde und ist mit Artikel 1 Grundgesetz unvereinbar Prostitution ist „kein Beruf wie jeder andere".

Istanbul, 11. Mai 2011, Europarat:

Übereinkommen des Europarats zur Verhütung und Bekämpfung von Gewalt gegen Frauen und häuslicher Gewalt(„Istanbul"- Konvention)[14] (von Deutschland 2017 ratifiziert)

Schutz von allen Frauen vor allen Formen geschlechtsspezifischer Gewalt Beseitigung jeder Form der Diskriminierung der Frau und Förderung einer echten Gleichstellung zwischen Frauen und Männern

26. Februar 2014, Europäisches Parlament:

Resolution zum Bericht über sexuelle Ausbeutung und Prostitution und deren Auswirkung auf die Geschlechter[15]

Berichterstatterin: Mary Honeyball

Prostitution ist „eine Form der Gewalt gegen Frauen und eine Verletzung der Menschenwürde und der Gleichstellung der Geschlechter" und verletzt die Menschenwürde.

„[Das Europäische Parlament] vertritt die Auffassung, dass die wirksamste Methode, den Handel mit Frauen und Mädchen zum Zwecke der sexuellen

Ausbeutung zu bekämpfen und die Geschlechtergleichstellung zu verbessern, das in Schweden, Island und Norwegen umgesetzte und derzeit in verschiedenen europäischen Ländern geprüfte Modell (das sogenannte „Nordische Modell") ist".

8. April 2014, Europarat:

Prostitution, Menschenhandel und moderne Sklaverei in Europa, Resolution 1983[16]

Empfehlung an die Mitgliedsstaaten

1) die Freierkriminalisierung nach schwedischem Beispiel einzuführen,

2) Zuhälterei unter Strafe zu stellen,

3) Reduktion der Nachfrage durch öffentliche Kampagnen zu erreichen.

16. Juli 2014, Bundesgerichtshof:

BGH 5 StR 154/14

Weite Auslegung von Menschenhandel und Zwangslagen (prekäre wirtschaftliche Verhältnisse)

10. Februar 2021, Europaparlament:

Entschließung zur Umsetzung der Richtlinie 2011/36/EU zur Verhütung und Bekämpfung des Menschenhandels und zum Schutz seiner Opfer[17]

Feststellung, dass legale Prostitution dem Menschenhandel Vorschub leistet. Aufforderung an die Mitgliedsstaaten, aktiv die Nachfrage nach Prostitution einzudämmen.

Notes:

(1) „International Agreement for the Suppression of the "White Slave Traffic"" (1904).

(2) „International Convention for the Suppression of the "White Slave Traffic"" (1910).

(3) „International Convention for the Suppression of the Traffic in Women and Children" (1921).

(4) Report of the Special Body of Experts On Traffic in Women and Children (1927).

(5) Commission of enquiry into traffic in women and children in the East.
Report to the Council. (1932).

(6) International Convention for the Suppression of the Traffic in Women of Full Age (1933).

(7) Draft Convention for Surpressing the Exploitation of the Prostitution of Others (1937).

(8) vgl. hierzu Gugel, Rahel: Das Spannungsverhältnis zwischen Prostitutionsgesetz und Artikel 3 II Grundgesetz (2011).

(9) Convention for the Suppression of the Traffic in Persons and of the Exploitation of the Prostitution of Others (1949).

(10) Supplementary Convention on the Abolition of Slavery, the Slave Trade, and Institutions and Practices Similar to Slavery (1956).

(11) Convention on the Elimination of all Forms of Discrimination Against Women (1979).

(12) The Beijing Declaration and Platform for Action (1995).

(13) Council of Europe Convention on Action against Trafficking in Human Beings (2005).

(14) Council of Europe Convention on preventing and combating violence against women and domestic violence (2011).

(15) Report on Sexual Exploitation and Prostitution and its Impact on Gender Equality (2014).

(16) Prostitution, Trafficking and Modern Slavery in Europe (2014).

(17) European Parliament resolution on the implementation of Directive 2011/36/EU on preventing and combating trafficking in human beings and protecting its victims (2021).

Brüsseler Appell für ein Europa ohne Prostitution (Oktober 2013)

Wir, die Unterzeichnerinnen und Unterzeichner des Brüsseler Aufrufs, stehen zusammen für ein Europa ohne Prostitution.

Dies ist entscheidend für die Verwirklichung eines Europas, in dem Gerechtigkeit, Gleichheit, Nichtdiskriminierung und Freiheit vor Unterdrückung die Norm sind. Wo alle sexuellen Beziehungen einvernehmlich sind und diejenigen, die sexuelle Beziehungen mit Gewalt erzwingen, Menschen ausbeuten und Gewalt begehen, für ihre Handlungen zur Rechenschaft gezogen werden.

Um diese Vision für das von uns gewünschte Europa zu verwirklichen, müssen wir ernstzunehmende rechtliche und soziale Maßnahmen ergreifen und Ressourcen für die Umsetzung dieser Veränderungen bereitstellen. Wir müssen sicherstellen, dass keine Person, die von Prostitution betroffen oder ausgebeutet wird, kriminalisiert wird oder aufgrund ihrer Überlebensstrategien negative Konsequenzen erleiden muss. Dies beinhaltet die Entkriminalisierung der von Prostitution Betroffenen und die Bereitstellung von Unterstützung in Bezug auf Gesundheit, Bildung, Rechte und finanzielle Mittel. Wir müssen auch sicherstellen, dass Zuhältern, Menschenhändlern und Freiern eine klare Botschaft übermittelt wird, nämlich dass ihre Anspruchshaltung und ihre Ausbeutung in einer fortschrittlichen Gesellschaft nicht akzeptabel sind und dass sie für ihre Handlungen zur Rechenschaft gezogen werden - durch Kriminalisierung. Dies muss auch mit Aufklärung und Förderung von explizitem Konsens verbunden sein; mit kollektiver sozialer Freiheit; mit einer Sensibilisierung dafür, warum der Kauf von sexuellen Handlungen Gewalt gegen Frauen insgesamt befördert; Herausforderungen an die männliche

Anspruchshaltung und Kritik an allen Formen anhaltender sozialer Unterdrückung.

Wenn die Gesellschaft und alle ihre Bürgerinnen und Bürger auf lokaler, nationaler und europäischer Ebene zusammenkommen, können wir Veränderungen erreichen. Wir müssen uns an den europäischen Werten der Achtung der Menschenwürde und der Menschenrechte, der Freiheit, der Demokratie, der Gleichheit und der Rechtsstaatlichkeit ausrichten. Wir werden die wachsende Bewegung in diese Richtung befördern und Reformen für das transnationale Systems des Sexhandels vorantreiben.

Dabei stehen wir mit unseren Grundprinzipien auf der Seite der Überlebenden und erkennen an:

Prostitution ist eine Form von Gewalt:

- Die überwiegende Mehrheit der Prostituierten hat sexuelle Gewalt erlitten, bereits vor dem Eintritt in die Prostitution.
- Die überwiegende Mehrheit der Prostituierten wird Opfer vieler Formen von Gewalt in der Prostitution (physische, verbale, sexuelle, psychische Gewalt).
- Die Wiederholung sexueller Handlungen ohne körperliches Verlangen, sondern ausgeübt infolge finanzieller Not, Ungleichheit und / oder der Ausnutzung von Vulnerabilität an sich, stellt eine Form sexueller Gewalt dar.
- Zustimmung zu Sex kann nur frei gegeben werden - sie kann nicht gekauft und verkauft werden. Das Bedürfnis einer Person nach wirtschaftlicher Stabilität als Legitimation zu betrachten, um sich Zugang zu ihrem Körper zu verschaffen, ist Zwang und sexuelle Gewalt.

Prostitution ist eine Form der Ausnutzung von Ungleichheit:

- Prostitution ist Teil einer langen patriarchalen Tradition, Frauenkörper verfügbar für den Nutzen von Männern zu machen (Mannesrechte, Vergewaltigung, „eheliche Pflichten"…).
- Prostitution nutzt mehrere Formen der Ungleichheit aus: die Vorherrschaft der Männer über Frauen, reich über arm, Nord über Süd, Mehrheitsgruppen über Minderheiten.
- Die Mehrheit der Prostituierten in der EU stammt aus ärmeren Drittländern. Wenn sie aus EU-Mitgliedstaaten stammen, sind ethnische Minderheiten überrepräsentiert.

Prostitution ist eine Verletzung der Menschenwürde:

- Indem der menschliche Körper und das Geschlecht dem Bereich des Marktes unterstellt werden, verstärkt das System der Prostitution die Objektifizierung aller Frauen und ihrer Körper. Es handelt sich um eine direkte Verletzung der physischen und moralischen Integrität von prostituierten Personen.
- Prostitution stärkt die Vorherrschaft von Männern über Frauen, insbesondere die Einstellung, dass Frauenkörper verfügbar und zugänglich sind, was vorhanden ist in anderen Formen von Gewalt gegen Frauen wie Vergewaltigung, sexuelle Belästigung und Gewalt in der Partnerschaft.
- Prostitution ist ein Hindernis für die Schaffung einer wirklich freien, respektvollen und egalitären Sexualität in der Gesellschaft.
- Das System der Prostitution treibt den Menschenhandel zur sexuellen Ausbeutung an und setzt ihn fort.

Wir fordern die EU-Mitgliedstaaten auf, eine Politik zu verabschieden, die Folgendes garantiert:

- Die Beseitigung aller repressiven Maßnahmen gegen Prostituierte;
- Die Kriminalisierung aller Formen der Förderung der Prostitution;
- Entwicklung realer Alternativen und von Ausstiegsprogrammen für Prostituierte;
- Das Verbot des Kaufs von sexuellen Handlungen;
- Umsetzung von Präventions- und Aufklärungsmaßnahmen zur Förderung der Gleichstellung und einer positiven Sexualität;
- Entwicklung von Präventionsmaßnahmen in den Herkunftsländern von Prostituierten. Die Europäische Union und ihre Mitgliedstaaten sollten ihre Politik gegen den Menschenhandel grundlegend überprüfen.

Abolition 2014 – Für eine Welt ohne Prostitution: Positionen und Forderungen (August 2014)

Ziel der Abolition ist es, die strukturelle, wirtschaftliche, psychologische und physische Gewalt zu erkennen und zu benennen, die ins System der Prostitution sowie anderer Bereiche der Sexindustrie eingebaut sind sowie Lösungsansätze aufzuzeigen.

Es geht darum, an den Ungleichheiten anzusetzen, die Menschen in die Prostitution zwingen. Nicht Sex wird kritisiert, sondern die Kommerzialisierung von Sex mit ihren Konsequenzen.

Ziel ist nicht das Verbot, die Kriminalisierung, oder die Illegalisierung der Prostitution, sondern die Kriminalisierung der Nachfrage nach bezahltem Sex, denn sie ist der Grund, aus dem Prostitution existiert.

POSITIONEN

Die Bundesrepublik Deutschland ist verpflichtet, die Durchsetzung der Gleichberechtigung von Frauen und Männern zu fördern sowie auf die Beseitigung bestehender Nachteile hinzuwirken (Art. III, Abs. 2 GG). In der Prostitution wird dagegen das Gegenteil von Gleichberechtigung praktiziert, denn Prostitution bedeutet:

- Missbrauch von wirtschaftlicher und sexueller Macht einer Gruppe der Gesellschaft gegenüber einer anderen, zumeist von Männern gegenüber Frauen, aber nicht nur.
- Verletzung der Unversehrtheit von Menschen auf mehreren Ebenen, sowohl körperlicher als auch emotionaler und mentaler, bis hin zur intimsten.

- Einstieg und Verharren in der Prostitution beruhen nicht auf einer freien Entscheidung, sondern im Gegenteil auf einem Mangel an realistischen Alternativen – Prostitution is not a choice, but a lack of choice!

Prositution ist abzuschaffen, da sie ihrem Wesen nach ausbeuterisch, auf unzähligen Ebenen schädigend, frauenverachtend und auch allgemein menschenverachtend ist. Prostitution definiert sich über ein Fehlen von und eine Beraubung individueller Kontrollmöglichkeiten, individueller Freiheit, ja körperlicher Unversehrtheit. Auf diese Einsichten und Forderungen wird immer wieder von denjenigen hingewiesen, die das System der Prostitution überlebt haben. Diese berichten von einem Perspektivwechsel, welcher einer Befreiung von Indoktrinationen gleicht und der oft nur nach dem Ausstieg einsetzen kann.

Wir verfolgen keinen prohibitionistischen Ansatz. Das bedeutet, dass wir nicht etwa die Kriminalisierung von und das Verbot von Prostitution fordern, sondern die Kriminalisierung der Nachfrage nach bezahltem Sex. Dies hat sich in den Ländern, die diese Herangehensweise umgesetzt haben, als wirksamstes Mittel erwiesen.

Weitere Positionen

- Eine Aufteilung in sogenannte „freiwillige" Prostitution und „Zwangsprostitution" ist weder möglich noch zielführend. Sie lenkt davon ab, dass das System der Prostitution in seinem Kern menschenverachtend, dass körperliche Invasion und Gewalt der Prostitution inhärent sind.
- Prekäre Verhältnisse, Armut, psychologische Manipulation und vor der Prostitution erlittene sexuelle Gewalt sind als Zwänge zu betrachten.

- Eine gleichberechtigte Gesellschaft ist mit Prostitution und deren Tolerierung nicht möglich.

Die Legalisierung und Entkriminalisierung der Prostitution schafft eine Nachfrage, die der „legale" Markt nicht decken kann. In der Form eines modernen Sklavenhandels müssen immer weiter und weiter Mädchen, Frauen, aber auch Jungen und Männer angekarrt werden, um die stets wachsende Nachfrage zu decken. Die Legalisierung hat den Menschenhandel befördert, dessen Drehscheibe mittlerweile Deutschland ist, sowohl auf europäischem als auch weltweitem Niveau. Entgegen gängiger Annahmen lässt nicht etwa die Kriminalisierung die Kriminalität im Untergrund wuchern, sondern die Legalisierung und Entkriminalisierung von Prostitution – sowohl im Untergrund als auch in aller „Legalität". Die Unwirksamkeit einer Legalisierung/Entkriminalisierung belegen sowohl zahlreiche Studien als auch mitgeschnittene Telefonate von Menschenhändlern. Wir sind gern bereit, entsprechendes Material zu übersenden.

Das einzige Stigma, das in Deutschland seit Einführung des ProstG verschwunden ist, ist jenes, das zuvor auf den Profiteuren lag (Sexkäufer, BordellbetreiberInnen, ZuhälterInnen usw.). Prostituierte Personen leiden vorrangig an dem, was ihnen innerhalb der Prostitution angetan wird (wobei dies durch die Legalisierung und die allgemeine Änderung der gesellschaftlichen Einstellung, die diese mit sich gebracht hat, als immer normaler angesehen bzw. nicht einmal erkannt wird). Dass das Stigma der Prostitution auf denjenigen liegt, die sie ausüben und erleiden müssen (es wirkt sich z.B. negativ bei der Arbeitssuche aus) und nicht auf denjenigen, die sie befördern, ist ein weiteres Unrecht.

In einer Gesellschaft, in der laut Konsens Prostitution, sprich, Gewalt an Frauen (aber auch Männern und transsexuelle und transgender Menschen), normal und tolerierbar und mancherorts sogar banalisiert ist, steigt auch die Toleranz gegenüber der Gewalt an Frauen im Allgemeinen. In der BRD ist dies eine belegte Realität: während z.B. die Zahl der Vergewaltigungsanzeigen zunimmt, sinkt die Zahl der Verurteilungen. Die Verpflichtung des Staates ist es, seine BewohnerInnen vor Gewalt zu schützen, egal aus welchem Land sie kommen. Die Fortführung und Erleichterung des Geschäftsmodells Prostitution fördert jedoch genau das Gegenteil!

In solch einer Gesellschaft werden auch immer mehr Männer auf die Idee kommen, sich Sex zu erkaufen, selbst, wenn sie nie darauf gekommen wären, würde das gesellschaftliche Umfeld nicht suggerieren, dass es irgendwie normal sei. Auch dies ist eine Realität in Deutschland.

Die „freundlich" wirkenden Zahlen zu Menschenhandel, Prostitution und anverwandten Verbrechen rühren daher, dass all dem der Anstrich des Normalen und Legalen gegeben wurde. Die Polizeistatistiken zu Menschenhandelsfällen werden von der Kriminalpolizei selbst als nicht aussagekräftig beurteilt. Denn wenn eine Strafverfolgung auf der Anzeige von gewaltsam eingeschüchterten Frauen beruhen muss, deren eigenes Leben ebenso wie das ihrer Angehörigen bedroht ist, gehören Anzeigen selbstverständlich zu den Ausnahmen. Weil Menschenhandelsopfer also so gut wie nie als solche behandelt werden, gehört es hierzulande zum Alltag, dass sexuell ausgebeutete Frauen ohne Aufenthaltsstatus in Gewahrsam genommen werden. So werden in diesem Rechtssystem, das Menschenhandel faktisch so gut wie straffrei lässt und AusländerInnen kriminalisiert, im Endeffekt die Opfer schwerster Verbrechen bestraft.

Die Debatte um Freiwilligkeit ist ein Versuch von in Lobbys organisierten ZuhälterInnen, BordellbetreiberInnen, MenschenhändlerInnen und anderen Profiteuren, von sich selbst abzulenken - ebenso wie die Verwendung schönredender, normalisierender und verschleiernder Begriffe wie „Sexarbeit(erInnen)", die ihrem Ursprung nach eine Erfindung von Zuhältern sind. Diese profitierenden Personengruppen haben aktiv am ProstG von 2001/02 mitgewirkt. Die Legalisierung war die erste Etappe, momentan arbeiten sie aktiv auf eine „Rehabilitierung" des Images von ZuhälterInnen und MenschenhändlerInnen hin. Ihr Einfluss reicht dabei bis in höchste politische. Dort und an anderen Stellen wirken sie auf die Abschaffung des Strafbestands der Zuhälterei hin. Dies tun sie in einem Jargon, den sie z.B. von Menschenrechtskreisen übernommen haben, in die ihr Einfluss ebenfalls reicht. Gleiches gilt für die Polizei und manche Beratungsstellen für prostituierte Personen.

Manche Frauen sagen, dass sie aus freier Entscheidung in der Prostitution sind und sich sogar „empowered" fühlen. Dem hingegen wissen wir, dass die Mehrheit durch die eine oder andere Art Zwang in die Prostitution geraten sind und dass Gewalt ein fester Bestandteil dieser Industrie ist. Die Gesetze sollten zum Schutz jener vorhanden sein, die am gefährdetsten sind, jener, die über keine realistischen Alternativen verfügen. Daher müssen letztendlich die Erfahrungen und Stimmen der Gefährdetsten den Maßstab für die Gesetze und Politik einer Gesellschaft vorgeben.

FORDERUNGEN

Wir erwarten, dass die Politik effektive Maßnahmen gegen Menschenhandel und zum Schutz vor allem von jungen Frauen aus prekären Verhältnissen vorschlägt, statt die Interessenverbände der Sexindustrie zu fördern, welche unter verschiedensten Deckmänteln agieren.

Wir erwarten, dass der Politik die Rechte von Frauen gegen Ausbeutung wichtiger sind als die Legitimierung eines „Herrenrechts" und die Einnahmen der Kommunen durch Besteuerung der Frauen (und auch Männern und transsexuellen und transgender Menschen) in der Prostitution.

Wir fordern, dass zur Ausarbeitung jeglicher Maßnahmen und/oder Gesetze zum Thema Prostitution jene aktiv und umsichtig eingebunden werden, die das System der Prostitution überlebt haben. Wir fordern, dass ihre Einsichten, Blickwinkel und Forderungen gehört und ernstgenommen werden. Auf diesen beruht auch unsere Arbeit.

Wir fordern eine Verbesserung der Aufenthaltsrechte von Opfern von Menschenhandel, die aus Drittstaaten stammen, und zwar unabhängig von ihrer Kooperation mit den Behörden.

Zugang zu den sozialen Sicherungssystemen für alle Personen, die in der Prostitution tätig sind/ausgebeutet werden - unabhängig von ihrer Staatsangehörigkeit.

Wir sprechen uns für die Einführung von unentgeltlichen Pflichtberatungen für prostituierte Personen aus, die Aufklärung zu Gesundheitsrisiken und auf Wunsch Vermittlung zu Ausstiegsberatungen beinhalten. Die beteiligten ÄrztInnen müssen extra geschult werden, da Spuren von Gewalt nicht immer direkt mit bloßem Auge wahrgenommen werden können. Ein Nachfragen nach Gewalterfahrungen muss eine Selbstverständlichkeit sein. Sinnvoll wäre auch, spezialisierte PsychologInnen bei den Untersuchungen begleitend dabei zu haben. Zwangsuntersuchungen kommen im Rahmen der eventuell vorhergehenden Gewalterfahrung nicht in Frage. Eine Wahlmöglichkeit der untersuchenden ÄrztInnen muss angesichts dessen möglich sein. Die prostituierte Person muss jederzeit das Gefühl der Kontrolle behalten.

Abschaffung der Steuereinnahmen aus Prostitution, mit denen der Staat sich zum Zuhälter macht.

Wir fordern ein gesetzliches Sexkaufverbot und eine effektive Strafverfolgung von Sexkäufern. Zusätzlich fordern wir Beratungsangebote für Sexkäufer.

Keine Person darf, in welcher Form auch immer, an der Prostitution einer anderen verdienen (sei es durch Zimmervermietung, unterstützende Leistungen wie Anzeigenschaltung, etc.) Das Verdienen an der Prostitution anderer ist zu kriminalisieren. Für schuldig befundene ZuhälterInnen, MenschenhändlerInnen und andere von der Prostitution profitierende Personen müssen das passive Wahlrecht verlieren, sofern gesetzlich regelbar. Zudem muss ihnen von Rechts wegen verboten sein, auch in Zukunft jegliche Aktivität innerhalb der Prostitution und der mit ihr verbunden Bereiche auszuführen.

Zudem fordern wir die gesetzlich verankerte Verpflichtung, dass die Bundesregierung in festgesetzten, regelmäßigen Abständen (wenigstens alle 4 Jahre) die Auswirkungen der jeweiligen Prostitutionsgesetzgebung in umfassenden Berichten nachprüft oder nachprüfen lässt. Dazu gehört auch die Evaluation der Beratungsstellen und Forschungen zur körperlichen und emotionalen Gesundheit der Frauen (und anderer) in der Prostitution.

Wir fordern die Politik auf, noch aktiver an der Stärkung von Selbstbewusstsein, Eigenständigkeit, Gleichberechtigung und Chancen von Mädchen und Frauen zu arbeiten, unabhängig von deren Herkunft, damit diese von vornherein nicht gezwungen sind, aus Alternativlosigkeit in die Prostitution einsteigen zu müssen. Zudem fordern wir Präventionsprogramme gegen sexuelle Gewalt.

Wir fordern eine Aufhebung aller Entscheidungen des BGH (z.B. jener vom 19.09.2000), laut derer die Urheber von sexueller Gewalt an Frauen geringere Strafen erwarten, wenn diese im Rahmen eines Zahlungsvorgangs, sprich, innerhalb der Prostitution, verübt wird.

Wir fordern eine vollständige Aufhebung jeglicher Sanktionen, die auf prostituierten Personen lasten, einschließlich in den Sperrgebieten.

Abolition 2014 plädiert für eine gesetzliche Regelung nach dem Vorbild des auch von EU und Europarat als Resolutionen für die Mitgliedsstaaten empfohlenen „Schwedischen Modells". Dem Schwedischen Modell geht es darum, die Nachfrage nach Prostitution herunterzufahren und einen Perspektivwechsel herbeizuführen: Nicht die prostituierten Personen, sondern die Sexkäufer, die ZuhälterInnen, die MenschenhändlerInnen und die BordellbetreiberInnen müssen per Gesetz zur Verantwortung gezogen werden, also jene, die im System der Prostitution tatsächlich die Wahl haben sowie Schaden verursachen.

Das schwedische Modell umfasst:

- Sinnvolle und nachhaltige Unterstützung derer, die aus der Prostitution auszusteigen wünschen.

- Gesundheitsversorgung und andere Unterstützung (Schuldenberatung, Therapie, Kinderbetreuung, Ausbildungsmöglichkeiten, Begleitung bei Behördengängen, Vorbereitung auf gerichtliche u.a. Termine...) unabhängig vom Ausstiegswunsch. Die Unterstützung muss niedrigschwellig und umfassend und auf die individuellen Bedürfnisse zugeschneidert sein.

- Ein vollständiges Verschwinden jeglicher Sanktionen, die auf den „Verkaufenden", den prostituierten Personen lasten, unabhängig vom Geschlecht – in Deutschland ist dies im Gegensatz zu den Anpreisungen des ProstG von 2002 nicht gegeben, siehe Sperrgebiete. Wir legen nahe, das „Schwedische Modell" in diesen umzusetzen, wenn man schon auf Gesamtebene nicht dazu bereit ist.

- Schulung von Polizei und Sozialdiensten zur Umsetzung des Gesetzes; enge Zusammenarbeit zwischen Sozialdiensten und Polizei.

- Aufklärung und Kampagnen in der Gesamtgesellschaft und an Schulen zu gleichberechtigtem Zusammenleben und gleichberechtigten Umgang mit Sexualität.

- Verbot von Bordellbetrieb und Zuhälterei.

- Strafbarkeit des Kaufs des sexuellen Zugangs zum Körper anderer.

Wir wünschen uns, dass man sich in der Debatte um Prostitution endlich vom Faszinosum und von der Vermengung mit Debatten um sexuelle Neigungen löst. Wir wünschen uns eine Differenzierung zwischen der Wertschätzung gegenüber der prostituierten Person und der Ablehnung des Systems der Prostitution. Es ist dringend notwendig, dass ein Umdenken stattfindet und gefördert wird. Man muss endlich einsehen, dass es sich um eine soziale Frage und eine Frage der Menschenrechte handelt, NICHT um eine Debatte um Sittlichkeit.

Zudem wünschen wir uns ein Ende der Resignation, die sich in Begriffen wie „ältestes Gewerbe der Welt" niederschlägt und jegliche Handlungsbereitschaft hin zum Besseren lähmt. Prostitution ist die älteste Unterdrückung der Welt, das älteste Gewerbe ist indes die Zuhälterei. Die Frage lautet: Wollen wir es weiter bestehen lassen? Zum ersten Mal in der Geschichte gibt es ein ganzes Spektrum an Methoden, das sich in der Praxis erwiesen hat. Setzen wir es um.

Verena Brunschweiger (SPD), Karen Ehlers (Bündnis 90/Die Grünen), Birgit Gärtner, Maria Heydel, Susanne Keil (Frauenverband Courage Essen), Inge Kleine (c/o Kofra, München), LISA Wiesbaden, Marie Merklinger, Gunhild Mewes (Initiative für Gerechtigkeit bei sexueller Gewalt), Claudia Salzberger (Bündnis 90/Die Grünen), Maya Schnitzler (Initiative für Gerechtigkeit bei sexueller Gewalt), Manuela Schon (DIE LINKE, Stadtverordnete Wiesbaden), Solveig Senft (Terre des Femmes), Mira Sigel (Blog Die Störenfriedas), Yvonne Smidt, Carolin Werner, Ulla Wojciechowski

Netzwerk ELLA: Ziele (Januar 2018)

Wir sind Frauen, die in der Prostitution waren oder noch sind.

Wir verstehen uns als solidarisch mit allen anderen Frauen, auf die das zutrifft, aber wir distanzieren uns von den Interessen jener, die von der Prostitution anderer profitieren.

Wir nehmen Prostitution als sexuelle Gewalt wahr und setzen uns dafür ein, dass dies anerkannt wird. Prostitution ist keine Dienstleistung und kein Beruf, sondern Ursache und Auswirkung eines ungerechten Geschlechterverhältnisses.

Deswegen folgen wir dem abolitionistischen Kurs, gegen Prostitution, aber für Prostituierte zu agieren.

Prostitution ist sexuelle Gewalt. Deswegen ist es richtig, die, die diese Gewalt ausüben, in die Verantwortung zu nehmen. Eine Freierbestrafung ist die logische Folgerung.

Wir sehen aber, dass es damit nicht getan ist. Die von Prostitution betroffenen Frauen zu kriminalisieren ist ein Unrecht, für dessen Abschaffung wir uns einsetzen. Wir brauchen keine Regulierung und keine Kriminalisierung – wir brauchen Alternativen, andere Optionen, Ausstiegshilfen und auch Traumatherapien.

Das alles sehen wir verwirklicht im Nordischen bzw. im Abolitionistischen Modell. Für dieses setzen wir uns ein.

Außerdem schließen wir uns dem Manifest der Prostitutions- und Menschenhandelsüberlebenden an, welches 2005 im Europäischen Parlament verlesen wurde.

EMMA: Appell gegen Prostitution (Herbst 2013)

An die Bundeskanzlerin und den Bundestag

Prostitution ist „das älteste Gewerbe der Welt"? Prostitution ist „ein Beruf wie jeder andere"? Prostitution wird es immer geben, denn ihre Abschaffung ist utopisch? Falsch. Auch die Abschaffung der Sklaverei galt vor gar nicht so langer Zeit noch als Utopie. Und auch wenn die Sklaverei aus unserer Welt keineswegs ganz verschwunden ist, so wäre es heutzutage für einen aufgeklärten, demokratischen Staat doch undenkbar, die Sklaverei zu tolerieren oder gar zu propagieren.

Doch genau das tut Deutschland mit der Prostitution: Es toleriert, ja fördert diese moderne Sklaverei (international „white slavery" genannt). Die Reform des Prostitutionsgesetzes 2002, die angeblich den geschätzt 700.000 Frauen (Mittelwert) in der Prostitution nutzen sollte, trägt die Handschrift der Frauenhändler und ihrer LobbyistInnen. Seither ist Deutschland zu Europas Drehscheibe für Frauenhandel und zum Paradies der Sextouristen aus den Nachbarländern geworden. Ein deutscher Sonderweg. Selbst die Niederlande rudern zurück. Die skandinavischen Länder haben schon vor Jahren die Ächtung und Bestrafung der Freier eingeführt. Und Frankreich und Irland sind im Begriff, es ihnen nachzutun.

Weltweit sind Frauenhandel und Prostitution, beides untrennbar miteinander verbunden, heute neben dem Waffen- und Drogenhandel das Geschäft mit den höchsten Profitraten (über 1.000 Prozent). Profit nicht für die Frauen. Selbst die Minderheit deutschstämmiger Prostituierter, oft schon als Kinder Opfer sexueller Gewalt, landet zu über 90 Prozent in der Altersarmut. Ganz zu schweigen von den Ausländerinnen aus der Armuts- und Zwangsprostitution.

Das System Prostitution ist Ausbeutung und zugleich Fortschreibung der traditionell gewachsenen Ungleichheit zwischen Männern und Frauen (und Ländern/Kontinenten). Das System Prostitution degradiert Frauen zum käuflichen Geschlecht und überschattet die Gleichheit der Geschlechter. Das System Prostitution brutalisiert das Begehren und verletzt die Menschen-würde von Männern und Frauen – auch die der sogenannt „freiwilligen" Prostituierten.

Darum fordern wir von Politik und Gesellschaft:

- Eine Gesetzesänderung, die der Deregulierung von Frauenhandel und Prostitution schnellstmöglich Einhalt gebietet und die Frauen sowie die Minderheit männlicher Prostituierter schützt.
- Prävention in Deutschland und in den Herkunftsländern, sowie Hilfen zum Ausstieg für Frauen in der Prostitution. Und Schutz vor Abschiebung von Zeuginnen sowie deren Aufenthaltsrecht.
- Aufklärung über die Folgen von Frauenkauf bereits in den Schulen etc.
- Ächtung und, wenn nötig, auch Bestrafung der Freier; also der Frauenkäufer, ohne die dieser Menschenmarkt nicht existieren würde.
- Maßnahmen, die kurzfristig zur Eindämmung und langfristig zur Abschaffung des Systems Prostitution führen.

Ein menschenwürdiges Leben ist denkbar.